Conditio Judaica 48
Studien und Quellen zur deutsch-jüdischen Literatur- und Kulturgeschichte

Herausgegeben von Hans Otto Horch
in Verbindung mit Alfred Bodenheimer, Mark H. Gelber und Jakob Hessing

D1723338

Georg Hermann

Deutsch-jüdischer
Schriftsteller und Journalist,
1871–1943

Herausgegeben von
Godela Weiss-Sussex
im Auftrag des Leo Baeck Instituts
London

Max Niemeyer Verlag
Tübingen 2004

Bibliografische Information der Deutschen Bibliothek

Die Deutsche Bibliothek verzeichnet diese Publikation in der Deutschen Nationalbibliografie;
detaillierte bibliografische Daten sind im Internet über *http://dnb.ddb.de* abrufbar.

ISBN 3-484-65148-2   ISSN 0941-5866

Druck: Laupp & Göbel GmbH, Nehren
Einband: Nädele Verlags- und Industriebuchbinderei, Nehren

Inhalt

Martin Swales

Introductory Remarks

I begin by touching upon an issue to which I will return at the end of these brief preliminary reflections on the work of Georg Hermann – with the notion of a literary canon. The canon is a corpus of major works that are held to enshrine some kind of manifest (literary, and, by extension human) value. The canon often has, in terms of what one might call its catchment area, a dual aspect. One has to do with the notion of a particular (often national) tradition within which certain texts are held to enjoy a privileged status. (And they may, by that token, even be taken to contribute to the definition of the national culture itself: Shakespeare and Dickens have often been claimed to contribute something central to the idea of ›Englishness‹). The second aspect of the canon's field of application is meta-national in character and implies notions of ›European‹, even ›World‹ Literature. Now it can, of course, come about that a literary work belongs to one aspect of the canon, but not to the other. Shakespeare is clearly at home in both worlds; but, intriguingly, much of the German literary canon (particularly before the 20th century) is confined to Germany alone. Prima facie, one might, then, conclude that German classics do not travel particularly well.

In spite of the difficulties which they pose, literary canons are, in my view, indispensable; but it behoves us all constantly to interrogate them, constantly to wonder why certain texts achieve membership and others are kept securely beyond the pale. The works of Georg Hermann are a case in point. At present they are in the ›beyond the pale‹ category. As I have already indicated, I shall come back to the canonicity debate later. But all I want to register at this stage is that, potentially, Georg Hermann has a great deal to offer us, more than his current marginal status would suggest. Let me briefly summarize a number of the claims that he has to make on our attention.

One is his Jewishness, which seems to me to inform his creative writing, his journalism, criticism, and his manifest fondness for the visual arts (especially Impressionist painting). Now at one level this means, of course, that Hermann was aware of having a Jewish theme – namely assimilation. His novels tend, for example, to concern themselves with the place of Jewish families in German society. But I think there is more to his Jewishness than this; and that ›more‹ has to do with a particular kind of all-pervasive sensibility. Hermann has a complex feel for the notion of community, and it derives arguably from the (for obvious reasons) urgently felt Jewish awareness that community, its languages and sights and sounds, cannot simply be taken for granted. The boundaries and borderlines, and with them the territoriality of communality are constantly in negotiation. Allegiances are made, un-made, re-made in the complex cultural, linguistic, economic flow between Jew and Gentile. Above all else, Hermann recognizes that the processes by which communities are created and destroyed are essentially (or, more accurately, non-essentially) discursive. That is to say: belonging or ostracization have less to do with race or genetic transmission, less to do with biological dynasty (and destiny) than with the inscription of identity through language and culture. At the heart of the monstrosity that destroyed Hermann and so many like him (he died in Auschwitz) was the manic desire so to essentialize the category of communal belonging that those who were banished were deprived of the right to be. Within that kind of historico-cultural framework, then, Hermann has much to say to us.

Moreover, because he himself was a lively journalist and letter-writer, he had a sharply attuned ear for the discursive forms of his contemporary culture – for the language of advertising for example. Hence, he is a marvellously quotational novelist. That is to say: he is unfailingly alive to the many forms of linguistic worldliness with which his characters come into daily contact. In so far as they internalize the forms of speech that are all around them, his characters become representative of the broader cultural climate of their age – not just (to borrow and vary Trollope's title) ›the way we live now‹, but more particularly ›the way we speak now‹. And this complex and energetic linguistic worldliness, so reminiscent, incidentally, of the work of Irmgard Keun or Gabriele Tergit, allows Hermann's novels to offer an exciting literary mediation of and meditation on metropolitan Berlin. He embraces both the nineteenth and the twentieth centuries; and he manages time and time again to capture the hum and buzz of implication of Berlin life. He is not, of course, anywhere near as virtuosic a writer as Döblin. But perhaps for that reason his Berlin has more light and shade. It certainly seems more habitable than Döblin's monstrous, bruising, battering locus of modernity. Hermann captures currents and counter-currents; he renders the omnipresent drive and energy, but also the capacity for pockets of almost village-like intimacy in Berlin. Bohemian and bourgeois worlds exist side by side, as do eroticism and technology, commodification and liberation of the self. Co-location in time (›Zeitgenossenschaft‹) goes hand in hand with co-location in space (›Raumgenossenschaft‹). And the space in question is not, of course, any old space; it is necessarily and circumstantially Berlin.

In any consideration of Hermann's portraiture of Berlin it is pertinent to remember his attachment to the visual arts – and particularly to Impressionist painting. This in itself may not sound particularly noteworthy or remarkable. But there is one salient aspect that needs stressing; and it has to do with a respect for surfaces and outward textures. And here I want briefly to anticipate an issue that will form the conclusion to these remarks. German fiction has not always been responsive to such abundant instances of outwardness. In a passage of splendid polemic in his *Life and Works of Goethe*, George Henry Lewes – himself, of course, one of the most impassioned defenders of things German to the world of

English letters, a fact which makes the criticism all the more remarkable – speaks of the German novel's penchant for »plunging into the depths«. Lewes continues: »Of all the horrors known to the German of this school there is no horror like that of the surface – it is more terrible to him than cold water.«[*] With Hermann we find ourselves in the company of a writer who delights in surfaces.

One final observation about Hermann's oeuvre, and it again, by implication at any rate, touches on his Jewishness: he is particularly acute and differentiated in his portrayal of families, of their sense of continuity and of what may be entailed in sustaining appropriately dynastic integrity in the seductive worldliness of Berlin. In one sense, of course, such a thematic concern is in no way the particular property of Jewish sensibilities. But two strands within Hermann's treatment of the theme are particularly striking in their Jewish reverberations. One is, to return to a point I have already made, the issue of community. The family is, of course, a primary community; but there are others, outside that particular nexus of blood relationship and weightily transmitted signification: communities of class, profession, neighbourhood, education, and so on. The upshot is a complex interplay of borders and boundary lines as insiders are separated from outsiders. At every turn effort is required and expended to read the signs, to establish the tokens and forms of meaningfulness. Expressive of this whole concern – and this is the second strand I wish to highlight in Hermann's thematization of family – is the presence of a gently expansive, unhurriedly chronicling narrative voice. It is a voice that is, on occasion, mindful of notions of decline, of processes of erosion whereby forms of belief lose their potency. At issue is not simply a process of overtly lamented secularization. Hermann is often aware of the complex shifts whereby a religious faith modulates into more secular forms of family tradition; in the process a complex dialectic of narrative illumination and judgment is generated, whereby various forms of faith comment on each other.

I want now to draw the threads of my argument together by asking the question: where are we to situate Hermann within the canon of German literature? One answer is as simple as it is brutal: nowhere. Clearly Hermann neither is, nor can we by any stretch of the imagination claim that he ought to be, installed in the Pantheon of twentieth-century German literature alongside Kafka, Thomas Mann, Broch, Hesse, Musil, Döblin, Grass. Yet to recite the roll-call of famous names does perhaps – and this is, or ought to be, true whenever we rehearse any schedule of canonical figures – give us food for thought. The matter I have in mind at this particular juncture is the following: unlike the English or French novel, German prose fiction has rarely any kind of enlivening relationship with forms of popular narrative. This is perhaps another way of expressing that »fear of the surface« of which Lewes speaks. Put most simply: few great German novels are a rattling good yarn; few of them lend them-

---

[*] George Henry Lewes: The life and works of Goethe. Reprint, London: Dent 1949 (Everyman's Library; 269), p. 407.

selves at all readily to film or television adaptation. Yet, as soon as we consider the contribution made by Jewish writers, the picture looks remarkably different – primarily because we find there a narrative readiness to draw, with a measure of urgency and immediacy, on the staple diet of soap operas worldwide: on stories of family life (the latter-day equivalent might be *Dynasty*) or of community (in the mode of *Neighbours*, *Coronation Street*, *Eastenders*, *Brookside*). Perhaps it is not too fanciful, then, to suggest that, while Hermann may never figure in the company of (for want of a better term) the ›all-time greats‹, we can properly see his creativity rubbing shoulders with that of Jacobowski (*Werther, der Jude*), Hauschner (*Die Familie Lowositz*), Brod (*Jüdinnen*), Dessauer (*Großstadtjuden*), Feuchtwanger (*Erfolg*), Wassermann (*Die Juden von Zirndorf*), Natonek (*Kinder einer Stadt*), Gronemann (*Tohuwabohu*), Franzos (*Der Pojaz*), Katz (*Die Fischmanns*).

Such writers make a weighty contribution to German letters. To say this is not for a moment to diminish the Jewishness of their thematic concerns. But it is to claim two things. First: rather than talking of ›German-Jewish literature‹, one could think in terms of the specific enrichment of German literature made possible by the work of Jewish writers. Second: in the context of some of the profundity and austere philosophical distinction of much of the canonical writing in German, it is welcome to have, enshrined in this tradition of Jewish writing, a body of work that stays happily in touch with popular forms of common-or-garden realistic fiction, with the unashamed worldliness of soap opera. Hermann, as a characteristically assimilated Western Jew, had great need of German culture. What we may now be beginning to realize is just how much it had need of him.

Ritchie Robertson

Cultural Stereotypes and Social Anxiety
in Georg Hermann's *Jettchen Gebert*

The sad story of Georg Borchardt, better known by his literary pseudonym Georg Hermann, illustrates with particular bitterness the fate of Jews in early twentieth-century German history. He was born in 1871, the son of a Jewish merchant whose business failed in the economic recession that followed the Gründerzeit. He became a best-selling novelist with *Jettchen Gebert*, published in 1906. Having enjoyed a successful literary career, he moved to the Netherlands in 1933, but in 1940, after the German invasion, he and other Jews were arrested, and on 16 November 1943, at the age of seventy-two, he was deported to Auschwitz.

Long before that, Hermann, like many other German Jews, had become deeply disillusioned in his relation to Germany. The conduct of the First World War was in his view unworthy of a civilized nation, and so was the antipathy to Jews that emerged during the War, evinced by the notorious »Judenzählung« or census of Jews serving at the front, and later by the popularity of such anti-semitic tirades as the *Protocols of the Elders of Zion*. In his essay »Zur Frage der Westjuden«, published in 1919, he formulates his Jewish identity against the background of rejection by the surrounding culture:

> Ich bin wie viele Tausende meinesgleichen deutscher Jude, oder wie man sagt: deutscher Staatsbürger jüdischen Glaubens. Wie viele meinesgleichen habe ich mich, solange ich denken kann, von religiösen Formalien völlig fern gehalten, habe ich mich trotzdem stets der Rasse nach als Jude, als typischer Westjude gefühlt. [...] kurz: ich glaubte als *typischer Westjude* mich *sehr stark* innerlich dem Deutschtum assimiliert zu haben ... dem Deutschtum, in dessen Schoß ich lebte und dem ich das Geschenk seiner Sprache und seiner Kultur dankte. Was von Judentum in mir war, empfand ich nach wie vor wie einen Beigeschmack; es war eine seelische Betonung dabei, ein Schuß Salz darin, gekennzeichnet durch seine größere Regsamkeit, Mittelmeernerven, Problematik.[1]

Changing the metaphor, Hermann adds that his Judaism was like an old family heirloom:

> [...] ich meinte, daß ich *zuerst Deutscher* wäre und nur aus alter Anhänglichkeit – denn zum Schluß trennt man sich doch nicht gern von einem Erbstück, das seit dreitausend Jahren und länger in der Familie aufbewahrt und in Ehren gehalten wird – aus Pietät gleichsam noch so ein Rest von Judentum und ein paar letzte, halbverschliffene Rasseneigenheiten mit durchs Leben trüge.[2]

---

[1] Georg Hermann: Zur Frage der Westjuden. In: Neue Jüdische Monatshefte, Vol. 3, No. 19–20 (10–25 July 1919), p. 399–405, here p. 400.

[2] Ibid., p. 400f.; emphasis in original.

This very minimal definition of Jewishness is characteristic of the historical moment at which Hermann was writing. To German Jews, it seemed that they were wholly and unproblematically German, with Jewishness an increasingly intangible link to the past. Among non-Jews, however, anti-semitism was becoming increasingly respectable. A gulf threatened to open up between how the German Jews saw themselves and how the non-Jews saw them.

How far is this problem visible in *Jettchen Gebert*? To answer this question, I want to locate the novel in two literary contexts. The first is that of German-Jewish fiction around the turn of the century. Within the setting, *Jettchen Gebert* is an outstanding example of a genre that has sometimes been called the Jewish ›Zeitroman‹. His contemporaries, however, did not see Hermann only as a Jewish writer, nor did he see himself in that light. It was customary to compare him to Fontane. Some contemporaries also saw resemblances to *Buddenbrooks*. Hermann denied any influence, and even claimed not to have read Mann's novel.[3] But such a declaration is hardly to be trusted. Not only are the resemblances very striking, as I shall presently argue, but a novelist intent on satisfying a broad public could hardly avoid absorbing and internalizing the techniques that had gained the young Thomas Mann so much admiration.

Published in 1906, *Jettchen Gebert* was not Hermann's first novel (that was *Spielkinder*, published in 1897), but it was his most successful. Together with its sequel, *Henriette Jacoby* (1908), it long remained popular, appearing in 1932 in a ›Volksausgabe‹ with a print run of thirty thousand which was exhausted immediately.[4] The Third Reich put an immediate end to Hermann's sales. Although he was until recently a largely forgotten writer, *Jettchen Gebert* has reappeared in print in recent decades as a Fischer paperback, and its availability in the new edition of Hermann's *Werke und Briefe* may well gain more readers.[5]

The popularity of *Jettchen Gebert* is easy to understand. The engaging subject-matter – a young woman pressured into an unwanted marriage, amid a detailed portrayal of family life – is presented by a combination of dramatic dialogue and narrative control; the narrator's presence is signalled especially by repeated leitmotivs and by sentences beginning »Und«, notably the famous catchphrase »Und es kam, wie es kommen mußte«. All this makes for an easy, agreeable, unchallenging reading experience. Modern literary theory, however, is suspicious of easy reading. Books that are readily digestible offer the reader

---

3 See Hans Otto Horch: Über Georg Hermann. Plädoyer zur Wiederentdeckung eines bedeutenden deutsch-jüdischen Schriftstellers. In: Judentum, Antisemitismus und europäische Kultur. Hg. von Hans Otto Horch. Tübingen: Francke 1988, p. 233–253, here p. 245.

4 Bibliographical data and sales figures are given in Cornelis Geeraard van Liere: Georg Hermann: Materialien zur Kenntnis seines Lebens und seines Werkes. Amsterdam: Rodopi 1974 (Amsterdamer Publikationen zur Sprache und Literatur; 17).

5 Georg Hermann: Jettchen Gebert. Roman. Hg. und mit einem Nachwort von Gert Mattenklott. Berlin: Verlag Das Neue Berlin 1998 (Werke und Briefe: Abt. 1, Romane und Romanfragmente; 2).

a passive role in which the author's ideological assumptions can be uncritically absorbed. These assumptions need not be explicitly stated, but may be embodied in the shape of the narrative and the stereotypes used to form characters. Roland Barthes's famous attempt to dismantle nineteenth-century realism argued that fiction had no access to ›le vrai‹ but could at best produce an acceptable semblance of truth, ›le vraisemblable‹, by drawing on cultural stereotypes which had their origins not in the external world but ultimately in other texts. For example, one of the characters in *Sarrasine*, the story Barthes analyses, is described thus: »Le comte de Lanty était petit, laid et grêlé; sombre comme un Espagnol, ennuyeux comme un banquier.«[6] This description makes sense only if it is common »knowledge« that Spaniards are gloomy and that bankers are boring. These are cultural stereotypes, items of »knowledge« that are taken for granted in a particular culture and supposed to be part of reality.

Although the relation between stereotyped models of reality and reality itself is considerably more complex than Barthes' provocative criticism admits, the argument that fiction can be pleasurably assimilated in part through relying on unquestioned stereotypes is not to be dismissed out of hand. In this paper I shall be discussing mainly typification and stereotyping in Hermann and some of his contemporaries.

For that purpose, I want to put the novel *Jettchen Gebert* in a series of frameworks. The first is its German-Jewish literary context. That requires a brief account of the novel. It is a portrait of assimilated Jews, but reveals the unease that accompanied assimilation, suggests that it really amounted to little more than acculturation, and discloses tensions within the Jewish community. It is set in Berlin in 1839, in the Biedermeier period to which Hermann was strongly attached. The Geberts are largely assimilated Jews. Jettchen's uncle Jason was wounded in the War of Independence; her father was killed two years later at Ligny. The plot is rather thin. Although Jettchen is strongly attracted to the impractical man of letters Fritz Kößling, she yields to family pressure and marries her unattractive but (supposedly) wealthy cousin Julius Jacoby (though there are hints that his business, which is trading in leather smuggled from Russia, is not altogether healthy). In the sequel, *Henriette Jacoby*, she commits suicide. It turns out that it was not Kößling she loved, but rather her uncle Jason, although she has had a discreetly described sexual encounter with Kößling, and she kills herself partly in the hope of inspiring Kößling to become a great writer. As Hans Otto Horch points out, this strange motive is based on the real-life suicide of Charlotte Stieglitz in 1834; she too hoped to give her feeble husband the energy, through his grief, to produce great works.[7]

Jettchen Gebert belongs to a genre of novel popular at the beginning of the last century which is sometimes called the Jewish ›Zeitroman‹. The term was used by contemporaries. Gustav Karpeles, who edited the *Allgemeine Zeitung*

---

[6]   Sarrasine de Balzac, in: Roland Barthes: S/Z. Paris: Ed. du Seuil 1970 (Tel quel), p. 230.
[7]   Horch, Über Georg Hermann (note 3), p. 249.

des Judentums from 1890 to 1909, and his successor Ludwig Geiger, both urged authors to produce a wide-ranging novel which should present diverse facets of the Jewish situation. Discussing Martin Beradt's novel *Eheleute* (1910), the scope of which was limited by its concentration on Jewish characters, Geiger declared that such a novel should neither advocate one particular approach to Jewish problems, nor should it uncritically glorify the Jews; »aber wir möchten von dem hochbegabten Verfasser ein Buch erwarten, das unser Denken und Füh- len, unser Hoffen und Harren in realistischer und zugleich dichterischer Weise zum Ausdruck bringt«.[8] Geiger failed to recognize how closely Schnitzler's *Der Weg ins Freie* approached his ideal, because he short-sightedly identified the perspective of Heinrich Bermann with that of the author.[9] Karpeles, on the other hand, applied the term ›Zeitroman‹ both to Schnitzler's *Der Weg ins Freie* and to Hermann's *Henriette Jacoby*; but although Schnitzler's book represents »den Typus des modernen jüdischen Zeitromans«, it remained too much of a »Mi- lieuschilderung«, whereas Hermann's *Jettchen Gebert* novels were far more successful in engaging the reader's interest in their characters:

> Man muß doch immer wieder die dichterische Intuition und Kraft dieses Autors be- wundern, mit der er uns in eine längst untergegangene Welt hineinstellt, und diese so anschaulich zu schildern weiß, daß man für jede einzelne Gestalt sofort das lebhafteste Interesse hegt und die Entwickelung des Ganzen mit warmer Teilnahme verfolgt.[10]

No author in German, however, had given a panorama of contemporary Jewish life that could match the work of Israel Zangwill (*Children of the Ghetto*, 1892, is evidently meant).[11]

Recent critics have been perhaps too ready to follow Karpeles in applying the term ›jüdischer Zeitroman‹ to a wide range of German-Jewish fiction produced around the turn of the century.[12] Karpeles criticizes German-Jewish versions of

---

[8] Quoted in Hans Otto Horch: Auf der Suche nach der jüdischen Erzählliteratur. Die Literaturkritik der »Allgemeinen Zeitung des Judentums« (1837–1922). Frankfurt a. M., Bern, New York: Peter Lang 1985 (Literarhistorische Untersuchungen; 1), p. 205.

[9] Ludwig Geiger: Zwei neue Romane. In: Allgemeine Zeitung des Judentums 72 (1908), p. 415–418; reprinted in Andrea Willi: Arthur Schnitzlers Roman »Der Weg ins Freie«. Eine Untersuchung zur Tageskritik und ihren zeitgenössischen Bezügen. Heidelberg: Winter 1989 (Beiträge zur neueren Literaturgeschichte, Folge 3; 91), p. 255–259.

[10] For the British equivalent to the German-Jewish ›Zeitroman‹, see Linda Gertner Zatlin: The Nineteenth-Century Anglo-Jewish Novel. Boston: Twayne 1981; Bryan Cheyette: The Other Self. Anglo-Jewish Fiction and the Representation of Jews in England, 1875–1905. In: The Making of Modern Anglo-Jewry. Ed. by David Cesarani. Oxford: Blackwell 1999 (Jewish Society and Culture), p. 97–111.

[11] Gustav Karpeles: Literarische Jahresrevue. In: Jahrbuch für jüdische Geschichte und Literatur 12 (1909), p. 18–63, here p. 57.

[12] See Florian Krobb: »Der Weg ins Freie« im Kontext des deutsch-jüdischen Zeitro- mans. In: Arthur Schnitzler. Zeitgenossenschaften, contemporaneities. Hg. von Ian Fo- ster und Florian Krobb. Bern, Berlin, Brüssel: Peter Lang 2001 (Wechselwirkungen; 4), p. 199–216, esp. p. 201; also Ehrhard Bahr: Max Brod as a novelist: from the Je- wish Zeitroman to the Zionist novel. In: Von Franzos zu Canetti. Jüdische Autoren aus

the ›Zeitroman‹ as inadequate. Surprisingly perhaps, he finds them wanting by the standard set in Germany by Gustav Freytag. Freytag intended *Soll und Haben* to fulfil the demand made by Julian Schmidt, quoted as the novel's epigraph: »Der Roman soll das deutsche Volk da suchen, wo es in seiner Tüchtigkeit zu finden ist, nämlich bei der Arbeit.«[13] Karpeles quotes the key phrase when, after desiring a German-Jewish counterpart to Freytag's historical novel series *Die Ahnen*, he adds:

> Und ebenso wünschten wir uns einen Gustav Freytag für den modernen Roman, der das jüdische Volk bei seiner Arbeit aufsucht und nicht blos Nathans und Shylocks, sondern den Juden in seinem redlichen Erwerb, in seiner Familie, in seinen bürgerlichen und religiösen Verhältnissen darstellt.[14]

Rather than giving a neutral description of a literary genre, therefore, Karpeles was trying to raise the standing of German-Jewish fiction. The nineteenth-century German ›Zeitroman‹ offers a broad portrayal of contemporary life. In Spielhagen's *Sturmflut* (1876), for example, the governing metaphor suggests the high tide of financial speculation which caused the German economy to overheat disastrously in the early 1870s, and the contrast between the hero Reinhold Schmidt, significantly a sea-captain by profession, and the villainous Graf Golm, focuses the rivalry between an old, discredited aristocracy and a new, technically educated middle class who both wish to guide the new Germany. Similarly, in Fontane's *Der Stechlin* (1898), the secluded life of Dubslav von Stechlin in the Brandenburg countryside serves to focus a portrayal of Germany at a time of change, not only for its internal politics (the aristocracy's decline being counterpointed by the rise of the commercial classes and the advent of various versions of Socialism) but also for its place in the wider world. Karpeles's adoption of the term ›Zeitroman‹ implies that German-Jewish writers ought to undertake comparably ambitious fictional tasks.

A glance at the novels generally claimed as exemplifying the German-Jewish ›Zeitroman‹ will show that their actual scope is considerably narrower. All are concerned with the Jewish subculture in Germany or Austria. To bring out its characteristics, they focus on the family. Obvious examples are Ludwig Jacobowski's *Werther, der Jude* (1892); Jakob Wassermann's *Die Juden von Zirndorf* (1897); Schnitzler's *Der Weg ins Freie* (1908); Auguste Hauschner's *Die Familie Lowositz* (1908); Adolf Dessauer's *Großstadtjuden* (1910); and Max Brod's *Jüdinnen* (1911). A tailpiece and parody of the genre is Sammy Gronemann's hilarious novel *Tohuwabohu* (1920). The following types (many of them anticipated in Herzl's play *Das neue Ghetto*, 1893) occur repeatedly. Older Jews,

---

Österreich. Neue Studien. Hg. von Mark H. Gelber et. al. Tübingen: Max Niemeyer 1996 (Conditio Judaica. Studien und Quellen zur deutsch-jüdischen Literatur- und Kulturgeschichte; 14), p. 25–36.

[13] Gustav Freytag: Soll und Haben. Roman in 6 Büchern. Vollst. Ausg., München: Deutscher Taschenbuch-Verlag 1978 (dtv; 2044), p. [7].

[14] Karpeles, Literarische Jahresrevue (note 11), p. 55.

parents or grandparents, remain loyal, if not to orthodox practice, at least to traditional Jewish values, and often embarrass their children by their incomplete linguistic and social acculturation. The next generation shows merely external adherence to Judaism and is materialistic, snobbish, and amoral. Other members of this generation, or those of the next, react against empty materialism and seek to be accepted as Germans, to form friendships with Germans, or to provide a new content for their inescapable Jewish identity. Very often, too, these families have unacculturated relatives who turn up from Poland or Galicia and cause embarrassment by embodying the Gentile image of the hateful Jew from which the assimilationists are desperately trying to distance themselves. Although Gentiles feature in many of these novels, relations between Jews and Gentiles are generally tense. Intermarriage is problematic, and even the most sympathetic Gentiles have some reservations about Jews. As Kafka noted in a draft review of Brod's *Jüdinnen*, such Gentile characters often serve (like Georg von Wergenthin in *Der Weg ins Freie*) as a narrative device, mediating between the Jewish subculture which is at the centre of the novel and a readership which is presumed to include Gentiles as well as Jews: »die nichtjüdischen Zuschauer, die angesehenen gegensätzlichen Menschen, die in andern Erzählungen das Jüdische herauslocken.«[15] The intense focus on the Jewish subculture confirms David Sorkin's argument that in the course of the nineteenth century German Jews, despite their acquisition of civil rights, did not fully use their nominal opportunities to participate in the wider society, but remained a distinct subculture for which acculturation – the acquisition of German culture through a high social valuation of ›Bildung‹ and its institutions – effectively became a substitute for social assimilation.[16]

For this reason, the label ›Zeitroman‹ seems less appropriate than ›Familienroman‹ or ›German-Jewish family novel‹.[17] The pattern described above, of criticizing the Jewish subculture through a portrayal of family tensions, can be seen in *Jettchen Gebert*. Hermann tells us in his »Vorwort« that »Henriette Jacoby geb. Gebert« was a real person, who lived from 1812 to 1840, and whose gravestone can be seen in Berlin, as can those of her relatives.[18] In drawing on his own family history, however, he has altered and embroidered: a real Jettchen Gebert, the cousin of Hermann's great-grandfather, is recorded as having been born around 1771 and married in 1798 to one »Jacob von Posen«, from whom she was divorced in 1818.[19] The fictional Jettchen is placed over forty years

---

[15] Franz Kafka: Tagebücher. Kritische Ausgabe. Hg. von Hans-Gerd Koch, Michael Müller und Malcolm Pasley. Frankfurt a. M.: Fischer 1990 (Schriften, Tagebücher, Briefe; 3,1), Textband, p. 160.

[16] See David Sorkin: The Transformation of German Jewry, 1780–1840. New York: Oxford University Press 1987 (Studies in Jewish History).

[17] See Ritchie Robertson: The »Jewish Question« in German Literature 1749–1939. Emancipation and Its Discontents. Oxford: Oxford University Press 1999, p. 273–285.

[18] Hermann, Jettchen Gebert (note 5), p. 8f.

[19] See Paul J. Jacobi: Geschichtliche Grundlagen zu Georg Hermanns *Jettchen Gebert*. In: Bulletin des Leo Baeck Instituts 51 (1975), p. 114–121, here p. 120.

later, and the details of her biography are freely invented. How far other relatives of Hermann's may have provided models for his fictional characters is now hard to reconstruct.[20] The fictional Gebert family has been established in Berlin since the eighteenth century. Their senior member, Onkel Eli, is a man of the Enlightenment, who wears a white wig and indulges in witty and irreverent conversation. He has several sons. One is Jettchen's deceased father; another is Salomon, now head of the household, an upright and unimaginative businessman; a third is Jason, who is a man of letters, somewhat detached from the business-oriented family tradition, and able to provide a distanced and critical view of it.

Jewish identity for the Geberts lacks content, just as Hermann's own sense of Jewish identity has minimal content. Jettchen's family do not want her to marry a Christian, though the reasons are not clearly formulated: her uncle Salomon says:

> Ich brauche dir das ja nicht erst zu erklären, Jason. Es sind nicht die paar Gebräuche, oder ob sich einer vielleicht nachher in der Chausseestraße und nicht in der Hamburger Straße begraben läßt – das ist es nicht, sondern du weißt es ja ebensogut wie ich, *weswegen* wir am Judentum hängen und uns dagegen sträuben, daß es in unserer Familie ausstirbt.[21]

Jewish self-respect matters: it is made clear elsewhere that the Geberts could have converted and become ennobled, but have chosen to remain Jews: »Aber Sie vergessen dabei einen gewissen Stolz«, Jason says to Kößling,

> [...] den unsere Familie hat, daß wir eben als Juden hier angesehen und geachtet sind. Wenn mein Vater sich und uns hätte taufen lassen wollen, wie ihm öfter als einmal nahegelegt worden ist, wir hießen vielleicht heute *von* Gebert und wären Offiziere und Räte bei der Regierung. Und daß wir das nicht getan haben und nicht zu Kreuze gekrochen sind und in keiner Weise unsere Gesinnung verkauft haben – nicht so und nicht so, – *das* ist unser Stolz, und wir wollen auch für die Zukunft nicht gern, daß es in unserer Familie aufgegeben wird.[22]

Here Hermann is projecting back on to the past the situation of Wilhelmine Jewry, when the pressure to convert was strong and many people resisted it out of self-respect. Theodor Herzl wrote in 1893: »im Alter des Bewußtseins darf man den ›Glauben der Väter‹ nicht verlassen, auch wenn man ihn nicht hat.«[23] Walther Rathenau similarly was too proud to convert, although conversion might have given him the distinguished military career that at one time he craved. Early in the nineteenth century, by contrast, we find even the Mendelssohn family willing to discard Judaism as an antiquated nuisance. Abraham

---

[20] Van Liere, Georg Hermann (note 4), p. 9–15, gives much detail about Hermann's ancestry; it is not clear how reliable it is.

[21] Hermann, Jettchen Gebert (note 5), p. 323.

[22] Ibid., p. 277f.

[23] See Theodor Herzl: Briefe und Tagebücher. Hg. von Alex Bein et al. 7 Vols, Berlin, Frankfurt a. M., Wien: Propyläen 1983–96, Vol I: Briefe und autobiographische Notizen, 1866–1895 (1983), p. 511f.

Mendelssohn, son of the philosopher, had his four children baptized, adding the name Bartholdy, to distinguish his branch of the family, and was later baptized himself along with his wife Leah Salomon. An agnostic, he adopted Christianity only for convenience. When his daughter Fanny was confirmed in 1820, he wrote to her that he practised a religion of morality which could have either a Jewish or a Christian form. He adds: »Wir haben Euch, Dich und Deine Geschwister, im Christentum erzogen, weil es die Glaubensform der meisten gesitteten Menschen ist und nichts enthält, was Euch vom Guten ableitet.«[24] His brother-in-law, a convert already, urged him to give his children whichever religion he considered better, adding that this was the best way to fulfil the enlightened intentions of Moses Mendelssohn:

> Es ist geradezu eine Huldigung, die Du und wir alle den Bemühungen Deines Vaters um die wahre Aufklärung im allgemeinen zollen, und er hätte wie Du für Deine Kinder, vielleicht wie ich für meine Person gehandelt.[25]

It is more likely that Moses Mendelssohn, who reconstructed Judaism in the image of the Enlightenment, and who kept the ritual laws, would have been very sorry to see most of his children convert, but the attitude expressed in these letters is more typical of Berlin Jewry in the early nineteenth century than is the residual attachment to Jewish tradition that Hermann attributes to the Geberts.

Another turn-of-the-century theme that Hermann introduces into his novel is the division between ›Westjuden‹ and ›Ostjuden‹, represented by the Geberts and the Jacobys respectively. The former are assimilated, or at least acculturated; the latter are embarrassingly unacculturated. It is made clear that the Geberts do not look Jewish. The novel begins with passers-by admiring Jettchen's beauty as she walks through Berlin: tall, with proud and upright gait, »dieses lange und doch volle Antlitz mit der hohen und weißen Stirn und den schweren Lidern«;[26] the only feature that sounds at all Jewish is her dark, almond-shaped eyes. Later we learn that the Gebert features include an oval face and a straight nose.[27] Young Max Gebert, who unfortunately takes after his mother, is different:

> Auch sah er der Mutter ähnlich, mit seinen schwammigen, unklaren Zügen und hatte nichts von jener schönen, schlanken Rassigkeit, die bei allen Geberts in Kopf, Haltung und Gang steckte.[28]

In Hermann's imagination, the Geberts have been assimilated to an ideal of bodily comportment that at the turn of the century was associated with Gentile aristocrats. Walther Rathenau similarly urged the Berlin Jews of his day to abandon their shambling gait and imitate the military bearing of the Prussians:

---

[24] Die Familie Mendelssohn 1729 bis 1847. Nach Briefen und Tagebüchern hg. von Sebastian Hensel. Frankfurt a. M. et. al.: Insel-Verlag 1995 [¹1879] (Insel-Taschenbuch; 1671), p. 121.

[25] Ibid., p. 115.

[26] Hermann, Jettchen Gebert (note 5), p. 13.

[27] Ibid., p. 57.

[28] Ibid., p. 56.

> Um so mehr habt Ihr zu sorgen, daß inmitten einer militärisch straff erzogenen und gezüchteten Rasse Ihr Euch durch verwahrlost schiefes und schlaffes Einhergehen nicht zum Gespött macht. Habt Ihr erst Euren unkonstruktiven Bau, die hohen Schultern, die ungelenken Füße, die weichliche Rundlichkeit der Formen, als Zeichen körperlichen Verfalles erkannt, so werdet Ihr einmal ein paar Generationen lang an Eurer äußeren Wiedergeburt arbeiten.[29]

The Jacoby side of the family, however, is much worse. Jettchen's cousin Julius, whom she is pressured into marrying, is not only much shorter than she is, but looks like a Jewish caricature:

> Von dem Gentleman konnte Jettchen an ihm wenig erkennen. Der Vetter – oder es war ja gar nicht ihr Vetter – war klein und fett, wie zusammengehämmert, sah sehr wohl und rot aus und hatte starres, dickes Haar, das sich durchaus nicht an die Schläfen und um den Kopf legen wollte, sondern nach allen Seiten stand wie die Borste eines wehrhaften Igels. Dabei war er ganz hübsch von Gesicht und hatte kleine lustige Augen, in denen Verschlagenheit lauerte.[30]

Julius, whose name is really Joel, speaks with a recognizably Jewish accent; although he claims to come from Posen, he really comes from a village called Benschen, and Uncle Jason foretells that eventually he will claim to be a Berliner born and bred:

> Und wenn ihn in fünf Jahren jemand fragt, so sagt er zwar, er wäre aus Posen, wäre aber als ganz kleines Kerlchen schon nach Berlin gekommen und erinnere sich nur noch ganz dunkel an seine Vaterstadt. Und wenn man ihn in zehn Jahren fragen wird, so wird er zur Antwort geben, ob man es ihm denn nicht ansieht, daß er Berliner ist.[31]

As an Eastern Jewish upstart, Julius is sharply contrasted with the quasi-aristocratic Western Jews, reflecting a stereotyped antithesis that was much more acutely felt by Hermann and his readers than it would have been in the period when the novel is set. Of Jettchen's aunt, too, we are told: »Wenn Tante Riekchen erregt war, brachen bei ihr die Klänge ihrer Heimat durch, die sie sonst so gut zu verleugnen wußte«,[32] and since Aunt Riekchen is also a shameless liar, Hermann seems to be invoking antisemitic stereotypes but applying them only to the Eastern Jews.

A contemporary reviewer, Leo Berg, praised Hermann's novel for its drastic depiction of the antithesis between established German Jews and immigrants from the East. The problem, Berg explained, was that assimilated Jews in German cities could no longer be identified as Jewish, but the influx of alien Jews from Russia made German Jews uncomfortably conspicuous by drawing the public's attention to them. Berg elaborated the distinction:

---

[29] W. Hartenau [= Walther Rathenau]: Höre, Israel! In: Die Zukunft 18 (6 March 1897), p. 454–462, here p. 458.

[30] Hermann, Jettchen Gebert (note 5), p. 171.

[31] Ibid., p. 188f.

[32] Ibid., p. 263.

> Aber auch heute noch liegt im russischen Juden und seinem Hineindringen über die
> Grenzen die Hauptgefahr der deutschen Juden; aus drei Gründen: weil damit immer
> wieder die Nationalitätenfrage aufs neue aufgeworfen wird, denn der russische Jude
> ist allemal ein Fremder, zweitens, weil die östlichen Juden viel stärkere Rasseeigen-
> tümlichkeiten haben, zäher und konstanter sind als die westlichen, und folglich diese
> bestimmen, statt daß sie umgekehrt von ihnen bestimmt würden, und schließlich
> weil, ganz allgemein, das schlechtere Element immer über das bessere, das rohere
> über das feinere siegt.[33]

Hermann shared the fear of Eastern Jewish immigrants that was widespread
among both Jews and Gentiles.[34] He wrote in 1919: »Ja, ich muß bekennen,
daß ich als solcher eine ziemlich heftige Abneigung gegen den noch unzivili-
sierten Ostjuden stets empfunden habe.«[35] The imperfectly assimilated Polish
relatives are a frequent feature of the German-Jewish family novel. In Jacobowski's *Werther, der Jude* we have the hero's dishonest cousin from Posen,
Siegmund Königsberger, who speaks with a nasal accent, and in Dessauer's
Großstadtjuden we have a splendid comic character in Uncle Jakob, a shameless ›Schnorrer‹ who causes his social-climbing relatives hideous embarrassment but also embodies a kind of integrity. Such figures have an ancestor in
Heine's Hirsch-Hyacinth, a Hamburg corn-cutter and lottery-dealer who is the
Sancho Panza to Gumpelino's Don Quixote in *Die Bäder von Lucca*. But while
in Heine's time unassimilated Jews could be found low down in the social
scale in Western cities like Hamburg or Frankfurt, later writers located them in
the ghettos of Poland or Moravia, and later still Karl Emil Franzos was to open
up the literary space of »Halb-Asien«, comprehending Galicia, Romania, and
western Russia, as the domain of traditional Jewish life.[36] By the time Hermann was writing, therefore, the locus of unassimilated Jewry had moved a
long way to the East. Had Hermann wished to represent life in 1840 accurately, he need only have fetched his embarrassing relatives from (say) Dessau;
there was no need to send all the way to Poland for them.

Another theme that *Jettchen Gebert* shares with the German-Jewish family
novel is the antithesis between commerce and culture. Jettchen's uncle and
guardian, Salomon, talks about Kößling's suit in business terms: it is a »Ge-

---

[33] Leo Berg: Jettchen Geberts Geschichte. In: Das literarische Echo 10 (15 July 1908),
     cols 1415–1419, here col. 1416.
[34] See Jack Wertheimer: Unwelcome Strangers. East European Jews in Imperial Ger-
     many. New York, Oxford: Oxford University Press 1987 (Studies in Jewish History);
     Steven E. Aschheim: Brothers and Strangers. The East European Jew in German and
     German Jewish Consciousness, 1800–1923. Madison/Wis.: University of Wisconsin
     Press 1982.
[35] Hermann, Zur Frage der Westjuden (note 1), p. 400.
[36] See Gabriele von Glasenapp: Aus der Judengasse. Zur Entstehung und Ausprägung
     deutschsprachiger Ghettoliteratur im 19. Jahrhundert. Tübingen: Max Niemeyer 1996
     (Conditio Judaica. Studien und Quellen zur deutsch-jüdischen Literatur- und Kulturge-
     schichte; 11).

schäftsprinzip« with him that he never reconsiders a refusal;[37] and Jettchen herself says emphatically that, having been brought up by her aunt and uncle, she must now pay the bill by marrying the man of their choice: »Man ißt nirgends umsonst zwanzig Jahre lang fremdes Brot, und das hier war einfach die Rechnung, die mir dafür vorgelegt wurde.«[38] Most of the Gebert family have no cultural interests. Yet literature pervades the text. Not only in that Jettchen, Kößling, and Uncle Jason demonstrate their sensibilities by often discussing it, and are thus contrasted with the philistine and pretentious Julius. Jason lends his niece books by Mörike, Börne, Thackeray and Balzac; Julius recommends Leibrock, Ritter, Lafontaine and Clauren, the last of which he has bought from a bookseller who recommended them and who, Julius thinks, must know his goods: evidently books are now mere commodities. In another Jewish family novel, Auguste Hauschner's *Die Familie Lowositz*, a philistine character is given the works of Goethe as a bar-mitzvah present, and when asked if they are complete, replies indignantly that his parents buy only the best. Literature is present also in the sense that Hermann's text contains many half-submerged quotations from Goethe, Schiller, and even Klopstock (where the moon is called »Der Gedankenfreund«[39]), which it is assumed the reader will recognize. Eight lines from Eichendorff are used to prop up an idyllic love-scene. The novel celebrates not just books but also bibliophilia: Salomon has a first edition of *Nathan der Weise*,[40] while Jason owns many first editions of Goethe, Hamann, Heinse, Hoffmann and Jean Paul.[41] But, as Russell Berman argues in *The Modern German Novel*, Hermann, in the act of celebrating culture, turns it from a living activity into a dead collection of commodities, like the material objects which are lengthily and lovingly described throughout the text:

> [...] the Gebert library flaunts a cultural identity which has lost its vitality, perpetuated not as a living activity but, first, as a monument to the past and, second, as an ideological defense of privilege threatened by new social groups. Without his unopened volumes, the cultured bourgeois would be no different from his competitor.[42]

Berman's negative account must be qualified, since, as Godela Weiss-Sussex points out, Jason at least takes a genuine interest in the contemporary writers Heine, Börne, and Glassbrenner, and discusses them knowledgeably.[43] Her further contention that Hermann's descriptions of furnishings, ornaments and clothes are minutely accurate and reinforce the authenticity of his depiction of Bieder-

---

[37] Hermann, Jettchen Gebert (note 5), p. 326.

[38] Ibid., p. 462f.

[39] Ibid., p. 119.

[40] Ibid., p. 83.

[41] Ibid., p. 349.

[42] Russell A. Berman: The Rise of the Modern German Novel. Crisis and Charisma. Cambridge/Mass.: Harvard University Press 1986, p. 171.

[43] Godela Weiss-Sussex: Metropolitan Chronicles. Georg Hermann's Berlin Novels 1897–1912. Stuttgart: Heinz 2001 (Stuttgarter Arbeiten zur Germanistik; 379), p. 115.

meier life can, however, be countered by referring to the argument frequently advanced by Georg Lukács in his polemics against Naturalism: namely, that the accumulation of period detail shows that the sympathetic imagination of the realist writer has been subordinated to the conscientious data-collection of the sociologist.[44]

Altogether, though undertaking to celebrate German-Jewish life, Hermann, by projecting the conflicts of his present onto the past, paints a decidedly unattractive picture. We have a small-minded, philistine, spiteful, conflict-ridden and money-oriented family which forces Jettchen into an essentially commercial marriage. The Geberts and other Jews are clannish: Jettchen tells the non-Jew Kößling: »Bei *uns* kommt *keiner* los von der Familie, bei *uns* nicht.«[45]

If we now move from the restricted context of the German-Jewish family novel to the wider setting of German fiction around the turn of the century, we can see that Hermann has benefited from the example of his fellow-realists Fontane and Thomas Mann. He greatly admired Fontane. His first novel was published by the novelist's son, Friedrich Fontane. Above his writing-desk he had Max Liebermann's lithographic portrait of Fontane, with a dedication by the novelist himself, reading: »Lebe zu lernen, lerne zu leben. Th. Fontane.«[46] Hermann was often called the Jewish Fontane: Schnitzler, reading him in 1921, wrote in his diary: »Jüdischer Fontane (cum grano)«.[47] His indebtedness to Fontane has been explored at length.[48]

Hermann's debt to *Buddenbrooks* is more complex. Even if Hermann did draw on family reminiscences that cannot now be reconstructed, he was helped to structure them by the fictional model of the Buddenbrook family. Both the oppressive power exerted by the family, and the configuration of its members, strongly resemble *Buddenbrooks*. In both novels there is a patriarchal figure who represents the irreverence of the Enlightenment: here Hermann's Uncle Eli corresponds to Mann's Johann Buddenbrook. In the following generation

---

44 In fairness, it should be noted that the Marxist critic Hans Kaufmann put forward the same justification for Hermann's »kulturhistorische Beschreibungswut« as Weiss-Sussex: »Die städtekundlichen, außen- und innenarchitektonischen, kunsthistorischen, bibliographischen Details sind Teile eines Geschichtsbildes, das Wesenszüge der Epoche erfaßt« (Hans Kaufmann: Fortsetzung realistischer Erzähltraditionen des 19. Jahrhunderts bei L. Thoma, A. Schnitzler, E. v. Keyserling, G. Hermann und dem frühen H. Hesse. In: Wissenschaftliche Zeitschrift der Friedrich-Schiller-Universität Jena 20 [1971], p. 499–511, here p. 510).

45 Hermann, Jettchen Gebert (note 5), p. 145.

46 Horch, Über Georg Hermann (note 3), p. 238.

47 Arthur Schnitzler: Tagebuch 1920–1922. Hg. von der Kommission für literarische Gebrauchsformen der Österreichischen Akademie der Wissenschaften unter dem Obmann Werner Welzig, unter Mitwirkung von Peter Michael Braunwarth, Susanne Pertlik und Reinhard Urbach. Wien: Österreichische Akademie der Wissenschaften 1993, 1 August 1921.

48 Horch, Über Georg Hermann (note 3); Weiss-Sussex, Metropolitan Chronicles (note 43), p. 122–130.

we find a contrast between stolid devotion to the family firm and critical detachment from it. Salomon, Jettchen's uncle, corresponds to Mann's Konsul Buddenbrook and the latter's son Thomas in upholding the firm, though without the inner struggles that Thomas Buddenbrook undergoes; while the marginal figure of Jason, who has no aptitude for business and voices criticism of the family, resembles Christian Buddenbrook.[49] Since the Buddenbrook family identifies with the family firm, marriages become not just personal decisions but strategic alliances. The consul considers it essential for Tony to marry not the medical student Morten Schwarzkopf but the apparently rising young businessman Bendix Grünlich, and pressures her into marriage by all possible means, including a pointed sermon by Pastor Pringsheim. Tony's situation resembles Jettchen's much more than does that of Effi Briest, who is easily persuaded to marry a man of her mother's choice at a time when she is too young for there to be a rival on the scene. In *Jettchen Gebert*, however, the counterpart of Fritz Kößling is Morten Schwarzkopf, the one a Gentile and poet, the other a student and would-be revolutionary, both remote from the values of the Gebert and Buddenbrook families. Julius Jacoby corresponds to Bendix Grünlich, who is as unattractive as his name.

Jettchen Gebert also shares with *Buddenbrooks* an obsession with boundaries and borders, insiders and outsiders, which makes both novels characteristic of their period. We know that Bismarck created political solidarity by identifying ›Feindbilder‹, first the Roman Catholics whose claims to direct such state functions as education were the occasion for the ›Kulturkampf‹, and later the Socialists. The liberal deputy Ludwig Bamberger complained late in the 1880s that a generation had grown up to whom »der Patriotismus unter dem Zeichen des Hasses erscheint, Haß gegen alles, was sich nicht blind unterwirft, daheim oder draußen«.[50] Hence we find in the literature of the time a pervasive unease, not only about the Jews who are often seen as unwelcome bearers of modernity, but also about Slav peoples, particularly Poles. During the Vormärz the Poles had been objects of liberal sympathy for their unsuccessful uprisings against Russian tyranny, but in 1848 the Polish population of some easterly German territories provided an obstacle to hopes for German unification, and in the 1870s the Catholic Polish population of Prussian Posen were among Bismarck's antagonists in his ›Kulturkampf‹ against the secular power of the Catholic Church.[51] Anti-Polish feeling, based on national and later racial grounds, therefore overlapped with unease about Catholics, in which old fears about Jesuit conspiracies seemed to be reinforced by the aggressively anti-modern

---

[49] Ibid., p. 134.
[50] Quoted in Hans-Ulrich Wehler: Das Deutsche Kaiserreich 1871–1918. Göttingen: Vandenhoeck & Ruprecht 1973 (Deutsche Geschichte; 9. Kleine Vandenhoeck-Reihe; 1380), p. 108.
[51] See Ritchie Robertson: Zum deutschen Slawenbild von Herder bis Musil. In: Das Eigene und das Fremde. Festschrift für Urs Bitterli. Hg. von Urs Faes und Béatrice Ziegler. Zürich: NZZ-Verlag 2000, p. 116–144.

stand taken by Pope Pius IX with his *Syllabus of Errors* (1864) and his proc-
lamation of papal infallibility (1870).[52] It was not only Jews, therefore, who
were the objects of unease. Even Walther Rathenau, in his polemic »Höre,
Israel!«, treats Jews only as the most intractable of various non-German peoples who should become assimilated to »Stammesdeutschen«: »Gelingt die
Assimilation doch kaum mit Polen und Dänen.«[53]

These fears about outsiders and others find expression in the literature of the
Wilhelmine period, sometimes naively, and sometimes, as in Fontane and Thomas Mann, with a considerable degree of critical sophistication and detachment.
Erika Swales has persuasively shown in respect of *Effi Briest* how Fontane's
characters manifest a continual unease about outsiders.[54] Innstetten dislikes
Crampas because he is »ein halber Pole« and therefore untrustworthy. Effi feels
anxious about Catholics, but finds their beliefs comforting and receives loyalty
from Roswitha. Thus Fontane depicts the prejudices of his contemporaries but
also distances himself from them and invites us to take a more tolerant view.
Thomas Mann's early fiction focuses on outsiders who are made so by ancestry,
cultural tastes, and sexual orientation, as with Tonio Kröger. His notorious and
brilliant story *Wälsungenblut* is a study not only in Jewish difference but more
generally in the situation of the outsider whose sheltered existence shields him
from involvement in real life. If we want further evidence of how the Wilhelmine imagination was haunted by fear of outsiders, we need only consult the
remarkable narrative by Daniel Paul Schreber, *Denkwürdigkeiten meiner Ner-
venkrankheit* (1903). Not only was Schreber worried about the future of the
Aryan race, but, as a Saxon Protestant, he also believed Germany to be threatened by Catholics, Jews, and Slavs. He thought he was being assaulted by
Catholic souls; once he imagined that 240 Benedictine monks entered his head,
only to perish there. Another soul, that of a Viennese nerve doctor, wanted to use
Schreber in order to make Germany Slavic and simultaneously to bring it under
Jewish domination. Even the scorpions that he thought were placed inside his
head were divided into »Aryan« and »Catholic« scorpions.[55]

Horch is no doubt right in arguing that we should not regard the characters
in *Jettchen Gebert* solely as Jewish, because gossipy aunts and robust business
sense can be found in many non-Jewish settings.[56] I would rather say, however, that the barriers and boundaries in *Jettchen Gebert* are paradigmatic for
the social boundaries that recur constantly in the fiction of Hermann's time,

---

[52] For an introduction to this subject, see Eda Sagarra: »Und die Katholschen seien, bei
Licht besehen, auch Christen«. Katholiken und Katholischsein bei Fontane: Zur
Funktion eines Erzählmotivs. In: Fontane-Blätter 59 (1995), p. 38–58.

[53] Rathenau, Höre, Israel! (note 29), p. 455.

[54] See Erika Swales: Private Mythologies and Public Unease: On Fontane's Effi Briest.
In: Modern Language Review 75 (1980), p. 114–123.

[55] On Schreber's nationalism, see Han Israëls: Schreber. Father and Son. Madison/Conn.:
International Universities Press 1989, p. 133–136, 159–162.

[56] Horch, Über Georg Hermann (note 3), p. 251.

whether these are barriers between Eastern and Western Jews, between Jews and Gentiles, between Germans and Poles, or between men and women or heterosexuals and homosexuals.

In retrospect, and in the light of subsequent twentieth-century history, it is tempting to suppose that the boundary between Jews and non-Jews must always have been the most important. For example, *Buddenbrooks* is full of anxiety about outsiders, but it is not always easy to discern how outsiders are defined. Just as the Geberts are worried by Eastern Jewish upstarts, the Buddenbrooks are worried about the Hagenströms. The latter betray their lack of cultivation by their manners and language, alternating between boastfulness and nervousness (as is shown by Herr Hagenström's constantly repeated »effektiv«) in a manner that reveals the insecurity of the parvenu. Some contemporaries claimed that this insecurity was characteristic of Jews. Thus Rathenau denounced the Berlin Jews: »Zwischen wedelnder Unterwürfigkeit und schnöder Arroganz findet Ihr schwer den Mittelweg.«[57] So one may wonder whether the Hagenströms are Jewish.[58] We are told:

> Herr Hagenström, dessen Familie noch nicht lange am Orte ansässig war, hatte eine junge Frankfurterin geheiratet, eine Dame mit außerordentlich dickem schwarzen Haar und den größten Brillanten der Stadt an den Ohren, die übrigens Semlinger hieß.[59]

The Frankfurt origins, the thick dark hair and the taste for ostentatious jewellery are stereotypes, increasingly unequivocal, which mark Frau Hagenström out as Jewish; her name, Semlinger, introduced by that tell-tale »übrigens«, may suggest »Sem« or »Shem‹.[60] It is harder to believe Rolf Thiede's contention that Herr Hagenström is also a Jew. We are told that his marriage caused surprise: he »hatte [...] mit seiner Heirat einiges Befremden erregt«,[61] which would hardly be the case if he were a Jew himself. Mann did originally contemplate calling Hagenström »Kohn«;[62] we may be thankful that he abandoned what would indeed have been crude racial labelling in favour of a more ambiguous suggestion of difference. Herr Hagenström appears to be a liberal-minded and progressive person whose cross-denominational marriage offends the illiberal and indeed reactionary families of the town. Among the latter we may number the Buddenbrooks, who, led by Tony, respond to the decline of

---

[57] Rathenau, Höre, Israel! (note 29), p. 459.
[58] See Alfred D. White: The One-Eyed Man. Social Reality in the German Novel 1848–1968. Oxford, Bern, Brüssel: Peter Lang 2000 (German Linguistic and Cultural Studies; 5), p. 30; Yahya Elsaghe: Die imaginäre Nation. Thomas Mann und das »Deutsche«. München: Fink 2000, p. 188–205.
[59] Thomas Mann: Buddenbrooks. 2., durchges. Aufl., Frankfurt a. M.: Fischer 1974 (Gesammelte Werke in dreizehn Bänden; 1), Vol. 1, p. 62.
[60] Rolf Thiede: Stereotypen vom Juden. Die frühen Schriften von Thomas und Heinrich Mann. Zum antisemitischen Diskurs der Moderne und dem Versuch seiner Überwindung. Berlin: Metropol 1998 (Dokumente – Texte – Materialien; 23), p. 90.
[61] Mann, Buddenbrooks (note 59), p. 62f.
[62] Elsaghe, Die imaginäre Nation (note 58), p. 193.

their firm by adopting an increasingly defensive and even paranoid standpoint which the novel does not require the reader to share.

Despite racial hints, what seems crucial in the division between the Buddenbrooks and the Hagenströms is not the distinction between Gentile and Jew, but the distinction, such as we have already noticed in *Jettchen Gebert*, between the cultured and the uncultured (»gebildet« und »ungebildet«), the latter being identified with commerce. Robert Holub gives examples from nineteenth-century German fiction, beginning with Anton Wohlfart in Freytag's *Soll und Haben* and Hans Unwirrsch in Raabe's *Der Hungerpastor*, both of whom are famously pitted against Jewish antagonists.

> Both abstain from the adventures and possible gains offered by the ominous world around them; neither seeks to rise in society; and both affirm an active, honest, and benevolent existence against Jewish doubles who are characterized by discontent, unscrupulousness, and egotism. These novels thus preach an essentially conservative system of values at odds with the »revolutionary« spirit of capitalism.[63]

But this is not necessarily a contrast of Gentile versus Jew. Holub finds a similar contrast between Keller's figures, Martin Salander and his antagonist the swindler Louis Wohlwend; the latter is not a Jew, but he is dishonest, selfish, indifferent to community and nation, and ready to change his name, language and nationality. We find the same structural antithesis in *Buddenbrooks*, heightened when Tony declares: »Seit Urzeiten sind Hagenströms unsere Widersacher.«[64] His structural opposition to Thomas Buddenbrook, however, does not make Hagenström substantively a Jew.

In Wilhelmine fiction, different boundaries cross each other, becoming blurred and ambiguous. Thus in *Jettchen Gebert* the cultivated Geberts are divided by their acculturation from their Eastern cousins, but divided by their residual Jewishness from the Gentile Kößling. The novel turns on the question which boundary is to be regarded as more important. The conservatism of her uncle Salomon makes Julius seem a suitable match for Jettchen, since Julius is not only a Jew and a relative but also a businessman, in contrast to Kößling with his uncertain prospects. For Jettchen, on the other hand, the crucial boundary runs between the cultured and the uncultured, and the cultural interests she shares with Kößling make him seem a far more desirable husband.

Reading turn-of-the-century fiction a hundred years on, we are naturally and rightly sensitive to how it portrays Jews; and since we know that anti-semitism later became genocidal, we are alert to the slightest signs of intolerance towards Jews in the earlier period. We may, however, attend so exclusively to the literary portrayal of Jews as to overlook the representation both of other marginal groups who were equally important in the literary consciousness of the time, and of cultural and social oppositions that were more conspicuous to

---

[63] Robert C. Holub: Reflections of Realism. Paradox, Norm, and Ideology in Nineteenth-Century German Prose. Detroit: Wayne State University Press 1991, p. 190.

[64] Mann, Buddenbrooks (note 59), p. 598.

most contemporaries than racial ones. Stereotypes appear especially when people represented in literature feel themselves threatened. From stereotypes, one can put together an array of imaginative and for the most part imaginary terrors and anxieties. But they have the dubious advantage of giving to vague, unfocused anxieties a local habitation and a name, and diverting those who believe in them from reflecting on the wider situation which gives rise to such anxieties.

Tiziane Schön

Nervenschwache Generationen – begabte Neurastheniker

Georg Hermanns *Der kleine Gast* als Berliner Pendant
zu Arthur Schnitzlers *Der Weg ins Freie*

Die Handlung von Georg Hermanns 1925 erschienenem Roman *Der kleine Gast* erreicht einen ersten dramatischen Höhepunkt, als Hannchen Meyer auf dem Kostümfest, das die Eisners veranstalten, plötzlich zusammenbricht. Wie der anwesende Lungenspezialist Spanier sogleich diagnostiziert, ist die Schwester von Annchen Eisner ernsthaft an Tuberkulose erkrankt. Ihr Anfall bedeutet innerhalb des Romangeschehens einen ersten Bruch. Der Schriftsteller Fritz Eisner, die Hauptfigur von Hermanns fünfteiligem Romanzyklus *Die Kette*, der am Ende des Romans sein Kind verlieren wird, registriert mit der Krankheit seiner Schwägerin zum ersten Mal die unmittelbare Nähe des Todes. Doktor Spanier wird Hannchen Meyer im weiteren Verlauf von *Der kleine Gast* eine Kur in der Schweiz empfehlen. Daß man für dieses nicht zuletzt finanziell schwierige Unternehmen auf die Hilfe ihres Mannes wird verzichten müssen, hat der aufmerksame Arzt bereits im Blick, wenn er am selben Abend eine zweite Diagnose stellt: Auf den promovierten Juristen Eginhard Meyer werde man angesichts von dessen Nervenschwäche nicht rechnen können. »Er kümmert sich doch nicht darum. Er ist auch zu sehr mit sich selbst beschäftigt ... und mit anderen Dingen ... wie alle begabten Neurastheniker.«[1]

Als nervenschwache Figur ist Hannchens Mann Eginhard Meyer weder im *Kette*-Zyklus noch in Hermanns Werk eine Einzelerscheinung. Wie brisant angegriffene Nerven innerhalb des Romangeschehens sein können, erweist die Nervenkrise Alwin Herzfelds. Sie bestimmt den zweiten Teil der Handlung von Hermanns 1912 erschienenem Roman *Die Nacht* und ist dort bereits als zentrale Problematik bemerkt worden.[2] Keine Beachtung fand jedoch bislang das Phänomen zahlreicher Leidensgenossen in Hermanns *Der kleine Gast*. Dabei deutet gerade die Fülle nervöser und neurotischer Figuren in diesem Roman darauf hin, daß Hermann die Nervenschwäche als Zeitphänomen verstand. Doch das in *Der kleine Gast* zu beobachtende breite Spektrum nervenschwacher Figuren ist weit mehr als nur ein Reflex auf ein zur Jahrhundertwende ver-

---

[1] Georg Hermann: Der kleine Gast. Kette I, zweiter Teil. Roman. Hg. von Gundel Mattenklott und mit einem Nachwort von Peter Sprengel. Berlin: Verlag Das Neue Berlin 1999 (Werke und Briefe: Abt. 1, Romane und Romanfragmente; 7,2), S. 246f. Die den Zitaten im folgenden in Klammern nachgestellten Ziffern beziehen sich auf Band und Seite dieser Ausgabe.
[2] Godela Weiss-Sussex: Metropolitan Chronicles. Georg Hermann's Berlin Novels. 1897–1912. Stuttgart: Heinz 2001 (Stuttgarter Arbeiten zur Germanistik; 379), u. a. S. 247f.

breitetes Phänomen.[3] Es lohnt sich zu verfolgen, inwieweit die nervöse Disposition in Hermanns detaillierte Rekonstruktion der geistigen und seelischen Befindlichkeiten der zwischen 1870 und 1880 geborenen Generation Eingang gefunden hat und welche Funktion ihr im Romanzusammenhang zukommt.

Daß sich Hermanns nervenschwache Protagonisten an die Seite so mancher Romanfigur der Jahrhundertwende stellen, bedarf inzwischen kaum noch des ausdrücklichen Hinweises.[4] Eine Fülle von Leidensgenossen findet sich zum Beispiel in Arthur Schnitzlers 1908 erschienenem Roman *Der Weg ins Freie*. Dem Wiener Autor und Nervenspezialisten dient die nervöse Disposition in ähnlich prägnanter Weise dazu, einer ganzen Generation ein eigenes Profil zu verleihen. Nicht nur Hermanns Eginhard Meyer leidet unter der Neurasthenie, die der Amerikaner George M. Beard 1880 als Form der Nervenschwäche entdeckte und die sich, etwa auch nach *Meyers Großem Konversationslexikon* von 1909, in einer vermehrten Reaktion des Nervensystems bei verminderter Leistungsfähigkeit ausdrückt.[5] Schnitzlers Protagonisten zeigen sich ebenso leicht erregt und rasch ermüdet. Hier wie dort leiden die Figuren unter den Symptomen, die ihnen mitunter gewisse Freiheiten erlauben: Reizbarkeit, Stimmungsschwankungen, zwanghafte Vorstellungen und Ängste sowie leichte bis gravierende Konzentrationsschwächen und Schlafstörungen.

Am Beispiel beider Werke kann in hervorragender Weise beobachtet werden, wie sich die Nervenschwäche funktionalisieren ließ. Beide Autoren wissen den Rekurs auf das verbreitete Phänomen für ihre spezifischen Interessen zu nutzen: der eine im Hinblick auf den Aufweis der existenzvernichtenden Konsequenzen des Antisemitismus, der andere, um die Großstadt als einen Lebensraum zu charakterisieren, der eigene Strategien der Bewältigung verlangt. Verfolgt man die Funktionalisierung der Nervosität in *Der Weg ins Freie* und in *Der kleine Gast*, fallen die unterschiedlichen Akzente auf, die die Autoren dieser ›Nervenromane‹ ihren Kulturräumen zuweisen: Nervosität als grundsätzliche Disposition einer ganzen Generation erscheint in Wien anders begründet als in Berlin. Georg Hermann spielt in seinem Roman wiederholt auf Schnitzlers *Der Weg ins Freie* an und nutzt den Text des Wiener Autors als Folie für seine Figurenzeichnung; um so beachtenswerter ist es deshalb, wenn er mit der Nervenschwäche in *Der kleine Gast* seine eigenen Wege geht.[6]

---

3 Siehe Joachim Radkau: Das Zeitalter der Nervosität. Deutschland zwischen Bismarck und Hitler. München, Wien: Hanser 1998.

4 Zu nervenschwachen Romanfiguren Thomas Manns wie zu dessen eigener Neurasthenie zuletzt Manfred Dierks: Zu kurze Nerven. Buddenbrooks als Neurasthenie-Roman. In: Neue Rundschau 112 (2002), S. 62–71.

5 Siehe den Artikel »Nervenschwäche« in: Meyers Großes Konversations-Lexikon. Ein Nachschlagewerk des allgemeinen Wissens. 6., gänzlich neubearbeitete und vermehrte Aufl., Leipzig, Wien: Bibliographisches Institut 1902–1909, Bd 14, S. 528–530, hier S. 528f. Die Neurasthenie ist in diesem Artikel als Form der Nervenschwäche berücksichtigt.

6 Die Dissertation der Verfasserin, die in Arbeit ist und Hermanns Anspielungen auf bildende Kunst und Literatur verfolgt, untersucht seine dezidierte Bezugnahme auf

I

In Georg Hermanns *Der kleine Gast* ist kaum eine Figur, die zum engeren Freundes- und Bekanntenkreis des Schriftstellers Fritz Eisner gehört, nicht in irgendeiner Form von Nervenschwäche betroffen. Die wenigen Ausnahmen wie Lucie Spanier, ihr Mann oder Lena Block bestätigen eher die Regel. Im Fall des Geschäftsmannes Georg Groß geschieht dies sogar ausdrücklich: Durch und durch »energiegesättigt« erscheint dieser Fritz Eisner als ein ganz neuer Typus von Mann, der »Klavierdrähte statt Nerven« besitzt (7/2, 25). Seine Charakterisierung gleich zu Beginn des Romans läßt nicht nur indirekt erkennen, daß Georg Hermann die Nervenschwäche als Problem eines unausgeglichenen Energiehaushalts definiert,[7] die nervöse Disposition erscheint darüber hinaus auch für eine bestimmte Altersgruppe bezeichnend. Denn Groß hat sich »auf Boy stilisiert« und wirkt damit zehn Jahre jünger, als er eigentlich ist: »Zwanzig, statt Dreißig« (7/2, 24).

Auf der Folie dieses im Roman früh skizzierten neuen nervenstarken Typs scheint kaum jemand in Eisners Alter von der Nervenschwäche ausgenommen. Angefangen bei Fritz Eisner bis hin zu Johannes Hansen, einem Jugendfreund von Eisners Schwägerin, der unter Verfolgungswahn leidet und im Verlauf der Handlung in die Psychiatrie eingeliefert wird, ist in *Der kleine Gast* ein breites Spektrum nervöser bis neurotischer Fälle zu beobachten. Darunter findet sich der namenlose zynische Sanitätsrat ebenso wie der Leonhard genannte Gärtner. Während den Sanitätsrat die Morphiumabhängigkeit höchst verdächtig macht, ist der Gärtner wie Dostojewski, auf den er verweist, Epileptiker: »Ein hübscher, schlanker Mensch, aber doch blaß dabei, eigentlich wenig verbrannt und nervös; ständig mit einem leichten Zucken des Mundes, während er sprach und sogar während er schwieg.« (7/2, 414) Unter dem expliziten Verzicht auf Cognac und Zigaretten lebt der immer wieder von Kopfschmerzen geplagte Sohn einer Bremer Reederfamilie inzwischen völlig zurückgezogen im Grünen und widmet sich in seinem Garten der Champignonzucht. Was hier ausdrücklich seinem Bedürfnis nach Frischluft entgegenkommt, erscheint wie eine von den Nervenspezialisten der Jahrhundertwende propagierte therapeutische Maßnahme.[8] Mit Eginhard Meyer und Eisners Frau Annchen stehen in Hermanns

---

Schnitzlers Roman. Für zahlreiche Anregungen zu diesem Beitrag möchte ich Kerstin Schoor an dieser Stelle ausdrücklich danken.

[7] Dies entspricht etwa Richard von Krafft-Ebing: Nervosität und neurasthenische Zustände. 2. verbesserte Aufl., Wien: Hölder 1900 (Specielle Pathologie und Therapie; 12/2), S. 37. Krafft-Ebing führt die temporär zu beobachtenden Überreizungs- und Erschöpfungsphänomene auf ein ›Nervenleben‹ zurück, »*das die Bilanz zwischen Production und Verbrauch von Nervenkraft nicht mehr herzustellen vermag.*« (Hervorhebung ebd.)

[8] Siehe 7/2, 413–422. Vergleiche etwa Krafft-Ebing, Nervosität und neurasthenische Zustände (Anm. 7), S. 130: »Ich denke mir solche Zukunftssanatorien als ländliche Colonien mit Garten-, Feldbau, Viehwirtschaft und Werkstätten [...] in klimatisch

Roman schließlich ein männliches Opfer und eine weibliche Betroffene im Mittelpunkt des Interesses. Mag Meyer mit seinem zwanghaften Verhalten in der Optik seines Schwagers mitunter zur komischen Figur werden, seine Ehe scheitert im Roman ebenso an seinen schwachen Nerven, wie die nervöse Disposition von Eisners Frau die Ehe des Schriftstellers belastet.

Am exponierten Fall des Privatdozenten und Neurasthenikers Meyer demonstriert Hermann nicht nur die Problematik der Nervenschwäche in *Der kleine Gast*, sondern insbesondere auch die Gefährdung derjenigen, die den Nervenspezialisten der Jahrhundertwende besonders prädestiniert erschienen: die »geistigen Berufsarbeiter«, die im »Kampf ums Dasein« auf sich allein gestellt waren.[9] Distanziert beobachtet der Erzähler mit Eisner die enorme Diskrepanz zwischen Meyers Gefühl der Überlastung einerseits und seiner überwiegenden Unproduktivität andererseits: Obwohl Eisners Schwager »*nie* etwas Nennenswertes« zustande bringe, habe er »infolgedessen auch *nie* – weder Tag noch Nacht – Zeit« (7/2, 78).[10] Daß er unter den täglich wachsenden »Berge[n] von Arbeit« leide, erscheint deshalb zwar verständlich, die eigene Logik des Betroffenen aber entbehrt nicht einer gewissen Komik:

> Das armselige bißchen Muße von achtzehn bis vierundzwanzig Stunden aber, das Egi sich täglich gönnte, wurde von ihm und Hannchen mit reichlichem Wortgeklingel verteidigt: Egi sei eben kein Schuster! ... und ein geistiger Arbeiter brauche das zur Entspannung, um mit neuem Blick und frischen Kräften ... nachher, beim »Werk« frage ja auch niemand mehr: ob er kurze oder lange Zeit daran gearbeitet ... und so weiter und so fort.   (7/2, 78)

Und weiter:

> Aber fertig wurde dabei gar nichts, gar nichts ... außer ein paar abstrusen Zeitschriftenartikeln – über Rechtsbegriffe der Ameisen oder so ähnlich – an die er Monate und Monate verschwendet hatte, und die dabei meist in irgendwelche anderen Gebiete übergriffen, in denen Egi eigentlich nicht zu Hause war: ... Gewiß er [Eginhard Meyer] wisse es ja, er könne eben nicht mehr, wäre fertig: geistig und seelisch und mit den Nervenkräften zu Ende.   (7/2, 79)

Was hier durchaus belustigt zur Kenntnis genommen wird, bleibt allerdings ein komplexer Sachverhalt, der in *Der kleine Gast* im Kern begründet erscheint. Daß Eginhard Meyer seinen Alkoholkonsum möglicherweise nicht mehr unter Kontrolle hat, ist ein im Roman wiederholt angedeutetes Indiz dafür, wie sehr der Jurist unter seiner Situation leidet. Dabei spielen auch in seinem Fall zwei Ursachen eine Rolle, die Hermanns Zeitgenossen als typisch galten: ein gewis-

---

vorteilhafter Lage im Mittelgebirge«. Dementsprechend wird von dem Epileptiker in *Der kleine Gast* vermutet, daß er Gärtner sei, »wohl um sinngemäß leben zu können« (7/2, 423).

[9] Etwa Krafft-Ebing, Nervosität und neurasthenische Zustände (Anm. 7), S. 37 bzw. Meyers Konversations-Lexikon (Anm. 5), S. 528.

[10] Hervorhebung im Original.

ser Ehrgeiz einerseits und enttäuschte Erwartungen andererseits.[11] Hermanns
Text deutet darüber hinaus an, daß die angestrebte Karriere an einer Schweizer
Universität bereits nach wenigen Monaten an den Nerven des Juristen scheiter-
te, weil sich Eginhard Meyer an der neuen Wirkungsstätte wenig verträglich
zeigte. Mit der ihm eigenen Mischung aus Intelligenz, Ehrgeiz, Arroganz und
Überreaktion habe sich der Dozent dort sofort »Reibereien mit älteren Kollegen« eingehandelt (7/2, 76). Dabei wird vermerkt, daß es seinem »Wesen«
ebenso entsprochen habe, »solche Zusammenstöße zu haben«, wie diesen »mit
den Nerven nicht gewachsen zu sein« (7/2, 77). Eginhard Meyer sei schließlich
genötigt gewesen, seine Dozentur wieder aufzugeben, nachdem sich die zunächst eigentlich ganz belanglos erscheinenden »Reibereien« schnell zu einem
»Riesenskandal« ausgewachsen hätten (7/2, 76). Mit Meyers verbissenen Versuchen, seinen angeschlagenen Ruf als Akademiker zu rehabilitieren, deutet
Hermann in seinem Roman einen gewissen Teufelskreis an: Eginhard Meyers
Ehrgeiz stellt sich als geradezu krankhaft dar, wenn von »Verfolgungsvorstel-
lungen« die Rede ist und davon, daß der »Kampf« um Anerkennung für ihn zu
»einer Art fixen Idee« geworden sei.[12] Seine als »verzweifelt« beschriebenen
Versuche, wieder Anschluß zu finden,[13] wirken sich völlig kontraproduktiv aus.
Sie treiben Meyer nur weiter in die Nervenschwäche: »Für Egi jedoch schien
sie [seine Sache] der Sinn des Lebens geworden zu sein, der ihm alle Energien
fraß.« (7/2, 77) Derart beschäftigt, sieht sich der Akademiker außerstande, ein
neues Projekt wie die ihm angetragene Redaktion einer Rechtssammlung zu
beginnen. Als Eisner ihn überredet, auf das Angebot zu antworten, zeigt sich
Meyer zwar zunächst »wie alle Neurastheniker froh«, daß ein anderer ihm die
Entscheidung abnimmt (7/2, 125), später stellt sich jedoch heraus, daß er in
dieser Hinsicht keine Initiative ergriffen hat.[14] So gezeichnet ist Eginhard Meyer
weder in der Lage, den Kuraufenthalt seiner Frau zu finanzieren noch seine
Familie zu unterhalten, die von der Unterstützung durch die Eltern lebt.

Was in Hermanns *Der kleine Gast* durch die finanzielle Abhängigkeit der
Figur eine gewisse Zuspitzung erfährt, thematisiert 1908 schon Arthur Schnitzlers *Der Weg ins Freie*: die Konzentrations- und Entschlußlosigkeit der Neurastheniker. Mit der Hauptfigur Georg von Wergenthin und seinem Freund
Heinrich Bermann sind zwei herausragende Gestalten des Romans betroffen,
die als Künstler freilich ebenfalls den »geistigen Arbeitern« zuzurechnen sind:
Sowohl der Komponist als auch der Schriftsteller erscheinen ähnlich problematisch disponiert, wenn es darum geht, zielgerichtet zu arbeiten oder ange-
fangene Projekte zu Ende zu führen. Bermann läßt verlauten, er »entwerfe
viel«, mache aber »nichts fertig«.[15] Der Musiker von Wergenthin konstatiert

---

[11] Siehe Meyers Konversations-Lexikon (Anm. 5), S. 528f.
[12] Siehe 7/2, 108 bzw. 77.
[13] Siehe ebd., 75.
[14] Siehe ebd., 498.
[15] Arthur Schnitzler: Der Weg ins Freie. Frankfurt a. M.: Fischer-Taschenbuch-Verlag
1990 (Das erzählerische Werk; 5 – Fischer-Taschenbücher; 9405), S. 72.

für sich, daß viel »begonnen und vorbereitet« sei, sich der nötige »Fleiß« allerdings noch nicht eingestellt habe.[16] Von seiner neuen Geliebten Anna Rosner erhofft sich von Wergenthin zu Beginn des Romans sogar, sie vermöge es, »seinem Hang zur Verspieltheit und zur Nachlässigkeit entgegenzuwirken, ihn zu zielbewußter und erwerbbringender Tätigkeit anzuhalten.«[17] Nichtsdestoweniger reagiert der Komponist gegen Ende der Handlung »enerviert« auf das Angebot einer Kapellmeisterstelle in Detmold, weil es eine Entscheidung von ihm verlangt.[18] Nicht entschlußfreudiger zeigen sich im Roman der Wissenschaftler Berthold Stauber oder Leo Golowski, der sich bezeichnenderweise gar nicht erst zwischen einer Karriere als Pianist oder Mathematiker entscheiden mag.[19] Der »Mangel an Programm«, den der Text für Georg von Wergenthin konstatiert,[20] ist nicht nur für einen Großteil seiner Altersgenossen in *Der Weg ins Freie* bezeichnend. Was der Hauptfigur in der Forschung das Etikett eines impressionistischen Charakters eingebracht hat, entbehrt überdies nicht der Brisanz: Aus »Mangel an Programm« bleibt bis zuletzt in der Schwebe, inwieweit die folgenreiche Beziehung zwischen Georg von Wergenthin und Anna Rosner eine Zukunft hat. Daß die allseits zu beobachtende Ziellosigkeit dezidiert auf die nervöse Disposition der Figuren zurückzuführen ist, belegt ein Vokabular, das auch bei Georg Hermann schwache Nerven anzeigt. Zwar unterläßt es der mit der Materie um so vertrautere Schnitzler, die Nervenschwäche seiner Hauptfiguren als Neurasthenie zu benennen, doch seine wenig entschlußfreudigen Protagonisten zeigen sich in einer Fülle von Situationen ebenfalls erregt, gereizt, beleidigt, abgespannt, abgehetzt und müde, zerstreut, haltlos und nervös. Der verbreitete »Mangel an Programm« und das ›Nervenvokabular‹ lassen erkennen, daß auch in Schnitzlers *Der Weg ins Freie* wie in Hermanns *Der kleine Gast* eine ganze Generation von der Nervenschwäche betroffen ist.

II

Mit Eginhard Meyer problematisiert Georg Hermann den Typus des Neurasthenikers in der Retrospektive der *Kette* in einer Weise, die diesen an die nervenschwache Seite von Schnitzlers Figuren stellt. Eginhard Meyer erweist sich nicht nur als ebenso konzentrations- und ziellos wie die Protagonisten des Wiener Autors. Er zeigt sich auch in einem extremen Maße sozial unverträglich. Die eingangs zitierte Bemerkung Doktor Spaniers über den »begabten« Neurastheniker weist bereits auf dessen außerordentliche Selbstbezogenheit hin. Diese aber verbindet Meyer nicht nur mit den nervenleidenden Zeitgenos-

---

[16] Ebd., S. 94.
[17] Ebd., S. 60.
[18] Ebd., S. 295.
[19] Ebd., S. 33 bzw. S. 111f.
[20] Ebd., S. 175.

sen Georg Hermanns,[21] sondern auch mit den nervenschwachen Figuren in
Der Weg ins Freie. Der Aspekt verdient besondere Beachtung. Deutet Georg
Hermann in *Der kleine Gast* für Eginhard Meyer an, daß das unerwartete Ausmaß seines nervenaufreibenden Skandals auch das Ergebnis einer antisemitischen Hetzkampagne ist,[22] so macht in Schnitzlers *Der Weg ins Freie* vor
allem die nervöse Unverträglichkeit der Figuren auf den brisanten Zusammenhang zwischen Nervenschwäche und Antisemitismus aufmerksam. Schnitzler
stellt ihn in seinem Roman dezidiert heraus. Dabei nutzt der Wiener Autor das
Phänomen sozialer Unverträglichkeit als spürbarste Auswirkung eines nervenstrapazierenden Antisemitismus.

Zu Schnitzlers Auseinandersetzung mit seiner »jüdisch-österreichisch-
deutschen« Identität in Tagebüchern und Briefen deutet Bettina Riedmann in
ihrer Untersuchung an, daß der Wiener Autor einen Zusammenhang zwischen
der eigenen im Tagebuch zu beobachtenden Nervenschwäche und den besonderen Produktions- und Existenzbedingungen gesehen habe, mit denen er sich
als jüdischer Schriftsteller konfrontiert fühlte.[23] Wenn Schnitzler in seinem Tagebuch beklagt, daß es ihm an »absoluter Concentration« mangele, weil »hypo-
chondrische und begründete Sorgen« den »reinen Lauf der Gedanken« störten,
und deshalb von »Talentmangel« spricht,[24] interpretiert Riedmann das keineswegs als eine angeborene Schwäche. Vielmehr fänden sich in Schnitzlers intimen Dokumenten zahlreiche Hinweise darauf, daß sich der Autor »als jüdischer
Schriftsteller besonders exponiert« gefühlt und unter seiner so empfundenen
»Sonderstellung« gelitten habe.[25] War der ›begabte‹ Schnitzler also in seiner
Selbstwahrnehmung nicht nur ein Opfer seiner Nerven, sondern zugleich ein
Opfer seiner als prekär empfundenen jüdischen Existenz, die in der Nerven-
schwäche ihren Ausdruck fand?

Was Bettina Riedmann hier nahelegt, bekräftigt der Roman *Der Weg ins
Freie* bis zum Aufzeigen letzter existenzvernichtender Konsequenzen. In Schnitzlers Text fließt der von ihr angedeutete Konnex nicht nur in zahlreiche Dialoge

---

[21] Siehe Radkau, Das Zeitalter der Nervosität (Anm. 3), S. 97–101 zum »Eigensinn«
manch eines Patienten der Jahrhundertwende und der ebenso selbstbewußt wie pe-
dantisch erscheinenden Selbstbeobachtung vieler Nervöser.

[22] Siehe 7/2, 76.

[23] Bettina Riedmann: »Ich bin Jude, Österreicher, Deutscher«. Judentum in Arthur
Schnitzlers Tagebüchern und Briefen. Tübingen: Niemeyer 2002 (Conditio Judaica.
Studien und Quellen zur deutsch-jüdischen Literatur- und Kulturgeschichte; 36),
S. 375–394, hier insb. S. 390–393.

[24] Siehe Schnitzlers Eintrag vom 1. Januar 1909 in Arthur Schnitzler: Tagebuch 1909–
1912. Hg. von der Kommission für literarische Gebrauchsformen der Österreichischen
Akademie der Wissenschaften unter dem Obmann Werner Welzig, unter Mitwirkung von Peter Michael Braunwarth, Richard Miklin, Maria Neyses, Susanne Pertlik, Walter Ruprechter und Reinhard Urbach. Wien: Österreichische Akademie der
Wissenschaften 1981, S. 38.

[25] Riedmann, Judentum in Arthur Schnitzlers Tagebüchern und Briefen (Anm. 23),
S. 391.

ein. In einer Fülle von Situationen wird vorgeführt, daß die Kommunikation
sowohl unter Juden als auch zwischen Juden und Nicht-Juden nervöse Reaktionen hervorrufen kann. Das entsprechende Vokabular zieht sich wie ein roter
Faden durch den Roman. Die jüdischen Figuren, auf die Georg von Wergenthin
auf seinem Weg ins Freie trifft, reagieren permanent empfindlich, weil sie sich
dauerhaft antijüdischen Ressentiments ausgesetzt fühlen. Gleich zu Beginn des
Romans verraten die »etwas nervösen« Finger des ungarischen Juden Willy
Eißler geradezu programmatisch seine Erregung, als er sich an »eine Diffe-
renz« mit dem Antisemiten Ladisc erinnert.[26] Die jüdische Familie Ehrenberg,
in deren Haus Georg von Wergenthin ein gern gesehener Gast ist, liefert in
ihren privaten und halb-privaten Kontroversen um Judenfrage, Assimilation
und Zionismus durchgängig Beispiele für die von Riedmann angedeutete spezifische Empfindlichkeit. Aufgrund der kleinen Gesellschaften, die Frau Ehrenberg während der Wintersaison veranstaltet, sieht sich ihr Mann genötigt, in
den Süden zu reisen. Sie machen den Hausherrn vor allem deshalb »nervös«,
weil er sich mit Gästen konfrontiert sieht, die seinen Einstellungen fast aus-
nahmslos kritisch gegenüberstehen.[27] Als er sich vor seiner Abreise im Salon
seiner Frau wieder einmal nicht verstanden fühlt, zeigt er sich im Zustand
höchster Erregung: Die zerbissene Zigarre entsorgt er mit »wutzitternden Fingern«.[28] Innerhalb der eigenen Familie stößt der alte Salomon Ehrenberg mit
seinen Ansichten auf die größte Ablehnung. Dabei reagieren Frau und Kinder
nicht nur mit Unverständnis, sondern selbst hochgradig nervös. Die Familie
lebt in der permanenten, immer auch körperlich ablesbaren Angst, der Vater
könne mit seinen deutlich formulierten Ressentiments gegenüber jüdischen As-
similationsbestrebungen das eigene Bemühen in diese Richtung zunichte machen. Man verhält sich im Familienkreis deshalb nicht nur unruhig und ängstlich, sondern auch in hohem Maße unverträglich. Ein Selbstmordversuch des
Sohnes beendet schließlich den Umgang von Vater und Kind, deren »üble[s]
Verhältnis«, wie Georg von Wergenthin im Vorfeld feststellt, die ganze Familie belastet, denn sie »ertrugen kaum mehr einer des andern Nähe«.[29]

Wo so hoch erregt reagiert wird wie in der Familie Ehrenberg, ist es bis
zum Verdacht der Neurose nur noch ein kleiner Schritt. Als Salomon Ehrenberg seinen Sohn im Rahmen dieses innerfamiliären Konfliktes als »Antise-
mit« bezeichnet, wirft Frau Ehrenberg ihrem Mann vor, er sehe überall Antisemiten, und spricht deshalb von einer »fixe[n] Idee«.[30] Der Vorwurf der Pa-
ranoia verdient Aufmerksamkeit. Denn in Schnitzlers Roman wird nicht nur
Ehrenberg senior damit konfrontiert. Unter den jüdischen Bekannten Georg
von Wergenthins muß sich insbesondere Heinrich Bermann vorhalten lassen,

26 Schnitzler, Der Weg ins Freie (Anm. 15), S. 14.
27 Ebd., S. 68f.
28 Ebd., S. 69.
29 Ebd., S. 178f.
30 Ebd., S. 69f.

»verfolgungswahnsinnig« zu sein: Von Wergenthin erklärt, der befreundete Schriftsteller sei »überhaupt nicht mehr imstande«, »etwas anderes in der Welt zu sehen als immer und überall die Judenfrage«.[31] Den Verdacht eines neurotischen Verhaltens wird Bermann empört zurückweisen, gewisse »Nervositäten« aber, die er nicht zuletzt einer spezifisch jüdischen Sozialisation zu verdanken glaubt, hat er Georg von Wergenthin gegenüber längst zugegeben:

> Aber daß ich den Fehlern der Juden gegenüber besonders empfindlich bin, das will ich gar nicht leugnen. Wahrscheinlich liegt es nur daran, daß ich, wir alle, auch wir Juden mein' ich, zu dieser Empfindlichkeit systematisch herangezogen worden sind. Von Jugend auf werden wir darauf hingehetzt, gerade jüdische Eigenschaften als besonders lächerlich oder widerwärtig zu empfinden, was hinsichtlich der ebenso lächerlichen und widerwärtigen Eigenheiten der andern eben nicht der Fall ist.[32]

Und weiter:

> Ich will es gar nicht verhehlen, – wenn sich ein Jude in meiner Gegenwart ungezogen oder lächerlich benimmt, befällt mich manchmal ein so peinliches Gefühl, daß ich vergehen möchte, in die Erde sinken. Es ist wie eine Art von Schamgefühl [...]. Vielleicht ist das Ganze auch nur Egoismus. Es erbittert einen eben, daß man immer wieder für die Fehler von andern mit verantwortlich gemacht wird, daß man für jedes Verbrechen, für jede Geschmacklosigkeit, für jede Unvorsichtigkeit, die sich irgendein Jude auf der Welt zuschulden kommen läßt, mitzubüßen hat. Da wird man natürlich leicht ungerecht. Aber das sind Nervositäten, Empfindlichkeiten, weiter nichts.[33]

Bermann mag hier die eigene – wohlgemerkt auf der Folie kollektiver Diskriminierungserfahrungen skizzierte – Gereiztheit herunterzuspielen versuchen, leugnen kann er sie im Roman nicht. Das spektakulärste Opfer schwacher Nerven, das der Antisemitismus in *Der Weg ins Freie* einfordert, gehört seiner Familie an: Heinrich Bermanns Vater stirbt am Ende des Romans, etwa ein Jahr nach seiner Einlieferung, in einer Nervenheilanstalt. Bermann berichtet Georg von Wergenthin, daß sein Vater, ein ehemals erfolgreicher Rechtsanwalt, als Opfer der unerwarteten Konfrontation mit einem judenfeindlichen Umfeld zugleich das Opfer seiner Nerven geworden sei. Nach plötzlich vermehrt auftretenden Anfeindungen in der eigenen Deutsch-Liberalen Partei sei der Mandatsträger im Reichsrat zusehends dem »Wahnsinn« verfallen.[34] Kein Wunder also, daß Heinrich Bermann auf den Paranoia-Vorwurf so empört reagiert. Vor diesem Hintergrund hält Bermann junior dem Vorwurf Georg von Wergenthins eine divergierende Vorstellung von »Manie«[35] auf jüdischer Seite entgegen:

> Was Sie Verfolgungswahnsinn zu nennen belieben, lieber Georg, das ist eben in Wahrheit nichts anderes als ein ununterbrochen waches, sehr intensives Wissen von einem Zustand, in dem wir Juden uns befinden, und viel eher als von Verfolgungs-

---

[31] Ebd., S. 234.
[32] Ebd., S. 147.
[33] Ebd.
[34] Ebd., S. 92.
[35] Georg von Wergenthin gebraucht diesen Ausdruck im selben Kontext (ebd., S. 234).

wahnsinn könnte man von einem Wahn des Geborgenseins, des Inruhegelassenwer-
dens reden, von einem Sicherheitswahn, der vielleicht eine minder auffallende, aber
für den Befallenen viel gefährlichere Krankheitsform vorstellt. Mein Vater hat an ihr
gelitten, wie viele andre seiner Generation. Er ist allerdings so gründlich kuriert
worden, daß er darüber verrückt geworden ist.[36]

Heinrich Bermann definiert das den Juden unterstellte zwanghafte Verhalten
an dieser Stelle nicht nur neu. Er wertet die dargestellte Empfindlichkeit zugleich auf entscheidende Weise auf: Nervosität, so wie Bermann sie sicherlich
auch für sich selbst verstanden wissen will, bedeutet aus dieser Perspektive
erhöhte Aufmerksamkeit und erweist sich somit als ein womöglich lebensent-
scheidendes Potential.

Wie die auferzwungene Pflicht der Juden, sich ihrer Geschichte zu erinnern,
die Konstanze Fliedl in *Der Weg ins Freie* als eine notwendige Vorsichtsmaß-
nahme interpretiert,[37] ist auch die Nervosität als ein jüdischer Überlebensme-
chanismus zu verstehen. Folgt man dieser Lesart, stellt sich die soziale Unverträglichkeit der nervenschwachen Figuren unter anderen Vorzeichen dar. Während Heinrich Bermanns nervenleidende Schwester auf den mit dem »Wahnsinn« des Vaters verbundenen Zusammenbruch des Elternhauses »krankhaft
eigensinnig« reagiert, indem sie dem Bruder die Schuld dafür gibt, zieht sich
der als ebenso »empfindlich« wie »rücksichtslos« und »unverträglich« charak-
terisierte Schriftsteller aus dem Familienkreis zurück.[38] Der »Egoismus«, den
Georg von Wergenthin bei dem Gedanken an diesen Rückzug für den Neurastheniker Bermann konstatiert, kann deshalb als »Rettung und Befreiung«
verstanden werden.[39] Die Nervenschwäche bietet der Figur die Möglichkeit,
den existenzbedrohenden Folgen des nervenaufreibend gezeichneten Antisemitismus zu entgehen.

Nervosität ist in Schnitzlers Roman allerdings kein genuin jüdisches Problem. Der Autor nutzt die Nervenschwäche in *Der Weg ins Freie* zwar in he-
rausragendem Maße, um auf die Gefährdung seiner Protagonisten durch ein
antisemitisches Umfeld aufmerksam zu machen. Darüber hinaus dient die Nervosität jedoch generell als integrierende Folie für die Figurenzeichnung: Die
Nervenschwäche kann alle Figuren und sämtliche Lebensbereiche betreffen.
Die in der Kritik früh vermißte Verbindung zwischen jüdischen und nicht-
jüdischen Personenkreisen und deren im Roman verhandelten Problemen stellt
sich auf diese Weise geradezu zwangsläufig her.[40] Insbesondere erzeugen die
Verwicklungen der Beziehung zwischen Georg von Wergenthin und der kleinbürgerlichen Anna Rosner »Nervositäten« im Roman, die weitreichende Konsequenzen haben. Mit der perspektivlosen Verbindung der Tochter und deren

---

[36] Ebd., S. 235.
[37] Konstanze Fliedl: Arthur Schnitzler. Poetik der Erinnerung. Wien, Köln, Weimar: Böhlau 1997 (Literatur in der Geschichte. Geschichte in der Literatur; 42.), S. 216–229.
[38] Schnitzler, Der Weg ins Freie (Anm. 15), S. 92 bzw. S. 231.
[39] Ebd., S. 93.
[40] Siehe auch Fliedl, Arthur Schnitzler (Anm. 37), S. 221f.

Schwangerschaft konfrontiert, brechen die Eltern der jungen Frau zusammen. Die Mutter verschließt sich ihrer Tochter »gekränkt und schwermütig«, der Vater altert nach einem Schlaganfall vorzeitig.[41] Aber auch der bei Ehrenbergs als »kühl«, »überlegen« und »temperamentlos«[42] geltende Georg von Wergenthin zeigt Nervenschwäche jenseits seines ›Mangels an Programm‹. In Gegenwart seiner Geliebten vermag er mit der Zeit die gleiche »leichte Gereiztheit« zu empfinden wie dem jüdischen Bekannten Nürnberger gegenüber.[43] Als von Wergenthin am Ende des Romans noch einmal nach Wien zurückkehrt, nachdem er seine Kapellmeisterstelle in Detmold angetreten hat, ist der Neurastheniker »abgespannt und erregt« zugleich, sowohl weil er seine verlassene Geliebte wiedersieht als auch seine ihn zutiefst verunsichernden jüdischen Bekannten.[44] Denn deren Gereiztheit bekommen die Nicht-Juden im Roman, wie Georg von Wergenthin und Demeter Stanzides, so sehr zu spüren, daß ihre Nerven gleichfalls darunter leiden. Auf die »Empfindlichkeiten« der Juden reagieren sie selbst »ärgerlich«, »enerviert« und »nervös«.[45] Die Empfindlichkeit seines Künstlerkollegen Heinrich Bermann beispielsweise, der auf Kritik am Werk schnell gereizt reagiert,[46] nimmt von Wergenthin bei aller vermeintlichen Gleichgültigkeit mit ablesbarer Nervosität zur Kenntnis:

> Georg zuckte leicht zusammen. Er wußte, daß Heinrich insbesondere bei Gelegenheit seines letzten Stückes von konservativen und klerikalen Blättern persönlich aufs heftigste angegriffen worden war. Aber was geht mich das an, dachte Georg. Schon wieder einer, den man beleidigt hat! Es war wirklich ausgeschlossen, mit diesen Leuten harmlos zu verkehren.[47]

Von Wergenthin fühlt sich darüber hinaus durch die tiefe Menschenkenntnis seiner jüdischen Bekannten verunsichert, die in *Der Weg ins Freie* als jüdische Überlebensstrategie angedeutet ist: »Sie machten einen wirklich manchmal nervös, diese jüdisch-überklugen schonungslos menschenkennerischen Leute«.[48] So gezeichnet sind Georg von Wergenthin die zunehmend freundschaftlich verbundenen Bekannten immer wieder eine »unbequeme Gesellschaft«.[49] Gerade weil die Nervenschwäche als Disposition bei Schnitzler eine ganze Generation verbindet, erscheint ein verträgliches Miteinander von Juden und Nicht-Juden ausgeschlossen. Anhand wiederkehrender Verhaltensmuster setzt Schnitzler

---

[41] Schnitzler, Der Weg ins Freie (Anm. 15), S. 178 bzw. S. 325f. Auf die Nachricht der Schwangerschaft reagiert Frau Rosner »sehr erregt«, dabei »häufig geradezu dem Weinen nahe«. Die Erregung des Vaters verrät analog dazu seine »zitternde Stimme« (ebd., S. 159).

[42] Ebd., S. 65.

[43] Ebd., S. 251 bzw. S. 230.

[44] Ebd., S. 365–368.

[45] Ebd., u. a. S. 97 bzw. S. 37 u. S. 217f.

[46] Ebd., u. a. S. 91.

[47] Ebd., S. 48.

[48] Ebd., S. 249.

[49] Ebd.

unablässig in Szene, daß die Konfrontation mit dem Antisemitismus bei den
Juden Nervosität in einem Ausmaß erzeugt, welches bei den nervenschwachen
nicht-jüdischen Protagonisten des Romans ebenfalls ein hohes Maß an Gereiztheit produziert.

Auf dieser Folie erscheint es bemerkenswert, daß in Georg Hermanns *Der
kleine Gast* eher beiläufig angemerkt wird, daß der »Stunk«, der Eginhard
Meyer ebenso Nerven wie die Karriere an der Schweizer Universität gekostet
hat, auf seinem Weg »von den Universitäten in die Zeitungen [...] politische
Tendenzen« angenommen habe und zuletzt »antisemitisch gefärbt« gewesen
sei (7/2, 76). Auch daß konservative und rechtsorientierte Umstrukturierungs-
prozesse an den deutschen Universitäten dem Akademiker in der Heimat keine
zweite Chance eröffnen und dieser deshalb gezwungen ist, nach Südamerika
zu gehen, wird nur angedeutet.[50] Unter anderem erweist sich *Der kleine Gast*,
wie Peter Sprengel festgestellt hat, als »Berliner Pendant« zu Schnitzlers *Der
Weg ins Freie*, indem der Roman den »Sonderstatus« der jüdischen Figuren
»unauffällig, aber kontinuierlich reflektiert«.[51] Ein ähnlich durchdringender
Vorstoß wie bei Schnitzler, den Antisemitismus anhand der Nervenschwäche
in seinen existenzbedrohenden Dimensionen zu thematisieren, findet sich in
Der kleine Gast allerdings nicht. Dabei dient Schnitzlers Text Georg Hermann
in erheblichem Maße als Vorbild für die Zeichnung der Lucie Spanier, deren
Nervenstärke sich in Hermanns Roman pikanterweise mit ihrer Bereitschaft für
flüchtige Liebesabenteuer à la Georg von Wergenthin verbindet.[52] In der peni-
blen Rekonstruktion der Zeit um 1905 zeichnet sich der Antisemitismus in *Der
kleine Gast*, wie der Vergleich mit Schnitzlers Roman deutlich macht, lediglich vage als »Tendenz der Epoche« ab.[53] Einmal mehr ist hier Hermanns
große Zurückhaltung zu konstatieren, dem Antisemitismus der Zeit vor dem
Ersten Weltkrieg in irgendeiner Form auf den Grund zu gehen.

III

Daß Georg Hermann bei der Funktionalisierung von Nervenschwäche in *Der
kleine Gast* ganz andere Wege geht als Schnitzler, läßt sich an der Sonderrolle
Fritz Eisners ablesen, für den eine eigentümliche Mischung, ja Spannung zwischen Nervosität und Nervenstärke charakteristisch ist. Selbstverständlich zeigt
in Hermanns *Der kleine Gast* auch die Hauptfigur, die als Schriftsteller wie
Meyer ein »geistiger Arbeiter« ist, Nerven. Doch scheint Eisner seinen Nerven

---

[50] Siehe 7/2, 80.

[51] So Peter Sprengel im Nachwort der hier zitierten Ausgabe (ebd., S. 580).

[52] Dazu die Dissertation der Verfasserin.

[53] Peter Sprengel: Der Dreschflegelgraf. Antisemitismus als Tendenz der Epoche in
Georg Hermanns *Der kleine Gast*. In: ... Aber ihr Ruf verhallt ins Leere hinein. Der
Schriftsteller Georg Hermann (1871 Berlin – 1943 Auschwitz). Aufsätze und Mate-
rialien. Hg. und eingeleitet von Kerstin Schoor. Berlin: Weidler 1999. S. 189–195.

weitaus weniger ausgeliefert zu sein als sein Schwager. Die vergleichsweise größere Nervenstärke prädestiniert ihn geradezu für die Rolle des distanzierten Beobachters, dessen Perspektive der Text über weite Strecken folgt. Folglich kann Eisner die Nervenschwäche seines Schwagers betont abgeklärt auf den Punkt bringen, wenn er Lucie Spanier gegenüber die Konsequenzen von Hannchen Meyers Tuberkulose zu bedenken gibt:

> Was soll denn aus dem Kind werden ... bei Hannchen? Und was aus dem Mann? Der doch – wir wollen es uns mal ganz ruhig eingestehen – eigentlich *sehr wenig* Halt hat. (7/2, 406)[54]

Dabei kennt Eisner die Ängste und Verunsicherungen des Künstlers. Diese kommen in *Der kleine Gast* in dem Maße zur Sprache, in dem der Roman seinen Durchbruch als Schriftsteller thematisiert. Spürbar stellt sich bei Eisner die Angst zu versagen ein, nachdem sein Roman endlich angenommen, das Werk aber noch längst nicht fertiggestellt ist.[55] Im Vergleich mit den befreundeten Künstlerkollegen beweist Fritz Eisner allerdings wiederum größere Nervenstärke: Ihm gegenüber vermitteln vor allem der unter Verfolgungswahn leidende Johannes Hansen und der sensible, mit Eisner befreundete namenlose Zeichner den Eindruck, daß die Gefahr eines ernstzunehmenden Nervenleidens um so größer ist, je größer sich die Begabung darstellt.[56] Zumindest entfernt mögen diese im Roman besonders talentiert erscheinenden Figuren an den nervenkranken Peter Altenberg erinnern, den Arthur Schnitzler während dessen Sanatorien-Aufenthalten zeitweise betreute. Laut Georg Hermann soll Schnitzler Altenberg als »begabten Neurastheniker« geschätzt haben.[57]

Doch zurück zu Fritz Eisner: Dessen Arbeit am ersten Romanerfolg mag zwar mitunter als »schwere Quälerei« und »Nervenspannung« erscheinen, die freilich das »erregende Gefühl des Sichauslebens und Gestaltens« mit einschließt (7/2, 267). Nichtsdestoweniger wird sie wiederholt als konzentrierte Leistung herausgestellt: »Und so maikäferte er außerdem in allen freien Stunden an einer sehr großen Arbeit, schrieb langsam und wohlvorbereitet mit der Ruhe eines Saumtiers Seite für Seite.« (7/2, 38) Auf dem Weg zum großen Durchbruch markiert der wechselhafte Zustand der Eisnerschen Nerven immer auch dessen Wechsel vom *ungesicherten* Leben in das *gesicherte*: Mit der Zusage der Veröffentlichung weichen »Zweifel und Bedenken« zusehends (7/2, 367). Zwar unterliegt Eisner noch zuletzt der »fiebrigen Erregung«, die jeden vor der Fertigstellung eines Projektes packe (7/2, 387), doch mit der Abgabe des Manuskripts quittiert er den »Erfolg« seiner Bemühungen reichlich abgebrüht: »Ganz kalt und mit starren

---

54 Hervorhebung im Original.
55 Siehe 7/2, 268.
56 Der Zeichner wird als ebenso »durch und durch genial« wie »übernervös« charakterisiert (7/2, 194). Von Johannes Hansen heißt es, er sei »eigentlich ein genial begabter Mensch« (7/2, 303). Eine vergleichbar gefährdete Figur findet sich in Schnitzlers *Der Weg ins Freie* in dem Dichter Winternitz.
57 So Georg Hermann im *Algemeen Handelsblad* am 15. April 1922.

Nerven, so wie ein alter Roulettespieler, der sieht, wie die Kugel auf sein Feld zurollt.« (7/2, 393) Diese Nerven- und Erfolgsgeschichte entbehrt nicht einer eigenen Pointe: Als Eisner registriert, daß er sich langsam zu etablieren beginnt, überfällt ihn neue Panik. Der Chronist des ungesicherten Lebens, der im Text gebrochenen Figuren wie der seines Schwagers besondere Sympathien entgegenbringt, weil er für »Unglück, Elend, Zerrissenheit, Unzufriedenheit und Mißlingen« aus seinen eigenen Erfahrungen heraus stets Verständnis aufzubringen meint (7/2, 86), bekommt plötzlich Angst vor dem »gesicherte[n] Leben« (7/2, 531).

Nicht nur die nervenstarken Ausnahmen im Roman – Figuren wie Lucie Spanier oder Lena Block –, sondern auch Fritz Eisner lassen erkennen, daß sich gute Nerven als Indikator einer positiven Lebensbewältigung erweisen. Inwieweit Georg Hermann hier unter anderem eventuellen eigenen Wünschen im Hinblick auf ein konzentriertes Arbeiten Rechnung trägt und diesen im Roman eine Projektionsfläche bietet, bliebe bedenkenswert. An dieser Stelle gilt es, Eisners Nervenschwächen und Nervenstärken in anderer Hinsicht nachzuspüren; in Hinsicht auf ein Konzept von Moderne nämlich, das Arthur Schnitzler fremd gewesen ist: Fritz Eisner ist Berliner Großstädter und als solcher neigt er per se zu Nervosität, wie an der anonymen Großstadtmenge mit ihren »gehetzten Gesichter[n]« abzulesen ist (7/2, 432). Er fühlt sich »reichlich müde und abgehetzt« und der »Ruhe« bedürftig (7/2, 136), nachdem ihn notwendige Besorgungen gleich zu Beginn des Romans in zwei nervenstrapazierende Zentren großstädtisch-modernen Lebens geführt haben, die Zeitungsredaktion und das Warenhaus. Als Schüler Georg Simmels weiß Georg Hermann nur allzu gut: Die Großstadt stellt sich als Nervensache dar. Als anpassungsfähiger Großstädter Simmelscher Prägung aber mag Eisner einerseits zwar in starkem Maße von Nervosität betroffen sein, andererseits ist er den Herausforderungen des Alltags besonders gut gewachsen. Denn die Reizakkumulation des großstädtischen Lebensraumes – so sieht es Simmel in seinem Essay *Die Großstädte und das Geistesleben* von 1903 – verlangt nicht nur Nerven, sie produziert diese auch.[58] Seiner Analyse nach befähigt die für die Großstadt charakteristische »*Steigerung des Nervenlebens*«[59] den Großstädter als Mensch der Moderne schlechthin, den Herausforderungen des modernen Lebens zu begegnen. Georg Hermanns Fritz Eisner zeigt sich in *Der kleine Gast* in der Tat entsprechend trainiert und der Autor damit an Simmel geschult. Die Eingangspassage von *Der kleine Gast* veranschaulicht, daß Fritz Eisner sowohl gute Nerven für die Zeitungsredaktionen als auch für das Warenhaus hat. Die geschäftige Hetze im Verlagshaus und das in »allen Nerven« zu spürende Arbeiten der Druckpressen (7/2, 35) vermag den Schriftsteller keinesfalls im negativen Sinn aus der Ruhe zu bringen. Er »liebt« beides ebenso ausdrücklich, wie er die Warenhäuser als »Brennpunkte des Lebens« liebt (7/2, 39). Der Besuch des Hauses Wertheim stellt einen regelrechten Höhepunkt seines eiligen Ausflugs in die Stadtmitte dar:

---

[58] Georg Simmel: Gesamtausgabe. Hg. von Otthein Rammstedt. Bd 7: Aufsätze und Abhandlungen. 1901–1908. Bd 1. Frankfurt a. M.: Suhrkamp 1995, S. 116–131.

[59] Ebd., S. 116 (Hervorhebung im Original).

> O man kann dann in diesem Gewühl zwischen all den Millionen von Dingen, die man nicht begehrt, und all den tausenden von Menschen, die man nicht kennt, und die man nie wieder sehen wird – denn es werden immer wieder andere sein! – o so wunderbar einsam – nur Sinn, nur Nerv – sein. (7/2, 42)

Dabei bleibt im Text nicht unausgeführt, daß das Kaufhaus mit seiner auch Eisner reichlich Assoziationen bietenden Reizfülle eigene Strategien verlangt. Der Schriftsteller begegnet den »Wechselwelten« des Hauses ausdrücklich mit einem »Schlachtplan«.[60] Anders als seine Frau, deren Einkäufe er hier übernimmt, erweist sich Eisner wie Simmels ›Großstädter‹ nicht nur den Herausforderungen des Warenhauses, sondern auch den Wechselfällen des Lebens gegenüber gewachsen. Wie weit sich die Figur damit von Schnitzlers Protagonisten entfernt hat, zeigt das bezeichnende Detail eines Eilbriefs: Schnitzlers Georg von Wergenthin reagiert mit einiger Erregung auf ein Telegramm Heinrich Bermanns,[61] während ihm die Menge der Großstadt – symptomatisch für die Wiener Moderne – nichts anhaben kann und ihm vielmehr als Projektionsfläche dient. »Mit wachsendem Behagen« spaziert der um den Vater trauernde Wiener »unter den Leuten« und läßt sich von weiblichen Blicken »trösten«.[62] Demgegenüber vermag ein Eilbrief Fritz Eisner nicht weiter in Aufregung zu versetzen, denn »für den Menschen, der mit Zeitungen zu tun hat, haben Eilbriefe längst ihren Frisson, ihren schönen Nimbus von Sensation verloren!« (7/2, 289)

Für Simmel produziert die Großstadt mit ihrer Reizakkumulation jedoch nicht nur eine »Steigerung des Bewußtseins« und damit die »Steigerung der großstädtischen Intellektualität«,[63] um deren Aufweis es ihm geht, sondern ebenso ein bestimmtes Sozialverhalten. Bei dem Versuch, die tieferen Ursachen spezifisch großstädtischer Lebensweisen zu ergründen, macht der Berliner Soziologe »Blasiertheit« und »Reserviertheit« als notwendige Schutzmechanismen des Großstädters aus. Inwieweit Georg Hermann diesem Konnex bei der Konzeption seiner Figur des Alwin Herzfeld folgt und inwieweit dieser dem ›Großstädter‹ Herzfeld gewisse Freiheiten erlaubt, hat Godela Weiss-Sussex gezeigt.[64] Daß sich der moderne Geist darüber hinaus als ebenso anpassungsfähig wie zunehmend berechnend erweist, befördert nach Simmel der in der Großstadt ablesbare ökonomische »Egoismus«, der die Beziehungen versachliche.[65] Nach *Die Großstädte und das Geistesleben* entspricht der komplexen Großstadtwirklichkeit das Phänomen sozialer Unverträglichkeit.

---

[60] Siehe u. a. 7/2, 39f. u. 7/2, 44: »Ja, wie war doch der Schlachtplan?! Zeit hatte er nicht viel; wenn er alles bewältigen wollte,[...]«.

[61] Schnitzler, Der Weg ins Freie (Anm. 15), S. 224.

[62] Ebd., S. 17. Zum grundsätzlich anderen Großstadt-Konzept der Wiener Moderne Peter Sprengel und Gregor Streim: Berliner und Wiener Moderne. Vermittlungen und Abgrenzungen in Literatur, Theater, Publizistik. Mit einem Beitrag von Barbara Noth. Wien, Köln, Weimar: Böhlau 1998 (Literatur in der Geschichte. Geschichte in der Literatur; 45.), S. 329–360.

[63] Simmel, Die Großstädte und das Geistesleben (Anm. 58), S. 118f.

[64] Siehe Weiss-Sussex, Metropolitan Chronicles (Anm. 2), S. 309–312.

[65] Simmel, Die Großstädte und das Geistesleben (Anm. 58), S. 119.

Noch hinter dem als so leidend gezeichneten Neurastheniker Eginhard Meyer verbirgt sich in *Der kleine Gast* ein durchaus lebensgewandter erfahrener ›Großstädter‹:

> Fritz Eisner bewunderte immer Egi. Er sah aus, als ob er träumte und war sehr wach. Er sah aus, als ob er stets taub wäre und hörte verdammt scharf. Er sah aus, als ob er die Realitäten nie in Rechnung zöge, und ließ sie nicht eine Minute aus den Augen. Er sah aus, als ob ihn jeder einwickeln würde, ein reiner Tor, und er war unheimlich geschäftsklug. Vielleicht für Fritz Eisner etwas zu sehr. (7/2, 149)

Meyers Unverträglichkeit stellt sich in Hermanns Roman keinesfalls als nebensächliche Begleiterscheinung dar. Die Problematik erfährt im Gegenteil vielmehr eine deutliche Zuspitzung. Nachdem der »begabte« Neurastheniker Meyer seine Familie mit seiner Reizbarkeit regelrecht tyrannisiert hat, verläßt er am Ende – von seinem Nervenleiden inzwischen geheilt – Frau und Kind und geht nach Südamerika, um dort seine Universitätskarriere fortzusetzen. Mißtrauisch und mit ambivalenten Gefühlen beobachtet Eisner diesen Prozeß. Einerseits empfindet der Schriftsteller die Art und Weise, wie der Jurist seine Nervenschwäche instrumentalisiert, als unzumutbare Egozentrik, unter der vor allem die Nerven seiner Schwägerin Hannchen zu leiden haben, andererseits bewundert Eisner den »Mut zu sich selbst« (7/2, 86). Die Rolle des verträumt-zerstreuten Neurasthenikers, in der sich der Schwager durchaus gefällt, erlaubt ihm Spielräume und Freiheiten, von denen Fritz Eisner nur träumen kann. Der außereheliche Flirt mit der sexuell emanzipierten Malerin Lena Block gehört dazu. Pikanterweise bedeutet er für Eginhard Meyer die »Lockerung und Befreiung seines Ichs« (7/2, 344), die ihn am Ende gesunden läßt.

Die geläufige Verteilung von Nervenschwäche und Nervenstärke in *Der kleine Gast* bricht schließlich ein Ereignis auf, das dem Erfahrungshorizont Georg Hermanns angehört: Als das erste Kind der Eisners am Ende des Romans stirbt, stellt Eisners ansonsten durch und durch nervenschwach gezeichnete Frau plötzlich unerwartete Fähigkeiten unter Beweis, während der Schriftsteller, der den Wechselfällen des Lebens weitaus gewappneter schien, jeglichen Halt verliert und auf der letzten Seite unter Tränen zusammenbricht – einem »Eisberg« gleich, der schmelze (7/2, 578). So gewichtig die Nervosität in *Der kleine Gast* als Disposition einer ganzen Generation erscheint, so sehr relativiert sich ihre Bedeutung angesichts dieser persönlichen Katastrophe.[66]

---

[66] Als vergleichsweise harmlos stellen sich die dargestellten Nervositäten der Zeit um 1905 im Rahmen des gesamten *Kette*-Projektes schließlich auch im Kontext des Weltgeschehens heraus. Der Erste Weltkrieg, dessen Ende mit dem Roman *November achtzehn* im Mittelpunkt des Romanzyklus' steht, bedeutet die große Zäsur, die so manches große Thema der Zeit davor fragwürdig werden läßt. Aus der Sicht von 1925 erscheint der Zeitgenosse vor 1914 bei aller im Roman ablesbaren Nervenschwäche noch als ein mehr oder weniger integres Subjekt. Die ausführliche Einleitung zum Roman hält dies mit Nachdruck fest und konstatiert unter anderem: »der einzelne fühlte sich auch noch irgendwie wertvoll und singulär und gesichert« (7/2, 12).

Arthur Schnitzler und Georg Hermann funktionalisieren das um 1900 verbreitete Phänomen der Nervenschwäche in ihren Romanen in erheblichem Maße. Daß die soziale Unverträglichkeit der Neurastheniker dabei eine herausgehobene Rolle spielt, zeigt an, daß die jeweils skizzierten nervenstrapazierenden Zusammenhänge grundsätzlich als problematisch bewertet werden. Dennoch oder gerade deshalb wissen beide Autoren positive Potentiale der Nervosität auszuschöpfen – auch jenseits der Vorstellung einer besonderen Begabung und Gefährdung des Künstlers. Wenn sie beiderseits aufweisen, daß eine spezifisch bedingte Existenz Nervosität ebenso produziert wie sie diese verlangt, reagieren die Autoren auf das jeweilige kulturelle Umfeld, mit dem sie sich konfrontiert fühlen: Die Großstadt Berlin erfordert und befördert gesteigerte Anpassungsfähigkeit, der Antisemitismus in Wien erhöhte Aufmerksamkeit. In Schnitzlers Fall weist die aufgezeigte Bewältigungsstrategie freilich auf die weit existentiellere Dimension seiner Nervenschwäche produzierenden Problematik zurück.

Ulrike Zitzlsperger

Berlin als soziales Umfeld im Werk Georg Hermanns

> [...] wenn man einmal als Pferd ge-
> boren, hätte man auch die Konse-
> quenzen zu ziehen, ebenso wie man
> das als Mensch, Soldat, Dienstmäd-
> chen, Schuster oder Droschkenkut-
> scher müßte.[1]

In seinem ersten Roman, *Spielkinder*, beschreibt Georg Hermann die Gesellschaft in Form »von Einzelwesen, die zusammen ein ganzes, einen Polypenstock
bilden, oder richtiger, eine große Maschine, deren Zahnräder ineinandergreifen«.[2]

An dieser Position hält Hermann in allen Romanen fest. Die Gesellschaft ist
funktionsfähig, solange die Gleichwertigkeit ihrer Mitglieder, ungeachtet sozialer Unterschiede, respektiert wird. Im Gegenzug ist der Einzelne mit der Einsicht
konfrontiert, daß die Schichten und die ihnen zugeordneten Räume determiniert
sind. Die Stadt Berlin ist dabei in zweierlei Hinsicht von Interesse: Zum einen
gibt die Stadt räumlich spezifische Bedingungen vor – das behagliche Leben in
den Vorstädten steht im krassen Kontrast zum Daseinskampf in der Innenstadt.
Zum anderen aber ist die Stadt ein abstrakter Raum. Innerhalb dieser übergeord-
neten Struktur finden sich verbindliche Koordinaten, die allen Milieus eigen sind
und die den Lauf der einzelnen Schicksale beeinflussen. Gleichgültig, ob vom
Berlin der Biedermeier-, Kriegs- oder der Nachkriegszeit die Rede ist, gleichgültig auch, ob die Romane in Berlin oder anderswo entstanden – der Wandel der
Zeit verändert weder die Determinante Stadt noch die Schilderung ihrer sozialen
Räume. Hermanns Zitate großstädtischen und sozialen Lebens, mit denen er als
omnipräsenter Autor den Verlauf der Erzählungen unterbricht oder die Charaktere reflektieren läßt, sind programmatischer Natur.

Bei Hermann wie auch anderen Autoren seiner Zeit sind Großstädte Zuspitzungen der Charakteristika der jeweiligen Epoche, sie sind die (meist theoreti-

---

[1] Georg Hermann: Doktor Herzfeld. Die Nacht. Schnee. Roman. Hg. von Gert und
Gundel Mattenklott. Berlin: Verlag Das Neue Berlin 1999 (Werke und Briefe: Abt. 1,
Romane und Romanfragmente; 5), S. 377.

[2] Georg Hermann: Spielkinder. Roman. Hg. von Gert und Gundel Mattenklott. Berlin:
Verlag Das Neue Berlin 1998 (Werke und Briefe: Abt. 1, Romane und Romanfragmente; 1), S. 150.

sche) Potenzierung der Möglichkeiten einzelner, wenn auch nicht ganzer Schichten. Von daher ist es angebracht, auf das Phänomen des *Städtischen*, wie Hermann es beschreibt, einzugehen. Zeit und Topographie jedoch verweisen gezielt auf Berlin. Vor diesem Hintergrund erst werden die einzelnen Milieus entfaltet.

1. Die Großstadt

Städte sind Orte des Geschehens, der Begegnung und vor allem der Zeitbeschleunigung. Die in der Provinzstadt Potsdam vereinsamende Frau Antonie versucht, den Unterschied mit dem Verweis auf die Wirkung des Glockenschlags in Berlin und Potsdam deutlich zu machen:

> Bei uns [in Berlin] ist das wie so ein Fels, der einen Augenblick aus der Brandung aufsteigt und sofort wieder von Gischt und Sturzwellen überschüttet wird. Und hier kommt es mir immer vor wie ein Stein, der in einen stillen Teich fällt; – wenn er auch schon längst versunken ist, ziehen immer noch die zitternden Kreise nach den Ufern hin.[3]

Die Provinz ist ein Ort der Nachhaltigkeit, während Ereignisse in der Stadt im Guten wie im Schlechten sofort wieder überholt sind; im Gegensatz zum Land hat die Stadt an sich kein Gedächtnis.

Städte sind jedoch Kulturträger, die den zivilisatorischen Fortschritt gewährleisten. Fritz Eisner, der sich in *November achtzehn* eingesteht, »menschenscheu« und »pflastermüde« geworden zu sein,[4] konzediert der Stadt trotz seiner Disposition eine hervorragende Rolle:

> Gewiß, er weiß genau, was sie bedeutet. Und daß ohne sie das Wort ›Kultur‹ in der Welt nie vorhanden gewesen wäre, wir noch beinahe in der Steinzeit leben würden, und daß mit ihrem Verschwinden das Wort Kultur wieder aus der Welt ausgemerzt wäre.[5]

In *Spaziergang in Potsdam* präzisiert Hermann diesen Gedanken. Hier beschreibt er Schlösser als Überbleibsel einer vergangenen Zeit und rückt städtische Gemeinschaftsbauten und damit die Funktionsträger der Zukunft an ihre Stelle:

> Die wirklich großen Aufgaben der Zukunft sind [...] Bahnhöfe, Warenhäuser, Wolkenkratzer, Gerichte, Verwaltungsgebäude, Krankenhäuser, Volkshallen, Hotels, Theater und so fort. Eben all die Bauten, die für die Massen bestimmt sind.[6]

---

[3] Georg Hermann: Heinrich Schön jun. Roman. Hg. und mit einem Nachwort von Gundel Mattenklott. Berlin: Verlag Das Neue Berlin 1997 (Werke und Briefe: Abt. 1, Romane und Romanfragmente; 6), S. 349.

[4] Georg Hermann: November achtzehn. Kette II, erster Teil. Roman. Hg. von Gundel Mattenklott. Berlin: Verlag Das Neue Berlin 2000 (Werke und Briefe: Abt. 1, Romane und Romanfragmente; 8/1), S. 178.

[5] Ebd.

[6] Georg Hermann: Spaziergang in Potsdam. Hg. und mit einem Nachwort von Gundel Mattenklott Berlin: Das Neue Berlin 1996 (Werke und Briefe: Abt. 2, Erzählungen, Essays, Briefe; 14), S. 109.

Auf dieser Liste der ›Gemeinschaftsbauten‹ spielt in den Romanen Hermanns der Bahnhof eine hervorragende Rolle – als Durchgangsort der Massen, die dann ihrem jeweiligen Schicksal zugeführt werden. Bei aller Offenheit gegenüber dem technischen Fortschritt machen die Beschreibungen der endlosen Truppentransporte in *Doktor Herzfeld* dann jedoch auch das gemeinschaftszerstörende Potential solcher Umschlagplätze der Moderne deutlich.

Obwohl die Stadt als elementare Kraft beschrieben wird, steht sie im deutlichen Gegensatz zur Natur. Dieser Kontrast wird zum Beispiel deutlich, wenn in *Einen Sommer lang* die zukünftigen Schwäger nach Berlin zurückkehren:

> Auf dem Bahnhof, im Gewühl, nahm man Abschied. Die einen fuhren in die Ruhe, Kühle, den Duft von Heu, Blumen und Park, in Grillengezirp und das Geflüster der leise sich regenden Zweige hinaus. Und die anderen riß der Zug dem Lärm, Staub, Dunst, dem Jagen, den noch immer trotz leichten Gewitterregens glühenden Felsenschluchten der Stadt zu.[7]

Allenfalls wenn sich die »[...] ersten grellgelben Lichttupfen von Laternen und die langen, in verwaschenem Graublau verwehenden Straßenzüge« bemerkbar machen, beginnt, so beobachtet Fritz Eisner, die »scharmanteste Stunde der Großstadt. Die einzige Stunde, in der sie zur Landschaft wird«.[8]

Wenn auch die ›natürliche‹ Landschaft der der Stadt überlegen ist, so steht sie doch für intellektuelle Rückständigkeit. Die Verwandtschaft aus der Provinz repräsentiert kleinstädtische Enge, die in manchen Kreisen in der Stadt durchaus Pendants und nostalgiebedingte Allianzen findet. Der Vetter Julius beispielsweise belustigt in *Jettchen Gebert / Henriette Jacoby* »mit seiner schnazenden, kleinstädtischen Selbstgefälligkeit«.[9] Für die aus Berlin stammende Ruth dagegen ist die Provinz »zweite Garnitur«.[10] In *Eine Zeit stirbt* erzwingt sie im Angesicht des Todes die Rückkehr in die Großstadt, um der schwäbischen Enge mitsamt Dorfpfarrer und Kindern, die fasziniert die wenigen Autos anstarren, entfliehen zu können. Doktor Herzfeld übersteht die Verzweiflung einer Nacht in der Stadt, erfriert jedoch, als er mitten im Krieg in die Berge fährt. Ist die Nacht in der Stadt von immenser Unruhe und seinem kopflosen Zorn[11] erfüllt, erlauben ihm Natur und Einsamkeit den endgültigen Rückzug.

---

[7] Georg Hermann: Einen Sommer lang. Kette I, erster Teil. Roman. Hg. von Gundel Mattenklott. Berlin: Verlag Das Neue Berlin 1999 (Werke und Briefe: Abt. 1, Romane und Romanfragmente; 7/1), S. 216.

[8] Hermann, November achtzehn (Anm. 4), S. 152. Die Wahrnehmungen der Protagonisten sind jedoch unterschiedlich. So hebt einer der Gesprächspartner Eisners hervor, das mache gerade den Reiz der Stadt aus, daß sie keine Landschaft sei (S. 37). Die Spannung von Stadt und Landschaft, Kultur und Natur verweist auf den Konflikt der jeweils im Mittelpunkt stehenden Charaktere.

[9] Georg Hermann: Jettchen Gebert. Roman. Hg. und mit einem Nachwort von Gert Mattenklott. Berlin: Verlag Das Neue Berlin 1998 (Werke und Briefe: Abt. 1, Romane und Romanfragmente; 2), S. 176.

[10] Hermann, November achtzehn (Anm. 4), S. 240.

[11] Zur Metapher vgl. Hermann, Doktor Herzfeld (Anm. 1), S. 514.

Die Stadt setzt als Schauplatz Prämissen, die für alle sozialen Schichten gültig sind. Hermann beschreibt die Stadt als ein von elementaren Kräften gestaltetes Umfeld, welches die Bedürfnisse und Empfindungen der Protagonisten spiegelt. Die Gesetze der Natur, die auch die Metaphern der Stadt diktieren, sind ebenso unverrückbar wie die von Hermann skizzierten sozialen Bedingungen. Natur im eigentlichen Sinne reflektiert unbeirrbares Beharrungsvermögen, das von der Schönheit des Umfelds und der Authentizität des Erlebens geprägt ist; sie ist begreifbar. Die Stadt ist hingegen letztlich stets ein Ort der alles vereinnehmenden Realität und unterschiedlicher, parallel wirksamer Extreme. Vor diesem grundsätzlichen Kontrast von Natur und Stadt beschreibt Hermann nun Berlin als sorgsam gegliedertes Konglomerat von Städten in der Stadt.

2. Berlin

Die moderne Großstadt Berlin und die in ihren Milieus verorteten Protagonisten gehören bei Hermann zusammen. Spiegelt die Stadt ihre Befindlichkeiten im allgemeinen, bietet Berlin dafür die benennbaren, für alle greifbaren Orte.[12] Dieser »allzu nördliche« und auf Arbeit fixierte[13] »Riesenkörper Berlins«[14] ist ungastlich – oder man ist »so furchtbar viel bei den anderen zu Gast«.[15] In *Der kleine Gast* heißt es, »Berlin ist gar keine Stadt, sondern ein Katalog von Städten«; – Paris,[16] Neapel,[17] München,[18] Florenz, Wien und Kopenhagen[19] werden zum Vergleich mit der schnell wachsenden Metropole herangezogen. Berlin wird als »Wasserkopf«, als steinernes Meer,[20] als »vordrängendes Ungeheuer«[21] bezeichnet. Mit der Annäherung an die Stadtmitte verdichten sich diese Assoziationen – oft ist hier vom »Gebrodel« die Rede. Mit der Entfernung kehrt hingegen Ruhe und damit die Möglichkeit zur Entscheidungs-

---

12 Die Konzentration auf das Spezifische Berlins als Ausgangspunkt für weitergehende Überlegungen, die postulierte Individualität der Stadt, findet sich ganz ähnlich im Ansatz des zeitgenössischen Publizisten Karl Scheffler: »An jede einzelne [Stadt] denkt man zurück wie an eine Persönlichkeit, jede hat ihre besondere Stimmung, ihre Atmosphäre, eine nur ihr eigentümliche Physiognomie und einen Gesamtcharakter, der sich unvergeßlich einprägt.« Karl Scheffler: Berlin. Ein Stadtschicksal. Nachdruck der Erstausgabe von 1910, Berlin: Fannei & Walz 1989 (Berliner Texte; 3), S. 9.

13 Zum Beispiel: Hermann, Einen Sommer lang (Anm. 7), S. 235.

14 Hermann, November achtzehn (Anm. 4), S. 5.

15 Ebd, S. 68 und 194.

16 Georg Hermann: Der kleine Gast. Kette I, zweiter Teil. Roman. Hg. von Gundel Mattenklott und mit einem Nachwort von Peter Sprengel. Berlin: Verlag Das Neue Berlin 1999 (Werke und Briefe: Abt. 1, Romane und Romanfragmente; 7,2), S. 431 und 521.

17 Hermann, November achtzehn (Anm. 4), S. 105.

18 Hermann, Einen Sommer lang (Anm. 7), S. 40.

19 Hermann, Der kleine Gast (Anm. 16), S. 92, 314 und 315.

20 Ebd., S. 37 und 334, aber auch Hermann, Doktor Herzfeld (Anm. 1), S. 11.

21 Ebd., S. 256.

findung ein. Kubinke, Rosenemil, aber auch Eisner erleben bezeichnenderweise hier stärker als sonst die Nähe zur Geliebten.

Die Sogwirkung Berlins und die sozialen Folgen der unaufhaltbaren Annäherung an das Zentrum der Stadt mangels einer anderen Heimat macht das Schicksal der Geliebten des Baumeisters deutlich. In *Einen Sommer lang* wird sie im Potsdamer Sommeridyll als zierlich, verträumt und anziehend beschrieben. Als Eisner sie später wiedertrifft, ist ihr Schicksal besiegelt. Der Verweis auf Raum und Zeit erübrigt weitere Details:

> Und damit nahm sie Abschied von Fritz Eisner, sagte, sie müsse noch weiter und ging ganz langsamen Schrittes nach dem Innern der Stadt zu.
> Ein Mädchen aber, das um zwölf Uhr nachts allein nach dem Innern der Stadt geht, mit dem ist nicht mehr viel los.[22]

Jahre später trifft Eisner sie auf der Friedrichstraße erneut. Der Verfallsprozeß hat sich fortgesetzt: Sie ist laut, obszön und aus allen Fugen geraten.

Die Spannung zwischen Stadtzentrum und Vororten, vom Ort der größten Verdichtung bis dahin also, wo man Himmel und Horizont erlebt, ist, mehr oder minder differenziert, bei Hermann durchgehend zu beobachten. Je schneller Berlin zur Metropole wird, desto stärker kommt die Wirkung der Gezeiten zwischen Außen und Innen zum Tragen. Dem Einzelnen steht die namenlose, flutartige Masse gegenüber.

In *Jettchen Gebert* hat diese Masse der Menschen, die sich zu bestimmten Anlässen zusammenfindet, ein klares, lokal begrenztes Ziel:

> Durch die Seitenstraßen floß es zu dem Hauptstrom, und von weit hinten über den Alexanderplatz schob es sich heran, tausendgliedrig; alles bewegte sich in der gleichen Richtung, und in der schmalen Gasse oben vor der Kurfürstenbrücke, durch die gerade die Sonne einfiel wie durch ein Tor, da preßte sich die Menge zusammen und überflutete Damm und Bürgersteig. [...] vor allem auf der Kurfürstenbrücke, auf der sich die Menge noch einmal staute, ehe sie sich in breiten Fluten über den Schloßplatz ergoß.[23]

In der Reichshauptstadt dagegen ist die Bewegung der Masse zum Selbstzweck geworden. Sie charakterisiert geradezu metropolitanes Leben. Die Rückkehr Rosenemils nach seinem Ausflug mit der Polenliese ins Grüne liest sich, im Gegensatz zu Jettchens beschaulichen Exkursionen vor das Brandenburger Tor, als ein Eindringen in einen Körper mit eigener Dynamik. Der Größe Berlins entspricht nun die Beschreibung eines eher unspezifischen Raumes:

> Ja, und dann hörten Feld und Lauben und Gasometer und Fabriken auf, und es kommt Berlin ... mit seinen Häuserreihen [...] mit dem grünen Licht in den kahlen und toten Nebenstraßen, deren bißchen Leben noch ständig in die Hauptstraßen abströmt. [...] Die Eingänge der Kintöppe speien Menschenströme wie Lavaströme aus [...].[24]

---

[22] Hermann, Einen Sommer lang (Anm. 7), S. 264.
[23] Hermann, Jettchen Gebert (Anm. 9), S. 305.
[24] Georg Hermann: Rosenemil. Roman. Hg. von Bernhard Kaufhold. Berlin: Das Neue Berlin 1988, S. 82.

Ähnlich unspezifisch und ablehnend fällt die Beschreibung aus, die Emil Kubinke von seiner ersten Begegnung mit Berlin gibt. Seine Empfindungen, die
er rückblickend in einem monologischen Gefühlsausbruch gegenüber der Geliebten schildert, sind typisch für all jene, die in der Stadt ihr Glück suchen und
vom Scheitern bedroht sind. Die Wesenhaftigkeit der Stadt ist für den von
außen Kommenden deutlich verwirrender, weil die Stadt vorerst eine undiffe-
renzierte Masse ist:

> [...] wie der Zug sich durch die Wagenreihen schlängelte und wie er einfuhr, wie die
> Felder aufhörten und die Wiesen, wie alle Bäume schwarz vom Rauch waren und
> zerfetzt und dürr [...] und die langen Straßen waren grell und bestrahlt wie riesige,
> wild gezackte Mauern [...].

Und selbst nach der Eingewöhnung muß er feststellen: »[...] aber die Angst vor
diesem Ungeheuer Berlin, die hat mich nicht eine Minute verlassen [...].«[25]

Im Kontrast dazu steht jedoch sein Erleben nach dem Sonntagsausflug mit
der geliebten Pauline, das ihn an die eigene Zukunft in der Stadt glauben läßt.
Bei der Rückkehr in die Stadt am Abend ist Berlin wie stets, doch Kubinke hat
dank seiner Verliebtheit die Illusion, hier nun eine Nische gefunden zu haben:

> Und dahinter tauchte dann das ganze riesige Berlin auf. Schemenhaft mit Türmen
> und Kuppeln breitete es sich im Dämmer der trüben Nacht vor ihren Blicken aus,
> tauchte auf unter dem irren Flammenschein, unter der matten Feuerwolke [...]. Und
> das erste Mal schien es Emil Kubinke, daß dieses düstere und feueratmende Rie-
> senwesen da vorn ihm nicht feindlich gesinnt war.[26]

Auch die als Intellektuelle gezeichneten Eisner und Herzfeld erleben die mit
der Stadt einhergehende Beschleunigung mit gemischten Gefühlen, und bezeichnenderweise führt Herzfelds Weg, als er sich zu Mord und Selbstmord
entschlossen glaubt, in die Besinnungslosigkeit der Innenstadt.[27] Die Intellek-
tualisierung des Gesehenen hilft jedoch bei der Gliederung der Stadt und der
Details. »Fritz Eisner«, heißt es, »liebte Warenhäuser sehr: Brennpunkte des
Lebens, für die ein genialer Architekt eine neue, mauernlose Gotik ersonnen,
ganz Glas, ganz Pfeiler.«[28] Die anonymen Menschenmassen und das verkehrs-
bedingte Tempo erfahren hier eine ästhetisierende Zuordnung, die Kubinke
verschlossen bleibt.

---

[25] Georg Hermann: Kubinke. Roman. Hg. von Gundel Mattenklott. Berlin: Verlag Das
      Neue Berlin 1997 (Werke und Briefe: Abt. 1, Romane und Romanfragmente; 4),
      S. 252 und 254.

[26] Ebd., S. 262.

[27] Der Rausch, den Herzfeld hier erlebt, findet ein interessantes Pendant in Siegfried
      Kracauers »Erinnerung an eine Pariser Straße« – ein Aufsatz, der ursprünglich am
      9. November 1930 in der *Frankfurter Zeitung* erschien. 1963 nahm Kracauer dann
      selbst unter anderem die Auswahl dieses Stückes für den Band *Straßen in Berlin und
      anderswo* vor. In einem Neudruck findet sich der Artikel in Siegfried Kracauer:
      Straßen in Berlin und anderswo. Mit einem Essay von Gerwin Zohlen. Berlin: Das
      Arsenal 1987, S. 7–11.

[28] Hermann, Der kleine Gast (Anm. 16), S. 39.

Verbindendes Element in der Stadt, auch über die Zeit hinaus, sind die Verkehrsmittel. Im Rückblick auf das wachsende Berlin beobachtet Eisner:

> Und wenn auch ein paar Autos weniger über den Potsdamer Platz schnoben als heute – so wirbelte dafür Stadtbahn und Straßenbahn, Untergrundbahn und Hochbahn alle paar Minuten die Menschen genau so wie heute, gleich Zehntausendeweise durcheinander, in einem neuen Rhythmus, der sie begeisterte [...].[29]

Die Beschreibungen des Berliner Verkehrs zeigen das Nebeneinander der Menschen in der Stadt. Einerseits bereiten Autofahrten ein Vergnügen, das man sich dank guter Freunde und in unterschiedlichen Ausführungen leisten kann – angefangen von einer Fahrt in Rosenemils Auto bis hin zur Fahrt im Wagen von Dr. Groß, der sich wie eine Wohnung auf Rädern ausnimmt. Sie sind jedoch ein Luxus, der allzuoft den ›anderen‹ vorbehalten bleibt. Bahnfahrten machen die sozialen Unterschiede deutlicher: Die Diskrepanz zwischen den Fahrkarten 1., 2. und 3. Klasse ist erheblich. Besonders schmerzlich werden Eisner die Unterschiede auf der Fahrt nach Berlin bewußt: Der Liegewagen ist eben kein Schlafwagen und wird dies auch von seiner kleinen Tochter mit großer Enttäuschung wahrgenommen.

Züge und Straßen, die Transportmittel der Massen, unterstreichen die Wesenhaftigkeit der Großstadt: Verbindungen herstellend, ermöglichen sie den Alltag und die Flucht aus ihm. Dieses Versorgungssystem der Großstadt fungiert wie ein Blutkreislauf, der die einzelnen Teile zusammenhält.

Auf dem für ihn so entscheidenden Weg zum Tempelhofer Feld beobachtet Kubinke

> [...] diese Bahnhofshallen, die da fern, platt und breit lagen, gleich Riesenschildkröten; und gar diese breiten Eingänge in das Häusermeer, das die Züge ordentlich in sich einzutrinken schien! [...] Züge kamen und gingen; unablässig verband und trennte sich das vom Körper der Großstadt. [...] eine einzige Kette, ein Tausendfuß mit einem Krebskopf.[30]

Diese Bahnhofshallen sind als Schaltstellen eine Konstante. Ihre Beschreibung impliziert den Anfang – selten die Rückkehr – und ruft dem Leser in Erinnerung, daß jeder der Protagonisten letztlich einer von Tausenden ist. Eisenbahnen hingegen sind, wie die Städte, ein Versprechen ungeahnter Möglichkeiten, weil vorübergehend eine Parallelität der Welten möglich scheint:

> Das hübscheste ist doch, das Vorübergleiten ... das Ahnen voneinander, das Sekundengrüßen ... der Augenblick brennender Sehnsucht, und dann die Weltgetrenntheit. Und die hoffnungs*lose* Sicherheit dieser Trennung.[31]

---

[29] Ebd., S. 17.
[30] Hermann, Kubinke (Anm. 25), S. 287.
[31] Hermann, Der kleine Gast (Anm. 16), S. 47, Hervorhebung im Original. Als typisches Großstadtmotiv beispielsweise auch bei Kurt Tucholsky.

Die Metropole Berlin erfährt ihre Beschreibung als Ganzes vor allem dann, wenn das Schicksal der Protagonisten auf dem Spiel steht; Details werden nur insofern berücksichtigt, als sie die Funktionen innerhalb der Stadt verdeutlichen. Die soziale Gliederung Berlins in mehr und minder Vermögende und unterschiedliche Berufsgruppen wiederholt sich in Zügen, den Häusern des aufstrebenden Berliner Westens und sogar in den Möglichkeiten, die der Ausflug ins Grüne gewährt. Berlin ist jedoch nicht Hintergrund, sondern dank seiner Wesenhaftigkeit integraler Teil der Handlung.[32] Das Detail genauer Ortsbeschreibung – wie sie bei Hermann häufiger für Potsdam zu finden ist – wird durch das bewußt allgemein gehaltene Kolorit ersetzt: Nicht nur hat jeder Teil Berlins eine besondere, unverwechselbare Atmosphäre, sondern die Vorgaben des sozialen Lebens in den einzelnen Teilen der Metropole determinieren jegliche Entwicklung bis hin zur Absurdität; Charaktere, die gezielt auf eine soziale Schicht hin zugeschnitten sind, scheitern gerade deshalb an dem Moloch Berlin, weil sie den Spielregeln ihrer Umgebung ausgeliefert sind.

3. Das Milieu

Die Stadt im allgemeinen und Berlin im besonderen schaffen die Vorgabe für die einzelnen Milieus, deren Beschreibung den Lauf der Erzählung als übergeordneter Text bestimmt.

In *Einen Sommer lang* kommentiert Hermann den Einzug des Frühlings in die Stadt und parallelisiert auch hier den Unterschied und die schrittweisen Übergänge zwischen der Mitte, der Vorstadt und dem Land mit dem Vergleich der jeweiligen Gesellschaft, die sie repräsentieren:

---

[32] Marilyn Sibley Fries (The Changing Consciousness of Reality. The Image of Berlin in Selected German Novels from Raabe to Döblin. Bonn: Bouvier 1980 [Studien zur Germanistik, Anglistik und Komparatistik; 77], S. 101–122) kritisiert den »artificial background« Berlins, den Hermann insbesondere im *Kubinke* schaffe. Doch trotz der Struktur der Stadt, die der Autor vorgibt, ist gerade das Wechselspiel zwischen Wahrnehmung und Gemütslage von Interesse, wodurch Schattierungen und Kontraste in der Stadt deutlicher werden als mit Hilfe der differenzierten Beschreibung. Der Vorwurf, »[...] the characters become stereotypes defined by origin, social rank, titles and the actual background in which they are set. The importance of these elements reduces the figures to mere shadows [...]« (S. 102) übersieht, daß Hermann mit stereotypischen Figuren und, mehr noch, stereotypischem Denken bewußt spielt. Besonders deutlich wird das in der ironischen Beschreibung des Berliner Westens. Hermanns Absicht findet hier ein Pendant in der Zeichnung der Gesellschaft in Edmund Edel: Berlin W. Ein paar Kapitel von der Oberfläche. Neu hg. von Johannes Althoff. Berlin: Braun 2001. Beide Autoren reagieren gezielt auf die Oberflächlichkeit des jungen Stadtteils.

> Wenn der Frühling in Berlin nur eine verarbeitete Fabrikarbeiterin im Sonntagsstaat
> gewesen war [...] wenn er in den Vororten selbstgefällig und doch armselig war wie
> eine Frau Rechnungsrat [...] so war er hier wie eine junge Schloßherrin.[33]

So verläßlich wie der Einzug der Jahreszeiten ist nach Hermann die Tatsache,
daß jede Schicht ihre eigene Nische, ihren Bereich in der Stadt hat. In der
Einführung zu *Kubinke* betont der Autor nicht nur die Unterschiede zwischen
diesen Städten in der Stadt, sondern auch, daß seine Geschichte als eine Ber-
linspezifische zu verstehen ist. Das »Narrenkleid der Stände« gemahnt an die
Vanitas, eine Einsicht, die zum Scheitern und zum Erfolg der Protagonisten
Hermanns beiträgt. Wer einem bestimmten Stand zugehört, darf sich als Träger seiner Merkmale selbst nicht allzu ernst nehmen:

> Und da die Rede- und Denkweise keineswegs an allen Orten dieselbe ist und da das
> Land oder die Stadt, in der wir leben, binnen kurzem auf jeden abfärbt, ihm und sei-
> ner Art Stempel und Gepräge gibt, so will ich noch hinzusetzen, daß meine Ge-
> schichte in Berlin spielt. Aber Berlin ist groß und jeder hat eine andere Meinung von
> Berlin. Der Osten liegt fern vom Westen und der Süden weit vom Norden. Es sind
> Städte für sich. Jede Straße, jeder Komplex ist eine Insel für sich. Hier ist es die
> neue Stadt des Reichtums und dort die harte Stadt der Arbeit. Hier ist es das Thule
> der Gelehrten und dort die Veste der Macht. [...] Dort liegen Nebenstraßen, ganze
> Viertel, lang, einsam, unheimlich und finster; und hier schiebt sich die Menschen-
> woge im bunten Narrenkleid der tausend Stände [...].[34]

Kubinke ist nicht nur deshalb für die Großstadt untauglich, weil ihm die Provinz nachhängt, sondern weil sein kleiner, vom Vater forcierter schulischer
Bildungsvorsprung bei den anderen zu fatalen Rückschlüssen führt. Rosenemil, um ein anderes Beispiel zu nennen, wird bei wachsendem Reichtum
heimatlos; weder gehört er zu den kleinen Leuten im Berliner Osten, noch zur
Gesellschaft um Eisner. Nach dem Krieg und im Chaos der neuen Zeit sehnt er
sich bezeichnenderweise nach der ›ehrlichen‹ Gaunerei und der Authentizität
des Lebens seiner klarer verorteten Anfangszeit zurück. Sein Mangel an Zugehörigkeit macht ihn im entscheidenden Moment blind für die Tatsachen – von

---

[33] Hermann, Einen Sommer lang (Anm. 7), S. 45.

[34] Hermann, Kubinke (Anm. 25), S. 13. Die Einteilung Berlins nach Himmelsrichtungen
greift auch Erich Kästner in *Fabian* auf: »Im Osten regiert das Verbrechen, im Zentrum die Gaunerei, im Norden das Elend, im Westen die Unzucht, und in allen Himmelsrichtungen wohnt der Untergang.« Erich Kästner: Fabian. Die Geschichte eines
Moralisten. München: Deutscher Taschenbuch Verlag 1995 (dtv; 11006), S. 98. Die
kraß vereinfachten Zuweisungen entsprechen durchaus der Wahrnehmung Berlins in
der Presse und Literatur der Zeit. Den Reiz solcher Bezüge macht gerade bei Hermann
die Assoziation mit einer schicksalsbestimmenden Richtung aus. In *Doktor Herzfeld*
wird im selben Kontext der Vergleich mit der Natur gewählt: »Nein, die gleichen Brüder halten zusammen, finden sich ganz von allein. Und genau so ist es unter den Men-
schenvögeln: die lustigen jungen Meisen finden sich zusammen, die schmucken Fin-
ken, die futterneidischen Spatzen, – und auch die alten, grauen, schweren, mürrischen
Krähen. Sie alle dulden auf die Dauer keinen in ihren Reihen, der etwa zu den andern
gehörte.« Hermann, Doktor Herzfeld (Anm. 1), S. 15.

seiner Abgeklärtheit in der Nachkriegszeit abgesehen. Im *Rosenemil* wird der Leser immer wieder an sein Herkommen erinnert, wobei die Herkunft mit Hilfe des Stadtraums beschrieben wird. Je näher Rosenemil seinem Geburtsort kommt, desto besser ist er in der Lage, die Situation einzuschätzen:

> [...] – draußen hinter dem Belle-Alliance-Platz bei seinen Kunden, in seinem Revier und vorm Schönhauser Tor, wo er früher gelebt hatte, und am Humboldthain, wo er heute wohnte bei der Radowski, da fand er sich in den Menschen mit *einem* Blick zurecht und kannte sie aus dem Effeff – [...].[35]

Der Kolporteur zwischen den Welten, der Unter den Linden müßig seine Umgebung und die Schaufensterdekorationen betrachtet, ist hingegen leicht in die Irre zu führen, weil sich ihm als Ortsfremdem nur die Fassade präsentiert:

> Und er ahnte eigentlich wenig davon, daß die Häuser hier so herum genau wie die Menschen waren. Sie sahen von außen, wenn man an ihnen vorbeiging, ganz gut aus. Man durfte nur nicht hineingehen.[36]

Die Unterschiede zwischen den sozialen Schichten sind bei Hermann wertfrei geschildert, kein Milieu ist besser oder schlechter als das andere. Sowohl Rosenemil als auch Fritz Eisner betrachten die Gesellschaft mit einer Objektivität, die menschliche Verluste tragbarer macht. Eisners Standpunkt basiert auf der Überlegung, daß

> [...] diese fragwürdige Welt Hunderttausende von Mittelpunkten hatte, von denen jeder sich einzig wichtig erschien, und jeder ebenso gleichgültig und gleich wertlos wie der andere war [...].[37]

Deshalb kann er über Rosenemil sagen: »Wir brauchen uns seiner nicht zu schämen. Er ist genau so wertvoll und genau so wertlos wie andere auch.«[38] Die Theorie hält, das macht das Drama der einzelnen Schicksale aus, der Praxis jedoch nicht stand.

Emils Freispruch vor Gericht erfolgt bezeichnenderweise nicht auf Grund der Beweislage, sondern nach seiner spontanen Verteidigung der Polenliese und der Differenzierung von Charakter und Milieu. Der Kommentar, sie sei eine »Dirne des niedrigsten Vorstadtniveaus«, führt dazu, daß Emil sich nicht mehr ›anständig benimmt‹ und damit erst menschlich wirklich anständig wird: »Was wissen Sie denn von dem Mädchen«, empört er sich gegenüber dem Gericht und macht klar, daß die Polenliese wohl von ihrem Umfeld geprägt, aber keinesfalls ein schlechter Mensch ist.[39] Auch in *Doktor Herzfeld* wird dieser Widerspruch hervorgehoben. Das Treiben auf der Friedrichstraße bei

---

[35] Hermann, Rosenemil (Anm. 24), S. 22. Die Fokussierung auf eine bestimmte Straße ist ein Stilmittel, das Döblin in *Berlin Alexanderplatz* ausführlich gebraucht. Der Kontrast von Ursprung und ›dem Rest der Welt‹ wird dadurch besonders deutlich.

[36] Hermann, Rosenemil (Anm. 24), S. 26.

[37] Hermann, Der kleine Gast (Anm. 16), S. 19.

[38] Ebd., S. 24.

[39] Hermann, Rosenemil (Anm. 24), S. 377.

Tag widerstrebt Dr. Herzfeld auf seinem Weg von ›draußen‹ in die Innenstadt, die Stadt der Arbeit und die Stadt der Armut – nachts, stellt er fest, sei die Arbeit hier ehrlicher.[40] In diesem von Zuhältern und Prostituierten geprägten Milieu geht es statt um den *Schein* um das eindeutige *Sein*. Die Grundvoraussetzung, die Dr. Herzfeld beobachtet, gilt dennoch für alle Berliner Milieus: »Die geheiligte Gesellschaftsordnung ist auch dann unumstößlich, wenn man sie als widersprüchlich empfindet.«[41]

In der Innenstadt Berlins ist der Raum beengt, die Straßen werden als Schluchten charakterisiert – ein Bild, das auch die Auswegslosigkeit der sozialen Lage verdeutlicht. »Das Proletariat des Nordens«, deklamiert Wilhelm Klein in *Ruths schwere Stunde*, lebe wie »Tiere in Käfigen«.[42] Zugehörigkeiten werden hier jedoch wie überall festgelegt, wenn auch die Vereinfachungen nicht mit Hermanns Einsicht in den Berliner Westen zu vergleichen sind. Das Dienstmädchen Emma macht sich in *Kubinke* die »innere Stadt« zu eigen,[43] wo sie, wie angedeutet wird, Erfolg hat. Die Rolle der Polenliese »jenseits des Alexanderplatzes« ist die einer prima inter pares, die, wenn sie sich mit ihrem besseren Kleid ausstaffiert, ihr gewohntes Geschäftsfeld bewußt verläßt. Klug genug, im Westen nicht ihr Glück zu suchen, scheitert sie, moralisch überlegen, an der Konkurrenz in diesem vordergründig glitzernden Teil der Stadt. Im Gegensatz zur Brillantenberta hat sie keine Option:

> Eigentlich war sie nicht nur ein ungewöhnlich schöner, sondern auch ein lieber, weicher und anständiger Mensch und im Kern durchaus bürgerlich, trotzdem sie, das hatte die Großstadt so gemacht, eben das war, was sie war. [...] Und sie tat eben, was sie tun mußte, um zu leben.[44]

Rosenemil erlebt mit Staunen, wenn auch ohne das entsprechende Vokabular, die zwei Seiten seiner Freundin:

> Merkwürdig, dachte Rosenemil, sowie die Lissi hier is [sic], spricht sie doch ganz anders wie zu Hause. Wenn er Soziologe gewesen wäre, hätte er was vom Einfluß des Milieus geredet.[45]

Wie in sich geschlossen diese Welt ist, wird in der Kneipe Vater Strehmels deutlich – hier präsentiert sich eine Kleinfamilie, die sensibel auf jene reagiert, die

---

[40] Hermann, Doktor Herzfeld (Anm. 1), S. 248.
[41] Ebd., S. 29.
[42] Georg Hermann: Ruths schwere Stunde. Kette II, zweiter Teil. Roman. Hg. von Gundel Mattenklott. Berlin: Verlag Das Neue Berlin 2001 (Werke und Briefe: Abt. 1, Romane und Romanfragmente; 8/2), S. 160.
[43] Hermann, Kubinke (Anm. 25), S. 225.
[44] Hermann, Rosenemil (Anm. 24), S. 45f.
[45] Ebd., S. 152. Wie leicht auch vermeintliche Fachleute in die Irre zu führen sind, und daß sie die Dynamik eines ihnen nicht vertrauten Milieus nie ganz durchschauen, zeigt die Anekdote der Polenliese über die falschen Informationen, die ihre Kolleginnen an interessierte Soziologen weitergeben: Auch der Wissenschaft bleibt die ihr fremde innerstädtische Realität so verschlossen, daß sie leicht manipuliert werden kann.

nicht dazugehören, und auch Emil hat nur ein auf Bewährung ausgesetztes Recht auf Teilhabe. Das räumlich enge Nebeneinander der Menschen gestaltet sich in den Lokalitäten weiter im Westen, wo, wie in der Konditorei, die Dr. Herzfeld aufsucht, die Kunden mit der Tageszeit variieren, anders: Geht es hier tags bürgerlich zu und treffen sich am Abend die Liebespaare, »taucht [schließlich] so allerhand hier auf, was nicht recht Fisch und Fleisch ist ... die jeunesse doree von Wilmersdorf«.[46]

In Richtung Westen steht mehr Raum zur Verfügung, die Gruppierungen, die aufeinanderprallen, sind unterschiedlicher. Vermögen, Herkommen und intellektuelle Fähigkeiten tragen zu den Variationen bei. Neben borniertem Bürgertum, das sich durch Äußerlichkeiten und Konventionen definiert, stehen die Boheme und die Arrivierten. Mit Ende des Krieges setzen sich dann gerade in dieser Gruppierung mehr und mehr »neue Typen« durch, die mit den alten Spielregeln – gleichsam erlöst – eher unbekümmert umgehen.

Nominell und im konventionellen Verhalten *perfektes* Bürgertum, das, ohne es zu bemerken, an sich selbst scheitert, präsentieren Annchen und Hannchen samt Mutter in der Romanfolge *Die Kette*. Während Annchen zu Beginn der Ehe dank ihrer Verliebtheit den antibürgerlichen Code mit Fritz Eisner teilt, erstarrt sie mit wachsender Entfremdung von ihrem Mann in der Konventionalität:

> »Steinmetzstraße«, sagte Fritz Eisner zu Annchen. Kein Wort sonst. In diesen vier Silben lag alles, aber auch alles, was über die Sache zu sagen war: Romantik, Spießertum, sich abnutzende Vergoldung, Inselleben, selbstzufriedene, kleinbürgerliche Behaglichkeit und fünfundsiebzig Prozent falsche Sentimentalität.[47]

Die »sich abnutzende Vergoldung« hat sich mit dem unvermeidbaren Umzug Richtung Westen bemerkbar gemacht. Auch hier sind die Unterschiede bezeichnend, vom Charakter her beinahe kleinstädtisch-provinziell:

> Man möchte es so definieren: daß die im neuen Westen sich wenigstens bemühten, bei der Betonung des Wortes Talmieleganz den Hauptton auf die zweite Hälfte des Wortes zu legen; während die Maurermeister von Friedenau den Ton auf die erste legen.[48]

In der bunten Mischung Friedenaus, die alle einschließt, die sich mehr nicht leisten können – »zweite Buchhalter, [...], kleine Kaufleute« – und jene, die noch nicht so recht anderswohin passen – Künstler, Musiker, Journalisten –, ist es Annchen mangels Komfort nicht wohl. Eisner hingegen sieht darin »nur Schattierungen einer bürgerlichen Dürftigkeit, die ernstlich nichts bedeuten«.[49] Eine wirkliche Durchmischung von Bürgertum und anderen Gruppen gelingt dennoch nicht einmal auf dem Kostümfest, das Eisner und seine Frau arrangieren.

Ausschlaggebend für die Zugehörigkeit zu einem bestimmten Milieu ist beispielsweise der Grad des finanziellen Vermögens. Die dadurch bedingten Unter-

---

[46] Hermann, Doktor Herzfeld (Anm. 1), S. 111.
[47] Hermann, Einen Sommer lang (Anm. 7), S. 236.
[48] Hermann, Der kleine Gast (Anm. 16), S. 119.
[49] Ebd., S. 120, 121 und 145.

schiede sind bisweilen temporär, in jedem Fall jedoch für alle einsichtig und sowohl in der Stadt als auch der Anlage von Häusern und Wohnungen greifbar. In *Kubinke* heißt es: »Aber endlich kann doch kein Mensch für 1500 Mark eben das verlangen wie für 3000 Mark; und ein kleiner Unterschied muß sein.«[50] Die Unterschiede zwischen Vorder- und Hinterhaus, Haupt- und Hintereingängen führen das fort. Kubinke wird entsprechend auf seinen Platz verwiesen: Er hat auf seinen morgendlichen Gängen die Hintertreppe zu benutzen.[51] Daß ihm etwas so ›Selbstverständliches‹ erst gesagt werden muß, kennzeichnet den Außenseiter.

Nur den Intellektuellen gelingt es, nicht zuletzt dank eines gewissen Mangels an Empathie und einer forcierten Individualität, Brücken zu schlagen – zwischen dem Alten und dem Neuen, Armen und Reichen sowie Konventionen und Notwendigkeiten, selten jedoch zwischen der Natur und der Kultur. Ihnen erschließt sich je nach Befindlichkeit die *ganze* Stadt.

Mit ihren Büchern und Kunstgegenständen sind Eisner, Herzfeld und Jason beweglich und unabhängig von der unmittelbaren Umgebung, die die anderen so prägt – sie sind es bezeichnenderweise auch, die sich Berlin erlaufen, und in ihren Augen wird die Topographie der Stadt prägnanter. Doch richtige Flaneure, wie sie sich, unterschiedlich nuanciert, in den Feuilletons nach der Jahrhundertwende finden, sind sie nicht.[52] Wohl beobachten sie aufgrund einer bestimmten geistespolitischen Haltung den Wandel der Zeiten mit wachem Auge, sie empfinden und formulieren den Kontrast zwischen Stadt und Natur, und die Stadtmitte übt einen überwältigenden Reiz auf sie aus, doch die Straße bietet bestenfalls amouröse und turbulente Gefühlsabenteuer, kein selbstvergessenes Erkennen. Das Ordnungsmuster, das der Autor Berlin diktiert, determiniert auch die Sichtachsen, denen die Intellektuellen folgen, ohne je wirklich Neues zu entdecken – ihnen fehlt der ›fixierte Blick‹, den E. T. A. Hoffmanns Vetter dem Verwandten in *Des Vetters Eckfenster* beizubringen sucht. Das Gefühlsbetonte ihrer Spaziergänge verstellt allzu oft die Sicht und findet eher Bestätigung als Anregung; wirklichen Genuß bereitet nur die Natur, nicht die Großstadt.

»Die Straße«, postuliert Walter Benjamin, »wird zur Wohnung für den Flaneur, der zwischen Häuserfronten so wie der Bürger in seinen vier Wänden zuhause ist«.[53] Die Heimat von Hermanns ungebundeneren Charakteren ist jedoch gerade das Zuhause, wo Bücher, Kunst und der Blick aus dem Fenster die Welt und ihre Veränderungen erschließen. Ihre Aufgeklärtheit hilft ihnen

---

[50] Hermann, Kubinke (Anm. 25), S. 23.

[51] Ebd., S. 70.

[52] Vgl. zu Georg Hermann als Flaneur: Lothar Müller: Franz Hessel und Georg Hermann. Zwei Spaziergänger im Berlin der Neuen Sachlichkeit. In: ... Aber ihr Ruf verhallt ins Leere hinein. Der Schriftsteller Georg Hermann (1871 Berlin – 1943 Auschwitz). Aufsätze und Materialien. Hg. und eingeleitet von Kerstin Schoor. Berlin: Weidler 1999, S. 119–133 und zu Jasons Stadtspaziergängen Godela Weiss-Sussex: Metropolitan Chronicles. Georg Hermann's Berlin Novels. 1897–1912. Stuttgart: Heinz 2001 (Stuttgarter Arbeiten zur Germanistik; 379), S. 157–161.

[53] Walter Benjamin: Der Flaneur. In: Die Horen: Der Flaneur und die Memoiren der Augenblicke, Jg 45 (2000), S. 57–78, hier S. 58.

nicht, obwohl sie besser als alle anderen den Stadtrhythmus erfassen: In ironischer Affirmation der nachhaltigen Wirkung des Milieus verlieren gerade Eisner, Jason und Herzfeld die ihnen wichtigen Frauen, weil diesen eine Lösung aus ihren persönlichen Zusammenhängen nicht gelingt. Allenfalls die frühreifgelehrte, offensichtlich vom Tod gezeichnete Ruth schafft im Gegensatz zu Rehchen und Henriette den Brückenschlag.

Die Statik der gesellschaftlichen Nischen wird jedoch durch den Ersten Weltkrieg verschoben und die Boheme, die in den Cafés zusammengeführt wird, ist der deutlichste Gradmesser für diese Veränderung. Die Boheme, läßt Hermann Herzfeld sagen, »war [...] ein gefährlicher Sudkessel, der viel Menschenfleisch verschlang und schnell mit einem Dasein fertig wurde«. Im Gegensatz zu Jason, Herzfeld und Eisner finden sich hier Intellektuelle und Künstler, denen das Alleinsein nicht gelingt, und die Anschluß suchen. Die »Ditopassablen« und die »Entmündigungsknaben«, zwei Schattierungen dieser Boheme, sitzen in Fortführung der sonst herrschenden Milieugrenzen an verschiedenen Tischen. Damit untergraben sie ihre Wirkung, doch gleichzeitig macht Hermann auf diese Weise deutlich, daß solche Unterscheidungen selbst bei jenen, die sich über die gesellschaftlichen Strukturen erhaben fühlen, unverrückbar in der Natur des Menschen liegen.[54] Herzfeld gesteht ihnen immerhin zu, daß sie den »schätzenswerten Mut [hatten], ihr Leben auf ihre Art zu gestalten«.[55] Auch hier ist zwischen denen zu unterscheiden, die sich an die vordergründigen Charakteristika ihrer Gruppe halten und jenen, die tatsächlich das sind, was sie vorgeben: Peter Hille, der »eigentlich doch in andern Zirkeln war, nicht zu diesem geistigen Pauperismus gehörte, weiter links stand, nicht im juste milieu, mehr an der Peripherie beheimatet war, wo Boheme und echtes schöpferisches Künstlertum sich berühren [...]«,[56] ist auf die Assoziation mit Orten und Treffpunkten nicht angewiesen; er ist in der besten Bedeutung des Wortes ein Original.

Mit den kriegsbedingten Veränderungen zeigt sich die Authentizität der wirklichen Gelehrten und Dichter im Gegensatz zu denen, die die Gelegenheit der Veränderung zugunsten neuer Rollen vor allem im Geschäftsleben ergreifen. Auf diese Weise wird der Krieg zur Wasserscheide zwischen denen, die authentisch und denen, die opportunistisch sind.

Solche Charaktere kontrastieren in auffallender Weise mit einem nach außen hin gelassenen, wohlhabenden Bildungsbürgertum. Die Villen dieser Bildungsbürger sind Kunstinseln, die der Zeit zu trotzen scheinen. Über den Arzt

---

[54] Bei aller Ironie bleibt ihnen eine gewisse Achtung nicht versagt. So schreibt Hermann: »Sie waren eben da und wurden nur an diesem einen Orte getroffen, und zwar in bedeutenden, ja überwältigenden Mengen, und in allen Abschattierungen der Genialität, mit geradezu höchst erstaunlichen Varianten. Sie alle schienen eindeutig zu verkünden: ›Wie glücklich bin ich, daß ich so unglücklich bin.‹« Georg Hermann: Die Zeitlupe und andere Betrachtungen über Menschen und Dinge. Berlin, Leipzig: Deutsche Verlags-Anstalt 1928, S. 20f.

[55] Hermann, Doktor Herzfeld (Anm. 1), S. 53.

[56] Hermann, Der kleine Gast (Anm. 16), S. 351.

Spanier, der für seine Frau Lu und ihre Rolle als unfreiwillige Bürgerliche un-
entbehrlich ist, reflektiert der gleichermaßen gebildete Eisner:

> Aber er hat die kühle Selbstverständlichkeit der Gesicherten, eben derer, die von
> jung an zum gesicherten Leben gehören, die es nie anders gekannt haben, und es nie
> anders kennen werden. [...] Und so kreuzen sich unsere Linien nicht. Sie laufen nie
> nebeneinander her. Sondern sie begegnen sich nur manchmal.[57]

Die Abgeschlossenheit dieser Welt wird zum Beispiel durch Hinweise auf die
Lebensweise verdeutlicht: Praxis und Wohnraum liegen bei Dr. Spanier unmittelbar nebeneinander und machen ihn damit von der Außenwelt noch unab-
hängiger; innere Nöte werden nur in seltensten Momenten artikuliert. Solche
Daseins-Inseln bleiben den Begüterten vorbehalten und Eisner läßt sich darauf,
gleichsam im Urlaub, mitten in den Revolutionswirren gerne ein:

> Überhaupt ... was geht uns die Revolution, was geht uns der Krieg und was geht uns
> alles da draußen an, wenn man gut, weich, in einem schönen, geschweiften krumm-
> beinigen, alten, niedrigen Sessel sitzt, und dazu eine schöne, altbemalte Frankentha-
> ler Tasse vor sich hat?[58]

Die Freude an den Dingen ist verläßlicher als die Zeit, der Innenraum ist von
den Gesetzen der Stadt gelöst.

Folgt man Georg Hermann durch Berlin, wird man an einer Achse zunehmender Verdichtung – von der Natur vor der Stadt, über die Vororte, bis hin
zur Stadtmitte entlanggeführt. Jeder Teil der Stadt wird mit einem bestimmten,
in sich differenzierten Umfeld in Verbindung gebracht, das die Schicksale
determiniert. Jene, die die Stadt, ihre Straßen und Bauwerke genauer betrachten, sind gleichzeitig Garanten des Gedächtnisses der Stadt – ihre Beobachtungen im Jetzt sind vom Wissen um das Berlin von gestern nicht zu trennen.
Überraschungen gibt es bei diesen Beobachtungen Berlins nicht. Begegnungen
zwischen den Berliner Milieus sind nur an den vereinbarten Orten möglich,
z. B. den Cafés. Örtliche Fixpunkte wie das Brandenburger Tor fungieren als
Scharniere zwischen Zeit und Raum. Sieht es Jettchen von Charlottenburg aus
ganz in der Ferne als Eingang zur Stadt,[59] wirkt es für Rosenemil zu Anfang
»wie ein durchbrochenes Türschloß« Richtung Westen.[60] In *November achtzehn* beobachtet Eisner hier den Truppeneinzug[61] – und in *Spaziergang in
Potsdam* wird es als »vorgeahnter Wolkenkratzerstil« beschrieben.[62] Entsprechend eingefügt, wirkt es im Körper der Metropole als die Gliederung der
Stadt manifestierende Konstante.

---

57 Hermann, November achtzehn (Anm. 4), S. 114.
58 Ebd., S. 120.
59 Hermann, Jettchen Gebert (Anm. 9), S. 213.
60 Rosenemil, S. 15.
61 Hermann, November achtzehn (Anm. 4), S. 68.
62 Hermann, Spaziergang in Potsdam (Anm. 6), S. 80.

Hermann fängt mit an der Landschaft und der Natur orientierten ästhetisierenden Sprachbildern das Wechselspiel von Stadt und Milieu ein. Er vermittelt dabei die Vorstellung eines lebendigen, ungeheuer groß empfundenen Körpers mit aufeinander angewiesenen Funktionsbereichen, die in der gesamtstädtischen und der häuslichen Anlage dem Ordnungssystem der Milieus entsprechen. Hermanns vornehmlich aus bürgerlicher Perspektive beobachtetes Berlin, dessen Stadtplan die Funktionsbereiche vorgibt, ist eine sich auf grundsätzliche Überlegungen beschränkende Fallstudie menschlichen Miteinanders. Die abgehobene Geisteswelt des Intellektuellen ist der körperlichen Ordnung der Stadt im Extremfall nicht gewachsen: Das Bewußtsein selbstbewußter Einmaligkeit kollidiert mit den grundsätzlich menschlichen Bedürfnissen und der permanenten Austauschbarkeit der Masse der Bevölkerung. Ebenso kompromißlos ist die Verbindung von Wohlhabenheit und Nähe zur Natur im Gegensatz zu harter Arbeit und Innenstadt.

Daß Georg Hermann im Berlin der 1990er Jahre, das so sehr um Vignetten der Vergangenheit bemüht war, nicht früher Beachtung gefunden hat, ist erstaunlich. Trotz einer völlig anderen Gesellschaftsstruktur ist gerade dieses Bild des aus sich selbst heraus regenerierenden strapazierten ›Körpers‹, der sich sein Gegenüber in der Natur sucht, in der von Definitionsversuchen geprägten Berlin-Literatur wiederzufinden. Auch hier sind die Einzelgänger mit dem Kontrast von Alt und Neu, Kultur und Natur, Provinz und Metropole, der Wirkung der veränderten Zeit auf die Stadt und Fragen der Zugehörigkeit konfrontiert. Das gilt sogar für eher detaillierte Aspekte der Romane: Begutachten Hermanns Intellektuelle mit wachem Auge den Fortbau des Berliner Westens, lassen zum Beispiel Autoren wie Peter Schneider und Cees Nooteboom ihre Protagonisten die Entwicklungen am Potsdamer Platz, einem der neuen architektonischen Bezugspunkte Berlins, kritisch verfolgen.[63] Wenn Grass' Fonty durch die Stadt läuft, ist die Vergangenheit im zeitgenössischen Kontext für ihn ähnlich gewichtig wie für Hermanns großstädtische Spaziergänger.[64] Auch die Stadteinfahrt nach Berlin, die Kubinke so erschreckt, spielt in den Romanen der 1990er Jahre eine Rolle: Jakob Arjounis Hoffmann erlebt schon hier die Desillusionierung, die letztlich den gesamten Berlin-Aufenthalt charakterisieren wird.[65]

Das Thema Großstadt diktiert per se bestimmte Themen und Herangehensweisen. Berlin als existentielle Notwendigkeit und Bedrohung ist jedoch bei Hermann so prägnant herausgearbeitet, daß sich zu den hier evozierten Bildern für den Leser immer wieder die des Nach-Wende-Berlin gesellen.

---

[63] Peter Schneider: Eduards Heimkehr. Roman. Berlin: Rowohlt 1999 und Cees Nooteboom. Allerseelen. Roman. Frankfurt a. M.: Suhrkamp 1999.

[64] Günter Grass: Ein weites Feld. Roman. München: Deutscher Taschenbuch Verlag 1995.

[65] Jakob Arjouni: Magic Hoffmann. Roman. Zürich: Diogenes 1996.

Gundel Mattenklott

Zeitstrukturen im Romanwerk Georg Hermanns:
Die Kette

Anfang der dreißiger Jahre schrieb Georg Hermann die drei letzten Bände der Romanfolge *Die Kette*, in der er Fritz Eisners Lebensgeschichte erzählt.[1] Die späten Romane erscheinen auf den ersten Blick als inkonsistente, wuchernde Gebilde. Sprachliche Nachlässigkeiten und zahlreiche Druckfehler der offensichtlich kaum lektorierten Erstausgaben verstärken den Eindruck von Texten in Auflösung – eine Form, die dem Thema der Romane, der Zerstörung einer Epoche wie privater Lebensverhältnisse, durchaus angemessen wäre. Beim Versuch, die Zeitstrukturen der Romane zu beschreiben, zeigt sich allerdings, daß die gesamte *Kette* sorgfältig konstruiert ist als ein dichtes Gefüge von Symmetrien und Spiegelungen. Den thematischen und formalen Auflösungsprozessen begegnet der Autor mit einer kompositorischen Ordnung, die seine melancholische Grundhaltung um so eindringlicher manifestiert: Wie langsam auch immer die Zerstörung voranschreitet, sie durchdringt bereits das frühe, scheinhafte Glück mit ihrem fatalen Aroma.

Schreibzeit und erzählte Zeit, autobiographisches »Quartett« und Erzählmodell

Auf die Zeit bezieht sich die *Kette* in mehrfacher Hinsicht: grundsätzlich als Erzählung, die immer ein Vergangenes symbolisch vergegenwärtigt; dann als Romanwerk, dessen Stoff eine Epoche und ihr Ende ist – *Eine Zeit stirbt* – und schließlich als die Darstellung von Ausschnitten eines Lebenslaufs, der in vielen Details mit dem des Autors übereinstimmt – die *Kette* ist ein autobiographisches Werk. Wenden wir zuerst den Blick auf die Daten der erzählten Zeit wie der Schreibzeit: Der erste Band, *Einen Sommer lang*, erzählt vom Sommer 1899,

---

[1] Georg Hermann: November achtzehn. Stuttgart: Deutsche Verlags-Anstalt 1930; ders., Ruths schwere Stunde. Amsterdam: Allert de Lange 1934; ders., Eine Zeit stirbt. Berlin: Der Spiegel 1934. – Im folgenden zitiere ich aus der von Gert Mattenklott und mir herausgegebenen Georg-Hermann-Werkausgabe des Verlags Das Neue Berlin: Einen Sommer lang. Mit einem Nachwort von Tilman Krause; Der kleine Gast. Mit einem Nachwort von Peter Sprengel (beide Berlin 1999); November achtzehn. Mit einem Nachwort von Erhard Schütz (Berlin 2000); Ruths schwere Stunde. Mit einem Nachwort von Inge Stephan; Eine Zeit stirbt. Mit einem Nachwort von Rolf-Peter Janz (beide Berlin 2001). Alle herausgegeben von Gundel Mattenklott.

der zweite, *Der kleine Gast*, spielt im Jahr 1904, der dritte, wie der Titel sagt, im
November achtzehn, der vierte, *Ruths schwere Stunde*, umfaßt die Monate Juni
bis August 1919, und *Eine Zeit stirbt* ist auf den Oktober des Inflationsjahrs
1923 datiert. Mit diesen Daten erzählter Zeit verschränken sich die Daten der
Schreibzeit: 1917 schreibt Hermann vom Sommer 1899, 1923/24 vom Tod der
kleinen Dorrit im Jahr 1904, 1930 und 1934 erscheinen in recht schneller Folge
die drei letzten Bände aus dem Zeitraum von 1918 bis 1923. Den Blick zurück
tönen und akzentuieren die Ereignisse der Schreibzeit. Im Jahr 1923, der erzählten Gegenwart von *Eine Zeit stirbt* und der Schreibzeit des Bands *Der kleine
Gast*, interferieren beide Zeiten. Kurz danach, 1925, veröffentlicht Hermann die
ersten beiden Bände unter dem Gesamttitel *Die steile Treppe*, wodurch er in der
Geschichte Fritz Eisners deutlich eine Zäsur markiert, die in der erzählten Zeit
dem Zeitsprung zwischen den frühen Ehejahren und dem Tod der ersten Tochter
einerseits, der Trennungsphase des Ehepaars andererseits entspricht. In diesem
Zeitsprung verbirgt sich die Zerrüttung der Ehe ebenso wie die Epochenscheide
des Ersten Weltkriegs.

Zeitverschränkung, Interferenzen und unterschiedliche Differenzen der Schreibzeit zur erzählten Zeit – zwischen zwanzig und neun Jahren – spiegeln sich in
der Triade von Autor, Erzähler und Protagonist. Sie ist aufgrund des autobiographischen Charakters der Romane durch eine weitere Figur zum Quartett zu ergänzen: durch die Person, deren imaginiertes Bild, einem Entwurf ähnlich, dem
Erzählen vorausgeht, im Erzählen aber auch erst entstehen soll. Zuerst ein paar
Bemerkungen zu dieser vierten Figur. Vielleicht ist es besser, auf den historisch
und theoretisch gesättigten Begriff der Person zu verzichten und statt dessen die
Worte und Umschreibungen zu wählen, die Hermann selbst in diesem Sinn
verwendet: das Ich und das Selbst. In *Ruths schwerer Stunde* heißt es: »Seltsam
– wie das Ich als perennierende Kette, stets sich selbst überwindend, und doch
stets sich gleich, durch unser Leben geht!!«[2] Und im Vorwort zu *Eine Zeit stirbt*
schreibt der Autor in durchaus fragwürdiger grammatikalischer Konstruktion:

> Endlich aber auch schrieb ich diese Romankette, weil es zum Schluß doch nichts in der
> Welt gibt, was mich mehr interessiert als mich selbst, jenes Selbst, ohne das mir erst
> gar nicht die Welt wäre, und das mit mir zusammen mit der Welt zugleich schwinden
> wird.[3]

Vor allem in diesem letzten Zitat wird deutlich, wie schwierig es ist, von dem
Selbst zu schreiben, das man ist und zu dem man sich zugleich schreibend verhält, als gäbe es ein zweites, das überdies im Schreiben befestigt und bewahrt
werden soll. Auf den Begriff gebracht als anthropologische Grundtatsache hat
Helmuth Plessner diese Beziehung mit der Rede von der ›exzentrischen Stellung‹ des Menschen.[4] Das autobiographische Schreiben vergegenständlicht diese

---

2   Hermann, Ruths schwere Stunde (Anm. 1), S. 33.
3   Hermann, Eine Zeit stirbt (Anm. 1), S. 8.
4   Plessner verwendet und erläutert diesen Begriff mehrfach in seinem Werk, u. a. in:
    Lachen und Weinen [1941]. In: Helmuth Plessner: Philosophische Anthropologie. Hg.

menschliche Exzentrik im Wechsel des Auseinandertretens und Verschmelzens von Erzähler und Protagonist. Im autobiographischen Roman findet sie ihre symbolische Form: Er wird selbst zu der »perennierenden Kette« des Ichs, zum anderen – oder dem wahren – Selbst, in dem allein das vergehende individuelle Leben und die Welt, die mit ihm verschwindet, aufgehoben sein könnte.

Der *Autor* steht mit seinem bürgerlichen Namen (im Fall Hermanns einem lang eingebürgerten Autorennamen) für die Erzählung ein. Er evoziert mit dem Motto des ersten Bandes Atmosphärisches und fragt mit dem (ungenau wiedergegebenen) Rilke-Zitat des zweiten Bandes nach dem Ende oder der Fortdauer des Lebensalters Jugend.[5] In den mit seinem Namen unterzeichneten Vorworten der letzten beiden Bände kommentiert er die Erzählung. Er akzentuiert ihre historische Dimension und verknüpft sie mit dem individuellen Lebenslauf seiner Figuren. Das für die Erzählung konstitutive ›im Nachhinein‹, das dem Autor fremder wie eigener Lebensgeschichten immer die Position des überlegenen Wissens gegenüber seinen Romanfiguren einräumt, setzt die jenseits der Epochenschwelle des Krieges angesiedelten ersten beiden Romane ins Zwielicht einer Vor-Gewitterstimmung. Er inszeniert sie im Schein eines unschuldig-unwissenden Arkadiens, aber den Untergang läßt er bereits ahnen. Die erzählte Zeit der drei späteren Romane ist enger an die Schreibzeit gerückt, und es gibt keine Epochenschwelle zwischen ihnen. Die Ahnung tritt daher zurück gegenüber dem bereits in der erzählten Zeit Wißbaren. In seinen beiden Vorworten spricht der Autor die Bedeutung und die Funktion aus, die er seinem Werk zuschreibt: Im Vorwort zu *Ruths schwere Stunde* bezeichnet er seine Geschichte als eine, die spurlos im Nichts verschwinden wird, und in *Eine Zeit stirbt* beschwört er noch einmal, wie bereits bei *Jettchen Gebert*, die Erzählung als das einzige, was das Verschwindende und Unwiederbringliche bewahren kann, wie illusionär auch immer seine Spur im Geschriebenen sein mag. Letztlich ist jedes Erzählen ein melancholischer Akt, der festzuhalten versucht, was als das Erzählte schon verloren ist.

Der *Erzähler* schmiegt sich eng an das Bewußtsein der Figuren, von denen er erzählt, so daß er passagenweise mit dem *Protagonisten* verwechselt werden kann. Dazu trägt der fließende Übergang zwischen erster und dritter Person bei, der Erzählerstatus und subjektive Perspektive zum Verschmelzen bringt. Dennoch konzediert der Autor dem Erzähler einen Vorsprung des Wissens: Der Erzähler zwinkert gewissermaßen über dem Kopf des Protagonisten dem Leser zu, der all die deutlichen Winke und Hinweise, die der Erzähler ins Handlungsgewebe einzieht und die auf die einzelnen Krisen und das schlimme Ende vorbereiten, nicht übersehen kann. Während alle anderen Figuren wissen,

---

und mit einem Nachwort versehen von Günter Dux. Frankfurt a. M.: Fischer 1970 (Conditio humana), S. 45.

5 Hermann schreibt: »Ist die Jugend, die vielversprechliche, / In den Wurzeln endlich still?« Die Verse aus Rilkes *Sonetten an Orpheus*, XXVII, lauten: »Ist die Kindheit, die tiefe, versprechliche, / in den Wurzeln – später – still?« Vgl. Peter Sprengel: Nachwort. In: Hermann, Der kleine Gast (Anm. 1), S. 589f.

was bevorsteht und der Erzähler den Leser an ihrem Wissen teilhaben läßt, versteht Fritz Eisner weder Anzeichen noch Andeutungen. Die Ironie jedoch, die uns den Protagonisten als tumben Toren vorführt, der nicht sehen kann oder will, hat nicht die unerbittliche Härte der tragischen Ironie, die den verblendeten Helden erst sehend macht, kurz bevor er erblindet. Sie ist vielmehr in eine nachgiebige Zärtlichkeit gekleidet, wie sie ähnlich Ruths Beziehung zu Fritz Eisner kennzeichnet, wenn sie ihn gespielt scherzhaft, aber doch ernst einen ›dummen Kerl‹ nennt und, in ironischer Umkehrung des Generationenverhältnisses, ein großes Kind: »du wirst ewig das Kind bleiben, das herausgeschickt wird, wenn die Großen unter sich sein wollen.«[6] In dieser herablassenden Zärtlichkeit kommen jedoch nicht nur die weibliche Protagonistin, der Erzähler und der Autor überein (der die Szene, in der ein Kind nicht mitspielen darf, als Ursituation seines Lebens dargestellt hat), sondern auch der Protagonist: Fritz Eisner läßt sich selbst gern die Zärtlichkeit angedeihen, die der Erzähler ihm von Ruths Seite zugesteht und die er zitiert, wie sie ihn nachsichtig belächelt. »Wie hat doch Ruth gesagt: ›Du wirst immer das Kind bleiben, das herausgeschmissen wird, wenn die Erwachsenen miteinander zu reden haben.‹«[7] In zärtlicher Nachsicht für das prekäre Selbst stimmen Autor, Erzähler und Protagonist überein.

Hermanns autobiographischer Romanzyklus bzw. die Lebensgeschichte seines *Protagonisten* und *alter ego* Fritz Eisner folgt dem klassischen Modell von *Dichtung und Wahrheit* ebenso wenig wie dem des Bildungsromans in der Tradition von Goethes *Wilhelm Meister*. Von der Kindheit des Protagonisten ist nur in Nebenbemerkungen die Rede, am ausführlichsten in *Ruths schwere Stunde*.[8] Wir lernen Fritz Eisner kennen, als er etwa siebenundzwanzig Jahre alt ist, in einem Alter, in dem prägende Bildungserfahrungen der Jugend bereits hinter ihm liegen. Da der junge Mann noch in einem beruflichen und privaten Moratorium steht, kann man ihn allenfalls als Spätadoleszenten bezeichnen. Es heißt von ihm, er habe »die ersten drei Jahrzehnte oder richtiger die ersten zweidreiviertel Jahrzehnte seines Lebens damit verbracht, es zu nichts zu bringen.«[9] Obgleich im Anschluß an diese Vorstellung einiges mitgeteilt wird über Fritz Eisners Versuche, sich als Schriftsteller und Kunstkritiker zu etablieren, und obgleich auch in den vier anderen Bänden sein Berufsleben berücksichtigt wird, bleibt es marginal. Der Roman folgt nicht seinem Entwicklungs- und Bildungsweg zum Autor, an dem die erotischen Erlebnisse und Wirrungen ihren Anteil hätten, sondern zeichnet umgekehrt zwei Zyklen einer lebenslangen ›éducation sentimentale‹, in der die Arbeit eine untergeordnete Rolle spielt. Die ersten beiden Bände sind der Verlobung und der ersten Ehe gewidmet, die letzten drei der Liebesgeschichte und Ehe mit Ruth. Dieser zyklischen Struktur der Biographie entspricht ihre symmetrische Anlage: Der erste Band mit dem Anfang des er-

---

[6]   Hermann, Eine Zeit stirbt (Anm. 1), S. 305.
[7]   Hermann, Ruths schwere Stunde (Anm. 1), S. 214.
[8]   Ebd., S. 32f.
[9]   Hermann, Einen Sommer lang (Anm. 1), S. 9.

sten Liebeszyklus und der fünfte Band mit dem tödlichen Ende des zweiten spiegeln einander ebenso wie der zweite und der vierte Band, die um zwei Töchter aus den beiden Verbindungen kreisen: im zweiten Band stirbt Klein-Dorrit, im vierten wird Maud geboren. Der dritte Band, in dem sich Fritz Eisner aus der ersten Ehe löst und die Beziehung zu Ruth sich verfestigt, bildet die Symmetrieachse. Zwar werden die beiden Liebesbeziehungen nicht zum Immer-Gleichen nivelliert; sie bewahren ihre individuelle Einmaligkeit. Aber die formale Spiegelung weist darauf hin, daß sie einander entsprechen wie Positiv und Negativ. Fritz Eisners resignierte und zuweilen zynisch anmutende Bemerkungen über Frauen und Liebe bestätigen diese Struktur auf der inhaltlichen Ebene.

Die eigentümliche Statik der symmetrischen Ordnung kontrastiert der Vorstellung von einem linearen Lebensweg, auf dem der Protagonist einer Bio- oder Autobiographie voran schreitet. Von Fritz Eisners Leben wird nicht im Sinn solchen Fortgangs einer Entwicklung erzählt.[10] Zwar altert er, aber eher so wie seine Kleidung allmählich fadenscheinig wird und aus der Mode kommt, nicht wie jemand, den Geschehnisse und Erfahrungen verwandeln. Selbst im ersten Band, in dem er als junger Mann noch in der Distanz der dritten Person bleibt, ist er mit seiner Rede an der Festtafel zu Ehren von Egis Promotion bei aller betonten Jugendlichkeit allem Kommenden voraus, seine Vorstellung von der Zukunft der Liebe ist bereits zu diesem Zeitpunkt der melancholische Blick zurück auf ihr klägliches Ende.[11] Wie alt der Protagonist auch immer ist im halben Jahrhundert, das wir lesend mit ihm durchwandern, sein Autor stattet ihn aus mit dem eigenen aktuellen Lebensgefühl und den Gedanken des Alternden.

Dynamisiert wird die Erzählung auch nicht durch die Begegnungen des Protagonisten mit anderen Menschen, sieht man einmal vom Wechsel der Partnerinnen in den beiden Liebeszyklen ab. Im Potsdamer Sommer treten nacheinander die meisten Personen auf, die in den weiteren vier Bänden den Kreis bilden, in dem sich Fritz Eisner wie in einem langsamen Tanz bewegen wird. Manche von ihnen geraten für lange Zeit aus dem Blickfeld, wenige neue Partner und Partnerinnen, dazu einzelne Solisten treten hinzu, aber schon im zweiten Band ist die Figuration so gefestigt, daß es kaum noch wesentliche Neuerungen geben wird bis zum Ende. Selbst die wichtigste neue Begegnung, die mit Ruth, ist präfiguriert durch ihre Halbschwester Lena Block. Dennoch ist das stabile zyklische Zeitmodell nicht das einzige in der *Kette*. Der gesellschaftliche und politische Wandel unterlegt und dynamisiert es mit dem Zeitpfeil der historischen Zeit. Seine irreversible Bahn verschmilzt mit der unumkehrbaren Lebenslinie, die auf den Tod zielt.

---

[10] Ähnlich charakterisiert Tilman Krause in seinem Nachwort den ersten Band *Einen Sommer lang*: »Über 260 Seiten hinweg herrscht Status quo. [...] Wieder wird also alles Dramatische, wird im Grunde alle Entwicklung unterlaufen.« (Hermann, Einen Sommer lang [Anm. 1], S. 267)

[11] Ebd., S. 253ff.

Modi der Zeit-Raum-Gestaltung: Chronotopoi[12]

Gemeinsam sind allen fünf Romanen der *Kette* bestimmte Zeitmodi und Prinzi-
pien der Darstellung von Zeit. Als durchgängiger Zeitmodus bestimmt Allmählichkeit die Erzählung. Es gibt hier kein »plötzlich« und kein »gerade«, wie sie
im Abenteuerroman vorherrschen. Wendepunkte und Krisen kündigen sich lang-
fristig an. Die Dauer, nicht der Augenblick, ist die dominierende Zeitkategorie.
Selbst der Revolution wird ihr explosiver, abrupter Charakter genommen zugunsten eines undramatischen, geradezu schleichenden Geschehens. Die Langsam-
keit von Hermanns Erzählen ist die ästhetische Gestalt dieser Allmählichkeit. Er
realisiert sie im vorherrschenden Prinzip des zeitdeckenden und zeitdehnenden
Erzählens, das einer im alltäglichen Erleben als recht kurz empfundenen Zeitspanne einen weit ausholenden, umfangreichen Text widmet. In der Filmästhetik
entspricht diesem Erzählen die Zeitlupe. So dehnt sich im *Kleinen Gast*, um nur
ein Beispiel zu nennen, die der Handlungslogik zufolge knapp bemessene Zeit
des Einkaufens für das Destillen-Fest über gut dreißig Druckseiten.[13] Dies Deh-
nen der Zeit spiegelt sich auch in den kleinsten Texteinheiten, den Sätzen, wider,
in die Hermann oft gar nicht genug hineinpressen kann an sinnlichen Eindrük-
ken, abschweifenden Erinnerungen und Reflexionen. Er dehnt die Haut mancher
Sätze, bis sie zerreißt und nur noch Satzfetzen übrig bleiben.[14]

Ein solches Erzählen, das den Zeitstrom ständig staut und die Flucht der Augenblicke nicht anerkennt, verräumlicht die Zeit und stellt sie im Modus der
Simultaneität dar. Am sinnfälligsten ist dieser Modus wiederum am Beginn des

---

12 Den Begriff des Chronotopos als »den grundlegenden wechselseitigen Zusammenhang
    der in der Literatur künstlerisch erfaßten Zeit-und-Raum-Beziehungen« ebenso wie ei-
    nige andere Kategorien der Interpretation entnehme ich Michail Bachtin: Formen der
    Zeit im Roman. Untersuchungen zur historischen Poetik. Frankfurt a. M.: Fischer Ta-
    schenbuch Verlag 1989 (Fischer-Taschenbücher; 7418 – Fischer-Wissenschaft); Defi-
    nition des Chronotopos, ebd., S. 7.

13 Hermann, Der kleine Gast (Anm. 1), S. 31–62.

14 Ich führe ein Beispiel an, das für viele stehen soll: »Das Haus liegt frei, und wenn man
    auch auf keine gelbe Wiese gerade herab – die von Tannen umsäumt ist, und auf den
    Glanzschnee der unweiten Berge grade hinübersieht, und, wenn auch diese Wiese, die
    nicht-vorhandene, keineswegs ein Phänomen ist, wie jene es war [...] denn am Vormit-
    tag war sie gelb, und am Nachmittag grün oder sonstwie bunt, wie eben Wiesen im
    Mai zu sein pflegen [...] und das kam daher, weil sie ganz mit übergroßen Sonnen des
    Tragopopon – solche Quartausgabe des Löwenzahns, der Butterblume [...], besternt
    war; und diese Sonnen öffnen sich mit ihren gelben Strahlen nur in den Vormittags-
    stunden, und schließen sich schon um die Mittagszeit wieder [...] wenn auch hier von
    solchen täglichen Wundern, wie draußen in Ebenhausen, *keine* Rede sein konnte, und
    nur Baustellen mit Beifuß und Knöterich und gutem Heinrich und alten Sprungfeder-
    matratzen, verrosteten, und Emailleeimern ohne Boden und Steingutscherben von
    Maßkrügen da unten waren, und links auf dem Fußballplatz der Mann mit den hundert
    Beinen sich austobte [...] rings um das Haus, [...] weiter draußen, gab es *doch* dann
    Felder, Bäume und Lauben, und ferne, blauduftende Bergzüge mit Silberpuder drauf.«
    (Hermann, Ruths schwere Stunde [Anm. 1], S. 239)

Kleinen Gasts, in der fast drei Seiten umfassenden Litanei der Sätze, die eingeleitet wird mit »»Damals‹ also war es, ... als [...]«.[15] Nach vier eröffnenden und sukzessiv amplifizierten Temporalsätzen, die den Anrufungen der Litanei ähneln, werden die folgenden Sätze kürzer und ihre Eingänge reduziert auf das einfache »Als ...«.[16] Weltpolitische, deutsche und regionale historische sowie kulturelle Ereignisse werden als näherer und fernerer Horizont der ihnen gleichzeitigen Erzählung evoziert. Diese Sequenz ist ein genaues Gegenstück zu der berühmten zeitraffenden, fünfzig Jahre in atemloser Geschwindigkeit durchmessenden Passage im »Unverhofften Wiedersehen« von Johann Peter Hebel:

> Unterdessen wurde die Stadt Lissabon in Portugal durch ein Erdbeben zerstört, und der Siebenjährige Krieg ging vorüber, und Kaiser Franz der Erste starb, und der Jesuitenorden wurde aufgehoben und Polen geteilt, und die Kaiserin Maria Theresia starb, und der Struensee wurde hingerichtet, Amerika wurde frei, und die vereinigte französische und spanische Macht konnte Gibraltar nicht erobern. Die Turken schlossen den General Stein in der Veteranerhöhle in Ungarn ein, und der Kaiser Joseph starb auch. Der König Gustav von Schweden eroberte Finnland, und die Französische Revolution und der lange Krieg fing an, und der Kaiser Leopold der Zweite ging auch ins Grab. Napoleon eroberte Preußen, und die Engländer bombardierten Kopenhagen [...].[17]

Als räumliche Modi entsprechen Hebels sukzessivem Erzählen die Vertikale, Hermanns simultanem die Horizontale. Darin gibt es keinen erhöhten Aussichtspunkt, von dem eine Überschau wie die Hebels möglich wäre, das Erzählte entfaltet sich vielmehr kleinteilig, im nahen Blick auf das dingliche und emotionale Detail. Die angemessene Szene solchen Erzählens ist die Großstadt. Simultaneität als ästhetisches Prinzip dominiert in Hermanns Epoche als Zeitmodus der Großstadtdarstellung in Bildender Kunst, Musik und Literatur. Sie wird jedoch in der Tradition der Großstadtliteratur von Poe und Baudelaire bis zu Walter Benjamin kontrastiert durch die Plötzlichkeit des *Chocs*. Bei Hermann gibt es den *Choc* nicht, er hat dafür so wenig Sinn wie für den Bruch und Riß, den Ausstand der Zeit, den die Revolution (z. B. im Denken Benjamins) darstellt. Die Großstadt kann als der grundlegende Chronotopos der gesamten *Kette* gelten, aber es ist eine andere Großstadt als die, in der die *Chocs* als weltliche Epiphanien so plötzlich aufscheinen, wie sie verschwinden. Mit dem *Choc* wird dem Zufall als Prinzip von Begegnung und Verlust in der Menschenmasse der Großstadt Rechnung getragen. In Hermanns erzählter Großstadt hat der Zufall keinen Raum. Sorgfältig inszeniert er die Auftritte und Zusammenkünfte seiner Figuren, deren Gruppe vom ersten Band bis zum letzten nur geringfügig ergänzt bzw. verringert wird. Ihren wiederkehrenden Arrangements entsprechen die zyklischen Zeitordnungen des Hermannschen

---

[15] Hermann, Der kleine Gast (Anm. 1), S. 8ff.

[16] Ebd., S. 9.

[17] Johann Peter Hebel: Schatzkästlein des Rheinischen Hausfreundes. Mit Bilddokumenten, Quellen, historischem Kommentar und Interpretation hg. von Hannelore Schlaffer. Tübingen: Wunderlich, 1980, S. 232.

Erzählens, die in den Details die Ordnung des gesamten fünfbändigen Romanwerks wiederholen: Es sind die der Jahreszeiten, Feste und Generationen – Zeitordnungen des Alltags, nicht des Abenteuers.[18]

Den Chronotopos Großstadt verstehe ich als einen der »großen, umfassenden und wesentlichen Chronotopoi«, von denen Bachtin spricht. »Jeder von ihnen kann jedoch eine unbegrenzte Zahl von kleinen Chronotopoi in sich einschließen«.[19] Hermanns Großstadt differenziert sich in drei sie konstituierende Chronotopoi: in den öffentlichen Raum der Straßen und Plätze, den privaten Raum des Wohnens und als dritten in die Zwischen-Räume und transitären Orte des Fensters, des Balkons und Gartens auf der Seite des privaten, der Cafés, Restaurants, Bars, der Verkehrsmittel und Bahnhöfe auf der Seite des öffentlichen Lebens. Das Wohnen entfaltet sich wiederum nach zwei Seiten: Es hat seinen Ort in stabilen, permanent bewohnten Häusern und Wohnungen, aber auch in transitären wie Hotels, Pensionen und Feriendomizilen. Das Haus als Grundform des Wohnens und die Straße als öffentlicher Raum stehen sich im Bewegungsmodus kontrapunktisch gegenüber: Stabilität und Ruhe versus Mobilität und Veränderung. Beide sind Orte alltäglicher Handlungsformen. Im Haus schließen sie sich in der Gestalt intimen Zusammenlebens oder Zusammentreffens zum Kreis der Familie und der Freunde. Die Straße ist eine Linie, die von Station zu Station, von Begegnung zu Begegnung läuft. Bachtin beschreibt die Straße als eine Spielart des umfassenden Chronotopos der Begegnung. Er unterscheidet die Romane des Chronotopos Straße von denen der Reise, deren Handlungen ebenfalls durch Bewegung und Begegnung charakterisiert sind.[20] Seine Unterscheidung trifft eine Eigenart der Hermannschen Romane:

> Die Straße führt immer durch das eigene Heimatland und nicht durch eine exotische fremde Welt [...] was erschlossen und vorgeführt wird, ist die sozial-historische Vielfalt dieses Heimatlandes [...].[21]

Auf der Straße trifft Eisner den Sanitätsrat wie den vergessenen Autor (in der Sammetjacke), Nutten und Devisenschieber, den Rosenverkäufer und späteren Kriegsgewinnler Emil ebenso wie den revolutionär gestimmten Gymnasiasten, seinen Neffen Lulu.

Eine eigene Kategorie bildet in Bachtins Theorie »der Chronotopos der Krise und des Wendepunkts im Leben«. Er realisiert sich in Orten,

---

[18] Vgl. hierzu auch die Nachworte zu: Georg Hermann: Henriette Jacoby. Roman. Hg. und mit einem Nachwort von Gundel Mattenklott. Berlin: Verlag Das Neue Berlin 1998 (Werke und Briefe: Abt. 1, Romane und Romanfragmente; 3); ders., Heinrich Schön jun. Roman. Hg. und mit einem Nachwort von Gundel Mattenklott. Berlin: Verlag Das Neue Berlin 1998 (Werke und Briefe: Abt. 1, Romane und Romanfragmente; 6).

[19] Bachtin, Formen der Zeit im Roman (Anm. 12), S. 202.

[20] Als Beispiele für die auf »Reise und Wanderung aufbauenden Romane« führt er den antiken Reiseroman, den griechischen sophistischen Roman und den Barockroman des 17. Jahrhunderts an (vgl. ebd., S. 195).

[21] Ebd., S. 194.

[...] an denen es zu Krisen kommt, zum Fiasko und zur Auferstehung, zur Erneue-
rung, an denen Menschen sehend werden und Entschlüsse fassen, die ihr ganzes Leben bestimmen. Die Zeit in diesem Chronotopos ist im Grunde genommen ein Augenblick, dem gleichsam keine Dauer eignet und der aus dem normalen Fluß der
biographischen Zeit herausfällt.[22]

Hermanns Erzählmodus der Dauer und Allmählichkeit verträgt sich eigentlich
nicht mit solchen Krisen-Chronotopoi. Auch ist dem Begriff der Krise die
Wende implizit, sei es eine zum Guten – eine Genesung etwa und symbolische
Wiedergeburt – sei es eine zum Tode. Die Krise ist eine offene Situation. Der
melancholische, pessimistische Gestus von Hermanns Erzählwerk läßt jedoch
eine solche nicht zu – bei ihm gibt es im Grunde nur Stationen auf dem un-
ausweichlichen Weg zum Tod. Dennoch gibt es neben den grundlegenden
Formen, in denen Hermann den Zeitraum sinnlich veranschaulicht, spezifische
Orte, die Strudel im langsamen Fluß seiner Erzählung bilden und in denen sich
die Handlung zu krisenhaften Situationen zuspitzt. Es sind nicht die Chronotopoi
der Schwelle, die Bachtin als symbolischen Ort der Krise bezeichnet,[23] Orte
also, die so wenig Ausdehnung im Raum haben wie der Augenblick in der
Zeit, sondern besondere Räume im Haus, eingelagert in eine Welt der Dauer.

An erster Stelle ist das Bett zu nennen, der traditionelle Ort intimer krisenhafter Ereignisse im Lebenslauf, der Ort der geschlechtlichen Vereinigung, der
Zeugung, der Geburt und des Todes. Dreimal wählt Hermann das Bett als
Szene der Handlung. Davon sind zwei Szenen einander in ihrem räumlichen
und emotionalen Arrangement parallel: Sowohl in *November achtzehn* als auch
in *Eine Zeit stirbt* geht Ruth ins Bett, während Fritz Eisner noch »kurz«, wie er
verspricht, an den Schreibtisch will. Die Türen zwischen Arbeits- und Schlafzimmer sind angelehnt. Nach einer Zeit des Sinnierens – im ersten Fall schreibt
Eisner dann einen Brief an die im nahen Bett liegende Ruth – hört er sie weinen.
Im November 1918 hat sie – als Reaktion auf die sich andeutende Schwangerschaft und das sich in die Länge ziehende Scheidungsvorhaben Eisners – versucht, sich mit einem Rasiermesser die Pulsadern aufzuschneiden. 1923 hat sie
wohl, wie der Erzähler mehr ahnen läßt als ausspricht, am Nachmittag einen
Arzt aufgesucht, dessen Reaktion auf ihren Gesundheitszustand ihr ihre un-
heilbare Krankheit bewußt gemacht haben muß. Die ohnehin durch den Al-
tersunterschied nicht synchron laufenden Lebensuhren der beiden Ehepartner
divergieren von diesem Zeitpunkt an immer stärker. Ruths Zeit rast ihrem
Ende zu: Sie hat kaum noch Zeit. Sie muß schnell ins schnelle Berlin, um ihre
Lebensumstände zu ordnen und noch für kurze Zeit in den rasch fließenden
Strom des heimatlichen Großstadtalltags einzutauchen. Fritz Eisner hat sich
dagegen behaglich eingerichtet in der süddeutschen Landschaft, er hat alle Zeit
der Welt und ihr Drängen will er nicht verstehen. Er mißt ihre Lebenszeit an
seiner eines langsam alternden Mannes.

---

[22] Ebd., S. 198.
[23] Ebd.

In dieser Szene setzt Hermann ein blindes Motiv ein, was dem sonst eher überpointierten Verweisungsgefüge seines Romanwerks seltsam fremd ist: Ruth erklärt nämlich ihren so dringend gewordenen Wunsch, nach Berlin zurückzukehren, als Mittel, einem möglichen Treubruch zuvor zu kommen. Der Mann, der sie verehrt, wird später auch für einen kurzen Augenblick sichtbar: als der Zug, der die Eisners nach Berlin bringen wird, aus dem Heidelberger Bahnhof fährt. Im Kontext einiger Andeutungen Ruths am Abend vor dieser Abreise gewinnt diese flüchtige Versuchung einen symbolischen Charakter, denn wir wissen: Was Ruth wirklich nach Berlin treibt, ist ihre Todesahnung, eher wohl bereits ein klares Wissen vom Endstadium ihrer Krankheit. Um den tumben Fritz Eisner, der nicht verstehen kann oder will, daß ihre Zeit rennt, dazu zu bringen, mit ihr nach Berlin zu gehen, macht sie es ihm etwas eifersüchtig. In desperatem Spiel verkörpert sie den Tod, der bereits die Hand an die junge Frau gelegt hat, in dem amerikanischen Verehrer. Der wahre Liebhaber, der Ruth ihrem Mann entführen wird, ist der Tod. Einmal mehr versperrt Eisners Mangel an Aufmerksamkeit und sensibler Wahrnehmung, hier zusätzlich blockiert durch den Mechanismus der Eifersucht, ihm die Einsicht in ihre Gefühle. Sowohl im Zusammenhang des früheren Selbstmordversuchs als auch der flüchtigen Erscheinung des Todes in der Maske eines Liebhabers, werden Symptome von Ruths tödlicher Erkrankung sichtbar: 1918 ein blauer Fleck an ihrer Wade, 1923 stark hervortretende Adern auf der Hand. Sie bereiten den Leser auf die letzte Bett-Szene vor, Ruths Tod. Auch hier tritt Eisner erst spät an das Bett, in dem Ruth geboren wurde, das sie mit ihm vereinte und in dem sie jetzt stirbt. Eisner ist auch hier der letzte, der begreift.

Neben dem Bett sind die Arztpraxis und das Entbindungsheim Orte, in denen sich krisenhafte Zeiten konkretisieren: die im November achtzehn noch langsame, dann sich beschleunigende Krankheit Ruths, ihre Schwangerschaft und ihr Wochenbett. Am besten lassen sie sich fassen mit Michel Foucaults Begriff der »Heterotopien«:

> [...] wirkliche Orte, wirksame Orte, die in die Einrichtung der Gesellschaft hineingezeichnet sind, sozusagen Gegenplazierungen oder Widerlager, [...] gewissermaßen Orte außerhalb aller Orte, wiewohl sie tatsächlich geortet werden können.[24]

»Krisenheterotopien« nennt Foucault »eine Form von Heterotopien«, die er in den »sogenannten Urgesellschaften« findet, von denen man aber auch in unserer Gesellschaft noch Reste findet:

> [...] d. h. es gibt privilegierte oder geheiligte oder verbotene Orte, die Individuen vorbehalten sind, welche sich im Verhältnis zur Gesellschaft und inmitten ihrer menschlichen Umwelt in einem Krisenzustand befinden: die Heranwachsenden, die menstruierenden Frauen, die Frauen im Wochenbett, die Alten usw.[25]

---

[24] Michel Foucault: Andere Räume. In: Aisthesis. Wahrnehmung heute oder Perspektiven einer anderen Ästhetik. Hg. von Karlheinz Barck, Peter Gente, Heidi Paris und Stefan Richter. 2. Aufl., Leipzig: Reclam 1991 (Reclam-Bibliothek; 1352), S. 39.
[25] Ebd., S. 40.

Dreimal erleben Fritz Eisner und Ruth die Absonderung der jungen Frau an einem solchen Krisenort. In *Ruths schwerer Stunde* ist das Entbindungsheim eine traditionelle Heterotopie, die die junge Frau vor allem vor ihrem Freund verbirgt. Im *November achtzehn* und in *Eine Zeit stirbt* besuchen beide einen Arzt, um ihn wegen Ruths Gesundheitszustand zu konsultieren, im ersten Fall den alten Sanitätsrat, den Fritz Eisner das »Gummischweinchen« nennt, im letzten Band Doktor Spanier.[26] Beide Arztbesuche verlaufen ähnlich. Schnell stellt sich eine Art von Komplizenschaft zwischen dem Arzt und der schönen Patientin her, und Fritz Eisner wird wie ein Kind durch Spiele vom Ernst der Situation abgelenkt, vom Sanitätsrat durch seine Taschentuchsammlung, von Doktor Spanier durch ein Schachproblem; beide Male läßt er sich gern und leicht ablenken. Wie durch das Entbindungsheim werden auch hier die Liebespartner getrennt, und Ruth wird in die andere Zeit, den anderen Ort des Behandlungszimmers geführt. Beide Male wird dort ihre tödliche Krankheit diagnostiziert. Die beiden Ärzte sprechen dies nicht aus, lassen aber dennoch keinen Zweifel an dem Ergebnis ihrer Untersuchung. Das »Gummischweinchen«, selbst unheilbar krank, tarnt die fatale Diagnose mit seinem Fieberanfall; dadurch gewinnen seine raunenden Worte den Charakter eines düsteren Orakels. Spanier kann sein Erschrecken ebenfalls kaum verbergen. Am »verbotenen« Ort krisenhafter Absonderung zeigt sich für einen Augenblick die tödliche Wahrheit unverschleiert.

Nach den grundsätzlichen und den Krisen-Chronotopoi möchte ich noch auf eine weitere Variante des Raum-Zeit-Gefüges in Hermanns *Kette* eingehen, auf die Metapher der »steilen Treppe«. Ich nenne sie einen symbolischen Chronotopos, denn ihr entsprechen keine realen Räume. Die »steile Treppe« ist zugleich der einzige vertikale Chronotopos des Romanwerks. Von ihr als einer Metapher für das Leben spricht Eisner zuerst gegen Ende des Romans *Der kleine Gast* in einem Gespräch mit Lu, die ihn zum Vertrauten ihres Ehebruchs macht.

> Das Leben ist eine steile Treppe, und den meisten geht schon auf halber Strecke der Atem aus; sie setzen sich hin – auf die Stufen – oder sie kehren einfach um. Und vielleicht sind sie ebenso im Recht, wie jene, die weitersteigen [...] denn am Ende führt es doch ins Nichts. Wie in Japan in den Shintotempeln, die oben auf den Bergkuppen liegen. Erst keucht man Hunderte von Stufen hinauf und zum Schluß ist nichts da, als in einem simpeln Schrein ein blanker Metallspiegel, in dem man auch nur sich selbst sehen kann [...].[27]

Das Bild war Hermann so wichtig, daß er es zum gemeinsamen Titel des »Romans in zwei Bänden« machte, in dem er 1925 einen Neudruck von *Einen Sommer lang* und die erste Auflage von *Der kleine Gast* zusammenfaßte.

1934 variiert und ergänzt er im Vorwort zu *Ruths schwere Stunde* die Textpassage von 1923. Jetzt ist die steile Treppe jedoch nicht mehr die etwas triviale Metapher eines mühevollen Lebens, an dessen Ende nichts anderes als der

---

[26] Hermann, November achtzehn (Anm. 1), S. 269ff.; ders., Eine Zeit stirbt (Anm. 1), S. 302ff.

[27] Hermann, Der kleine Gast (Anm. 1), S. 553.

Blick in einen Spiegel stehen mag; sie ist aufgewertet zu einer Metapher solcher Romane, die

> [...] in Nichts münden, sich verflüchtigen, wie Gas. Die in den leeren Raum verwehen. Ohne Bestand, ohne Hoffnung, ohne Spuren. Allen menschlichen Sinns beraubt. Sie haben keine Gegenwart mehr, geschweige denn eine Zukunft.«[28]

Als einen solchen Roman stellt Hermann zu diesem Zeitpunkt seine *Kette* dar. Die Treppe führt jetzt nicht nur zu einem Schrein, sondern sie mündet in ein zum Himmel offenes Tor, ein Tor ins »sich selbst verzehrende Nichts«. Die steile Treppe ist eine Himmelstreppe, allerdings kein Weg zu einem Gott. »Vielleicht ist noch da ein alter Metallspiegel« Während es im früheren Text etwas abfällig heißt: »in dem man auch nur sich selbst sehen kann«, erscheint hier das eigene Bild als das Ziel des Romans – als das Selbst, das zu erschreiben war. Es bleibt jetzt aber ungewiß, ob »du das Bild bist oder das Bild du«; im Spiegel am Ende der steilen Treppe fließen »Schein und Wirklichkeit ganz ineinander«, bis am Ende auch das Bild verloschen sein wird, sich gelöst haben wird »wie dieser Wolkenfetzen da oben im Blau, der einen Augenblick dahintrieb und nun in Licht und Sonne inmitten seiner Bahn in regenbogenschillernde Atome zerspellte, unerbittlich sich löste, verschwand und dem Auge spurlos wie Salz im Wasser zerging.« Aus einem früheren ironisch gemeinten Bild des Romans als Weg – »Der Weg war wie ein Roman, der zum Schluß die feinere Eigenart verliert«[29] – ist eine Treppe ins Nichts geworden.

Eine andere symbolische Raumordnung des Romanwerks ist eher eine allegorische Topographie denn ein Chronotopos. Sie bezieht sich auf das Geschlechterverhältnis. Doktor Fischer, der unglückliche Botaniker aus dem ersten Band der *Kette*, zeichnet es als zwei Länder, die durch eine unüberwindliche Grenze getrennt sind:

> Meines Wissens geht nur eine wirkliche Scheidung, nur eine tiefe Grenze durch die Welt, eine Kluft, die niemand überspringen kann, und die nie zu überbrücken ist. [...] Und das ist die zwischen Mann und Frau.[30]

Hermann variiert das Motiv mehrfach explizit in Bezug auf die Ehe von Fritz und Annchen Eisner. Es kehrt aber implizit im Spiegel realer Raumordnungen auch in der von Fritz und Ruth wieder: in der Opposition von Schreibtisch und Bett in den beiden bereits angeführten Szenen und vor allem in *Ruths schwere Stunde*. In diesem Roman begegnen sich Fritz und Ruth trotz ihrer engen, durch Schwangerschaft und Kind noch fester gewordenen und inzwischen auch von einigen Freunden anerkannten Beziehung nur in wenigen flüchtigen Augenblicken; die meiste Zeit bewegen sie sich in zwei getrennten Welten. Davon soll im folgenden noch die Rede sein, wenn ich in einem letzten Abschnitt die Chronotopoi der einzelnen Romane durchgehe und ihren je eigenen symbolischen Modus der Raum-Zeit-Gestaltung zu bestimmen versuche.

---

[28] Hermann, Ruths schwere Stunde (Anm. 1), S. 6.
[29] Hermann, Der kleine Gast (Anm. 1), S. 315.
[30] Hermann, Einen Sommer lang (Anm. 1), S. 200.

Symbolische Modi der fünf Romane

Dem ersten Band, *Einen Sommer lang*, ist eine Strophe aus einem Liliencron-Gedicht vorangestellt:

> Zwischen Feld und Hecken
> Führt ein schmaler Gang,
> Süßes, seliges Verstecken
> Einen Sommer lang.[31]

Das Motto evoziert die Atmosphäre einer so glücklichen wie flüchtigen Lebenssituation in einem Dazwischen, wie es Fritz Eisner und Annchen, Hannchen und Egi tatsächlich durchleben: in der transitären Lebensform der Verlobung, im provisorischen Haus der Sommerfrische, auf den Bahnfahrten, der ländlichen Bahnhofsstraße, den Spazierwegen durch Gärten und Park und den Ausflügen. In diesen Provisorien leben die Protagonisten abgeschirmt von den Blicken der städtischen Gesellschaft, deren Ereignisse nur wie ein fernes Echo zu ihnen herüberdringen. Dies Abseits vom Alltagsleben in der Stadt ist ein Versteck, das Fritz zugleich vor sich selbst verbirgt, und in dem er – zumindest wider besseres Ahnen – die Illusion nährt, mit Annchen ein gemeinsames Leben aufbauen zu können. Ich nenne den symbolischen Modus von Zeit und Ort die Verborgenheit.[32]

Der kleine Gast ist der umfangreichste der fünf Bände. Über den Roman, den Fritz Eisner im Roman schreibt, heißt es:

> [...] er wollte eine ganze breite Symphonie mit Andante und Allegro und Rondo verklungener Zeiten und verklungener Menschen geben, über denen die Grazie einer verwehten Kultur lag.[33]

Zweifellos denkt Hermann hier an Entstehung und Programm seiner zweibändigen Erzählung von Jettchen Gebert. Doch trifft die Metapher der Symphonie oder eines Konzerts auch recht gut das Buch, in dem er von diesem Romanprojekt erzählt. In der Ouvertüre des »Damals also war es, als ...« werden die Instrumente und Themen durchgespielt und vorgestellt. Es folgen die breit ausgemalten Andante-Sätze des Warenhauses – ein »Brennpunkt des Lebens«[34] – und der gemächlichen Straßenbahnfahrt, in der für so viele Gespräche und Reflexionen Raum und Zeit sind. Das Allegro des Destillenfestes führt alle Stimmen, die bereits im Potsdamer Sommer anklangen, wieder zusammen. In zwei Reprisen

---

[31] Tilman Krause druckt das Liliencron-Gedicht ab: Auch diese Strophe ist nicht korrekt zitiert. Die erste Zeile lautet: »Zwischen Roggenfeld und Hecken« (Hermann, Einen Sommer lang [Anm. 1], S. 266).

[32] Vgl. Tilman Krause, ebd.: »Und da, ungewöhnlich bei Hermann, der genaue Ort nicht genannt wird, hat das Urlaubsdomizil nicht nur den Charakter des Refugiums, sondern auch den eines Verstecks.« (Hermann, Einen Sommer lang [Anm. 1], S. 267).

[33] Hermann, Der kleine Gast (Anm. 1), S. 268.

[34] Ebd., S. 39.

spielt Hermann die Themen des Festes noch einmal durch: im Allegretto des Treffens der Gesellschaft im Café am Abend nach dem Fest und später dann im Largo des Abschiedsessens für Egi und Hannchen bei »Ilges« im Grunewald, während Little Dorrit im Sterben liegt. Dazwischen erklingen Soli und Duette: auf Eisners Spazierwegen, in familiären und freundschaftlichen Gesprächen, im Umgang mit dem Kind. Was die Anfangssequenz mit der Litanei des »Damals als« anschlug, entfaltet sich auf den intimen und öffentlichen Simultanbühnen von Haus, Café und Restaurant, von Fest und Straßenbahn: Symphonische Simultaneität der Großstadt ist der symbolische Modus dieses Romans.

In *November achtzehn* strukturiert Hermann die Handlung konsequent durch die Raumfigur der Straße. Sie führt Fritz Eisner von Begegnung zu Begegnung und von Station zu Station, die er an beiden Tagen der Handlung je einmal durchläuft, zuerst allein, das zweite Mal mit Ruth. Auf diesen Wegen verschränken sich Öffentlichkeit und Intimität. Die erwartete und dann ausgebrochene Revolution als Krise des gesellschaftlichen Lebens steckt dabei den Rahmen für die private ab, die im Bett eskaliert und ihren Höhepunkt im Sprechzimmer des Arztes »Gummischweinchen« hat. Trotz meiner skeptischen Überlegungen zur Krise in Hermanns Romanwerk kann ich doch nicht umhin, den symbolischen Modus des Revolutionsbandes – politische wie erotische Wendezeit – als den der Krise zu bezeichnen. Das bestätigt sich in der letzten Szene des Romans, als Fritz Eisner im Zug nach München die Anzeige von Gummischweinchens Tod liest und in ein konvulsivisches Lachen ausbricht, das schließlich in Weinen umkippt. Der komische Funken springt aus der überraschenden Einsicht, daß dieser eigentümliche Mensch einen Zwillingsbruder hatte (der die Anzeige aufgegeben hat) – also einer schlichten Komik der Verdopplung. Aber Fritz Eisner lacht nicht allein wegen dieses komischen Effekts. Sein Lachen entspricht vielmehr genau jener »Kapitulation«, als die Helmuth Plessner das Lachen (und Weinen) beschreibt, ihm zufolge »Ausdrucksformen einer Krise«:

> Durch das entgleitende Hineingeraten und Verfallen in einen körperlichen Vorgang, der zwanghaft abläuft und für sich selbst undurchsichtig ist [...], wird das Verhältnis des Menschen zu seinem Körper desorganisiert.

Der Mensch beantwortet

> das Unbeantwortbare in seiner Mehrsinnigkeit. So quittiert er das vital, spirituell und existentiell ›Wider‹sinnige [...] mit einer Reaktion, die zugleich Selbstbehauptung und Selbstpreisgabe verrät. Indem er lacht, überläßt er seinen Körper sich selbst, verzichtet somit auf die Einheit mit ihm, die Herrschaft über ihn. Mit dieser Kapitulation als leibseelisch-geistige Einheit behauptet er sich als Person.[35]

Ruths schwere Stunde ist die Phase der zeitlichen und räumlichen Moratorien: Schwangerschaft, Wehen, Wochenbett, Pension, Entbindungsheim, Hotel. Die Brücke, nahe der Ruth und Fritz Eisner anfangs auf einer Bank sitzen, ist die

---

[35] Plessner, Lachen und Weinen. (Anm. 4), Zitate S. 18 (Lachen und Weinen als »Ausdrucksformen einer Krise«); S. 149 und 153.

Eröffnungsfigur dieser Situation. Die Gemeinsamkeit des friedlichen Paars allerdings trügt. Weit voneinander entfernt trotz der räumlichen Nähe leben sie in unterschiedlichen Zeiten. Bei Ruth haben die Wehen eingesetzt; sie ist bereits eingetreten in die besondere Zeit der Entbindung. Wie immer mißversteht Fritz ihre Schmerzen und läßt sich von ihr belügen, sie müsse nur zu einer kurzen Untersuchung in die Klinik. Von da an trennen sich nicht nur die subjektiven Zeiten, sondern auch die Räume des Paares. Fritz Eisner läßt sich durch die Straßen Münchens treiben, begegnet seinen Freunden und verbringt die Nacht von Ruths Wehen in einer Bar. Besorgte Erinnerung an sie blitzt sporadisch auf, ohne daß daraus Handlungen folgen würden. Wie immer sind alle um ihn herum von Ruths Situation unterrichtet, nur er versteht die zahlreichen Hinweise nicht. Am Ende, als Ruth nach einer Auseinandersetzung mit Annchen einen zweiten Selbstmordversuch unternimmt, wiederholt sich diese Situation: Fritz Eisner sitzt mit seinen Töchtern am Neckarufer, während sie Tabletten nimmt. Seine Tumbheit beschränkt sich übrigens weder in diesem noch im letzten Band auf Ruth. Er fällt auf Landshofs ironische Selbstdarstellung als Bestattungsunternehmer herein, und das Attentat auf den Bankier erlebt er zwar in unmittelbarer Nähe, kann die Situation aber so wenig deuten wie im letzten Band die des Paares Paul und Joli. Als verspäteter Zeuge wird er von Landshof mit freundlicher Ironie, von der Polizei mit herablassender Unverschämtheit abgewiesen. – Der symbolische Modus von *Ruths schwere Stunde* ist der Zwei-Welten-Raum der Geschlechter, die einander im Alltag wie in den schwersten Augenblicken ihres Lebens verfehlen.

Eine Zeit stirbt setzt mit einem breit ausgemalten und stellenweise humoristisch getönten Genrebild ein. Die ruhige Zeit, die Fritz Eisner sinnierend am Fenster verbringt, steht in ironischem Kontrast zu Ruths Zeit, die nun zu rasen beginnt. Zeitverschwendung versus Zeitverknappung prägen die temporalen Strukturen des Romans. Wie aber hier bereits – gegen die alltägliche Wunschvorstellung ordentlicher Zeitläufte – der ältere Mensch alle Zeit hat, während sie der jüngeren Frau zwischen den Händen zerrinnt, tritt die gesamte Erzählung in den Herrschaftsbereich des Todes als einer verkehrten Welt. Sinnfällig wird dies, wenn Ruth nicht mehr ißt, sondern erbricht, und wenn das Fest als Zeit der Begegnung der Freunde im »Souper macabre« als letztes Abendmahl für Paul Gumpert und Joli inszeniert wird. Daher bezeichne ich die Verkehrung als den symbolischen Modus des letzten Bandes der *Kette*.

Insgesamt ergibt sich noch einmal eine symmetrische Figur einander zugeordneter Oppositionen: Der Verborgenheit und zugleich Lebensoffenheit im transitären Wohnen des ersten Bandes entspricht die Enthüllung des todgeweihten Leibes und das Ende im traditionsreichen Bett von Ruths elterlicher Wohnung im letzten Band. Band 2 und 4 folgen den Straßen und Wegen des großstädtischen Lebens, die Heimat Berlin kontrastiert dem fremden München, die stabile Wohnung bei zunehmender ehelicher Zerrüttung den transitären Wohnräumen bei noch intakter Gefühlsbindung. Die Symmetrieachse bildet wiederum die historische und intime Krise der Schwellenzeit im *November achtzehn*.

Laureen Nussbaum

A Sampling of Georg Hermann's »Letters about German Literature«, published in *Het Algemeen Handelsblad* 1921–1926[*]

This contribution is concerned with writings by Georg Hermann, that are not readily accessible to most of his devotees, since – as far as we know – they have not been preserved in the original German but only in Dutch translation. Georg Hermann's »Brieven over Duitsche literatuur« were published as weekly columns in a major Dutch newspaper, *Het Algemeen Handelsblad*. They were written in the years between Hermann's anti-war polemics, »Randbemerkungen«, that appeared in 1919, and his sharp critique of nascent anti-semitism among German intellectuals, *Der doppelte Spiegel*, published in 1926. Both of these politically important, non-fictional books I studied extensively in the past.[1] The recent foray into the »Letters about German Literature« has provided me with a chance to start filling the gap between these two valiant attempts on the part of Georg Hermann to talk sense to, and humaneness into, his readers.

Yet, I can only begin to bridge the hiatus, for I am just dealing with a sample of Georg Hermann's weekly columns. Altogether, he wrote some 221 of these reviews between October 29, 1921 and May 8, 1926. The Dutch Georg Hermann expert, C. G. van Liere, must have perused all of them in the archives of the *Algemeen Handelsblad*. In his 1974 monograph, *Georg Hermann. Materialien zur Kenntnis seines Lebens und seines Werkes*, van Liere meticulously lists the reviews by date, indicating their main contents with a few words or names.[2]

---

[*] At the Sept. 28, 2001 Georg Hermann Symposion, my presentation started with an expression of joy at being in London among Georg Hermann offspring – descendants of his oldest daughter, Eva – and Georg Hermann scholars, with many of whom I had corresponded, sometimes over years. This was my first opportunity to meet face to face.

[1] Concerning *Randbemerkungen* see my contribution: »Wenn Deutschland die ganze Welt gewänne, nichts könnte den Kummer dieses Krieges gutmachen«. Georg Hermanns *Randbemerkungen* (1914–1917). In: »Aber ihr Ruf verhallt ins Leere hinein.« Der Schriftsteller Georg Hermann (1871 Berlin – 1943 Auschwitz). Aufsätze und Materialien. Hg. und eingeleitet von Kerstin Schoor. Berlin: Weidler 1999, p. 153–174. As to *Der doppelte Spiegel* see my essay: 1926 Georg Hermann writes a pamphlet attacking the special issue of Martin Buber's *Der Jude* devoted to the topic of anti-Semitism and Jewish national characteristics. In: Yale Companion to Jewish Writing and Thought in German Culture, 1096–1996. Ed. by Sander L. Gilman and Jack Zipes. New Haven: Yale University Press 1997, p. 448–454.

[2] Cornelis Geeraard van Liere: Georg Hermann. Materialien zur Kenntnis seines Lebens und seines Werkes. Amsterdam: Rodopi 1974 (Amsterdamer Publikationen zur Sprache und Literatur; 17), p. 90–94.

Since I have been doing my research as a private hobby without any institutional support for the last twelve years, it would have been beyond my means to request copies of all of these 221 columns. So, on the strength of van Liere's brief indications, I selected some 28, that is close to 13% of all the reviews, spread more or less evenly over the four and a half years of their appearance.[3]

My sampling was rather arbitrary. I looked at what Georg Hermann had to say about the earliest post-war German literature, about new foreign books in German translation after the interruption of the war period and about German books dealing with travels abroad. I was also interested in his appraisal of some woman writers of his day. Since I knew from conversations with Hilde Villum-Hansen, Georg Hermann's second daughter, that she and her father deemed Thomas Mann's contribution to German literature overrated, I selected Hermann's reviews of Thomas Mann's books of the early twenties, including *Der Zauberberg*. I wondered, too, about Hermann's views of the Goethe scholarship of those years. Moreover, I wanted to see how he dealt with books devoted to specifically Jewish themes and what he told his Dutch readers in 1924 about the courageous Heidelberg statistics professor, Emil Julius Gumbel, a pacifist and translator of Bertrand Russell's writings into German. I knew that Gumbel had called attention to the scandalously one-sided judicial practices in Germany during the initial stages of the Weimar Republic. Years ago at the Leo Baeck Institute in New York, I had already noticed »Der Fall Gumbel« among Georg Hermann's unpublished manuscripts of the late nineteen-twenties.[4] His appreciation fôr Gumbel has intrigued me ever since.

In his second column published in *Het Algemeen Handelsblad*, dated November 5, 1921, Georg Hermann gives a very brief overview of the German literature of the last war years, much of it produced in neutral Switzerland by refugee writers. While he greatly approves of the anti-war sentiments and the revolutionary spirit in their works, he does not attribute lasting literary value to them. Hermann does, however, appreciate the group of progressive writers, who at the end of the war »wanted to insert themselves actively into the developments of the world, the state and society«.[5] In this context, he mentions authors like René Schickele, Max Brod, Franz Werfel and their mentor, Heinrich Mann. Georg Hermann muses that sadly their movement crumbled, together with the German revolution of 1918–19. Subsequently, he dwells briefly on the writer-politician Ernst Toller who, even as Georg Hermann was penning his column, had to pay with five years of harsh confinement for his misapprehension, that »of all places Bavaria would be ready for a socially oriented government«.[6] While

---

[3] The service rendered by Mr. Fred Vollebregt, archivist of the Royal Dutch Library, the Koninklijke Bibliotheek in The Hague, was phenomenal. It took him less than ten working days to make and dispatch the requested copies at the nominal charge of about twelve pound sterling.

[4] See my contribution to *Aber ihr Ruf verhallt ins Leere* (note 1), p. 170f.

[5] All translations from Dutch into English in this article are my own.

[6] Column of November 5, 1921.

Hermann states that he does not necessarily subscribe to political activism on the part of writers, he nonetheless cannot help but think,

> [...] that writers are the virtual leaders of the people, and that true world history is not the political history, nor the genealogy of the dynasties and the sequence of wars, but rather the history of culture and of philosophical stance.[7]

This closing statement of Georg Hermann's early column in *Het Algemeen Handelsblad* ties in with his non-fictional writings and suggestions during the war years. In his prose collection *Vom gesicherten und ungesicherten Leben*, published in 1915 by Fleischel in Berlin, he includes an essay titled »Weltliteratur oder Literatur für den Hausgebrauch?«, in which he praises several foreign writers for their supranational stance, including George Bernard Shaw, John Galsworthy and Romain Rolland, calling them »builders of spiritual bridges«.[8] According to text materials in the archives of the New York Leo Baeck Institute, Hermann sent a copy of *Vom gesicherten und ungesicherten Leben* to the German Secretary of Cultural Affairs, pointed the high official specifically to his essay on »Weltliteratur oder Literatur für den Hausgebrauch?« and suggested that Germany would do well to entrust her best writers with the building of bridges, first to neutral nations and subsequently to present foes.[9] That was in 1917!

Undoubtedly, Georg Hermann saw his weekly column for *Het Algemeen Handelsblad* as a means to reach beyond the national borders and to connect again with enlightened readers elsewhere. In 1921, the Netherlands were an obvious choice for our author. His physically weak and undernourished third daughter, Liese, had been invited to stay by a Dutch family the year before, which had caused Georg Hermann to take her to the small but relatively prosperous neighbor country. Once there, realizing that the educated Dutch bourgeoisie could and would read German, English and French literature in the original, he had found his audience.[10] While his weekly reviews must have brought the author a regular income in hard currency, an invaluable asset in inflation-ridden Germany, I surmise that the bridge building aspect of his column was equally important to him. Unfortunately, I could not check this out, since neither the Royal Dutch Archives nor the Leo Baeck Institute could provide me with relevant correspondence between Georg Hermann and the literary editor of *Het Algemeen Handelsblad*, nor could I ascertain who was the transla-

---

[7] Ibid.

[8] Georg Hermann: Weltliteratur oder Literatur für den Hausgebrauch. In: id., Vom gesicherten und ungesicherten Leben. Berlin: Fleischel 1915, p. 67–106.

[9] See my contribution to *Aber ihr Ruf verhallt ins Leere* (note 1), p. 163ff.

[10] See Georg Hermann: Holland, Rembrandt und Amsterdam. Heidelberg: Merlin 1926, p. 5–34 and Laureen Nussbaum: Verliebt in Holland: ein wichtiges und wechselndes Verhältnis in Georg Hermanns reiferen Jahren. In: Interbellum und Exil. Hg. von Sjaak Onderdelinden. Amsterdam: Rodopi 1991 (Amsterdamer Publikationen zur Sprache und Literatur; 90), p. 181–198, esp. p. 181f.

tor of the weekly reviews. Most likely it was Alice van Nahuys who, during the nineteen-twenties, translated some eight Georg Hermann novels into Dutch.[11]

Hermann's column of April 19, 1924 titled »De betekenis van het boek« (»The Importance of the Book«) returns to the subject of the writer's mandate. A given society sees itself reflected in its literature and thus is made conscious of itself. Therefore, the writer serves as the conscience of his country and of his time, Hermann states. If it were not so, why would Voltaire have stood up for Calas, Zola for Dreyfus and presently, Romain Rolland for Gandhi? Cannot Romain Rolland's or Multatuli's work be best summed up as expressions of consciousness or better yet as acts of conscience, Hermann asks.[12] He claims that despite cultural differences, great writers are

> psychologically always left of center [...] they dream of a more advanced mankind, a happier world, of peace and of a better social order [...] and what is more: [the writer] is the bridge from country to country, the most solid, reliable and accessible one we have and, at this moment, possibly the only one.[13]

Regardless of their distinctive characteristics, writers of different origins meet in their art and beyond that, Hermann stresses, in their concern for humanity.

Georg Hermann must have attributed special significance to this column about the importance of the book for, as far as I can tell, it is the only one of his weekly pieces he published in a later collection of essays, i. e. in *Die Zeitlupe* of 1928.[14] This German text is identical with the Dutch column except for the omission of the last two paragraphs of the newspaper article. In the first of these two omitted paragraphs, Georg Hermann stresses once again that there is no such thing as »patriotic art« or »patriotic science«. The arts and the sciences belong to the whole world and they can only flourish through free interchange based on mutual respect. In the subsequent and last paragraph of the April 19, 1924 column Georg Hermann praises *Het Algemeen Handelsblad* for promoting meaningful interchange by opening its weekly cultural pages to reviews of the three great European literatures. Upon my inquiry, the Dutch archivist Fred Vollebregt informed me that the French writer and theatre critic Edmond Sée contributed a weekly column about the literary events in his country, while several Britons shared the task for the United Kingdom, including the eminent man of letters, Ernest Percival Rhys, the editor of »Everyman's Library«. Georg Hermann would have liked to see the efforts for international cultural exchange massively expanded beyond the scope of *Het Algemeen Handelsblad.*

Within the framework of his weekly reviews in that newspaper, he stresses time and again the value of cross-fertilization between different cultures. Like

---

[11] See van Liere, Georg Hermann (note 2), p. 79.
[12] Multatuli is a pseudonym for Eduard Douwes Dekker, a famous Dutch nineteenth-century writer, whose *Max Havelaar* (1859) was a scathing indictment of the Dutch colonial administration in the East-Indies.
[13] Column of April 19, 1924.
[14] Georg Hermann: Der Sinn des Buches. In: Die Zeitlupe. Stuttgart: Deutsche Verlags-Anstalt 1928, p. 141–148.

most of his columns, the one of October 20, 1923 about recent German fiction set in other countries starts out with a general introduction, in which Hermann provides the backdrop for his review. Here, he first remarks that, fortunately, the period of the exaggerated expressionistic style is over. He notes that German literature is calming down and that, gradually, writers start connecting again with worthwhile traditions. Subsequently, Hermann discusses two new books by a certain Theodor Bohner, both published in the Rhein Verlag, Basel, the novel *Auf allen Straßen* in 1919, the short prose collection *Lachendes, liebendes Rom* in 1921. Set in Italy they deal with simple people in an unsentimental, truthful and often witty way. According to our reviewer, Bohner looks, however, too much from the outside in and consequently misses the essence of his characters. Not so Gertrud Lent and Klabund, who both set their stories – respectively *Der Wels*, published by Ernst Keil in Leipzig in 1922 and *Der letzte Kaiser*, the latter charmingly illustrated by Erich Büttner (Berlin-Zehlendorf: Fritz Heyder 1924), in modern China. Both authors approach their subjects and the unfamiliar ambiance with great sensitivity and empathy, Hermann notes with obvious approval.

A few weeks later, Georg Hermann devotes his column to new German travel books. In the introduction to this review he notes that until 1914, educated Germans had seen themselves as Europeans, who would travel abroad rather than within the borders. Because of the war these people had to explore their own country, which – by lack of comparison – led them toward an overestimation of their own culture and hence toward narrow-mindedness. Now at last, Germans can travel again, but what they observe depends largely on the kind of spectacles they don. These eyeglasses are »principally determined by the traveler's family background, his profession and his political and philosophical stance«.[15]

According to Georg Hermann, a certain Werner Picht, who had just published *England nach dem Kriege* (München: Kösel & Pustet 1923), must have looked at that country with an old-fashioned German monocle. Picht sees the Englishman as the aristocrat among the Europeans and tries to redress some of the most unflattering wartime portrayals of the British. Hermann is, however, dismayed by Picht's German patriotism, which causes him to reject a pacifist approach, and by Picht's claim that the soul of the English people had not suffered from the war. By contrast, Hermann is very laudatory of Alfons Paquet, a Quaker and a pacifist, who must have worn »the well-ground eyeglasses of a scholar«, when he looked at the historical significance of the river Rhine. In his book, *Der Rhein. Eine Reise* (Frankfurt a. M.: Societätsdruckerei 1923) Paquet describes the often contested river as »Europe's cross-cultural artery«.[16] Underneath Paquet's scholarly approach, Georg Hermann discerns poetic creativity.

Staying with his metaphor, Georg Hermann surmises that the well-known Berlin theater critic Alfred Kerr must have traveled through Spain with a rose

---

[15] Column of December 29, 1923. In the early 1920s there obviously was no need to write »his or her profession and his or her political and philosophical stance«!

[16] Column of December 29, 1923.

tinted lorgnette. Yet, Hermann deems Kerr a good »interpreter [...] of modern
life and modern people«.[17] Despite the hectic pace of *O, Spanien* (Berlin: Fischer 1924), Hermann credits its author with the clear insight, »that here, around
the Mediterranean Sea, in Spain as well as in Italy, new developments are afoot,
and that the deep, long sleep of these nations is coming to an end«.[18] Those
were prophetic remarks in the early 1920s!

Under the rubric »Books in German about Foreign Countries«, Hermann also
gives prominence to a Leipzig publishing house[19] that had recently reissued a
series of important Swiss books, including C. A. Bernoulli's *Nietzsche und die
Schweiz*, in which he found valuable observations about the philosopher's
foresight and about his insistence that »all German virtues and qualities appear
to be thriving best under the sheltered conditions of Switzerland«.[20]

In his columns of December 15, 1923, of April 4, 1925 and of January 16,
1926, Georg Hermann celebrates the fact that important foreign literature is at
long last again available in German translation. Severed international ties are
being reconnected, as fairly complete German editions of Émile Zola, Guy de
Maupassant, Honoré Balzac, Gustave Flaubert, Anatole France, Romain Rolland and Marcel Proust are appearing. Of the Anglo-Saxon literature in German translation Hermann mentions George Bernard Shaw's *Back to Methuse-
lah* of 1920, which he cannot quite envisage on a German stage; further John
Galsworthy and H. G. Wells, »whose humane and sensible political words at
times managed to reach us even during the war, much to our joy«.[21] German
readers are showing great interest in Oscar Wilde, Georg Hermann reports. The
translation of Frank Harris' *Oscar Wilde. His Life and Confessions*, published
by Fischer in 1916, has already gone through several reprints, Wilde's letters
to the young Lord Douglas, which hitherto had not been printed in English,
were published in German by Max Meyerfeld under the title *Letzte Briefe*
(Frankfurt a. M.: S. Fischer 1925), and the director of the Wiesbaden theatre,
Carl Hagemann, an early champion of Oscar Wilde, published *Oscar Wilde,
sein Leben und sein Werk* (Stuttgart: Deutsche Verlags-Anstalt 1925). In addi-
ton, Hermann mentions translations of D. H. Lawrence's and Margaret Ken-
nedy's novels and of the works of the American writer Upton Sinclair and his
then little known compatriots Eugene O'Neill and Sinclair Lewis.

Similarly, Georg Hermann welcomes the new availability of post-revolution-
ary Russian literature in translation, written by Ilya Ehrenburg, Ivan Shmelev[22]

---

[17] Ibid.
[18] Ibid.
[19] Leipzig: H. Haessel 1922, as kindly confirmed by Godela Weiss-Sussex, since I had
      trouble decyphering the poorly printed name of the publishing house in my copy of
      Hermann's review.
[20] All of this under the above mentioned date of Dec. 29, 1923.
[21] Column of January 16, 1926.
[22] According to the *Encyclopaedia Britannica*, Shmelev wrote the best Russian story
      about the war, *That which Happened*.

and others. Moreover, the reviewer is pleased that the great Scandinavians are again accessible, among them Johannes V. Jensen and Knut Hamsun, and also the two eminent woman writers Karin Michaelis and Sigrid Undset. Despite the fact that Jensen is well traveled and a writer of European stature, Georg Hermann warns that this Danish author sadly is a »racial mono-maniac, who expects everything from the blond Germanic race, to which he ascribes all great achievements in this world«.[23] On the other hand, Georg Hermann is particularly happy that the most important works of the prominent Danish scholar-author Georg Brandes, among them the biographies of Voltaire and of Michelangelo, are now available in German.

Since foreign literature in translation forms an important part of the present German publishing activity, Georg Hermann feels that his reviews of translated works are justified. The impact of these newly obtainable books on German literature is significant, after it had lost so much by its enforced isolation. Moreover, our reviewer and cultural mediator is well aware of the fact that he is guiding his Dutch public, with its reading knowledge of German, toward Scandinavian or Russian writings, to which it might otherwise have no access.

Georg Hermann likes to set the tone for his reviews with a sustained metaphor, as was already evident from the eyeglasses imagery he employed while discussing travel books. Reviewing seven books of poetry in his column of April 8, 1922, he likens them to layers of rock in a quarry, with each volume in this cross section forming a stratum roughly representing half a decade. The bottom layer is constituted by Börries von Münchhausen's songs and ballads, *Das Schloß Wiesen* (Stuttgart: Deutsche Verlags-Anstalt 1921). Hermann deems the ballad form aristocratic and a thing of the past. For him, the mood of these poems echoes the era around 1900, yet, our reviewer concedes, they still appeal to that large segment of German society which is oriented toward the political right, oblivious to social problems and to the upheavals of the war.

In Hermann Hesse's *Ausgewählte Gedichte* (Berlin: Fischer 1921) Hermann detects neo-romanticism befitting the layer of 1905. Hesse's verses about the happiness and sorrows of a wayfaring poet are genuine and touching according to Georg Hermann, yet he closes this section with the lapidary comment: »life is more complicated than that.«[24] Oskar Loerke's *Die heimliche Stadt* (Berlin: Fischer 1921) and Theodor Däubler's *Perlen von Venedig* (Leipzig: Insel 1921) are discussed equally benevolently and succinctly. Georg Hermann assigns them to the era immediately preceding the World War.

Our reviewer would have liked to dwell longer on the epochal anthology *Menschheitsdämmerung* (Berlin: Rowohlt 1920), compiled and edited by Kurt Pinthus. The collected poems are the work of the war generation of poets – including Heym, Trakl, Lasker-Schüler, Werfel and many more – who »in

---

[23] Column of January 16, 1926.
[24] Column of April 8, 1922.

wild ecstasy learned to hate the state, the war and the world«,[25] yet wanted to believe in a new and better future for mankind. This is the layer of 1920, according to Georg Hermann. Walt Whitman's free rhythms inspired these poets. Their verses full of bitterness and excitement »have reached young academics – – – not the masses«, our critic observes. However, Bruno Schönlank's *Gesänge der Zeit*, published by the socialist press »Freiheit«, stand a much better chance of »touching the hearts of the masses«.[26] So far, no poetry has been able to render the tempo of the big cities, the speed of traffic, the unscrupulous wild chase after sex and wealth. Possibly only cabaret songs can approximate modern life, Georg Hermann muses. Therefore, he is pleased that Kurt Wolff in Munich, a serious publishing house, has printed a selection of Walter Mehring's witty cabaret songs, *Das Ketzerbrevier* (München: Kurt Wolff 1921), and he wonders whether this collection might not constitute the present day top layer of the poetic cross section.[27]

When surveying recent Goethe scholarship, Georg Hermann again uses a sustained metaphor, just like he did with the image of the eyeglasses in his review of travel books on December 29, 1923 and with the geological simile in his overview of seven books of poetry just discussed. Focussing on recent works by Goethe scholars, he compares their methods with those of modern archeologists. The basic analytical work has been done, he explains. What remains is the search for little shards that help in making connections. The literary historian H. H. Houben, editor of Eckermann's *Gespräche mit Goethe*, collected a goodly number of shards pertaining to life in Weimar in Goethe's time and he published them under the title *Damals in Weimar. Erinnerungen und Briefe von und an Johanna Schopenhauer* (Leipzig: Klinkhart & Biermann 1924). Johanna, the mother of the philosopher Arthur Schopenhauer, was herself a writer. From 1806 till 1828, she kept a lively literary salon in Weimar. Based on the more than 200 letters Houben found, he continued Johanna's fragmentary autobiography. His book brings Goethe's Weimar, with all its human tragedies, to life, according to our reviewer, who is clearly fascinated by it.[28]

Hermann's reflections on Houben's other collection of interesting shards focusing on Goethe's daughter-in-law and published as Ottilie von Goethe's *Erlebnisse und Geständnisse* (Leipzig: Klinkhardt & Biermann 1923),[29] I did not read but, instead, I selected his column on a book about Goethe's sister, Cornelia, by the Leipzig professor of literature Georg Witkowski, titled *Cornelia, die Schwester Goethes* (Frankfurt: Rütten & Loening 1923). I was disappointed by the cavalier way in which both Witkowski and Hermann excuse Goethe's total desertion of Cornelia, his very gifted sister, just one year younger

---

[25] Ibid.
[26] Ibid.
[27] Ibid.
[28] Column of February 16, 1924.
[29] Ottilie von Goethe: Erlebnisse und Geständnisse. Hg. von H. H. Houben. Leipzig: Klinkhardt & Biermann 1923. Cf. column of March 1, 1924.

than he, and in their youth his closest friend and companion. While Cornelia, married to a minor civil servant, was literally pining away in small town life, Goethe, according to Hermann, »was destined to quickly lose and forget her upon entering the bustle of the big world«.[30]

Evidently, Georg Hermann took male prerogatives for granted and was not at ease with outstanding woman colleagues like Ricarda Huch. His column of July 19, 1924, which is devoted to this prominent writer-historian, is marked by vacillation. Hermann makes several patronizing remarks about her »average talent« as a scholar and about her »unwomanly« lines in the zestful poem »Unersättlich«, where she opens the third stanza with the words: »Aus dem Meere des Wissens laß / Satt mich trinken in tiefem Zug« (»Out of the ocean of knowledge, let me drink my fill in a deep draught«).[31] Uncomfortable with the great women of his time, Madame Curie as well as the suffragettes, Hermann calls them »of male mentality«.[32] Huch is for him a new type of artist-scholar, »a curious combination« of great intensity, »a feeling mind« with a »talent for form« but a lack of creativity. Yet, he concedes that her little Insel book of love poetry, *Liebesgedichte* (Leipzig: Insel 1913), had opened a new world for him. So far, he had only been familiar with the »false sentimentalities« of, say, Chamisso's *Frauenliebe und -leben*, but Huch provided him with an insight »in the emotional worlds of women, which had remained unarticulated for centuries«.[33]

Georg Hermann's appraisal of the popular writer Vicki Baum is also ambivalent. Reviewing her early book *Die Tänze der Ina Raffey* (Berlin: Ullstein 1922), which deals with the troubled life of a professional dancer, Hermann expresses his disappointment after all the good things he had heard about Baum's work. According to Hermann, Vicki Baum writes with flair, »too much flair« even,[34] and while she is talented, he finds her wanting in depth. The reviewer continues: »Nothing will stay with us. Feminine sentimentality, clever, good craftsmanship without a personality of her own.«[35] Two years later, in a column of January 31, 1925, Hermann discusses Baum's *Ulle der Zwerg* (Stuttgart: Deutsche Verlags-Anstalt 1924). He grants that Baum traces the development of the hapless dwarf with true psychological insight and he admits that she succeeds in describing an artists' celebration »with amazing and Breughelesque colors«.[36] Finally, after much weighing, Hermann closes the review with the backhanded compliment that Baum »handles the language in a surprisingly solid way, [...] her attitude toward her characters, male as well as female, is free from bitterness but possibly also from a real deep benevolence [...] which

---

[30] Column of June 28, 1924.
[31] See Ricarda Huch: Gesammelte Werke. Hg. von Wilhelm Emrich. Köln: Kiepenheuer & Witsch 1966–1974, Vol. 5, p. 177.
[32] Column of July 19, 1924.
[33] Ibid.
[34] Column of October 28, 1922.
[35] Ibid.
[36] Column of January 31, 1925.

is indisputably a mark of talent«.[37] Although Georg Hermann was certainly one of the most progressive minds of his time regarding issues of peace, social justice and openness to other cultures, I see in the columns I read little evidence of a truly enlightened attitude toward women.

While attributing possibly too facile a talent to Vicki Baum, Georg Hermann is struck by the obvious lack of talent of Thomas Mann. According to Hermann's review of Mann's essays *Rede und Antwort* (Berlin: Fischer 1922), the act of writing is for Thomas Mann »a struggle [...] a perpetual physical torture, without which, however, life would be empty«.[38] Yet, Hermann appreciates this new collection of essays, since it counterbalances Mann's archconservative and rather nefarious *Betrachtungen eines Unpolitischen* of 1918. The theme that runs through all of the texts of this new volume, Georg Hermann observes, is Thomas Mann's preoccupation with »the position of the poet, the writer, the artist in [a] society« into which he feels he does not fit.[39] »Strangely enough«, the reviewer continues,

> Mann generally espouses the side of bourgeois society in this conflict rather than that of the troublesome people who write books, who do not fit in with the others and who are nonetheless the conscience of the world and not only the conscience, but also the soul of the world [...] for without them the others would have no knowledge of themselves.[40]

This, of course, is Georg Hermann's stance regarding the writer's place in society, expressed repeatedly in his 1915 collection of essays *Vom gesicherten und ungesicherten Leben* and then again in his 1924 column »Der Sinn des Buches«, which was subsequently reprinted in the 1928 collection *Die Zeitlupe.*

Several years later, when reviewing Thomas Mann's *Zauberberg*, Georg Hermann, who usually trusts his own judgment, carefully looks over his shoulder to see what other German critics have to say about this long and sometimes longwinded novel. Hermann concurs with his colleague Konrad Wandrey, who attests in the *Neue Merkur* that Thomas Mann has been able »to purify and heighten his little bit of literary creativity by dint of his peerless self-discipline«.[41] Our reviewer is certainly correct when he observes that *Der Zauberberg*, like practically all of Thomas Mann's work, is built on rather stark dichotomies, yet he greatly appreciates the fact that Mann opened the world of tuberculosis and of the mountain sanatoria to his readers. It is an ambiance he, Georg Hermann, knew only all too well from visiting his second daughter, Hilde, in a Davos sanatorium. Like most of his contemporaries, Hermann is bothered by the lengthy theoretical disputes between Naphta and Settembrini, young Castorp's mentors, yet he concedes that »this reproach is only half fair« since he would not know »how else to delineate and embody« such figures, »whose roots are purely spiri-

---

[37] Ibid.
[38] Column of December 31, 1921.
[39] Ibid.
[40] Ibid.
[41] Column of February 28, 1925.

tual«.[42] Probably in order to whet the appetite of his Dutch readers, Hermann stresses that most critics praise the Dutchman Peeperkorn as »the most beautiful figure one can find in the works of Thomas Mann«,[43] although for his part, this reviewer deems Mann equally successful in his creation of the character of Hofrat Behrens, the physician-in-charge of the sanatorium. Mann's depiction of the multi-faceted doctor reminds Hermann of Theodor Fontane's figures, and that is »just about the highest praise one can bestow upon a German novelist«.[44] Georg Hermann closes his extensive review of *Der Zauberberg*, the only one that stretches over the columns of two weeks, with the conclusion that despite reasonable criticism, Mann succeeded in »adding to the rather limited collection of German language prose one more work that will be read all over the world for a long time to come«.[45]

My own misgivings about Thomas Mann were reinforced, when I went back to his writings of the early 1920s in preparation for the present paper and hit upon his utterly insensitive reaction to Jakob Wassermann's *Mein Weg als Deutscher und Jude* (Berlin: Fischer 1921). In his letter to Wassermann, Thomas Mann makes light of anti-semitism in his country. Moreover, he sets the truly German novel apart from the »democratic-mundane type« and extols the former as »Bildungsroman« as »personal ethos, credo, Protestantism [...]«.[46]

Georg Hermann, in contrast, takes the publication of Wassermann's *Mein Weg als Deutscher und Jude* as an occasion to give an overview of this author's earlier novels, e. g., *Kaspar Hauser* of 1908 and *Das Gänsemännchen* of 1915. With these books Wassermann, whom Hermann calls one of the first German expressionist prose writers, had established himself as a regional novelist of national format without, however, gaining the recognition he had hoped for. Hermann is well aware of the rising tide of anti-semitism in Germany particularly after the end of the war. Until that time, he had given this problem little thought, he writes, yet presently he fears that for a German writer of Jewish descent the situation has not improved beyond that in which Heinrich Heine found himself almost a century earlier. In this column, Hermann lets on rather discreetly, that he, too, is of Jewish descent.[47]

Nine months later, when discussing foreign literature recently translated into German, Georg Hermann devotes one third of his column to publications is-

---

[42] Column of March 7, 1925.

[43] Ibid.

[44] Ibid.

[45] Ibid.

[46] Thomas Mann: Gesammelte Werke in dreizehn Bänden. Bd XIII: Nachträge. Frankfurt a. M.: Fischer 1974, p. 463–465.

[47] Column of March 18, 1922. Hermann's first reflections about »the Jewish question« appeared right after the war in *Neue jüdische Monatshefte* 3 (1919), No. 19, p. 399–405 under the title »Zur Frage der Westjuden«, according to van Liere, Georg Hermann (note 2), p. 89. Van Liere (note 2) also mentions that Hermann's »Zur Frage der Westjuden« was re-published in *Israelitisches Fremdenblatt*, Vol. 21, No. 36, September 4, 1919.

sued by the Jüdische Verlag (Jewish Publishing House) in Berlin, founded by Martin Buber and others at the beginning of the twentieth century.[48] He writes that in the wake of the war of 1914–1918, anti-semitism has been on the rise again much to the chagrin of westernized Jews, who had fought side by side with their compatriots and who had felt themselves to be part of the country, whose culture they had so thoroughly absorbed. Under the given circumstances it is no wonder that »the illusion of Zionism takes hold of them«,[49] Hermann notes with regret. Moreover, as a consequence of the large influx of Eastern European Jews, who are still connected to Jewish traditions, there is now a stronger awareness of the Jewish heritage. That consciousness cannot help but be mirrored in recent literature to a much larger extent than it was before 1914. Hence the orientation of the Jewish Publishing House is »half-Zionist, half-cultural« according to Georg Hermann.[50] It tries to offer the best of present day »Eastern-Jewish« culture to »Western Jews« and to lovers of literature in general. In reviewing recent publications dealing with Jewish themes, like the German translation of S. M. Dubnow's three volume outline of Jewish history (*Die neueste Geschichte des jüdischen Volkes*, Berlin: Jüdischer Verlag 1920/ 1923) and some novels centering around the life and dilemmas of Eastern European Jewry, Georg Hermann feels, however, little kinship with their characters. He holds that Jews in the West are facing very different problems, since their development has become »part of the history of the modern soul. Dubnow can tell us about writers and leaders of the ghetto, but he has nothing to say about a Rathenau with all of his multiple capacities and endeavors«, who represents for the reviewer »the future type of the old [i. e. the Jewish] people«.[51]

Even while trying to alert his Dutch readers to worthwhile books in German, Hermann is aware of alarming developments in his country. When discussing Emil Ludwig's informative *Napoleon* (Berlin: Rowohlt 1925), he stresses that in present day Germany people »tend toward hero worship [...]. The man of action is held up as a savior and as an example.«[52] Hence the plethora of biographies of great men by Gundolf, Ludwig and others, he explains.[53] In a column devoted to German literary magazines, Hermann deplores that the best of them, like the *Weiße Blätter*, had been short-lived while others had deteriorated. For him the

---

[48] See Hans Otto Horch: Auf der Suche nach der jüdischen Erzählliteratur. Die Literatur-kritik der ›Allgemeinen Zeitung des Judentums‹ (1837–1922). Bern, Berlin, Frankfurt a. M., New York, Paris, Wien: Lang (Literaturhistorische Untersuchungen, 1), p. 193ff.

[49] Column of December 15, 1923.

[50] Ibid.

[51] Ibid. Simon Dubnow (1860–1941),who wrote in Russian, was against Zionism and against assimilation. His *Outline of Jewish History* was widely translated. He was murdered in Riga. For Georg Hermann's stance with regard to »Western Jews«, see my essay on *Der doppelte Spiegel* in *The Yale Companion to Jewish Writing and Thought* (note 1).

[52] Column of January 17, 1925.

[53] Ibid.

progressive *Weltbühne* is the one shining exception. He muses that most Germans are too cranky, too opinionated and party-bound to foster either cultural magazines or social clubs. Much to his chagrin, »the democratic, free expression of opinion, the civilized exchange of viewpoints with people of a different persuasion are unknown in Germany«.[54] However, reviewing a book of reportages by Egon Erwin Kisch, he notes with satisfaction that presently, more German witers of name are publishing articles, reviews or opinion pieces in the daily press, resuming the tradition of Heine and his contemporaries and following the more recent example of their colleagues abroad.[55] Here Georg Hermann, who had by then published over 150 obituaries, reportages, articles, reviews and opinion pieces in the *Vossische Zeitung* and elsewhere, was certainly also speaking for himself.[56]

Finally, I turn to Georg Hermann's column of January 5, 1924 about Gumbel's *Vier Jahre politischer Mord* (Berlin: Verlag der Neuen Gesellschaft 1922). While in the aforementioned, unpublished manuscript about the »Gumbel Case«, Georg Hermann eloquently defends the maligned democrat and pacifist, he curbs his indignation within the framework of his weekly columns. Yet, Gumbel's book affords him an opportunity to express his dismay at recent political developments in Germany. Hermann writes that »a large number of artistic and humanitarian figures have been eliminated by the counter-revolution [...] leaving a noticeable lacuna in Germany's spiritual life«.[57] Reviewing the publications and literary bequests of Walter Rathenau, Karl Liebknecht, Rosa Luxemburg, Gustav Landauer and Kurt Eisner, all of them recently murdered, Hermann points to the fact that none of them were fanatics or power hungry politicians. Each of them, he writes, had great cultural and artistic interests and all of them had important contributions to make. The same holds for the progressive writers Ernst Toller and Erich Mühsam, both still languishing in prison for their active participation in the short-lived Bavarian socialist experiment, the ›Räterepublik‹. Georg Hermann intimates nowhere that all of the enlightened victims of the counter-revolution mentioned in his column were of Jewish descent. In early 1924, it must have seemed either irrelevant or indiscreet to him to point this out. However, Hermann remarks that only people left of center keep up their interaction with literature, which is also borne out by the last volume of Ferdinand Lassalle's letters, just then published in Stuttgart by Deutsche Verlags-Anstalt. Lassalle, as well as Emil Gumbel, whose book occasioned this column, also came from acculturated Jewish families. For Georg Hermann these open-minded, internationally oriented intellectuals represent the very essence of enlightened German thinking. He expressed his reliance on them in his *Randbemerkungen* of

---

[54] Column of October 18, 1924.

[55] Column of January 3, 1925. The book reviewed was Egon Erwin Kisch, *Der rasende Reporter*, Berlin: Erich Reiss 1925.

[56] For a listing of many of these short prose contributions, see van Liere, Georg Hermann (note 2), p. 84–90.

[57] Column of January 5, 1924.

1919 and stood up for them in 1926 in his indignant response in *Der doppelte Spiegel* to the anti-semitism expressed by nationalist quasi-progressives.[58]

Georg Hermann's Gumbel connection has been of particular interest to me, since one of Gumbel's early fellow pacifists in the »Deutsche Liga für Menschenrechte« (German League for Human Rights) and his later coworker-in-exile is a Portland friend, Konrad Reisner.[59] Others, I am sure, would find equally exciting historical and/or literary connections in Georg Hermann's »Letters about German Literature« in *Het Algemeen Handelsbad*. As could be expected from the two spirited polemics flanking his critical letters, the *Randbemerkungen* and *Der doppelte Spiegel*, Hermann found ways to express his social and political awareness in his weekly reviews, thus shedding light on crucial developments in the early Weimar Republic. He must have been a fast reader and a most diligent writer, for he mastered a wealth of material in his weekly reviews on top of his other literary activities and his family obligations during these years, when the three daughters from his first marriage still depended on him. Moreover, in the winter of 1925–26, Hermann's second wife, Lotte, was dying from a kidney ailment, leaving their young child, six year old Ursula, and a devastated husband behind.[60] Soon after Lotte's death on February 4, 1926, Georg Hermann gave up his weekly column.[61]

It is my sincere hope, that my sampling will entice a younger researcher to explore all of Hermann's 221 reviews. The effort would certainly pay off and could result in a very worthwhile doctoral dissertation.

---

[58] See my essays about *Randbemerkungen* and *Der doppelte Spiegel* referred to in note 1.

[59] Mentioned in Arthur Brenner: »Hirngespinste« oder moralische Pflicht? Emil J. Gumbel im französischen Exil 1932 bis 1940. In: Exilforschung 8 (1990), p. 128–141. For more about and by Gumbel see also Karin Buselmeier's »Preface« to the reprint of Emil Julius Gumbel: Verschwörer. Zur Geschichte und Soziologie der deutschen nationalistischen Geheimbünde, 1918–1924. Mit zwei Dokumenten zum Fall Gumbel. Nachdruck der Ausg. Wien 1924. Heidelberg: Das Wunderhorn 1979, p. V–XXVI; Wolfgang Benz: Emil J. Gumbel. Die Karriere eines deutschen Pazifisten. In: 10. Mai 1933. Bücherverbrennung in Deutschland und die Folgen. Hg. von Ulrich Walberer. Frankfurt a. M.: Fischer Taschenbuch Verlag 1983 (Fischer-Taschenbuch; 4245), p. 160–198 and Christian Jansen: Emil Julius Gumbel. Portrait eines Zivilisten. Heidelberg: Das Wunderhorn 1991. This last book features an impressive bibliography of Gumbel's writings, containing 583 items. The Wunderhorn publishing house reprinted several of Gumbel's early political books including *Vier Jahre politischer Mord* (1980).

[60] See, e.g., Georg Hermann: In Memoriam Lotte Hermann-Borchardt. Berlin: Verlag der Jüdisch-Liberalen Zeitung 1926, p. 3–6.

[61] It was taken over by the writer and translator Paul Wiegler, according to van Liere, Georg Hermann (note 2), p. 47.

Godela Weiss-Sussex

Impressionismus als Weltanschauung

Die Kunstkritik Georg Hermanns[*]

Fritz Eisner begegnet einer Figur aus einem van Eyck-Gemälde in der Berliner Straßenbahn,[1] Wilhelm Schmidt aus den *Tränen um Modesta Zamboni* erkennt in einem Schweizer Bauernburschen einen Hodler wieder,[2] der Doktor Levy des *Rosenemil* sieht Botticellis Simonetta in der Polenliese, und in *Bist du es oder bist du's nicht?* beschwört Hermann eine abendliche Straßenszene mit den Worten »so wie das Lesser Ury nie müde geworden wäre zu malen«.[3] Derlei Verweise und Anspielungen, die Hermanns enge Beziehung zur Kunst betonen, durchziehen sein ganzes Romanwerk. Eine wichtige Funktion weist er auch der Beziehung seiner Protagonisten zur Kunst zu. Jasons sicheres Urteil über Plastik und Zeichenkunst,[4] Dr. Herzfelds sinnliches Vergnügen an seiner apfelgrünen Flasche und den Japanblättern – und nicht zuletzt auch die eklektische Sammlung der Brillantenberta, in der »richtige gemalne Bilder« von Munch, dem »armen Deibel«, und »Schneevogt oder so« neben »Bildern in fußbreiten Goldrahmen« und »Tabouretten mit Troddeln und Pompons« zu finden sind, sorgen für entscheidende Nuancen der Charakterisierung.[5]

Deutlich ist auch, in welchem Maße die Kunst Hermanns Sehen und Schildern der Natur beeinflußt. Er sieht das Bild in der Natur.[6] Und dies auf zweierlei

---

[*] Ich möchte dem Leo Baeck Institut New York für die Möglichkeit des Recherchierens zu diesem Beitrag danken. Auch der British Academy danke ich, die mir durch ein Reisestipendium den Studienaufenthalt in New York ermöglichte.
[1] Georg Hermann: Der kleine Gast. Kette I, zweiter Teil. Roman. Hg. von Gundel Mattenklott und mit einem Nachwort von Peter Sprengel. Berlin: Verlag Das Neue Berlin 1999 (Werke und Briefe: Abt. 1, Romane und Romanfragmente; 7,2), S. 69.
[2] Georg Hermann: Tränen um Modesta Zamboni. Roman. Stuttgart: Deutsche Verlags-Anstalt 1928, S. 17.
[3] Georg Hermann: Bist du es oder bist du's nicht? Im vorliegenden Band, S. 137–253, hier S. 178.
[4] Vgl. zum Beispiel den Dialog zwischen Julius und Jason über Glassbrenner (Georg Hermann: Jettchen Gebert. Roman. Hg. und mit einem Nachwort von Gert Mattenklott. Berlin: Verlag Das Neue Berlin 1999 [Werke und Briefe: Abt. 1, Romane und Romanfragmente; 2], S. 310).
[5] Georg Hermann: Rosenemil. Roman. Mit einem Nachwort von Hans Scholz. Berlin: Kupfergraben 1988, S. 255f.
[6] Hier unterscheidet er sich (wissentlich!) von Liebermann, der sich in seiner Degas-Studie dagegen gewandt hatte, »das Bild in der Natur« zu sehen (vgl. Max Liebermann: Degas. In: ders., Gesammelte Schriften. Berlin: Cassirer 1922, S. 71–82, bes. S. 74).

Art: Zum einen vergleicht er gesehene Eindrücke mit existierenden Kunstwerken, – und zum anderen strukturiert er Schilderungen wie Bildbeschreibungen, ob es sich nun um großstädtische Straßenszenen in *Kubinke* handelt,[7] um Biedermeiervignetten in *Jettchen Geberts Geschichte*[8] oder um Interieurs im *Rosenemil*, die Hermann selbst als »einfach abgeschriebene Zilles, aber durch die Brille von Georg Hermann angesehn« charakterisiert.[9]

Dies sind Hinweise darauf, wie Hermann die Welt erfaßt, wie sehr die Kenntnis und Liebe der Kunst seine Vorstellungswelt beeinflußt. Schon über seine Studienzeit schreibt er 1915 rückblickend:

> Hänge mit meiner ganzen Seele an den stummen und so beredten Dingen der bildenden Kunst. Liebe sie ganz rein – weit mehr als alle Literatur, [...] weil ich durchaus sinnlich und keineswegs geistig bin. [...][10]

Tatsächlich widmete er sich in seinen Studienjahren 1896–99 in Berlin vor allem kunsthistorischen Studien, allerdings weniger einem streng wissenschaftlich-analytischen Ansatz folgend, als vielmehr »[...] wie immer und stets als Dilettant, – nur für mich versuchend, mir das Gefühl für die Dinge zu erschleichen«.[11] Anschließend arbeitete er als Kunstkritiker an Tageszeitungen, vor allem bei Blättern des Ullstein-Verlags,[12] aber auch außerhalb Berlins, für den *Hannoverschen Courier*, die *Südwest-Deutsche Rundschau*, die *Rheinisch-Westfälische Zeitung*, die Münchener *Allgemeine Zeitung* und viele andere mehr.[13]

---

7   Vgl. z. B. Georg Hermann: Kubinke. Roman. Hg. und mit einem Nachwort von Gundel Mattenklott. Berlin: Verlag Das Neue Berlin 1997 (Werke und Briefe: Abt. 1, Romane und Romanfragmente; 4), S. 97f.

8   Vgl. z. B. Hermann, Jettchen Gebert (Anm. 4), S. 215.

9   Georg Hermann an seine Tochter Hilde Villum-Hansen, undatierter Brief [Herbst 1935]. In: Unvorhanden und stumm, doch zu Menschen noch reden. Georg Hermann. Hg. von Laureen Nussbaum. Mannheim: Persona-Verlag 1991, S. 65–68, hier S. 67.

10 Georg Hermann: Im Spiegel (Pfeilerspiegel, ganze Figur). In: Das literarische Echo 17 (1914/15), Sp. 332.

11 Ebd. Auch in journalistischen Arbeiten finden sich wieder und wieder Wendungen wie die folgende: »Denn ich muß sagen, ich schreibe nicht über bildende Kunst, weil ich Kritiker bin, sondern weil ich sie wirklich liebe mit einer ganz persönlichen und aufrichtigen Zuneigung.« (Georg Hermann: Berliner Kunstbrief. In: Hannoverscher Courier, 23. Januar 1906) In der 1901 erschienenen Artikelserie »Bedingungen und Wege zur künstlerischen Erziehung« befürwortet Hermann die »Rückkehr von Nur-Forschung zum Leben« (Ethische Kultur, 28. September 1901 [Teil II]), und selbst in sein Romanwerk haben Seitenhiebe auf das trockene Spezialistentum der Kunsthistoriker Eingang gefunden (vgl. die Beschreibung des beruflichen Werdegangs Wilhelm Schmidts auf den ersten Seiten der *Tränen um Modesta Zamboni*).

12 1909 trägt Hermann in einen Fragebogen von *Meyers Konversationslexikon* zu den »Hauptgesichtspunkten für die biographischen Daten« unter dem Posten »öffentliche Laufbahn; jetzige Stellung« ein: »keine. Kunstreferent des Ullstein'schen Verlages« (Georg Hermann Collection, Leo Baeck Institute, New York).

13 Arpe Caspary hat Hermanns Mitarbeiterschaft »in gut 40 Zeitungen und Zeitschriften« recherchiert. Vgl. Arpe Caspary: Georg Hermann. Chronologie von Leben und Werk: 1871–1943. In: ... Aber ihr Ruf verhallt ins Leere hinein. Der Schriftsteller Georg Her-

Als sich 1906 mit *Jettchen Gebert* der Erfolg als Romanautor einstellt, gibt Hermann »langsam, aber sehr langsam [die] journalistische und kunstkritische Tätigkeit auf«.[14] Seine Haupttätigkeit als Kunstkritiker fällt also in die Jahre 1899 bis etwa 1907/08, nach Hermanns eigenen Worten in die Zeit, »als der Expressionismus noch nicht so getauft und kaum erfunden war, und man über Manet und Cézanne und van Gogh doch nicht mehr lachen durfte«.[15] Diese Zeitspanne deckt sich mit der ›Sternstunde‹ der Berliner Sezession, die, 1899 unter der Leitung von Walter Leistikow und Max Liebermann gegründet, noch im gleichen Jahr die erste Ausstellung im neuen Gebäude in der Kantstraße eröffnete. Ebenfalls im selben Jahr beobachtet Hermann einen Zuwachs an Bedeutung und Interesse an der bildenden Kunst in Berlin, eine Entwicklung, die er nicht nur an der Gründung der Sezession, sondern auch an mehreren Neueröffnungen von Galerien und an der Hinwendung der Nationalgalerie zur Moderne festmacht.[16] Unter der Leitung der Sezession und abseits der offiziellen Kunst, die durch die reaktionäre Kunstpolitik Kaiser Wilhelms II. und des Direktors der Hochschule für die bildenden Künste, Anton von Werner, dominiert blieben, wurde Berlin tatsächlich innerhalb weniger Jahre zu einem Zentrum der Moderne. Und die Ausstellungen der Sezession stellten von der Jahrhundertwende bis etwa 1910 das maßgebende Ereignis der Berliner Kunstwelt dar. Ausschlaggebend für den Erfolg der Bewegung war die Verbindung der Sezessionskünstler selbst mit Vertretern des Kunsthandels, vor allem dem Salon Cassirer, der Kunstkritik (allen voran Julius Meier-Graefe und Karl Scheffler) und dem Leiter der Nationalgalerie Hugo von Tschudi.[17]

---

mann (1871 Berlin – 1943 Auschwitz). Aufsätze und Materialien. Hg. und eingeleitet von Kerstin Schoor. Berlin: Weidler 1999, S. 307–319, hier S. 311.

[14] Als Begründung gibt er an: »Entwicklung und Ton hier nicht derart, daß es mir mehr Freude machen sollte. Neige eher zum Essayistischen. Finde, man kann da am besten Nuancen seines Wesens geben« (Hermann, Im Spiegel [Anm. 10], Sp. 332). Beschreibungen der journalistischen Arbeit in seinen Romanen geben ein recht deutliches Bild von der mangelhaften Bezahlung, der thematischen Gängelung und dem geringen Stellenwert, der speziell der Kulturberichterstattung innerhalb der Zeitungshierarchie zuerkannt wurde. Man denke an Hermann Gutzeits Selbstquälerei mit »der farblosen Dutzendware, die für den Tagesbedarf gefordert wird« (Georg Hermann: Doktor Herzfeld. Die Nacht / Schnee. Roman. Hg. von Gundel Mattenklott. Berlin: Verlag Das Neue Berlin 1997 [Werke und Briefe: Abt. 1, Romane und Romanfragmente; 5], S. 18) und an die Beschreibung von Fritz Eisners Arbeitsverhältnis im *Kleinen Gast* (vgl. Hermann, Der kleine Gast [Anm. 1], bes. S. 34–37).

[15] Hermann, Der kleine Gast (Anm. 1), S. 10.

[16] Georg Hermann: Berliner Kunstsalons. In: Die Gesellschaft 15 (1899), S. 348–352.

[17] Vgl. hierzu: Peter Paret: The Berlin Secession. Modernism and Its Enemies in Imperial Germany. Cambridge/Mass., London: Belknap Press 1980 und Nicolaas Teeuwisse: Vom Salon zur Secession. Berliner Kunstleben zwischen Tradition und Aufbruch zur Moderne 1871–1900. Berlin: Deutscher Verlag für Kunstwissenschaft 1986 (Jahresgabe des Deutschen Vereins für Kunstwissenschaft; 1985). 1909 stellte Max Osborn in seiner Bilanz »Zehn Jahre Berliner Sezession« fest, die Bewegung habe ihre Funktion als »Befreierin und Führerin, oft wagehalsige Revolutionärin« erfüllt.

Ein Großteil der kunstjournalistischen Arbeiten Hermanns befaßt sich mit den Werken der Sezessionsmitglieder. Wiederholt betont er, daß er nur über das schreibe, »was mir Freude macht, was mich anregt«.[18] Dieser Bereich ist jedoch nicht eben klein. Immer wieder macht Hermann deutlich, daß er, wie auch die Mitglieder der Sezession, nur in der Überwindung der durch die Akademie vorgegebenen Regeln und Konventionen wahre künstlerische Entfaltung für möglich hält.[19] Diese Entfaltung nahm – unter dem Banner des Anti-Akademismus – sehr unterschiedliche Formen an. Und zu allen wesentlichen in der Sezession vertretenen Stilrichtungen finden sich Beiträge unter Hermanns Schriften. Er äußert sich über den Jugendstil Ludwig von Hofmanns ebenso wie über die deutsche Variante des Impressionismus, wie sie in Liebermanns, Slevogts oder Trübners Werken erscheint, – das soziale Engagement Käthe Kollwitz' beschreibt er ebenso wie die Heimatkunst Heinrich Vogelers und den Neo-Impressionismus Paul Baums oder Curt Hermanns, die Großstadtkunst Baluscheks und Zilles ebenso wie die poetisch stilisierte Landschaftsmalerei Walter Leistikows.[20] Und auf diesen Schwerpunkt, Hermanns Schriften zur zeitgenössischen Malerei, soll sich dieser Beitrag beschränken – auch wenn es viel zu sagen gäbe über seine Aufsätze zur deutschen und ausländischen Kunst vergangener Jahrhunderte, zur Plastik und Graphik, zum Kunstgewerbe und zur Karikatur.[21]

Aufgrund der rasanten Entwicklung der Stile jedoch mache die »Liebermann-Schule [nun] [...] schon fast den Eindruck bedächtiger, ruhiger, saturierter älterer Herren.« (Max Osborn: Zehn Jahre Berliner Sezession. In: Zeitschrift für bildende Kunst 20 [1909], S. 235–242, hier S. 235 und 240.) Und mit der Abspaltung der Neuen Sezession ein Jahr später, der sich vor allem expressionistische Künstler anschlossen, bestätigte sich dieser Eindruck: Die Sezession begann an Bedeutung zu verlieren.

[18] So z. B. in Georg Hermann: Bildende Kunst in Berlin. In: Rheinisch-Westfälische Zeitung, 16. Dezember 1903.

[19] So z. B. in Hermann, Bedingungen und Wege (Anm. 11), Teil II: »Wenn man bedenkt, wie wenig in jeder offiziellen Kunstpflege Preußens das eigentlich Künstlerische betont wird, so läßt man schnell die Hoffnung fallen, von dieser Seite irgend welche Heilung zu ersehnen.«

[20] Zu den zeitgenössischen Richtungen des Futurismus und Expressionismus finden sich fast keine Stellungnahmen Hermanns. Aufschlußreich mag in diesem Zusammenhang ein Kommentar seines alter ego Fritz Eisner sein. In *November achtzehn* faßt Hermann einen Gesprächsbeitrag Eisners wie folgt zusammen: »Sein Weltbild, sein Landschaftsgefühl wäre – so zu sprechen, wie Kerr meint – von den Impressionisten aufgesäugt worden. Er könne nun mal nicht hinter jeder neuen Fahne herlaufen.« (Georg Hermann: November achtzehn. Kette II, Teil 1. Roman. Hg. von Gundel Mattenklott. Berlin: Verlag Das Neue Berlin 2000 [Werke und Briefe: Abt. 1, Romane und Romanfragmente; 8,1], S. 123)

[21] In den ersten Jahren nehmen vor allem Beiträge zur Karikatur und zur humoristischen Zeichnung einen großen Raum in seinen kunstjournalistischen Arbeiten ein. 1900 und 1901 wurden die längeren Essays *Der Simplizissimus und seine Zeichner* und *Die deutsche Karikatur im 19. Jahrhundert* sogar als Monographien verlegt. Selbst Gelegenheitsarbeiten mit Titeln wie »Oster-Kuchen nach Künstler-Entwürfen« oder »Wie sollen wir unsere Kinder photographieren?« sind nicht unter seiner Würde (vgl. Zeitungsausschnitte, Georg Hermann Collection, Leo Baeck Institute, New York).

Gemeinsam war den verschiedenen Mitgliedern und Zweigen der Sezessionsbewegung das Eintreten für malerische Qualität als einziges Urteilskriterium
über Kunst und das Verwerfen der traditionellen Forderung nach ihrer erhe-
benden Wirkung. »Schablonenhafte Routine und [...] Konvention« wird ersetzt
durch persönlichen Stil – und flache Idealisierung durch individuellen Ausdruck – in den Begriffen »Leben« und »Lebensgefühl« programmatisch zu-
sammengefaßt.[22] Dem schließt Hermann sich entschieden an: In seinem 1915
veröffentlichten Essay »Der tote Naturalismus« »beschwört« er, in der bildenden Kunst gehe es »immer nur um eins: das ist die Vergegenwärtigung des
Lebens, die Stärke des Lebensgefühls, die Intensität der gegenwärtigen Lebens-
vorstellung, die durch die Kunst versinnbildlicht, anderen mitgeteilt wird.«[23]
Dieser Begriff des starken Lebensgefühls findet sich auch bei Karl Scheffler, zum Beispiel in seiner Charakterisierung der Kunst Max Liebermanns.[24]
Und Liebermann selbst definiert den individuellen Ausdruck subjektiven Empfindens als zentrales Charakteristikum wahrer Kunst. So schreibt er im Vorwort zum Katalog der Sezessionsausstellung 1907:

> Das Talent des Malers beruht nicht in der sklavischen Nachahmung der Natur, son-
> dern in der Kraft, mit der er den Eindruck, den die Natur in ihm hervorgerufen hat,
> wiederzugeben vermag.[25]

Daraus ergibt sich die Wichtigkeit der Künstlerpersönlichkeit selbst. Liebermann fährt fort: »Nur die starke künstlerische Persönlichkeit ist imstande, uns
von der Wahrheit der Darstellung zu überzeugen.« Georg Hermann nun geht in
seinem Liebermann-Aufsatz aus dem Jahr 1899 noch darüber hinaus, wenn er
erklärt, »[...] daß eigentlich der Gegenstand der Kunst erst in zweiter Linie uns
berührt, während die Stärke der Persönlichkeit und ihre suggestive Kraft uns
zu allererst fesselt.«[26]
Interessant ist diese Aussage auch im Hinblick darauf, was sie über Hermanns
Verständnis der Bildbetrachtung aussagt. Der Betrachter muß für diese suggestive Kraft empfänglich sein, muß bereit sein, sich fesseln zu lassen. Nicht kühle
Analyse also, sondern Offenheit für persönliche Eindrücke und Wirkungen

---

[22] Osborn, Zehn Jahre Berliner Sezession (Anm. 17), S. 235.

[23] Georg Hermann: Der tote Naturalismus. In: ders., Vom gesicherten und ungesicherten Leben. Ernste Plaudereien. Berlin: Fleischel 1915, S. 52–66, hier S. 54.

[24] Karl Scheffler: Max Liebermann. In: ders., Deutsche Maler und Zeichner im 19. Jahrhundert. Leipzig: Insel-Verlag 1911, S. 209–236, hier S. 236.

[25] Max Liebermann: Zur Sezessions-Ausstellung, Frühling 1907. In: Berliner Maler.
Menzel, Liebermann, Slevogt, Corinth in Briefen, Vorträgen und Notizen. Hg. von
Irmgard Wirth. Berlin: Berlin-Verlag Spitz 1986 (Schriften großer Berliner), S.173–
174, hier S. 174.

[26] Georg Hermann: Max Liebermann. In: Allgemeine Zeitung München, 16. Dezember
1899, Beilage. – Stilrichtungen versteht er dementsprechend als »eine Reihe starker,
eigener Persönlichkeiten, welche nichts als das Zeitliche gemeinsamer Bestrebungen
verbindet« (ebd.).

sind gefragt, die Bereitschaft zur Resonanz.[27] In einem mehrteiligen Essay mit dem Titel »Bedingungen und Wege zur künstlerischen Erziehung« unterscheidet Hermann 1901 richtige von oberflächlicher Kunstbetrachtung. Sucht der oberflächlich interessierte Betrachter Erregung der Sinnlichkeit, Stärkung seines Vaterlandsgefühls und anekdotische Unterhaltung, so erfordert die richtige Kunstbetrachtung die Erregung der Sinne, künstlerisches Genießen und stilles Sichversenken. Zum wahren Kunstgenuß gehören Urteilskraft und Unterscheidungsvermögen, aber, so Hermann weiter, auch das »seelische Nachschaffen, das Aufgehen in der Harmonie einer Schöpfung«.[28]

Für den Kunstjournalisten bedeutet das, daß er seine Aufgabe vordringlich darin zu sehen hat, das Kunstwerk sinnlich und seelisch begreifbar und erfahrbar zu machen. Dieser Zielsetzung gemäß bemüht sich Hermann gelegentlich, den ersten Eindruck eines Gemäldes oder einer Ausstellung so direkt wie möglich in Worte zu fassen. Über eine Manet-Ausstellung schreibt er zum Beispiel 1910:

> Man kann es nicht recht fassen – man läuft von einem Bild, von einem Frauenpastell zum andern, ... das ist das schönste, nein das ... wundervoll dieses Fleisch; [...] sieh nur dort die Rundung des Arms [...].[29]

---

27 Ein ähnliches Verständnis vertritt auch Hugo von Tschudi: »Die Konzeption des künstlerischen Gedankens ist die unabhängige That des Schaffenden, das Kunstwerk selbst ist die Mittheilung dieses Gedankens an Andere. Nun wendet es sich an diejenigen, die im Stande sind, es aufzunehmen, um in ihnen die Empfindungen und Eindrücke zu wecken, denen es selbst seine Entstehung verdankt« (Hugo von Tschudi: Kunst und Publikum, Festvortrag 27. Januar 1899 in der Akademie der Künste, Berlin. In: ders., Gesammelte Schriften zur neueren Kunst. Hg. von E. Schwedeler-Meyer. München: Bruckmann 1912, S. 56–75, hier S. 60). Dieser Auffassung der Betrachtung von Kunstwerken entspricht Hermanns plaudernder, persönlicher Feuilleton-Stil, legitimiert sie den Kritiker doch, über seine eigenen Empfindungen, Eindrücke und Gedanken bei der Bildbetrachtung zu sprechen. So kündigt Hermann am Anfang eines 1899 erschienenen Aufsatzes an: »Was hier Platz haben soll, sind nur Beobachtungen, Gedanken, Schattenrisse von Stimmungen, kurz bleibende Eindrücke, welche ein Beschauer von den Arbeiten und der Persönlichkeit Liebermanns empfangen hat« (Hermann, Max Liebermann [Anm. 26]). Der persönliche Ansatz zeigt sich auch in einer in den frühen Kritiken öfter getroffenen Unterscheidung zwischen Kunst, die zu loben und Kunst, die zu lieben sei. So bewundert Hermann den Realisten Leibl als Farbenkünstler, fügt aber hinzu: »Trotzdem ist meine Bewunderung für Leibl stets ohne jede Wärme geblieben.« (Georg Hermann: Die deutsche Jahrhundertausstellung II. In: Hannoverscher Courier, 28. März 1906) Diese Unterscheidung findet sich auch in Hermanns Aufsatz »Manet bei Cassirer«, der am 23. März 1910 in der *BZ am Mittag* erschien. Hier nimmt Hermann jedoch eine andere Gewichtung vor. Das Neue wird dem Bekannten, Geliebten vorgezogen: »Andere malen ja auch, sie malen schöne Bilder; ich lobe sie, ich kann sie ganz lieb haben, aber wenn *sie* sie nicht verfertigten, würden es eben noch andere tun, die ebensoviel Talent besitzen. Die Zeit schafft sie [...].«

28 Georg Hermann: Bedingungen und Wege zur künstlerischen Erziehung, Teil I. In: Ethische Kultur, 21. September 1901.

29 Hermann, Manet bei Cassirer (Anm. 27).

Typischer jedoch sind jene Aufsätze, in denen Hermann versucht, Gemälde mitsamt ihren Stimmungen und Wirkungen in Worten gleichsam nachzudichten. Ein Einblick in eine längere Schilderung Böcklinscher Frühlingsbilder mag hier genügen:

> Tage des Werdens! [...] Die Fernen zittern von Glanz und Duft, [...] Liebesgötter gaukeln mit Schmetterlingen um die Wette durch die weiche Luft, und an den sinnlich warmen Abenden klingen die Rohrflöten der Faune [...].[30]

Das knappe Aufrufen der im Gemälde vorgefundenen Stimmung oder des dort ausgedrückten »Lebensgefühls« ist Hermanns Sache nicht. Eher neigt er dazu, in Stimmungen zu schwelgen, wobei er nicht selten Gefahr läuft, ins Schwülstige, Kitschige abzugleiten. Deutlich aber liegt in Passagen wie der eben zitierten der Schwerpunkt auf der sinnlichen Erfassung des Kunstwerks. Synästhetische Schilderungen, die Klang, taktiles Erleben und den visuellen Anblick verschmelzen, tragen hier zur Abrundung der sinnlichen Erfahrung bei.

Der formal-ästhetische Ansatz der Kunstkritik, der die rein malerische Qualität, die Farben und Raumgestaltung eines Gemäldes und seine sinnliche Wirkung, nicht aber den Bildgegenstand oder seine intellektuelle Verarbeitung in den Vordergrund stellen, gewann, aus Frankreich übernommen, im Rahmen der Sezessionsbewegung in Berlin mehr und mehr an Boden.[31] Hermann schließt sich diesem Kunstverständnis bis zu einem gewissen Grade an. 1900 führt er im Rahmen einer Ausstellungsbesprechung aus:

> Heute ist uns das Was zur Nebensache geworden, [...] heute bemühen wir uns, den Werken einfach gegenüberzutreten und sie als das, was sie sind, auf unsere Sinne wirken zu lassen. [...] und so geben uns heute gute, künstlerische Werke einen Genuß, den ich nur mit dem einer richtig gespielten Melodie vergleichen kann.[32]

Die Wirkung dieses Genusses, dieses »Aufgehen[s] in der Harmonie einer Schöpfung«, das Hermann, wie hier, wiederholt mit synästhetischen Metaphern beschreibt,[33] ist die eines »klärenden, anregenden Einfluss[es]«, der »diese letzte

---

[30] Georg Hermann: Arnold Böcklin. In: Ethische Kultur, 26. Januar 1901.

[31] Vgl. z. B. Max Liebermann: »Der spezifisch malerische Gehalt eines Bildes ist um so größer, je geringer das Interesse an seinem Gegenstande selbst ist; je restloser der Inhalt eines Bildes in malerische Form aufgegangen ist, desto größer der Maler.« (Max Liebermann: Die Phantasie in der Malerei. In: Berliner Maler (Anm. 25), S. 123–153, hier S. 132)

[32] Georg Hermann: Zu den Kunstausstellungen 1900. In: ders., Skizzen und Silhouetten. Darmstadt: Roether 1902, S. 25–34, hier S. 28. An anderer Stelle schreibt er über Wilhelm Trübner: »Daß er Kolorist von Hause aus [ist] – mit außerordentlicher Empfindsamkeit für Tonwerte und einer rein sinnlichen Freude an der Farbe, mit einer Vorliebe für zartes Grau und feste, saftige Mitteltöne, und daß ihn [...] die Dinge und Landschaften, welche diese Farbenskalen aufweisen weniger reizen, als diese selbst – das macht einzig die Höhe seiner Malerei aus.« (Georg Hermann: Wilhelm Trübner. In: Südwest-Deutsche Rundschau, 15. April 1902, S. 287–290, hier S. 287)

[33] So schreibt er über Liebermann, in seinen Gemälden höre man »das Licht singen« (Georg Hermann: Max Liebermann. In: Jüdische Künstler. Hg. von Martin Buber. Ber-

Auslösung der seelischen Spannkraft« gewährt.[34] Und, didaktisch bemüht, fol-
gert er: »Schon um dieses Vorteils wegen [...] sollte man versuchen, das Verständnis für Kunst zu verallgemeinern.« Der sinnliche Genuß führt also zu seelischer Empfindung. Ähnlich äußert sich auch Meier-Graefe, der in seinem Buch
über Böcklin von der »Jenseitswirkung des Sehens eines Kunstwerkes« spricht:

> [...] nachdem das Werk das physische Auge des Betrachters passiert hat, wendet es
> sich an ein anderes, unendlich höheres Organ, das über allen Sinnesregungen steht:
> die Seele.[35]

So weit befindet sich Hermann im Einklang mit anderen sezessionsnahen Kritikern. Aber, wie ich im folgenden zeigen möchte, mißt er dem Seelischen
einen anderen Stellenwert bei – indem er nicht nur die seelische Erfahrung des
Betrachters, sondern auch den im Bild übermittelten Ausdruck der »Seele des
Künstlers« betont.

Hermann schätzt Moritz von Schwind, obwohl »manche seiner Bilder [...]
von einer unausstehlichen Buntheit« seien, aber »es ist ja nicht die Farbe allein,
sondern die Seele des Künstlers, welche zu uns spricht«.[36] Und über Trübner
schreibt Hermann, er liebe ihn, »[...] weil in seinen guten Arbeiten [...] der emp-
findende Künstler ist, für den einzig das als ›schön‹ gilt, was mit dem, was er
liebt verbunden ist‹, und der uns für diese Dinge Mitempfinden einzuflößen
weiß«.[37] Schwind und Trübner gelingt es also nach Hermann, in der Kunst ihr
seelisches Empfinden nachvollziehbar zu machen. Insofern erscheinen sie als
Exponenten eines sehr persönlichen, individuellen Kunstbegriffs. Doch, wie in
dem Aufsatz über Trübner im weiteren deutlich wird, erachtet Hermann das
seelische Empfinden nicht als ein rein individuelles, sondern betont dessen Ge-
bundenheit an einen kulturellen Kontext. So erscheint ihm Trübners Werk als
»unbeeinflußt und rein deutsch in der herben Tiefe der Empfindung«. Den Begriff der »Seele in der Malerei« sieht Hermann – im Gegensatz zum Beispiel zu
Scheffler[38] – gebunden an die Konzepte von Kultur, Rasse und Nation.[39] Damit

---

lin: Jüdischer Verlag 1903, S. 105–135, hier S. 124). An anderer Stelle heißt es, Leistikow habe das »Lied« einer »bisher unerschlossenen Landschaft« geschaffen, dessen
»abgerissene Töne« schon vorher, bei Fontane etwa, angeklungen seien. Hermann bindet hier also auch die Literatur mit in die synästhetische Metapher ein (Georg Hermann: Am Grabe Leistikows. In: Neue Revue, undatierter Zeitungsausschnitt, Georg
Hermann Collection, Leo Baeck Institute, New York).

34 Hermann, Bedingungen und Wege zur künstlerischen Erziehung, Teil I (Anm. 28).
35 Julius Meier-Graefe: Der Fall Böcklin und die Lehre von den Einheiten. München:
J. Hoffmann 1905, S. 26.
36 Georg Hermann: Moritz von Schwind. In: Berliner Zeitung, 21. Januar 1904.
37 Hermann, Wilhelm Trübner (Anm. 32).
38 Vgl. Karl Scheffler: Der Deutsche und seine Kunst. In: Der Kunstwart 19 (1905/06),
Nr 4, 5, 6, S. 177–182, 251–267, 312–315: »Wenn man im Künstlerischen die Nationalität als Trumpf ausspielen will, muß man auch alle nationalen Kräfte kennen und
nicht einen von der Zeit bevorzugten Charakterzug zur Alleinherrschaft bringen wollen« (S. 258); und: »die Kunst [...] fährt unbeirrt fort, sich international zu organisie-

stellt er sich in den Zusammenhang der Ästhetik des 19. Jahrhunderts. Friedrich Theodor Vischer zum Beispiel vertrat die These, der Geist eines Volkes finde Ausdruck in einem nationalen Stil durch individuelle Urheber als Organe.[40]

Aber was charakterisiert denn die deutsche Malerei? Befragt man die Theoretiker und Kunstschriftsteller des 19. Jahrhunderts, so trifft man immer wieder auf romantische Begriffskategorien wie die der tiefen Auffassung, der Innigkeit und der Stimmung. Fontane äußerte 1857:

> Wie unsere Lyrik eine Tiefe hat, die von den Liedern keines anderen Volkes erreicht wird, so wird auch voraussichtlich unseren Landschaften der Ruhm bleiben, eine Stimmung, ein Gefühl am wahrsten und tiefsten ausgedrückt zu haben.[41]

Hermann, der zwar nicht Fontanes Drang zum Superlativ teilt, vertritt grundlegend doch dieselbe Ansicht. Über die impressionistische Malerei des Freiherrn von Gleichen-Russwurm schreibt er 1901, sie sei »im Kern deutsch«, nämlich »klarer, empfindungstiefer« als die der Franzosen.[42] An anderer Stelle räumt er Pissarro eine Ausnahmeposition innerhalb der französischen Impressionisten ein, weil er »nirgends das malerische, das luminaristische Problem über das seelische stellt [...]« und »wohl deshalb gerade in dieser Gruppe der Impressionisten derjenige [ist], der dem deutschen Empfinden am nächsten steht«.[43]

Damit begibt sich Hermann in gefährliche Nähe zur Haltung Wilhelms II. und des konservativen Lagers, die den Impressionismus als ›undeutsch‹ bekämpften.[44] Doch in einem Klima, in dem die französische Kunst noch immer

---

ren« (S. 260). Scheffler urteilt zudem: »Deutschland ist in Dingen der bildenden Kunst stets unselbständig gewesen.« (S. 260)

[39] Vgl. z. B. Georg Hermann: Camille Pissarro. In: Ost und West, Januar 1904, Sp. 13–22, hier Sp. 15: »Was ist denn Seele in der Malerei? Ist das etwas Allgemeingiltiges? Oder nicht vielleicht etwas, das von Rasse zu Rasse verschieden ist? Ich glaube das Letzte.«

[40] Vgl. Friedrich Theodor Vischer: Aesthetik oder Wissenschaft des Schönen, Bd III. Reutlingen, Leipzig: Carl Mäcken's Verlag 1851, S. 130.

[41] Theodor Fontane: Aus Manchester. In: ders., Sämtliche Werke. Hg. von Walter Keitel Band XXIII/1: Aufsätze zur bildenden Kunst. München: Hanser 1970, S. 51–161, hier S. 125.

[42] Georg Hermann: Berliner Kunstausstellungen, 1901, Zeitungsausschnitt, Georg Hermann Collection, Leo Baeck Institute, New York, Datum und Herkunft des Artikels unbekannt.

[43] Georg Hermann: Camille Pissarro, 1904, Zeitungsausschnitt, Georg Hermann Collection, Leo Baeck Institute, New York, Datum und Herkunft des Artikels unbekannt. Ganz ähnlich äußert Hermann sich anderenorts auch über Leopold Graf von Kalckreuth. Nachdem er wiederum die Betonung des Seelisch-Innerlichen als typisch deutsch identifiziert, hebt er hervor, daß Kalckreuth »das Künstlerische über das Malerische stellt und nie des Malerischen wegen auf das Künstlerische, Persönliche, auf das innerliche Verhältnis zu den Gegenständen der Darstellung verzichtet« (Georg Hermann: Leopold Graf von Kalckreuth. In: Westermanns Illustrierte Monatshefte, Nr 565, Oktober 1903, S. 25–41, hier S. 41).

[44] Vgl. z. B. Möller von den Brucks Artikel »Die Überschätzung französischer Kunst in Deutschland«, in: Der Kunstwart 18 (1905), S. 501–508, in dem es heißt, es sei »geschmacklos, den Geschmack eines anderen Volkes zu haben« (S. 508). Möller von

abgelehnt werden kann, aus dem einzigen Grund, daß sie französische Kunst
ist, ist es wichtig hervorzuheben, daß der Haltung Hermanns keine Xenopho-
bie zugrunde liegt. Während einige der extremeren Stimmen der Zeit die Ausstellungen der französischen Impressionisten als »unpatriotisch« und »die
deutsche Kunst korrumpierend« verurteilen, greift Hermann vielmehr Schwierigkeiten der Rezeption romanischer Kunst in Deutschland auf und führt sie
auf andersgeartete »Anlagen« und kulturbedingte Empfänglichkeiten der deutschen Betrachter zurück: »Den Germanen [ist] einzig die Kunst des Germanen
im Innersten verständlich, nur von ihr können wir wieder zu uns zurück.«[45]
Derlei Stellungnahmen finden sich auch bei konservativen Kritikern wie Friedrich Pecht oder dem für die Zeitschrift *Hochland* schreibenden Dr. Volker.[46]
Hermann jedoch ist immer darauf bedacht, diese Vorbehalte nicht in ein nega-
tives Qualitätsurteil über die Kunstwerke selbst münden zu lassen. So heißt es
zum Beispiel in einem 1904 veröffentlichten Aufsatz:

> Gewiß haben manche von Monets Schöpfungen für uns etwas Kaltes, aber die ihnen
> innewohnende Empfindungsnote entstammt einer anderen Rasse und entzieht sich
> unserem Urteil.[47]

Die Fremdheit der ausländischen Kunst ist für Hermann nicht Anlaß zur Ablehnung; eher faßt er sie als Herausforderung an sein erzieherisches Ethos auf.
»Die eisernen Grenzen der Anlage des Einzelnen wie des Volkes sind nicht
zu überschreiten«, so stellt er fest.

> Die Kunst des Romanen wird sich stets von der des Germanen scharf scheiden, wie die
> Empfänglichkeit beider Rassen; ja, jedem wird die Kunst des Nachbarn unverständlich
> bleiben – aber innerhalb dieser Anlage kann Erziehung mit Erfolg sich beteiligen.[48]

Dem Kritiker Hermann erwächst also hier die Aufgabe, die als fremd empfunde-
ne Kunst dem deutschen Publikum zugänglich zu machen. Er stellt den »Grenzen der Anlage« einen auf rein ästhetischen Urteilskriterien basierenden Ansatz entgegen. Dabei legt er es nicht auf Konfrontation mit einem konservativen Publikum an wie der überzeugte Avantgardist Meier-Graefe, der auf der
Höhe des Böcklin-Kults provozierend schrieb: »Wie ein Block liegt Böcklin

---

den Bruck warnt weiter davor, daß der fremde Einfluß das Volk »kosmopolitisch-
charakterlos« mache (S. 501). 1911 führten ähnliche Ansichten zu dem von Carl Vin-
nen geleiteten »Protest deutscher Künstler«.

[45] Georg Hermann: Bedingungen und Wege zur künstlerischen Erziehung, Teil IV. In:
Ethische Kultur, 12. Oktober 1901. – Hier, wie in den meisten seiner Aufsätze und Essays, bezeichnet Hermann den germanischen als seinen Kulturraum. Über sein persönliches Verhältnis zur jüdischen und deutschen Kunst wäre gesondert zu berichten.

[46] Vgl. z. B. Dr. Volker: Die Berliner Kunstausstellungen. In: Hochland, 1. November
1903, H. 2, S. 252–254. Der Autor wendet sich gegen den Impressionismus, da es
»nicht die deutsche Art« sei, »die Natur also anzusehen«.

[47] Hermann, Camille Pissarro (Anm. 39), Sp. 15.

[48] Hermann, Bedingungen und Wege zur künstlerischen Erziehung, Teil IV (Anm. 45).

vor der Zukunft. [...] Los von Böcklin.«[49] Hermann, der in mancher Hinsicht
noch einem traditionelleren Kunstverständnis anhängt, ist wesentlich vorsichti-
ger. Seine Erklärungen scheinen aus selbst neu gewonnenen Einsichten zu re-
sultieren und zeigen eine persönliche Entwicklung an. Eventuelle Vorbehalte
seines Lesepublikums spiegelnd, erklärt er beispielsweise 1901 angesichts einiger früher Bilder Monets und Renoirs auf der Sezessionsausstellung, er begreife nun den Weltruhm dieser Künstler und stimme »in die Schätzung, die
ihm bisher nicht ganz gerecht erschien«, ein.[50] In einer 1910 in der *Morgenpost* veröffentlichten Aufsatzserie über die Nationalgalerie feiert Hermann dann
die Franzosen als grundlegende Neuerer, die der neuen deutschen Kunst überhaupt erst den Anstoß gegeben haben. Und er setzt das persönliche Bekenntnis
dazu, die Räume der Impressionisten seien für ihn »der beste und anregendste
Teil der Nationalgalerie«.[51]

Interessant ist es in diesem Zusammenhang, Hermanns Einschätzung Paul
Cézannes zu verfolgen, der im ersten Jahrzehnts des Jahrhunderts große Kontroversen unter den deutschen Kunstkritikern auslöste. Die Entwicklung in
Hermanns Urteil über Cézannes Malerei ist die eines langsamen Akzeptierens
des Fremden und Neuen. Während er 1901 noch die »perverse Farbe Cézannes«
rundweg ablehnt,[52] zeichnet sich drei Jahre später schon eine nähere Auseinandersetzung mit der Kunst des Franzosen und eine Änderung in Hermanns
Meinung ab, wenn er schreibt, Cézanne »verbinde offensichtliches [zeichneri-
sches] Nichtkönnen mit einer einzig gearteten Empfindsamkeit für den Reiz
und den Einklang der Farbe«.[53] 1906 nimmt er dann deutlich Abstand von
seiner anfänglichen Ablehnung der Kunst Cézannes:

> [...] heute sehen wir schon, daß dieses Auge nicht krank, sondern nur fortgeschritten war
> und auf Farbeneindrücke mit einer Macht reagierte, mit einer Lebhaftigkeit, daß die
> Kunst Monets und Manets neben ihm wie die Zartheit von verblasenen Pastellen wirkt.[54]

Schließlich, weitere vier Jahre später, lesen wir in Hermanns Aufsätzen über die
Nationalgalerie:

---

[49] Julius Meier-Graefe: Die Entwicklungsgeschichte der modernen Kunst. Vergleichende
   Betrachtung der bildenden Künste, als Beitrag zu einer neuen Aesthetik. 3 Bde,
   Stuttgart: Hoffmann 1904, Bd II, S. 452.

[50] Georg Hermann: Die Berliner Sezession. In: Berliner Illustrirte Zeitung, 19. Mai 1901,
   S. 307.

[51] Georg Hermann: Die Nationalgalerie, Teil IV (undatiertes Typoskript, Georg Hermann
   Collection, Leo Baeck Institute, New York). Ebenfalls 1910 verleiht er seiner Begeisterung über Manets Bilder Ausdruck und hebt nicht nur ihre Schönheit, sondern vor
   allem auch die Neuerungen in Manets Malweise hervor, »die neue und summarische
   Art seines Sehens, die Impression« nämlich und »das Komponieren auf den einen
   großen Gesamteindruck hin« (Hermann, Manet bei Cassirer [Anm. 27]).

[52] Hermann, Berliner Kunstausstellungen (Anm. 42).

[53] Georg Hermann: Paul Cézanne. In: Berliner Zeitung, 4. Dezember 1904.

[54] Georg Hermann: Paul Cézanne. In: Hannoverscher Courier, 28. Oktober 1906.

> Der Betrachter muß sich zuerst an eine gewisse Formlosigkeit gewöhnen, und er wird dann erkennen, daß hier eine Steigerung des Farbempfindens, eine Steigerung des Lebensgefühls vorliegt, die zu einer neuen Schönheit weiter führen muß.[55]

Ist die erste Fremdheit überwunden, kann Cézanne nach Hermann dem Betrachter »die tiefsten Sensationen geben [...], die die Malerei zu geben vermag«.[56]

... »die tiefsten Sensationen geben«: das ist eine der Wirkungen, die die Kunst nach Hermann zu erreichen hat. Doch die Sensation allein reicht nicht aus. 1915 wendet er sich gegen das reine »Ästhetentum«. Kunst, die nur ein ästhetisches Verlangen befriedigt, erscheint ihm »wurzellos und überflüssig, eine Sache, die sich an sich selbst berauscht, eine Spielerei, die uns letzten Grundes nichts hilft und nur leer zurückläßt«.[57] Daß Hermann in Momenten des Zweifels die Kunst als dergestalt sinnentleert erscheint, als Surrogat, das wissen wir aus seinen Romanen. Nicht nur in der *Nacht des Dr. Herzfeld* spielt dieses Thema eine wichtige Rolle, es ist auch der Leitgedanke der *Tränen um Modesta Zamboni*, der Geschichte um den Kunsthistoriker Wilhelm Schmidt, der sich bewußt wird, »[...] daß das Leben in Wahrheit [...] ja erst dort anfängt, wo man der Kunst nicht mehr bedarf [...]«.[58]

Zum Surrogat wird die Kunst, wo sie in Isolation vom Leben steht. Wahre Kunst dagegen entwächst Hermanns Auffassung nach aus dem Zusammenhang zwischen Künstler und Welt und erlangt auch für den Betrachter erst dort einen Wert, wo sie in enger Beziehung zum Leben steht.[59] In diesem Zusammenhang übt Hermann wiederholt Kritik an der Kulturlosigkeit Berlins. In einem Aufsatz mit dem Titel »Jung Berlin« von 1902 schreibt er:

> [...] Der Zusammenhang der Kunst mit dem Publikum, mit dem Leben, ist ein ebenso minimaler, wie der des Künstlers mit dem Ort an dem er atmet und schafft. Nie und nirgends war Kunst so losgelöst und verkümmernd [...] Jedes Schaufenster strotzt von Geschmacklosigkeiten, die Häuser sind an falscher Stelle in falschen Verhältnissen ornamentiert [...].[60]

Kunst also muß Ausdruck unserer Kultur sein, und sie muß Teil unserer täglichen Lebensumwelt sein, um kulturelle Bedeutung für den Einzelnen zu besitzen. So ist es folgerichtig, daß Hermanns Interesse an der Förderung der nationalen Kunst vorrangig bleibt. Dem französischen Impressionismus erkennt er eine leitende Funktion zu, er soll als »Kriterium für die deutsche Kunst« dienen,[61]

---

[55] Hermann, Die Nationalgalerie, Teil IV (Anm. 51).

[56] Ebd.

[57] Georg Hermann: Vom gesicherten und ungesicherten Leben. In: ders., Vom gesicherten und ungesicherten Leben (Anm. 23), S. 1–51, hier S. 39.

[58] Hermann, Tränen um Modesta Zamboni (Anm. 2), S. 98.

[59] Vgl. unter anderem Hermann, Bedingungen und Wege zur künstlerischen Erziehung, Teil I (Anm. 28).

[60] Georg Hermann: Jung Berlin. In: Hermann, Skizzen und Silhouetten (Anm. 32), S. 185–196, hier S. 185f.

[61] Hermann, Bedingungen und Wege zur künstlerischen Erziehung, Teil IV (Anm. 45).

aber vor allem liegt ihm die Entwicklung und Kontinuität eines deutschen Stils am Herzen.[62] 1909 schreibt er über Hugo von Tschudi, daß sein

> Verdienst keineswegs darin bestand, daß er der ausländischen Kunst die Tore öffnete, sondern weit mehr darin, daß er auch in der *deutschen* Kunst des 19. Jhdts. – besonders in unserer norddeutschen Kunst – mit allem Nachdruck auf jene Meister hinwies, die einfach und schlicht, unbekümmert um Moden ihre Wege gingen und so das vorahnten, was vierzig und sechzig Jahre nach ihnen die Hauptprobleme der Malerei werden sollten.[63]

Als Teil der kulturellen Umwelt, eingebunden in den Lebenszusammenhang, übernimmt die Kunst für Hermann eine erzieherische Funktion. Im Gegensatz zu Kritikern wie Meier-Graefe und Scheffler, die den Kunstgenuß als einmalige Erfahrung, als ästhetisches Erlebnis, und damit als »zweckfrei« betrachten,[64] schreibt Hermann der Kunst die Aufgabe zu, »den Beschauer zu lehren, mit Künstleraugen das Leben zu sehen [...]«.[65]

Was aber bedeutet das: »mit Künstleraugen das Leben sehen«? Auf einem handschriftlichen, undatierten Notizzettel in Hermanns Nachlaß findet sich, prägnant formuliert, die Antwort:

> Kunst ist die Verklärung der Natur, die uns ungekannte Züge an ihr offenbart [...] weil wir sie nur mit unseren Augen und nicht durch das Destillat eines begnadeten Künstlerauge[s] sehen können.

Der Begriff der Verklärung, den Hermann hier gebraucht, ist weit entfernt von der Forderung nach Heroisierung und Erhebung im Sinne der offiziellen wilhelminischen Kunstauffassung. Auch mit Fontanes Begriff der Verklärung deckt er sich nicht. Über die Poetisierung einer realistischen Abbildung der Wirklichkeit hinaus bezieht Hermann das Prinzip der Verklärung als Destillat weitgehend nicht auf den Gegenstand, sondern auf die malerische Vergegenwärtigung des Lebensgefühls des Künstlers – und damit auf die Steigerung sinnlicher Rezeption und seelischer Durchdringung.

---

[62] Die Gemälde Leopold Graf von Kalckreuths zum Beispiel schätzt er dafür, daß sie der Moderne die »nationale, die deutsche Note« gegeben haben, »wo gerade auch im Impressionismus die Gefahr schlummert, daß jede Nationalität verwischt wird« (Hermann, Leopold Graf von Kalckreuth [Anm. 43], S. 27 und S. 41).

[63] Georg Hermann, Die Nationalgalerie, Teil I (Anm. 51).

[64] Vgl. Karl Scheffler: Der Berliner Museumskrieg. Berlin: Cassirer 1921, S. 108: »Das Museum ist, allem voran, um seiner selbst willen da, es ist, wie alles Geistige, in erster Linie zweckfrei, ja, seine beste Kraft liegt darin, daß es inmitten einer unnatürlich zweckvoll arbeitenden Welt zweckfrei bleiben kann.« Scheffler wie auch Meier-Graefe stehen in der Tradition der in Deutschland seit den 1880er Jahren durch Konrad Fiedler vermittelten französischen Theorien zur Autonomie der Kunst des späteren 19. Jahrhunderts. Hierzu mehr in: Museumsinszenierungen. Zur Geschichte der Institution des Kunstmuseums. Die Berliner Museumslandschaft 1830–1990. Hg. von Alexis Joachimides u. a. Dresden, Basel: Verlag der Kunst 1995.

[65] Hermann, Berliner Kunstausstellungen (Anm. 42). Hierzu siehe auch Hermann, Bedingungen und Wege zur künstlerischen Erziehung (Anm. 11, 28 und 45).

Die Kunst soll also das Bild unserer Umwelt auf sein Wesentliches destillie-
ren und unsere Wahrnehmung dieser Umwelt schulen. Formulierungen wie die
folgenden, die sich in ähnlicher Form wiederholt in Hermanns Aufsätzen finden, illustrieren diese Auffassung: »Tausende haben vor Böcklin den Frühling
besungen, und doch wissen wir erst jetzt eigentlich durch ihn, was ein Frühling
ist«; »Vor dem ›Sommertag‹ – wer kannte da die heiße Mittagsglut ...«.[66]

Auch in Hermanns Schilderung des staunenden Publikums angesichts von
Leistikows »Grunewaldsee« drückt sich diese Auffassung aus: »Diese Schön-
heiten barg ihr Grunewald, den sie hundertmal durchzogen hatten, und nie, nie
hatten sie etwas davon gesehen!«[67] Kunst fungiert als Schule des Sehens, sie
verhilft dem Betrachter zu einer neuen »Weltanschauung« – »im wörtlichen, wie
in übertragenem Sinne«.[68] Die impressionistische Weltanschauung beschreibt
Hermann 1901 wie folgt:

> Der tiefere Sinn des Impressionismus liegt nicht in Häkchen oder Tupfen, nicht in
> der Farbenzerlegung, nicht in der Aufhellung der Schatten, [...] sondern einzig und
> allein in der neuen Stellung, welche durch sie der Kulturmensch, der Städter zu sei-
> ner landschaftlichen Umgebung gewonnen. Es ist eine Wandlung in der Struktur des
> menschlichen Empfindens, eine höhere Erschließung des farbigen Weltbildes [...] –
> eine Weltanschauung.[69]

Es ist eine Weltanschauung, die, wie Scheffler vier Jahre später formuliert, das
»Gefühl für die Erscheinung über den Begriff davon« setzt, – die nicht das
Ideal der Wirklichkeit entgegengestellt, sondern »das eine aus dem andern«
sich entwickeln läßt, – eine Weltanschauung, die den »Dualismus von Kunst
und Leben« auflöst.[70]

Als Schulung des Sehens und Empfindens, als Exponent und Angebot einer
Weltanschauung: so läßt sich nicht nur die impressionistische Kunst, so lassen
sich auch Georg Hermanns Romane lesen. Man denke nur an die liebevoll detaillierte Schilderung der Biedermeier-Welt in den Jettchen-Romanen oder an die
eidetischen Darstellungen der Stadtlandschaft Berlins in *Kubinke* oder im *Rosenemil*. Sind sie nicht auch Angebote an den Leser, die eigene Kultur vollständiger,
sinnlicher zu erfassen und die tägliche Umgebung intensiver zu erleben?

---

[66] Georg Hermann: Arnold Böcklin. Ein Nachruf. In: Berliner Illustrirte Zeitung, 19. Januar 1901, S. 51–53, hier S. 52.

[67] Georg Hermann: Walter Leistikow. In: Morgenpost, 23. November 1900.

[68] Ebd.

[69] Hermann, Berliner Kunstausstellungen (Anm. 42). – Das Wort von der »Weltanschauung« findet sich auch bei Scheffler. Dieser führt aus, der Streit zwischen Realismus und Impressionismus sei zwar »in der Terminologie der Malerei geführt«
worden, es seien aber »im Grunde immer zwei Weltanschauungen gewesen, die sich
der Kunst der Malerei bedient haben, um sich miteinander auseinanderzusetzen«
(Karl Scheffler: Impressionistische Naturanschauung. In: ders., Deutsche Maler und
Zeichner im 19. Jahrhundert [Anm. 24], S. 141–149, hier S. 141).

[70] Karl Scheffler: Der Deutsche und seine Kunst. In: Der Kunstwart 29 (1905), Nr 5,
S. 251–267, hier: S. 263 und 262.

Wie der Schriftsteller, so ist auch der Kunstkritiker Hermann kein revolutionärer Verfechter der Avantgarde, er ist kein radikaler Vorreiter und Wegbereiter. Er folgt nicht allem, was das Kunstverständnis der Moderne bringt. Aber er vertritt das fortschrittliche Element des ›Zeitgeists‹, die Einstellung des liberalen, weltoffenen und anti-akademischen Bildungsbürgertums, jener gesellschaftlichen Gruppe also, die die Sezessionsbewegung trug.

In der darstellenden Kunst wie in der Literatur bleibt für Hermann der Wunsch nach dem Festhalten des Erlebten und Geliebten zentral. So läßt er immer wieder erkennen, daß er die größte Affinität mit Malern empfindet, die Stimmungen festhalten, die er als Betrachter wiedererkennt – und vor allem mit den Malern Berlins und der Mark Brandenburg Liebermann, Baluschek und Leistikow. In diesem Kontext, dem Wunsch nach dem Bewahren, ist auch Hermanns ausgeprägtes Interesse am Kunstgewerbe und an der Karikatur zu verstehen. Im Vorwort zu seiner Monographie über *Die deutsche Karikatur im 19. Jahrhundert* schreibt er, er schätze die Karikatur als Kunst, in der »das zu festen Formen erstarrte, was sonst der rasche Tag hinweggerafft hätte«[71] – eine Formulierung, die stark an die in der Vorbemerkung zu *Jettchen Gebert* und anderenorts geäußerte Zielsetzung seines Schreibens erinnert.[72]

In Hermanns Kunstjournalismus, wie auch in seinem literarischen Werk, mischt sich die Achtung vor der Tradition mit dem entschiedenen Eintreten für das Neue.[73] In den »Bedingungen und Wegen zur künstlerischen Erziehung« beschreibt Hermann die Aufgabe des Kritikers wie folgt: »Mit Lob oder Tadel ist nichts geholfen; [der Kritiker] soll den Schaffenden wie die Schöpfung, soweit es in seiner Macht steht, dem Publikum nahe bringen« und er soll »das Neue erklären, mit aller Kraft dafür eintreten [...].«[74] Die Formulierung erinnert an das berühmte Melusine-Wort aus dem *Stechlin*. Und tatsächlich wäre es wohl durchaus in Hermanns Sinne, wenn wir ergänzen: »Und vor allem sollen wir [...] den großen Zusammenhang der Dinge nie vergessen.«[75]

---

[71] Georg Hermann: Vorwort. In: ders., Die deutsche Karikatur im 19. Jahrhundert. Bielefeld, Leipzig: Velhagen & Klasing 1901 (Sammlung illustrierter Monographien; 2).

[72] Vgl. auch die folgende Passage aus dem *Kleinen Gast*: »[Romane] sind das einzige, in dem das Leben sich dauernd bewahrt. [...] Das einfache, vorüberfließende, tägliche Dasein mit all seinen hunderttausend kaum deutbaren Nuancen wird in ihm zum Rang der Historie erhoben.« (Hermann, Der kleine Gast [Anm. 1], S. 336)

[73] Im Gegensatz zu Liebermann, der selbst 1922 noch kein Verständnis für van Gogh aufbringen konnte, schrieb Hermann 1915: »Stellen wir einmal einen Manet, einen Cézanne, einen van Gogh nebeneinander, und wir sehen, wie sich Kunst fortbildet. Sie bieten eine stete Bestärkung der Lebensempfindung, die drei.« (Hermann, Der tote Naturalismus [Anm. 23], S. 54f.)

[74] Hermann, Bedingungen und Wege zur künstlerischen Erziehung, Teil I (Anm. 28).

[75] Vgl. Theodor Fontane: Sämtliche Werke, Bd VIII: Der Stechlin. Hg. von Edgar Gross. München: Nymphenburger Verlagsbuchhandlung 1954, S. 251: »Alles Alte, so weit es Anspruch darauf hat, sollen wir lieben, aber für das Neue sollen wir recht eigentlich leben. Und vor allem sollen wir [...] den großen Zusammenhang der Dinge nie vergessen.«

Gert Mattenklott

Der doppelte Spiegel

Georg Hermann über Juden in Deutschland (vor 1933)

Georg Hermann ist heute so weitgehend verschollen, daß man seinen Namen kaum außerhalb eines kleinen Kreises von Exilforschern, Spezialisten für die Geschichte des deutschen Judentums und von Menschen kennt, die an literarischen Berolinensien interessiert sind. Unsere Neuausgabe seiner Werke hat daran bisher nicht viel ändern können.[1] Das war zu seinen Lebzeiten anders, vor allem seit dem Erscheinen von zwei Romanen, die ihn mit einem Schlag zu einem populären Autor gemacht haben: *Jettchen Gebert* und *Henriette Jacoby*[2], eine jüdische Familiensaga und in mancher Hinsicht ein Seitenstück zu Thomas Manns *Buddenbrooks*. Es gibt in der deutschen Literaturgeschichte kein zweites Beispiel eines historisch und soziologisch derart tief und breit ausdifferenzierten Gesellschaftsromans aus jüdischem Milieu. In den Jahren seines Erscheinens stand das seiner Beliebtheit weit über eine jüdische Leserschaft hinaus nicht im Wege, möglicherweise sogar im Gegenteil.

Die Publikation der Bücher in den Jahren 1906 und 1908 fiel in eine Zeit, in der man jüdische Literatur deutscher Sprache noch nicht von deutschsprachiger Literatur überhaupt unterschied, weder antisemitisch polemisch, noch zionistisch apologetisch. Erst in den Weltkriegsjahren gewinnt der Vereins- und Biertischantisemitismus auch Einfluß auf bedeutendere Feuilletons und wiederum erst Jahre später, 1922, erschien als Antwort darauf Gustav Krojankers *Juden in der deutschen Literatur* und Siegmund Kaznelsons Sammelwerk über *Juden im deutschen Kulturbereich* gar erst 1934.[3] Das Jüdische ist im Werk der ersten Lebenshälfte Hermanns aber auch nicht deshalb zu besprechen, weil der

---

[1] Georg Hermann: Werke und Briefe. Hg. von Gert und Gundel Mattenklott im Auftrag des Fachbereichs Germanistik der Freien Universität Berlin und des Moses Mendelssohn Zentrums für europäisch-jüdische Studien an der Universität Potsdam. Berlin: Verlag Das Neue Berlin 1996ff.

[2] Georg Hermann: Jettchen Gebert. Roman. Berlin: Fleischel 1906; dass., hg. und mit einem Nachwort von Gert Mattenklott. Berlin: Verlag Das Neue Berlin 1998 (Werke und Briefe: Abt. 1, Romane und Romanfragmente; 2); ders., Henriette Jacoby. Roman. Berlin: Fleischel 1908; dass., hg. und mit einem Nachwort von Gundel Mattenklott. Berlin: Verlag Das Neue Berlin 1998 (Werke und Briefe: Abt. 1, Romane und Romanfragmente; 3). Zitate im folgenden nach der Ausgabe von Gert und Gundel Mattenklott.

[3] Juden in der deutschen Literatur. Essays über zeitgenössische Schriftsteller. Hg. von Gustav Krojanker. Berlin: Welt-Verlag 1922; Juden im deutschen Kulturbereich. Ein Sammelwerk. Hg. von Siegmund Kaznelson. 3. Ausg. mit Ergänzungen und Richtigstellungen, Berlin: Jüdischer Verlag 1962 [[1]1934].

Autor aus einer jüdischen Familie kommt, sondern weil es für ihn als Autor wichtig war. Wie Thomas Mann die Geschichte der Buddenbrooks erzählt Hermann auch die seiner Geberts – in absteigender Linie: von der Generation der Großeltern zu den Enkeln – als Geschichte des Niedergangs und der Auflösung. Doch hat Hermann die Gründe des gesellschaftlichen Abstiegs nicht von Thomas Mann abgeschrieben oder auch nur den *Buddenbrooks* entsprechend analogisiert. Statt dessen entwickelt er sie auf vielfältige Weise in engem Zusammenhang mit der jüdischen Tradition und Gegenwart der Familie Gebert. Für die Werke Hermanns aus der Zeit vor dem Ersten Weltkrieg ist es aber charakteristisch, daß hier, wie auch an anderer Stelle, Antisemitismus so gut wie keine Rolle spielt. Der Niedergang der Geberts hat mit ihrem Judentum zu tun, ohne in die Geschichte des deutschen Antisemitismus verstrickt zu sein; bemerkenswert bei einem Autor, der als junger Mann immerhin Zeitzeuge der Affäre Dreyfus war.

Das Jüdische ist für Hermann zwar ein Lebensthema – wie übrigens auch die deutsche Kulturgeschichte und das Leben in der Großstadt Berlin –, doch es entwickelt sich in Leben und Werk des Autors mit jeweils durchaus unterschiedlichen Perspektiven und Schwerpunkten. Wer dem Autor gerecht werden will, tut gut daran, sich darauf einzulassen. Die Neigung, Geschichten von ihrem Ende her zu erzählen, verleitet sonst allzu leicht dazu, das jüdische Thema quasi teleologisch von der Katastrophe her zu konstruieren, als hätte es nie andere Dimensionen gehabt. Wie verschieden es sich hier darstellt, sollen charakteristische Stichproben aus drei Werken des Zeitraums vor 1933 zeigen, die jeweils etwa im Abstand eines Jahrzehnts aufeinander gefolgt sind: *Jettchen Gebert* (1906), *Vom gesicherten und ungesicherten Leben* (Berlin 1915) und *Der doppelte Spiegel* (Berlin 1926).[4]

Jettchen Gebert ist im Einzelnen wie im Ganzen stark vom Interesse des Sammlers und Kulturhistorikers geprägt, freilich keines interesselosen, darin einer Grundströmung des Œuvres folgend. Nicht den Besitztitel will er an den alten Dingen erwerben, sondern ihre Geschichten wissen und überliefern, Zeugnis ablegen und Gedächtnis erzeugen. Der Historiograph hat eine Moral; welche erläutert er im Vorwort in Sätzen, die er ähnlich schon früher geschrieben hat und auch später noch wieder formulieren wird. Erzählend will er dem vergangenen und allzu schnell vergessenen Leben einen Namen geben und ein Denkmal setzen:

> Es ist Sage geworden, das Leben all derer, von denen ich sprechen werde. Mehr noch – es hat sich in Nichts aufgelöst, sie sind, wie der Psalmist sagt, dahingegangen, als ob sie nie gewesen wären.
> Und deshalb laßt mich von ihnen sprechen! Denn es ist eine Ungerechtigkeit, eine schreiende Ungerechtigkeit, daß etwas, das einmal gewesen ist, so glatt wieder in das Nichts zurücktauchen soll, daß nach uns ... nach unserer Anwesenheit an dieser zweifelhaften Stelle, kaum fünfzig, sechzig Jahre nach unserem Abgang von der Lebensbühne

---

4   Georg Hermann: Vom gesicherten und ungesicherten Leben. Ernste Plaudereien. Berlin: Fleischel 1915; ders., Der doppelte Spiegel. Berlin: Alweiss 1926.

keine Seele mehr fragen soll, kein Huhn gackern, kein Hahn krähen. Leben wir dazu? Weinen wir und freuen wir uns dazu? Tragen wir die Ketten von eisernen Ringen und goldenen Gliedern, die unlösbar miteinander verhakt und vernietet sind, von Glück und Leid nur dazu? Soll niemand wissen, was wir getragen haben? Warum soll nicht das Wort vom Leben Zeugnis geben? Warum soll nicht der letzte Hall von Menschen und Dingen aufgefangen werden? Warum nicht den Stein noch einmal mühselig bergan wälzen, ehe er für immer von der nächtlichen Tiefe der Schluchten verschlungen wird?[5]

Diese Optik bestimmt in der Tat nicht nur *Jettchen Gebert*. An Jüdischem ist Hermann hier noch nicht unter dem Eindruck persönlicher Bedrohung interessiert, aber auch nicht aus Zuwendung zu dem religiösen Bekenntnis, dem gegenüber er zeitlebens distanziert blieb. (Die einzige Erwähnung einer persönlichen Erfahrung mit dem religiösen Kultus der Juden scheint eine Kindheitserinnerung zu sein, die dem Fünfjährigen gilt, der an einem jüdischen Feiertag eines Abends erstmals »zur Schul«, zum jüdischen Betraum in der Spandauer Straße mitgenommen wird.[6]) Hermanns Kultur- und Gesellschaftsverständnis ist durchweg säkular, wie übrigens auch in den Arbeiten, mit denen er sich ausdrücklich als Kulturhistoriker zeigt, wie etwa in seiner Biedermeier-Anthologie (1913)[7]. Deren Auszüge aus Briefen, Tagebüchern, Memoiren und Volksszenen überlagern sich zeitlich und zum Teil auch in den historischen Materialien mit *Jettchen Gebert*, doch läßt kein Satz, mit dem der Herausgeber seine Funde präsentiert und deutet, darauf schließen, daß er Jude ist, allenfalls wird man mit Befriedigung feststellen, daß Heine, Börne und Rahel so zuverlässig darin vertreten sind wie der Turnvater Jahn, Willibald Alexis und die Baronin de la Motte Fouqué.

Hermann bleibt auch als Romancier noch so sehr Historiker, daß er sich beim Gefundenen sicherer fühlt als beim Erfinden. Für die Wahl des jüdischen Stoffes aus der nächsten Umgebung für seine prominentesten Romane mag dies ebenso viel beigetragen haben wie das Bedürfnis, sich des ›effet de réel‹ durch Autobiographismus zu vergewissern, auch dies ein Grundzug in Hermanns Werk. Biographisches gewinnt darin im selben Maß an Breite und Gewicht, wie der Autor an seinem erfinderischen Vermögen wie auch seiner eigenen literarischen Bildung zweifelt. Daß er kein Abitur hat und im wesentlichen Autodidakt ist, bekümmert ihn noch im Alter.[8]

»Leben möcht' ich nirgends anders als in Berlin, – nur nicht in einer kleinen Stadt«, gesteht Jettchen ihrem Liebhaber gelegentlich. Auch dies womöglich ein Seufzer des Autors selbst, der Abwesenheiten von der Hauptstadt seines Lebens auch schon als Exil empfunden zu haben scheint, ehe es ihn nach Hilversum verschlug. Tatsächlich ist auch Jettchens Geschichte nur hier möglich. In

---

5   Georg Hermann: Vorwort. In: ders., Jettchen Gebert (Anm. 2), S. 7–9, hier S. 7f.
6   Georg Hermann: Fast ein Jubiläum. In: ders., Zeitlupe. Stuttgart: Deutsche Verlags-
    Anstalt 1928.
7   Das Biedermeier im Spiegel seiner Zeit. Briefe, Tagebücher, Memoiren, Volksszenen und ähnliche Dokumente. Gesammelt von Georg Hermann. Berlin u. a.: Bong 1913.
8   Vgl. zum Folgenden vom Verf. das Nachwort zu *Jettchen Gebert* (Anm. 2), S. 501–510.

der noch jungen literarischen Mythologie Berlins spielt Georg Hermanns Jettchen Gebert die Rolle einer Gründerfigur. Diese Rolle gewinnt sie durch Eigenschaften einer nicht nur ungewöhnlich schönen, sondern auch klugen und liebenswürdigen jungen Frau. Hermann porträtiert sie mit dem Stolz eines älteren Verehrers. Im Roman selbst läßt er sich durch einen Onkel vertreten, der sich in *Henriette Jacoby* als entsagungsvoller Liebhaber zu erkennen gibt. Liebhaber nicht nur Jettchens speziell, sondern der zugleich erotisch vielversprechenden wie besonders gebildeten jungen Jüdinnen in der Emanzipationsphase des 19. Jahrhunderts ist der Autor aber bereits im ersten Band. Das Bild Jettchens entwirft er, als sähe er es in den Augen jenes »Tugendbundes« gespiegelt, jener Camouflage zärtlicher Anbetung, zu der sich die Gebrüder Humboldt mit ihrem Erzieher und Friedrich Schleiermacher um Henriette Herz und die Mendelssohn-Töchter in Berlin geschart hatten. Mit der Bewunderung jüngerer Verwandter und neidischer Freundinnen; mit der Verehrungsbereitschaft scheuer Novizen der Liebe und ihrer altersmüden Priester; mit dem Chor der preisenden und schimpfenden, lüsternen und keuschen, großzügigen und berechnenden, immer aber unterwürfigen Gefolgschaft hat Hermann das Echo auf das Erscheinen des Schönen unter den trivialen Bedingungen eingefangen, unter denen die einzige deutsche Großstadt entstand: ein ›Journal intime‹ und zugleich ein Gesellschaftsroman: das Schöne zwar immer noch und wieder mittelmeerisch, nicht griechisch aber, sondern jüdisch, ein deutscher Beitrag zur ›Querelle des Anciens et des Modernes‹, wie er der Romantik nicht schöner nachempfunden werden konnte.

Dass der Romancier der Großstadt, daß der Berliner Hermann Jettchen aus einer jüdischen Familie kommen läßt und ihrer Geschichte von daher ihre besondere Prägung gibt, hat außer schon genannten persönlichen noch weitere, mit den bereits genannten zusammenstimmende historische Gründe. Von Moses Mendelssohn, dem Seidenhändler und Philosophen für die Welt, über Rahel Varnhagen zu den Itzigs, Gans, Börne und Heine; von den staatstragenden Bankiers des späten 19. Jahrhunderts bis zu den Juden Preußens, denen – wie den Rathenaus – die Brandenburger so nahe waren wie einer der Stämme Israels, schlingt sich durch die Geschichte der preußischen Metropole ein Faden jüdischer Geschichte, den man nicht ziehen kann, ohne daß das Gewebe zerfällt. Hermann hat diese Dimension nicht bloß als allgemeinen Hintergrund angedeutet, den man kennen muß, um die Geschichte des Individuums verstehen zu können. Vielmehr charakterisiert er die Gesellschaft in ihrer vielfältigen Differenzierung der Geschlechter und Generationen, Herkünfte und Berufe, Klassen und sozialen Ränge, indem er ihre Reaktionen wie diverse Antworten auf die Fragen erscheinen läßt, die Jettchens Einführung ins Leben aufwirft. Dergestalt vertieft sich das gesellschaftliche Profil in dem Maße, indem das Leben des jungen Mädchens Konturen gewinnt – die Form des Bildungsromans, wie sie zumindest noch Hermanns zeitgenössischen Lesern vom *Wilhelm Meister* über den *Grünen Heinrich* bis zu seiner Auflösung in *Effi Briest* vertraut, auf den jüdischen Teil dieser Gesellschaft allerdings noch nie zur Anwendung gekommen war.

Aber Juden sprechen auch schon im 19. Jahrhundert nicht nur die Sprache der assimilierten und auf oft hohem Bildungsniveau akkulturierten Preußen. Von zumindest statistisch weit größerem Gewicht waren die Parvenüs aus dem Osten, die Flüchtlinge und verzweifelten Glücksritter aus dem Shtetl. Hermann kann das Kammerspiel über die ›éducation sentimentale‹ eines jungen Mädchens nicht inszenieren, ohne seine dreifache Abhängigkeit mitzubedenken: vom allgemein Großstädtischen unter dem Eindruck einer verspäteten, aber um so verstörter beobachteten Kapitalisierung aller Lebensverhältnisse; von preußisch-jüdischer Tradition, in der die kulturellen Werte der ersten Emanzipationsphase immer mehr in Vergessenheit geraten; von den zugleich bejahten und verhaßten Impulsen einer archaischen Herkunft, die in den Zuwanderern aus dem Osten zu neuer Gegenwärtigkeit gelangen. Daß diese Familiensaga in absteigender Linie verläuft wie die der Buddenbrooks, hat für den Autor eben in dieser Trias – und damit in seinem allgemeinen Kulturpessimismus – einen wesentlichen Grund.

An Kößling, dem Möchtegern-Autor, Dilettanten und unpassenden Liebhaber Jettchens – vielmehr an den Reaktionen auf sein Auftreten –, statuiert der Autor das Exempel seiner melancholischen Verfallsphilosophie, in absteigender Linie: angefangen bei der Generation Onkel Elis und Tante Minchens, die zugunsten der möglichen Liebesheirat Jettchens mit dem Gojim nicht nur über die klägliche Ausstattung, sondern sogar Religion und Familie Kößlings hinwegzusehen bereit sind; über die zwischen Loyalität zu Jettchen und Opportunismus sich trennenden Brüder der mittleren Generation bis zu dem neuen Vetter und unseligen Freier Julius aus Benschen, mit dem nicht bloß die tiefste ostjüdische Provinz, sondern auch ein ehr- und skrupelloser Geschäftssinn über die im Berliner Westen untergehende Familie Gebert zu triumphieren droht. Deren einzige männliche Nachkommen nach der Generation von Jettchen und Julius sind der gesichtslose Max und der lebensuntüchtig früh verlöschende Wolfgang; letzterer ein jüngerer Bruder Hannos aus den *Buddenbrooks*:

> [...] ein kleines, grünlich-schlappes Kerlchen von vierzehn Jahren [...]. Wenig begabt und innerlich verzweifelt. Er fühlte sich nicht zugehörig zum Haus, zur Familie, zur Schule, zu den Stallungen –, einfach zu nichts fühlte er sich zugehörig. Nirgends glaubte er sich bodenständig oder heimatsberechtigt.[9]

Jüdische Tradition, so demonstriert diese Sequenz, hat für Hermann ihr bestes Teil in der Wertsphäre der deutschen Aufklärung. Daß niemandem aus Religion, Abstammung oder Geschlecht ein Nachteil erwachsen soll: die Toleranzidee; daß individuelle Liebesbeziehungen in den höchsten kulturellen Würdestand versetzt werden: der Liebesabsolutismus; daß umfassende Bildung ein höheres Gut bedeutet als materieller Besitz: der Stolz der Kulturnation – all dies sieht Hermann geradezu schicksalhaft im Verfall begriffen. »Alles kam, wie es kommen mußte«, lautet der ›basso continuo‹ des Erzählers. Das Jüdische ist für ihn aber darum ein besonders dramatisches Exempel, weil er den aufklärerischen

---

[9] Hermann, Jettchen Gebert (Anm. 2), S. 57. – Alle folgenden Nachweise im Text.

Wertekanon in der Sozialethik der deutschen Juden besonders fest verankert gewähnt hatte. Historisch geht es vom Zenit der Aufklärung an bergab.

Auf die jüdischen Zuwanderer aus dem Osten hat Hermann in diesem Zusammenhang einen besonders bösen Blick, und er strapaziert die Konzession, die der Leser einem jüdischen Autor im Gebrauch antisemitischer Stereotypen zu erteilen bereit sein könnte, nicht unbeträchtlich. Den Anfang vom Ende der Familie Gebert verlegt er bereits in die Verbindung der Brüder mit den Frauen der Jacobys, deren »kleinlich beschränkte Gehässigkeit« (S. 42) eigentlich nur noch von dem standhaften Jason in Schach gehalten wird, Hermanns Stellvertreter. Eben Jason fällt aber mit dem Blick auf seine aus dem Osten vermeintlich unterwanderte Familie das Bild einer kostbaren Raupe ein, die schließlich kraftlos in sich zusammenfällt, statt einen stolzen Schmetterling zu produzieren, weil ein »Geschmeiß« von Schlupfwespenbrut, ein Gewimmel von Maden, es von innen her ausgezehrt hat« (S. 352). Vergleichsweise verhalten bleibt demgegenüber noch die denunzierende Energie in den physiognomischen Karikaturen etwa von Salomons Frau Riekchen, die als »klein, gedrungen und von beträchtlichen Fettmassen« vorgestellt wird, mit einem Gesicht, in dem sich »kindliche Enge und Beschränktheit« zeigen: »Zwei schwarze Augen saßen darin wie zwei Korinthen in einer breiten Butterwecke.« (S. 33) Versteht sich, daß ihr Charakter kleinlich und ihre Bildung mangelhaft sind. Ihre Schwester Hannchen, »ebenso klein und umfänglich«, mit den gleichen dunklen Augen »wie zwei schwarze Rosinen in einem blonden Eierkuchen« und einem Mund, »ganz winzig und kraus wie eine Pompadourschnure« (S. 55) übertrifft sie noch an charakterlicher und moralischer Insuffizienz. Vetter Julius, auch er »klein und fett, wie zusammengehämmert« mit kurzgliederigen Fingern und kleinen lustigen Augen, »in denen Verschlagenheit lauerte« (S. 171), wird schließlich zur perfekten Verkörperung aller unheilvollen Züge der Jacobys; ihre derbe Sinnlichkeit zur Obszönität entstellt, ihre moralische Unbedenklichkeit zu Kriminalität verkommen.

Der literarische Mißgriff in diesem sonst so kunstvoll charakterisierenden, so diskret und verhalten urteilenden Roman läßt die Heftigkeit der Affekte erkennen, mit denen der Autor auf das ostjüdische Thema reagiert hat, selbst wenn wir darüber nur über diesen Roman wüßten und nicht auch durch etliche essayistische und kritische Aufsätze. Anders als ich in meinem Nachwort zur Neuausgabe von *Jettchen Gebert* schrieb, will mir inzwischen aber scheinen, daß der in europäischen Dimensionen zur Entstehungszeit des Romans so drastisch erstarkende Antisemitismus für Hermanns Distanzierung von den östlichen Vettern zumindest in diesem Werk noch kaum eine Rolle spielt. Wie unbezweifelbar späterhin auch ihm die Assimilation und partielle Akkulturation der jüdischen Bevölkerung in Deutschland durch den Zustrom aus dem Osten bedroht zu sein scheint – sieht er doch seine eigene Option für eine kulturelle Verschmelzung der Juden mit ihrer nichtjüdischen Umgebung durch den Zustrom der Pogromflüchtlinge und Auswanderer aus Rußland, Polen und dem deutschen Osten hintertrieben – nichts davon ist in *Jettchen Gebert* angedeutet.

Wie sehr statt dessen die vermeintlich allgemeine kulturelle Auflösung das spezielle jüdische Thema überformt, wird an der Fortführung der Geschichte Jettchens in *Henriette Jacoby* deutlich. Mit dem Vetter aus Benschen ist hier auch das ostjüdische Thema verschwunden, und moralische Ermüdung, Halbherzigkeit des Empfindens, Zweideutigkeit der Entschlüsse und Opportunismus öffnen das Einfallstor für die Verwegenen und allzu Tüchtigen der neuen Zeit, für das Ressentiment gegen die Kultur der Bildung und des Herzens, für den Aufstand der moralischen und sozialen Provinz gegen die kulturelle Tradition.

In den 1915, ein gutes Jahrzehnt nach *Jettchen Gebert*, im prominenten Verlag Egon Fleischel veröffentlichten »ernsten Plaudereien«, wie er sein Buch *Vom gesicherten und ungesicherten Leben* im Untertitel nennt, versammelt Hermann eine Reihe von Aufsätzen, die das intellektuelle und vor allem literarische Leben der Zeit in autobiographischen Reflexionen kommentieren. Neben dem Titelaufsatz, doch in enger Beziehung auf sein im Titel annonciertes Thema, stehen Essays über Weltliteratur, den Schriftstellerberuf, die Werthierarchie im geistigen Leben und das Zeitungswesen. Den Abschluß bilden ein literarisches Selbstportrait und eine Hommage an Peter Hille. Ich ziehe das Bändchen hier nicht deshalb heran, weil jüdische Themen darin eine große Rolle spielen würden – fast möchte ich sagen: im Gegenteil. Tatsächlich ist auf den rund 250 Seiten nur auf einer einzigen dezidiert von Jüdischem die Rede, obwohl oder vielleicht sogar weil jeder der Aufsätze zum Teil oder im Ganzen autobiographisch angelegt ist. Es ist die letzte größere Publikation Hermanns vor der antisemitischen Erfindung des deutschen Juden als soldatischen Drückebergers und Kriegsgewinnlers. Keiner ihrer zehn aus verschiedenen Anlässen bereits früher gedruckten Aufsätze nimmt zum Krieg Stellung, und doch scheint sich jeder einzelne auf verschwiegene Weise auf die Situation nach dem ersten Kriegsjahr zu beziehen, freilich nicht auf die angebliche oder wirkliche Rolle der Juden in diesem Krieg, sondern durch politisch und kulturell kriegsuntaugliche Ansichten. Hermann hat zu den wenigen deutschen Autoren gehört, die den Krieg als Anlaß zu deutschem Patriotismus abgelehnt haben. Das 1915 publizierte Buch läßt erkennen, in welchen Dispositionen diese Haltung schon früher angelegt war.

Daß dabei eine dezidierte Ablehnung von Militarismus und nationalistischer Borniertheit, autokratischer Herrschaft und Restfeudalismus, klerikalem Bündnis mit der Staatsmacht und spießbürgerlicher Fetischisierung von Kulturgütern zur Sprache kommt; daß statt dessen Europa und die Möglichkeit einer in sich heterogenen, aber durch wechselseitige Toleranz verbundene Weltliteratur, daß ein Sozialismus mit rätedemokratischen Elementen das Interesse des Autors finden könnten – daran läßt Hermann keinen Zweifel. Das Motto ist verhalten, politisch vorsichtig und dennoch unmißverständlich formuliert:

> Keinen Anspruch erhebe ich darauf, mich mit den Realitäten dieser Welt in Einklang zu bringen. Ich suche auch kein Ziel darin, diese in irgend einer Weise abzuändern. Ich erlaube mir nur, zu bemerken, daß ich mit ihnen vielfach nicht übereinstimme.[10]

---

[10] Hermann, Vom gesicherten und ungesicherten Leben (Anm. 4), Vorbemerkung, [o. pag.].

Kriegsuntauglich und ohne Einklang »mit den Realitäten dieser Welt« sind
Hermanns Ansichten nicht als Ansichten eines Juden, wie sie deshalb hier auch
nicht als solche zur Sprache kommen. Weit eher kommen hier statt dessen die
eines engagierten Linken zum Ausdruck, der sich vom Sozialismus das Verschwinden von Minoritätenproblemen verspricht. Darüber hinaus hat er sich aber
auch selbst bis in dieses erste Kriegsjahr hinein in keinem für ihn wesentlichen
Sinn als Juden gesehen. Indifferent gegenüber dem religiösen Judentum und also
auch gegenüber der Theologie des auserwählten Volks, überzeugt höchstens von
den kultursoziologischen Dispositionen der deutschen Juden zur kulturellen
Avantgarde der europäischen und universalen Aufklärung, hat er das Jüdische in
der deutschen Kultur als Inzitament ihrer inneren Dynamik gesehen. Das Schema
seiner kulturräsonierenden Betrachtungen unterscheidet »gesichertes« von »un-
gesichertem« Leben. Das »ungesicherte« ist das ideologisch und auch sonst unge-
bundene. Kein Zweifel, auf welcher Seite er selbst sich sieht. Sein Generalver-
dacht gilt der Absicherung und Erstarrung in lebensweltlichen, religiösen, politischen und anders ideellen Formen aller Art. Seine Sympathie und sein Plädoyer
gelten Experiment, Risiko und Wagnis. Die Staatsmacht will er reduziert sehen,
den Intellektuellen nur sich selbst verantwortlich, aber gesellschaftlich dienend.
Spürbar beeindruckt durch die Revolte des Naturalismus, bewegt durch die Ver-
ve existentialistischer Lebensphilosophie (das »ungesicherte Leben« als Kassi-
ber), beharrt er ohne Einschränkung auf der kulturbildenden Verantwortung der
Menschen füreinander, ein Grund der Ablehnung aller Formen des Ästhetizis-
mus. (Einzig Wilde läßt Hermann als »geeinte Zwienatur«: gesichert/ungesichert
gelten, natürlich auch Goethe, während es Schiller schwer hat in seinen Augen.)

Vom Judentum ist in diesem Buch auf überraschende Weise nicht im Zusammenhang von Kulturnationalismus, Weltliteratur oder Medienentwicklung
die Rede, sondern von Politik. Nach den Jahren der – sei's beschaulichen, sei's
kulturkritischen – Betrachtungsweise politisiert sich Hermanns Denken in diesen
Jahren. Was damit gemeint ist, spricht aus den folgenden Zeilen:

> [...] wenn man von Völkern des ungesicherten Lebens spricht; – wer dächte da nicht
> gleich an die Juden, die Jahrtausende schon als staatenbildendes Volk verschwunden
> sind, und doch bis heute sich ihre Stoßkraft als Rasse (sofern es noch jene Mittelmeerras-
> se ist, und nicht irgend welches dem Juden assimilierte halbe Slaventum) – als Rasse be-
> wahrt haben; und die   sowie ihnen Entfaltungsmöglichkeiten geboten sind, (wo sie auch
> sein mögen!) – ein vorwärts drängendes Element der Kultur werden! Man will dem
> Juden stets einreden, er ist *konservativ* in der Seele, staatserhaltend, stände auf der Sei-
> te des *gesicherten* Lebens, und kleine saturierte Kreise der jüdischen Hochfinanz mö-
> gen dem aus Opportunitätsgründen – mit einem leichten Schuß Liberalismus – in der
> ganzen Welt *nicht* fernstehen. In Wahrheit gehört wohl auf dem *ganzen* Erdenrund kein
> Volk so in seinen *allerletzten* Wurzeltiefen zum *ungesicherten* Leben wie die Juden.[11]

Mit Tolstoi argumentiert Hermann gegen die Staatsfrömmigkeit der Zionisten,
plädiert er für die »freie Konkurrenz« in Wissenschaft und Kunst ohne das Privi-

---

[11] Ebd., S. 36, Hervorhebungen im Original.

leg von Herrenkulturen oder -naturen, entwickelt er die Idee von politischen Parteien des »ungesicherten Lebens«, die sozialdemokratische unter diesem Gesichtspunkt am meisten überzeugend; diese aber in einer gewissen Nähe zu jüdischer Sozialethik. Jüdisches spielt für Hermann in diesen Jahren forcierter politischer Entscheidungssituationen keine besondere Rolle; gerade eine einzige Seite hat er in diesem Essay-Band dafür übrig. Wenn er überhaupt darauf zu sprechen kommt, dann im Horizont der politischen Philosophie, in deren Vorstellungswelt in den Weltkriegsjahren die kulturräsonierenden Begriffe von Lagarde, Barrès, Langbehn, Spengler und ihren Gefolgsleuten konvertiert und tagespolitisch instrumentalisiert worden waren.

Die Wiedergutmachungsphilologie unserer Jahre ist in Gefahr, einen Autor, bloß weil er sich mit jüdischen Themen beschäftigt und obendrein womöglich aus einer jüdischen Familie kommt, in das Judentum wie in einen Käfig einzusperren und die Sparte jüdisch deutscher Literatur als ein Luxus-Ghetto einzurichten. Hermanns kulturelle, literarische und politische Biographie bis in die Jahre des Ersten Weltkriegs läßt die Abwegigkeit dieser Tendenz erkennen. Von den Erfolgsromanen von 1906 und 1908 aus dem jüdisch-deutschen Milieu mit ihrer kulturgeschichtlichen Perspektive bis zu den politischen Optionen von Hermanns autobiographischen Essays zugunsten der linksdemokratischen Opposition gegen den Wilhelminismus ist die Rede von dem ›jüdischen‹ Autor Georg Hermann durch nichts zu begründen und zu rechtfertigen. Vielmehr fördert dieser meist wohlmeinend eingenommene Fluchtpunkt die ärgerliche literarische Ausgliederung des Autors aus dem Zusammenhang ihrer Tradition und seine literarische Schätzung.

Hermanns *Doppelter Spiegel* von 1926 stellt wie keine andere Veröffentlichung des Autors die Auseinandersetzung mit jüdischen Themen, vor allem dem Antisemitismus, in den Mittelpunkt. Hier ist nichts mittelbar und kaum etwas interpretationsbedürftig, um so mehr statt dessen zitierbar, denn an keiner Stelle können Zweifel über seine An- und Absichten aufkommen: auch dies ein autobiographisches Buch. Seine Form erhält es denn auch in der ersten Hälfte von knapp hundert Seiten als Lebensbericht am Leitfaden von Ansichten über das Judentum, in der zweiten Hälfte als Richtigstellung nach presserechtlichen Usancen: »nicht richtig ist, daß ...« – »richtig ist vielmehr, daß ...«. – Hermann berichtet zunächst über sein Lebensgefühl, in einer Glückshaut geboren zu sein: mit einer monotheistischen Religion, die den Ansprüchen auf Vernünftigkeit weitestgehend entgegenkommt; einer Kultur entstammend, deren materielle Verhältnisse zwar dürftig waren, die dafür aber die Verfügbarkeit immaterieller Güter um so freigebiger zur Verfügung stellte; eingelassen in Verhältnisse, die sich auf eine Demokratie zubewegten. Die jüdische Herkunft scheint unproblematisch zu sein – nicht in dem Sinn, daß sie vergessen würde, sondern in ihrer Bedeutung als Ballast und Hindernis. Daß Hermann bis zu diesem Zeitpunkt ein ›Judenproblem‹ nicht erkannt hatte, wird an der irrlichternden Argumentation deutlich, mit der er die Frage angeht.

Daß er in diesem Kontext auf alle Fragestellungen zu sprechen kommt, die die Einstellung gegenüber Fremden aus anderen Kulturen auch heute noch beeinflussen, spricht für die Geistesgegenwart des Autors. Einige Grundsatzentscheidungen fallen auf dieser Ebene auf, die es verdienen, dokumentiert zu werden. Hier ist zu allererst die Zustimmung zu nennen, jedermann Asyl zu gewähren, dessen Entscheidung für das Exil relativ unabhängig von der privaten Situation gefallen ist; gewiß kein typisch jüdisches Thema, aber dennoch eines, an dem Juden höheren Anteil nehmen könnten als gewöhnlich. Aus der Perspektive des Rückblicks von 1926 sieht er die Situation der Juden vor dem Ersten Weltkrieg geradezu als Idylle. Gewiß, es gab berufliche Behinderungen, aber welcher vernünftige Jude hätte schon eine Offizierskarriere einschlagen oder ein höheres Amt am Hof haben wollen. Der Ausschluß von der Universitätslaufbahn zählt schon mehr. Aber eigentlich, so Hermann, war das bedauerlicher für die Wissenschaft gewesen als für die Juden, die schließlich auch alles mögliche andere hätten werden können. Zwischen 1905 und 1914 habe es sogar eine philosemitische Überschätzung der Juden gegeben.

Vergleicht man Hermanns Erinnerungen an diese Zeit etwa mit denen von Herzl oder Nordau, so reibt man sich die Augen: als hätten sie auf anderen Planeten gelebt. Kein Wunder insofern, daß der Zionismus bei Hermann schlecht wegkommt: »Ich hatte eine schlechte Meinung über den Zionismus, den ich zu 95% verneinte, zu 4% bezweifelte und zu 1% bejahte.«[12]

Als dann in der Weltkriegszeit die antisemitische Propaganda losbrach, muß sie den Autor wie mit Keulenschlägen und gänzlich unvorbereitet getroffen haben. Danach ist er ein anderer:

> […] über die simpelsten Dinge, die mich selbst angehen, bin ich schwankend geworden. Über meine Abkunft, über meine Rasse, über meine Mentalität, meine Zugehörigkeit zu einer Religionsgemeinschaft, in die ich hineingeboren wurde, und über den Wert oder Unwert meiner Umgebung, des Volkes, dem ich der Nationalität nach angehöre. (S. 4)

Hermann geht dann auf das Auftreten der Hakenkreuz- und Totenkopfleute ein und zitiert aus dem *Völkischen Beobachter*. Doch ist es im *Doppelten Spiegel* nicht der Brachialgewalt androhende Antisemitismus der Nazis, der ihm am meisten zusetzt, sondern der verkappte intellektuelle, wie er ihn in dem Sonderheft von Bubers *Juden* über Antisemitismus zu finden meint: bei O. A. H. Schmitz und Flake, Wilhelm Michel und Wolfgang Schumann. Wie dort ein Außenseitertum des Juden konstruiert und ein Anderssein phantasiert werden, um dem Antisemitismus einen plausiblen Gegenstand und Grund zu erdichten, statt Psychologie und ideologische Verhaltensmuster des Antisemitismus zu ergründen, hat Hermann tief und anhaltend verletzt. Mit beißender Ironie stellt er ein Klischee nach dem anderen bloß, verklagt er die intellektuelle Verkommenheit der publizistischen Kollegenschaft und ihre Scheinheiligkeit. Analyti-

---

[12] Hermann, Der doppelte Spiegel (Anm. 4), S. 12. – Alle folgenden Nachweise im Text.

scher Scharfblick, kritische Kraft und stilistische Brillanz des Essayisten Hermann entfalten hier ein Feuerwerk polemischer Rhetorik gegen die Stereotypen des Antisemitismus, dem man ein würdigeres Material gewünscht hätte.

Im Rückblick auf *Jettchen Gebert* sind die Seiten, die Hermann im *Doppelten Spiegel* den Juden aus dem Osten widmet, von besonderem Interesse. Er verweist auf ihre besondere Geschichte, charakterisiert sie soziologisch und kulturell (»meist proletarisch, unkultiviert im europäischen Sinne, aber hochintelligent, körperlich oft noch ghettohaft verkümmert und sehr arm«, S. 44) und wiederholt die Befürchtung von Onkel Jason aus *Jettchen Gebert* diesmal als seine eigene, daß durch Heirat und mancherlei Einflußnahme das kulturelle Niveau der deutschen Juden gesenkt werden könnte. Ausdrücklich will Hermann aber das Problem der Ostjuden als rein innerjüdische Angelegenheit behandelt wissen, eine Familienangelegenheit, die niemanden sonst etwas angeht. Mit Vehemenz verteidigt er das Asylrecht für die pogrombedrohten Zuwanderer aus dem Osten als ein Grundrecht für jedermann, der willens ist, den landesüblichen Gesetzen zu folgen.

Überwog im ersten meiner Beispiele von 1906 die historische Perspektive und im zweiten von 1915 die politische, so ist die von 1926 erstmals jüdisch-deutsch gebrochen, das Gesicht des Autors in doppeltem Spiegel und mit unglücklichem Bewußtsein.

Kerstin Schoor

»Was sollen wir Juden tun?«

Der Schriftsteller Georg Hermann zur Situation und den Perspektiven
deutsch-jüdischer Existenz nach 1933

»Wie soll der deutsche Jude dem Antisemitismus entgegentreten?«[1] – Mit
dieser unbeantwortet bleibenden Frage beschloß Georg Hermann 1925 seine
große Auseinandersetzung mit dem Antisemitismus unter dem Titel *Der doppelte Spiegel*. Zehn Jahre später, vor dem veränderten politischen Hintergrund
einer offenen, staatlich legalisierten Verfolgung der jüdischen Bevölkerung in
Deutschland, nimmt er sie nicht nur im Titel seines fragmentarisch überliefer-
ten Essays »Was sollen wir Juden tun?« (1935/36)[2] wieder auf, sondern bewegt sie in immer neuen Formulierungen durch eine Reihe publizierter und
unpubliziert gebliebener Aufsätze dieser Jahre:[3]

> Soll der Jude sich europäisch-kulturell heute orientieren, oder soll er sich jüdisch orien-
> tieren. Und soll er danach streben, ein Volk, eine Einheit zu sein? Oder soll der Zustand
> wie heute sich verewigen, daß die Juden der ganzen Welt, ohne innere Zusammenge-
> hörigkeit, außer ihrer Religionsübung, innerhalb einiger Dutzend verschiedener Völker,
> stark angepaßt an diese verschiedenartigen Völker, weiterleben oder weitervegetieren
> sollen, immer auf dem Pulverfaß, angefeindet, erschlagen oder ausgewiesen zu werden?[4]

Georg Hermann hatte diese nach 1933 entstandenen Aufsätze zur Situation und
den Perspektiven deutsch-jüdischer Existenz nach 1933 sowie zu Fragen der
Emigration nach eigenen Äußerungen schreiben müssen, weil er »sonst kaum

---

[1] Georg Hermann: Der doppelte Spiegel. 1.–5. Tsd, Berlin: Alweiss 1926, S. 91.
[2] Die Datierung des nach Äußerungen Hermanns ursprünglich ca. 110 Seiten umfassen-
    den Manuskriptes auf 1935/36 (etwa 30 dem Aufsatz zugehörige Blätter, teilweise lose,
    sind im Leo Baeck Institut, New York, erhalten) stützt sich auf briefliche Äußerungen
    des Autors u. a. von Ende August 1935, vom 20. September 1935 und 25. April 1936
    (In: Georg Hermann: Unvorhanden und stumm, doch zu Menschen noch reden. Briefe
    aus dem Exil 1933–1941 an seine Tochter Hilde. Hg. und mit einem Nachwort von Lau-
    reen Nussbaum. Mannheim: Persona-Verlag 1991, S. 63, 93). Vgl. auch: Laureen Nuss-
    baum: »Und es kam, wie es kommen mußte«. Das Schicksal Georg Hermanns und
    seiner Spätwerke im niederländischen Exil. In: Neophilologus 71 (1987), S. 402–412,
    2. Ende 1936–1943, S. 408.
[3] Bei den weiteren hier untersuchten Aufsätzen handelt es sich neben den mit Druckort
    ausgewiesenen Quellen um die ebenfalls im Nachlaß des Autors im Leo Baeck Institut,
    New York, befindlichen und unpubliziert gebliebenen Aufsatzmanuskripte: »Einige
    simple Tatsachen, naiv dargestellt« (April 1938), »Emigranten« (Oktober 1937), »Ein
    fehlendes Fundament der Demokratie« (24./25. Januar 1937), »Antisemitismus! Ach ja
    – Antisemitismus!!« (1938).
[4] Hermann, Was sollen wir Juden tun (Anm. 2), S. 23.

darüber hinweggekommen wäre«.[5] Die essayistisch gehaltenen Aufsätze entstanden bereits außerhalb der Grenzen eines Landes, in dem Hitler den Antisemitismus zur Staatsdoktrin erhoben hatte und reagierten z. T. unmittelbar auf
konkrete politische Ereignisse oder Publikationen. Sie können damit als Teil
einer sowohl im Exil als auch innerhalb Deutschlands mit Vehemenz ausgetra-
genen Debatte um jüdische Herkunft und jüdische Zukunft gelesen werden. Als
weitgehend unveröffentlichte Texte blieben sie jedoch ein eher potentieller Beitrag im Diskurs einer nicht nur an dieser Frage äußerst zerstrittenen literarischen
Emigration. Die Aufsätze wurden im Blick auf eine am eigenen Schicksal erfah-
rene mangelnde Unterstützung der Emigranten in Europa und Übersee verfaßt.
Sie entstanden im Wissen darum, daß von einer in den 1920er Jahren von Hermann angemahnten und zumindest nach außen hin zu dokumentierenden Homo-
genität des deutschen oder europäischen Judentums selbst angesichts aktueller
Ausgrenzungen und Verfolgungen nicht die Rede sein konnte.[6]

Was – trotz unterschiedlichster Auffassungen im Sachlichen – viele der nach
1933 in und außerhalb Deutschlands geschriebenen Beiträge einte, war eine
durch die äußeren Umstände erzwungene Abwehrhaltung, die von Georg Hermann auch als problematisch für die eigene Existenz begriffen wurde. Sie »frißt
einem einen großen Teil jener Lebensenergien [...], die man sich noch für anderes reserviert hatte?!!!«, schrieb der Autor 1938 in seinem Aufsatz »Antisemitismus! Ach ja – Antisemitismus!!«.[7] Und weiter:

> Man ist neuerdings und plötzlich – seit 1933 – in einem stets steigenden Maße mit
> aller Welt verfeindet. [...] Und zwar wegen der einfachen und bislang nicht einmal
> als kriminell geltenden Tatsache, weil man geboren ist, und zwar, weil man als Jude

---

5   Georg Hermann an Sol Liptzin, 12. Mai 1939, Hilversum. Mit wenigen Kürzungen
    und Anmerkungen versehen publiziert durch Mark H. Gelber: Georg Hermann's Late
    Assessment of German-Jewish and Aryan-German Writers. In: Monatshefte (Wis-
    consin) 82 (1990), Nr 1, S. 6–16, hier S. 11.
6   So schienen bereits die Schlußsätze in Georg Hermanns *Doppeltem Spiegel* bezogen
    auf die vorhersehbaren gesellschaftlichen Entwicklungen der Weimarer Republik von
    einer skeptischen Hilflosigkeit und eher auf Hoffnung hin geschrieben, wenn er
    meinte, der Jude solle »zusammenhalten, und seine Meinungsverschiedenheiten, ob
    Zionismus, Orthodoxie, religiöse Beziehungslosigkeit u. s. f., nicht in die deutsche
    Öffentlichkeit tragen, der gegenüber er eine homogene geschlossene Masse sein soll.
    Er soll nicht reden, sondern etwas leisten, und man wird ihn anerkennen. Wenn man
    ihn nicht anerkennt, wenn man ihn, wie einen Einstein, begeifert, so soll er trotzdem
    etwas leisten. Denn, wenn man ihn nicht schätzt, wird er wenigstens etwas geleistet
    haben. Und das ist zum Schluß das Einzige, das in der Welt Wert hat und bleibt.«
    (Hermann, Der doppelte Spiegel [Anm. 1], S. 91)
7   Hermann, Antisemitismus! Ach ja – Antisemitismus!! (Anm. 3), S. 4. Später, im
    selben Text, schreibt Hermann von »[...] unhaltbare[n] Zustände[n], die mir insbe-
    sondere, neben ärgsten materiellen Schädigungen den Nachteil bringen, daß sie mich
    zwingen, Gefühle in den Mittelpunkt meines Daseins zu schieben, die meiner un-
    würdig sind, und die eigentlich im Lexicon meiner Gefühle sonst schon längst nicht
    mehr enthalten waren.« (S. 7)

geboren ist. Trotzdem diese Tatsache, wie bei mir zum Beispiel, doch eigentlich schon seit 1871 allgemein bekannt war, bekommt sie mit einem Schlag eine völlig neue Gefühlsbetonung für die andern, wie für einen selbst.[8]

Begründet einerseits die Situation allgemeiner Anfeindungen den polemischen Charakter vieler dieser späten Texte, führte sie Hermann andererseits in eine »neue Gefühlsbetonung« seines Judentums, – eine in jenen Jahren durchaus nicht singuläre Erfahrung unter jüdischen Intellektuellen. In der von Hermann häufig benutzten Metapher vom zugeknöpften Rock des Europäers, unter dem er die Weste seines Judentums trage,[9] versicherte er seinen Kindern in dem Essay *Weltabschied* von 1935 jedoch, es wäre ihm nie eingefallen »wie es heute internationale jüdische Mode ist, die Weste über den Rock zu ziehen«.[10] Einer Renaissance des Judentums schloß er sich nicht an. Er betonte aber, er werde sich »aus einem Traditionsgefühl heraus nie von ihm [seinem Judentum, K. S.] trennen oder es mir als Religionsform gar mit einer andern vertauschen [...], auch deshalb nicht, weil der Jude in der Minderheit ist und der Angegriffene nun mal auf dieser Erde«.[11] »Stolz bin ich deswegen, was ich vordem nie gewesen bin«, schreibt er in seinem Antisemitismusaufsatz von 1938.

> Aber dieser Stolz wiegt doch nicht so über, daß ich mich nicht doch dabei schäme. Denn ich bin ja ein europäisierter Westjude, und lebe [...] in keiner spezifisch-jüdischen Kultur; wie ich überhaupt jede insulare Kultur für verderblich halte. Sondern ich lebte bislang als ein europäisierter Westjude in einer im weitesten Sinne europäischen Kultur, die sich durchaus nicht auf Deutschland und einige andere Balkanstaaten beschränkte. Und als Mitträger eben dieser Kultur, ja sogar als ein bescheidener Mitarbeiter an ihr, schäme ich mich tief dieser antisemitischen Weltflut. [...] Nein wirklich: ich schäme mich also durchaus nicht als der Schuldbewußte, Verfolgte und Beschimpfte, sondern ich schäme mich einfach, als ob ich mit verantwortlich wäre als ein Teil jener ganzen, nicht allein deutschen Welt der Beschimpfer und Verfolger, in deren Kultur man doch aufwuchs, und an deren Kultur man mitzuschaffen sich hingab.[12]

So wie Hermann noch 1938 mit diesem Eintritt selbst in die Mitverantwortung für die damaligen Entwicklungen deutscher wie europäischer Gesellschaft seine Existenz als europäisierter Westjude bestimmt, bleiben seine Überlegungen zu den Perspektiven jüdischer Existenz in den 1930er Jahren integraler Bestandteil seiner Ansichten über die politische Weltlage und seiner Befunde über den desolaten Zustand der Demokratien. In diesem Grundverständnis erlebte seine Haltung auch nach 1933 keinen einschneidenden Wandel. In einer Zeit forcierter Gleichschaltung des deutschen Kulturlebens und der Ausgrenzung jüdischer Intellektueller unter den Nationalsozialisten seine Bindung an die europäische und Weltkultur und damit an jahrhundertealte geistig-humanistische Traditionen

---

[8] Ebd., S. 2.
[9] Vgl. auch: Hermann, Was sollen wir Juden tun (Anm. 2), S. 21.
[10] Georg Hermann: Weltabschied (1935). In: ders., Briefe aus dem Exil (Anm. 2), S. 221–261, hier S. 236.
[11] Ebd.
[12] Hermann, Antisemitismus! Ach ja – Antisemitismus!! (Anm. 3), S. 8f.

zu behaupten, kann aus der Perspektive assimilierten Judentums auch als Moment des Widerständischen gesehen werden. Wieweit sich Hermanns Ansichten dabei verschärften bzw. tendenzielle Zuspitzungen erfuhren, ist Gegenstand der folgenden Überlegungen.

I

In seinem 1933 in der niederländischen Zeitschrift *De Stem* veröffentlichten Aufsatz »Bilanz« entwickelte Hermann noch einmal sein Verständnis vom Charakter dieser Zeit anhand einer »Gegenüberstellung der Vor- und Nachkriegsmentalität«;[13] ein Gedanke, der konzeptionell auch seinem 1934 in der Berliner Jüdischen Buchvereinigung erschienenen Roman *Eine Zeit stirbt* zugrunde liegt. So resigniert der literarische Protagonist dieser Vorkriegszeit, der in Berlin lebende jüdische Kaufmann und Kunstsammler Paul Gumpert in seinem Abschiedsbrief, es sei ihm einfach »nicht mehr möglich [...], in dieser entgötterten Nachkriegswelt des Hasses und des Wahnsinns, des Betruges und der Umkehr aller Werte, die mir all meine Altäre zertrümmert hatte, weiter zu atmen«.[14] Eine Zeit stirbt in diesem Roman mit einer vor dem Ersten Weltkrieg erwachsenen Generation, die Hermann einer in die Barbarei versinkenden Gegenwart als positives Bild entgegenhält: mit dem Glauben des Vorkriegsmenschen an die Wissenschaften »als Fundamente der Humanität«, an Kunst als »Lebenserhöhung und Veredlung seines Ichs« und die »Heiligkeit und Unverletzbarkeit des Lebens«.[15] Eines Vorkriegsmenschen, der »in tiefster Seele Pazifist«, »Individualist und Einzelgänger«[16] war und »weder mit Politik noch mit Personen verbunden«.[17] Den Wandel dieser Vorkriegsmentalität »in eine neue, schwer zu begreifende Nachkriegsmentalität«[18] verdeckt der Krieg. Verloren war Hermann ein alter Typ von Mensch, vor allem der bürgerlichen Mittelschicht, dessen Kulturerbe der Nachkriegsmensch nicht mehr angetreten habe.

Obwohl der Autor nach eigenen Äußerungen der Letzte war, der die alten Zeiten verklären wollte,[19] vermitteln seine späten Aufsätze tendenziell diesen

---

[13] Georg Hermann an Hilde Borchardt, o. D. [Herbst 1933] In: Hermann, Briefe aus dem Exil (Anm. 2), S. 29.

[14] Georg Hermann: Eine Zeit stirbt. Berlin: Jüdische Buchvereinigung 1934, S. 326f.

[15] Georg Hermann: Bilanz (1933). In: »Aber ihr Ruf verhallt ins Leere hinein.« Der Schriftsteller Georg Hermann (1871 Berlin – 1943 Auschwitz). Aufsätze und Materialien. Hg. und eingeleitet von Kerstin Schoor. Berlin: Weidler 1999, S. 235–282, hier S. 241. Weiter heißt es hierin über den Vorkriegsmenschen, er habe den Glauben, »daß die Menschheit, und vor allem sein Land, Deutschland, einen Weg eingeschlagen habe, der zur Vervollkommnung des Individuums, wie des Staates, der Menge – aller vom Ersten bis zum Letzten – langsam aber stetig führen würde« (S. 240).

[16] Ebd., S. 245.

[17] Ebd., S. 244.

[18] Ebd., S. 247.

[19] Hermann, Einige simple Tatsachen, naiv dargestellt (Anm. 3), S. 41, S. 44–46.

Eindruck: Der Blick auf das ursächliche Herauswachsen der Gegenwart aus Vergangenem scheint durch Ansätze einer Idealisierung versperrt. Hermanns Nachdenken über die Ursachen des Antisemitismus in Deutschland führt daher folgerichtig zu keinem schlüssigen Ergebnis. Wie schon ausführlich in den 1920er Jahren, beschreibt er nach 1933 detailliert Erscheinungen und Geschichte des Antisemitismus bis hin zum Regierungsantisemitismus in Deutschland, als einen »ganz kleine[n] unbedeutende[n] Teil des Gesamtkomplexes der deutschen Nachkriegsmentalität«.[20] Dennoch bleibt dieser am Ende für ihn, wie er 1935 schreibt, eines der »merkwürdigsten und ungeklärtesten« Probleme.[21]

Hatte Hermann den Antisemitismus der Vorkriegsjahre häufig als Glaubensproblem benannt,[22] bezeichnet er ihn 1933 in seiner »Bilanz« ausdrücklich als »ein Ventil ... nicht mehr«.[23] Bereits zwei Jahre später resümiert er jedoch in »Was sollen wir Juden tun?«: Der Antisemitismus sei nicht nur Mittel zum Zweck und Blitzableiter, sondern werde getragen von einem »sturen Fanatismus Halbgebildeter [...], die indessen von Weltmission sogar faseln und die ganze Erde von der Geißel des Judentums erlösen wollen«.[24]

> Also ich sehe zwar die Tatsache des Antisemitismus, aber ich kann vor allem im Deutschland von 1933 oder 1935 nur sehr schwer, trotz einiger aufgezogener Skandale (???) bis zu seinen Gründen vordringen.[25]

Die Judenverfolgung erscheint ihm Teil einer systematischen Zerstörung grundlegender Prämissen des deutschen Idealismus.[26] Daß dieser selbst – wie die jüngste Publikation Micha Brumliks noch einmal belegen konnte[27] – Ansätze eines Antisemitismus mit transportierte, blendet Hermann ebenso aus, wie er Aussagen wie »Deutschland war wohl immer schon die Wiege des Antisemitismus«[28] in Bildern äußerlicher Erscheinungen stehen läßt, zu deren Wesen er nicht vordringen kann.

Die 1937 in seinem Aufsatz »Emigranten« notierte Bemerkung, ein wenig Antisemitismus ließe man sich ja noch gefallen, aber diese Sorte von Antisemitismus empfände man auch in Deutschland als zu weit gehend, als rückständig und unzeitgemäß,[29] scheint vor diesem Hintergrund vor allem in der (ver-

---

[20] Hermann, Bilanz (Anm. 15), S. 278; ders., Was sollen wir Juden tun? (Anm. 2), S. 12. Vgl. auch: ders., Einige simple Tatsachen, naiv dargestellt (Anm. 3), S. 36.
[21] Hermann, Was sollen wir Juden tun? (Anm. 2), S. 8.
[22] Vgl. ebd., S. 8–13.
[23] Hermann, Bilanz (Anm. 15), S. 278.
[24] Hermann, Was sollen wir Juden tun? (Anm. 2), S. 12.
[25] Ebd., S.13.
[26] Hermann, Einige simple Tatsachen, naiv dargestellt (Anm. 3), S. 12.
[27] Micha Brumlik: Deutscher Geist und Judenhaß. Das Verhältnis des philosophischen Idealismus zum Judentum. München: Luchterhand 2000.
[28] Hermann, Was sollen wir Juden tun? (Anm. 2), S. 13.
[29] Hermann, Emigranten (Anm. 3), S. 9. Vgl. auch: ders., Eine Lanze für die Westjuden. In: Der Schriftsteller Georg Hermann (Anm. 15), S. 283–306, hier S. 306. »Der

geblichen) Hoffnung begründet, große Teile insbesondere des deutschen Bürgertums würden sich der praktizierten antisemitischen Politik der Nationalsozialisten schließlich verweigern. Bereits 1933 hatte Hermann jedoch in seiner »Bilanz« auf die Frage »Wo sind jene deutschen Stimmen gegen diese Kulturschande des Antisemitismus zu hören gewesen? Und wo sind sie heute zu hören?« ein anklagendes »Nirgends!« gesetzt.[30] Angesichts der sich in den Folgejahren durchsetzenden, staatlichen antisemitischen Weltpropaganda[31] und der allseitigen und internationalen Ausgegrenztheit der Juden, erfährt dieses »Nirgends« durch den Emigranten Georg Hermann eine besonders anklagende Betonung. »Jeder deutsche Jude erlebt im Ausland heute Ilja Ehrenburgs ›Lasik Roitschwantz‹ und Ben Travens ›Totenschiff‹ zugleich«,[32] heißt es bitter 1938 in seinem Antisemitismus-Aufsatz.

Hermann spricht in seinen Essays und Briefen dieser Jahre immer wieder vom Versagen der demokratischen Regierungen der Welt angesichts der Judenfrage[33] und bindet diese Befunde an Bemerkungen über den krisenhaften Zustand der Demokratien,[34] durch den die Situation der Emigranten gravierend erschwert werde. Man gestatte den Flüchtlingen keine politische Betätigung und gewähre ihnen angesichts einer internationalen Arbeitslosigkeit auch kein Gastrecht.[35] Überzeugt von der internationalen Pflicht, den Juden die Auswan-

---

deutsche Antisemitismus [...] ist mit vieler Mühe und noch größerer Aufwendung von Geldern und Staatsgeldern der durchaus nicht dazu in allen, sondern nur in den stupidesten und bösartigsten Teilen dazu willigen deutschen Bevölkerung imputiert und eingeimpft worden. Während – zu ihrer Ehre sei es gesagt –, immer noch ein beträchtlicher Teil davon sich dafür immun erweist und sich weigert, geistig und seelisch diesen ›Sozialismus der Dummen‹ mitzumachen und sich ihm zu ergeben.« Vgl. auch Hermann, Antisemitismus! Ach ja – Antisemitismus!! (Anm. 3), S. 1: »Man hatte ihn [den Antisemitismus] doch 1914 fast vergessen, hielt ihn, wenigstens in Deutschland für eine fossile deutsche Geistesform, auch für die niedrigsten Volkskreise, seitdem Bebel ihn dem Arbeiter als den ›Sozialismus der Dummen‹ entlarvt hatte.«

30 Hermann, Bilanz (Anm. 15), S. 281.

31 Hermann, Einige simple Tatsachen, naiv dargestellt (Anm. 3), S. 37.

32 Hermann, Antisemitismus! Ach ja – Antisemitismus!! (Anm. 3), S. 7.

33 Hermann, Einige simple Tatsachen, naiv dargestellt (Anm. 3), S. 17. Vgl. auch ders., Briefe aus dem Exil (Anm. 2), 17. April 1936, S. 92; 27. Dezember 1938, S. 165.

34 Sprach Hermann dabei noch 1925 in seinem Aufsatz »Vorschläge eines Schriftstellers« von einem Konstruktionsfehler der Demokratie, so wollte es ihm jetzt, 1937, doch scheinen, »als ob die Demokratie nicht nur einen Konstruktionsfehler hat, der in Europa ihren Bau gefährdet, sondern, als ob sie überhaupt, um zu bestehn, weiter zu bestehn, ihre Forderungen, ihren Gedankenkreis erweitern« müsse, da sie sonst dem Kommunismus nicht genug entgegenzusetzen habe (Hermann, Ein fehlendes Fundament der Demokratie [Anm. 3], S. 1, 7). Obgleich ihm das Individuum noch immer am sichersten in Demokratien aufgehoben scheine, erhalte es jedoch auch hier in der Realität kein Recht darauf, ein menschliches Leben zu führen (ebd., S. 4).

35 Hermann, Emigranten (Anm. 3), S. 6f. Vgl. dazu auch ders., Antisemitismus! Ach ja – Antisemitismus!! (Anm. 3), S. 5f.: »Dabei wäre, wenn alle Juden – bis auf die letzte Greisin der Altersheime – Deutschland verlassen und anderswo – über den Erd-

derung zu ermöglichen und sich der gesamten Emigration anzunehmen,[36] notierte Hermann in diesen Jahren zahlreiche konkrete Vorschläge zur Erleichterung der Situation:[37] Er entwarf einen Brief an Roosevelt, in dem er ein Machtwort gegen die Judenverfolgung erbat,[38] schrieb 1936/37 einen »Appell an das demokratische Gewissen von Holland«, im Januar 1937 einen offenen Brief an den niederländischen Erdölmagnaten Sir Henri Deterding,[39] der weiterhin Handelsbeziehungen zu Deutschland unterhielt, forderte die Gründung eines jüdischen Verlages,[40] eine stärkere Kulturpropaganda für die Juden und die Emigration,[41] eine zusammenfassende jüdische Schriftstellergemeinschaft, – und das waren nur einige seiner zahlreichen praktischen Anregungen und Aktivitäten. Deutlich erkennbar steht dahinter ein Bemühen, angesichts der Notlage der Juden in Europa und der abweisenden Haltung der demokratischen Staaten den Einheitsgedanken unter den Juden zu stärken.[42] Der Faschismus zwinge andere Staaten zu ähnlicher Haltung, resigniert Hermann 1938, zu Bewaffnung, Kriegsvorbereitung und wirtschaftlichen Zwangsmaßnahmen.[43] Er spricht von einem Verlust der Individualität des Einzelstaates, von einem gleichgeschalteten Europa. Mit dem standardisierten Menschen gehe parallel der standardisierte Staat, und das Wort »Vaterland« sei Illusion geworden.[44]

---

ball zerstreut – ihre Unterkunft fänden, es so, als ob nach den letzten schon 2 Jahre alten Weltstatistiken von je 4 300 Menschen einer immer sein Land mit einem anderen Land vertauschen würde. Das ist nämlich das Verhältnis von 500 000 zu 2 150 000000. Und dazu müssen Weltkongresse einberufen werden. Nicht etwa, um es fertig zu bringen, sondern um es unter Tränen des Mitleids zu verhindern. Selbst in Riesenreichen, durch die Auswanderung und Einwanderung hin und her strömt und wo eine Handvoll Menschen mehr oder weniger nicht zählt, hat es für unsereinen nicht soviel Raum, um seinen Kopf hinzulegen, um in Ruhe zu sterben. Oder gar noch etwa, um das Verbrechen an der Arbeitslosigkeit eines fremden Volkes zu begehn, und vorher noch eine Weile seine Arme zur Arbeit auszubreiten. Und wie fadenscheinig sind die Gründe ...«

[36] Hermann, Was sollen wir Juden tun? (Anm. 2), S. 2f.
[37] Hermann, Emigranten (Anm. 3), S. 9.
[38] Vgl. Hermann, Briefe aus dem Exil (Anm. 2), S. 175. Der Brief wurde wahrscheinlich jedoch nie abgesandt.
[39] Vgl. Laureen Nussbaum: Verliebt in Holland. Ein wichtiges und wechselndes Verhältnis in Georg Hermanns reiferen Jahren. In: Interbellum und Exil. Hg. von Sjaak Onderdelinden. Amsterdam u. a.: Rodopi 1991 (Amsterdamer Publikationen zur Sprache und Literatur; 90), S. 181–198, hier S. 188.
[40] Ende Juni 1936 an Hilde, in: Hermann, Briefe aus dem Exil (Anm. 2), S. 99f.
[41] Am 14. April 1937 an Hilde, in: ebd., S. 130.
[42] Hermann, Was sollen wir Juden tun? (Anm. 2), unpag. Seiten im Anhang.
[43] Hermann, Einige simple Tatsachen, naiv dargestellt (Anm. 3), S. 48.
[44] Ebd., S. 50f.

II

Das Bleiben seiner ältesten Tochter Eva und ihrer Familie bis 1938 in Deutschland sah der im März 1933 in die Niederlande emigrierte Georg Hermann mit wachsender Besorgnis.[45] Man kann annehmen, daß er aufgrund der geographischen Nähe des Exillandes, durch Besuche und Briefe von Freunden aus Deutschland, durch seine Tochter sowie eine sich in seinen späten Briefen und Aufsätzen dokumentierende aufmerksame Zeitungs- und Zeitschriftenlektüre über ausgezeichnete Informationen über die innerdeutsche Lage verfügte.[46] So reflektiert Hermann (wie der allerdings bis 1938 in Berlin lebende literarische Chronist Berlins, Franz Hessel) noch in seinen nach 1933 außerhalb Deutschlands entstandenen Essays nicht nur die veränderte politische Situation, sondern sogar deren Sichtbarwerden im architektonischen Erscheinungsbild der von ihm fast ein halbes Jahrhundert beschriebenen Metropole.[47] Deutschland war ihm seit 1933 eine kulturelle Öde und Wüste geworden, der er den Beitrag jüdischer Kulturschaffender zu deutscher Kultur, den jüdischen Anteil an bisheriger deutscher Weltgeltung in der Wissenschaft, Kunst und Literatur entgegenhielt.[48] Nationalsozialistische Politik praktizierte für ihn die Zerstörung

---

45 Vgl. Hermann, Briefe aus dem Exil (Anm. 2), u. a. S. 74, 143. In seinem Aufsatz »Einige simple Tatsachen, naiv dargestellt« (1937) lautet Hermanns Einschätzung der Lage: »Wollen denn die Juden aus Deutschland weggehn? Alle? Ich habe keinen getroffen, der nicht sagte, wenn ich herauskönnte, wenn sich mir draußen irgendwo in der Welt auch nur eine sehr bescheidene Existenz böte ... lieber heute als morgen ... ich ertrage eigentlich diesen Druck unter dem man zu vegetieren gezwungen ist, nicht mehr ... leid tun mir nur meine Kinder ...« (Vgl. auch ebd., S. 10)

46 Hermanns späte Aufsätze reagieren deutlich auf aktuelle politische Ereignisse: vgl. u. a. »Einige simple Tatsachen, naiv dargestellt« (Anm. 3), S. 18, 23, 24, 26 sowie seine Briefe an die Tochter Hilde, der er beispielsweise am 9. Juli 1936 die Lektüre einer Nazi-Broschüre unter dem Titel *Was soll mit den Juden geschehen?* empfiehlt. Die parallele Anlage seines Aufsatztitels »Was sollen wir Juden tun?« erscheint dabei auffallend (Hermann, Briefe aus dem Exil [Anm. 2], S. 102).

47 Hermann, Einige simple Tatsachen, naiv dargestellt (Anm. 3), S. 31, S. 9 (zur Wohnungssituation in Berlin). Vgl. auch Franz Hessel: Letzte Heimkehr. In: Letzte Heimkehr nach Paris. Franz Hessel und die Seinen im Exil. Hg. von Manfred Flügge. Berlin: Das Arsenal 1989, S. 7–41, hier S. 24f. Wie Hessel beklagt auch Georg Hermann den Abriß des alten Berliner Viertels um die Victoriastraße, »um irgendeiner neuen und breiteren Scheußlichkeit den Raum zu schaffen«. »Nicht nur, daß in diesem Lande Kanonen wichtiger sind als Butter, sondern auch Prachtstraßen sind wichtiger als menschenwürdiges Wohnen und Tuberkulosebekämpfung.« (Hermann, Einige simple Tatsachen, naiv dargestellt [Anm. 3], S. 32)

48 Vgl. u. a. ebd., S. 41–43 (zur Situation an den deutschen Universitäten, zur Ausschaltung von Künstlern aus dem Kulturbetrieb, zur deutschen Studentenschaft als Träger des Antisemitismus); ders., Was sollen wir Juden tun? (Anm. 2), S. 12; ders., Eine Lanze für die Westjuden (Anm. 29), S. 283f.: »Dabei geben alle zu, daß die Kulturleistungen des entwurzelten, glaubenslosen Westjuden, vor allem des assimilierten *deutschen* Juden, für die Welt und für das Volk, in dem sie – die deutschen

aller Werte des deutschen Idealismus und proklamierte »zugleich damit die
vollkommene Wertlosigkeit des nicht im öffentlichen politischen Leben stehenden Individuum[s]«.[49] Schon ihrer Menschenwürde wegen, schrieb Hermann
1935, mußten die Juden Deutschland verlassen.[50] Und wenn er am 3. November

---

Juden – eingebettet waren, ganz außerordentliche waren. Also eben grade die Kulturleistungen dieser entwurzelten und gottverfluchten, widerlichen Westjuden. Auffallend also ist, daß grade für Deutschland ... mit seinem schlimmen und breiten Assimi-
lantentum ..., daß in ihm relativ die allergrößten und ersten Namen auf dem Gebiet
der Künste, der Wissenschaften, aber auch auf denen der Organisation von Handel
und Gewerbe bis 1933 die von Juden und Halbjuden waren. Der bedeutendste Architekt, Messel, der größte Plastiker, die beiden größten Maler Deutschlands ... zahl-
lose Gelehrte, weltbekannte Schriftsteller waren Juden oder Halbjuden wie von Hil-
debrand, Hans von Marées, Paul Heyse, Zuckmeier [!] usw. Allen wird weder die
Tüchtigkeit noch die Lauterkeit ihrer menschlichen Gesinnung bestritten ..., aber sie
sind und bleiben eben doch nur Assimilanten.« Hervorhebung im Original.

[49] Hermann, Einige simple Tatsachen, naiv dargestellt (Anm. 3), S.13.

[50] 1935 schreibt er in seinem Aufsatz »Was sollen wir Juden tun?« (unpaginierte Seiten im Anhang): »Es würde mich nicht interessieren in einem Land zu leben, wo auf
einer Autofahrt meine Blicke auf ein Transparent fallen ›Todeskurve für Juden 120
Kilometer‹ ... einem Lande, in dem ein großer Teil der Bevölkerung mit dem
Schlachtruf Juda verrecke durchuniformiert ... durch die Straßen zieht ... und sich
mit dem Absingen von Liedern, wie wetzt das Messer nur am Leichenstein, so
flutscht es desto besser in den Juden rein, einem Lande, in dem zweihundert mal
durch spielende Kinder jüdische Friedhöfe verwüstet und Grabsteine umgeworfen
und zerschlagen wurden ... während diese lieben Kinder immerhin so klug doch
sind, ihre lieben Spielchen niemals auf christlichen Friedhöfen sich austoben zu lassen. Einem Land, in dem Benutzung von Badeanstalten und Kurorten verboten ist ...
ich würde es mit meiner Menschenwürde für unvereinbar halten, weiter einem solchen Land die Ehre meiner Anwesenheit zu schenken ... selbst wenn ich grade als
einzelner zufällig noch unbehelligt bleibe. Ich bin es mir selbst, vor allem aber meinen Kindern schuldig einem solchen Lande den Rücken zu kehren, und es ist nur eine
internationale Pflicht primitivster Menschlichkeit, mir das zu ermöglichen.« Und
weiter: »Meines Erachtens müssen die deutschen Juden, genau wie das in Spanien
geschah, nicht einmal, weil man sie austreibt, nicht einmal so sehr, weil man ihnen
derzeit durch Judengesetze das Leben unmöglich machen wird, das Atmen hat man
ihnen schon unmöglich gemacht ... Deutschland verlassen ... einfach ihrer Menschenwürde wegen ... denn es geht nicht an, daß Leute, die den Kopf hoch und mit
Recht hoch gehalten haben ... würdelose Zeloten werden, wie mir schon April 33 ein
alter ärztlicher Freund schrieb ...« Vgl auch: ders., Antisemitismus! Ach ja – Antisemitismus!! (Anm. 3), S. 3f.: »Also man wird beschimpft; und man wird als Jude
Schritt vor Schritt seiner Lebensmöglichkeiten beraubt. Als Künstler oder Intellektueller hat man in Deutschland den Vorrang dabei. Aber nur nicht drängeln, es
kommen alle dran! [Handschriftlicher Zusatz im MS: »ist inzwischen erfolgt«.] Es
wird einem zuerst als Schriftsteller verboten, seine Arbeit weiter zu verwerten. Alle
Plätze dazu werden einem hermetisch versperrt. Und man ist, wie in meinem spezia-
len [sic] Fall, auch noch der Früchte seiner Lebensarbeit beraubt, die einem eine bescheidene Existenz sicherstellten. Bücher, die widerspruchslos in Deutschland weiteste
Verbreitung und international Lob und Bewunderung gefunden hatten, werden unter
dem Gejohl barbarischer Horden junger Studiosen [...] an einigen Dutzend Plätzen des

1936 seiner in Dänemark lebenden Tochter Hilde bekennt »[m]ich reizt nur der Mensch«,[51] ist dies zwar zunächst keine ungewöhnliche Äußerung für einen Schriftsteller, den u. a. Sigmund Freud gerade wegen seiner individualpsychologischen Darstellungen schätzte, markiert jedoch in den damaligen politischen Entwicklungen auch eine Haltung, die die Position des Individuums behauptet gegen das Versagen einer Politik, die direkt in den nächsten Weltkrieg zu führen schien. Welche realen politischen Alternativen sich allerdings aus diesen durchaus treffenden Beobachtungen über den »durch Zwangspolitik aus seinem Ich verdrängten Europäer«[52] entwickeln ließen, bleibt zu fragen.

Selbst die Methode Hermannscher Essayistik, aus dem Blickwinkel des gesunden Menschenverstandes gegen Fehlentwicklungen moderner Theorien und politischer Aktivitäten zu argumentieren, könnte in diesem Kontext gesehen werden. »Einige simple Tatsachen, naiv dargestellt« lautet der Titel einer seiner Aufsätze von 1938, simple Tatsachen, die aber – auch wenn sie offensichtlich scheinen – immer weiter wiederholt werden müssen,

> [...] um zu zeigen, wie es kommt, daß die Staaten dieser Welt nicht mehr dazu Zeit und Gedanken finden können, um an die Erfüllung ihrer primitivsten Forderungen für das Individuum heranzugehen, ja sie auch nur zu sehen, und als Forderungen und Notwendigkeiten etwa anzuerkennen.[53]

»Zwischen den platt gewordenen Regeln des gesunden Menschenverstandes, die keinem modernen Ereignis mehr adäquat sind, und der Versiegenheit der Ideologien« suchte auch Hannah Arendt einen Weg für den Geschichtsschreiber.[54] Dem in seiner Zeit verhafteten Autor Georg Hermann konnte es verständlicherweise nur bedingt gelingen, die Dinge von einer höheren Warte aus zu betrachten als es seiner Ansicht nach z. B. die Emigrantenblätter taten.[55] So wie seine Äußerungen geprägt waren von den Debatten ihrer Zeit, versagte sein Konzept vom Individuum u.a. an der Ostjudenfrage.

Eine heutige Lektüre von Hermanns wahrscheinlich 1937 verfaßtem Essay *Eine Lanze für die Westjuden* läßt den Leser mit abwertenden Bemerkungen über das Ostjudentum bis hin zu dessen Deklassierung in einzelnen Passagen zunächst ratlos. – Hatte der Autor einerseits Einheit und Sammlung des zeitge-

---

sogenannten Vaterlandes zugleich verbrannt. Was einen einerseits erhebt, da man sich dabei in der allerbesten Gesellschaft befindet, einem aber andererseits, als Europäer von 1933, immerhin berechtigtes Staunen abnötigt.«

[51] Hermann, Briefe aus dem Exil (Anm. 2), S. 113.

[52] Hermann, Einige simple Tatsachen, naiv dargestellt (Anm. 3), S. 36.

[53] Ebd., S. 30.

[54] Hannah Arendt: Elemente und Ursprünge totaler Herrschaft. 1. Antisemitismus, 2. Imperialismus, 3. Totale Herrschaft. Ungekürzte Ausg., München u. a.: Piper 1986 (Serie Piper; 645), S. 35.

[55] Georg Hermann am 7. Januar 1937. In: ders., Briefe aus dem Exil (Anm. 2), S. 122.

nössischen Judentums angemahnt, praktizierte er hierin dessen Spaltung und partielle Diskreditierung im Moment seiner größten Bedrohung.

Unmittelbarer Anlaß des Aufsatzes war die polemische Auseinandersetzung mit Äußerungen des deutschen Erziehungswissenschaftlers, Politikers und Philosophen Friedrich Wilhelm Förster, der von Hermann wegen seines pazifistischen Engagements im und nach dem Ersten Weltkrieg durchaus geschätzt wurde. Förster hatte sich im Kontext theologischer Fragestellungen zu Traditions- und Glaubensverlust verschiedentlich öffentlich zu Problemen jüdischer Existenz geäußert und dabei die Ostjuden der assimilierten westjüdischen Existenz als Muster und Vorbild entgegengestellt.[56] Hermann seinerseits streicht nun die positiven Beiträge westjüdischer Intellektueller zur kulturellen Entwicklung ihrer Länder heraus und verwahrt sich gegen eine Glorifizierung der Ostjuden. Diese Polemik führt ihn im Gegenzug jedoch zu einem Pauschalbild ostjüdischer Existenz, das weitergehende Differenzierungen vermissen läßt.[57] Erklärbar wird dies letztlich vor allem aus seinem Verständnis, Perspektiven künftiger Entwicklung im Sinne humanistischer Grundideen lediglich in westjüdischer Existenz zu erkennen, während ihm die ostjüdische Lebensweise als im Mittelalter verwurzelt und historisch zu begreifen erscheint.[58] Dieses an westjüdischer Lebensweise gespiegelte Negativstereotyp ostjüdischer Existenz findet sich bereits in Hermanns frühen literarischen Arbeiten, – man denke etwa an die zentrale Konfliktanlage seines 1906 erschienenen Romans *Jettchen Gebert*.[59] »Daß das Ostjudentum die Bewahrerin einer sehr alten und vielleicht sehr wertvollen Welt ist«, wolle er »nicht in Frage ziehn«, unterstreicht Hermann 1935 in »Was sollen wir Juden tun?«.

---

[56] Vgl. auch sein nach dem Zweiten Weltkrieg erschienenes Buch *Die jüdische Frage* (1959).

[57] »Man verstehe mich also recht«, betont Hermann jedoch, »ich bin nur dagegen, daß man den gotischen Menschen, den der Ostjude heute in seiner Masse noch darstellt, anno 1937 dem Menschen und Pionier des zwanzigsten Jahrhunderts als Muster und erstrebenswertes Vorbild hinstellt.« (Hermann, Eine Lanze für die Westjuden [Anm. 29], S. 295) Vgl auch: ders., Briefe aus dem Exil (Anm. 2), S. 137.

[58] »Aber ich bin doch dafür«, schreibt Hermann, »daß der Ostjude, statt glorifiziert, historisch begriffen wird. Niemand von Einsicht wird sich dem verschließen, daß in ihm gewiß noch außerordentliche Gaben geistiger und menschlicher Art latent und ungehoben sind ... Wir können mit Sicherheit annehmen, daß der Ostjude von selbst unter günstigeren Verhältnissen – wie sie z. B. in England und Amerika bislang fand – den Anschluß an die Weltkultur finden wird, den er durch acht Jahrhunderte versäumen mußte, und heute vielfach sucht. In den jungen Generationen! Und er wird trotz Professor Förster einen großen Teil seines ›ganz in Gott Ruhens‹ dabei aufgeben müssen und nicht weniger willig aufgeben, wie es schon vor hundert Jahren der assimilierte Westjude getan hat.« (Hermann, Eine Lanze für die Westjuden [Anm. 29], S. 295.)

[59] Dazu ausführlicher u. a. bei Hans Otto Horch: Über Georg Hermann. Plädoyer zur Wiederentdeckung eines bedeutenden deutsch-jüdischen Schriftstellers. In: Bulletin des Leo Baeck Instituts (Tel Aviv) 77 (1987), S. 73–94, hier S. 84ff. Vgl. auch die Beiträge von Ritchie Robertson und Gert Mattenklott im vorliegenden Band.

Es ist nur die Frage, inwiefern ist diese Welt eine Insel innerhalb der Gegenwart und inwiefern gehört sie zur Gegenwart und kann ihr und uns etwas bieten und kann sie umformen. Und das scheint mir nicht mehr der Fall zu sein! Das religiöse Problem und die religiöse Ethik hat in der Welt ausgespielt ... ihre letzte große Bankrotterklärung war der Weltkrieg. [...] Die Zukunft der Welt gehört nirgends Religionen, nicht im Osten und nicht im Westen.[60]

Spätestens seit 1914 verstand Hermann das Judentum nicht mehr als Religion, sondern vielmehr als Tradition und als z. T. durchaus kritisch betrachtete Rasse.[61] Er hielt es, wie er 1935 schrieb, »mit Freud, daß die Illusion, die wir Religion nennen, einmal von der Welt verschwinden wird und muß«.[62] Und in einer Umfrage über »Gegenwart und Zukunft der jüdischen Literatur« im Septemberheft von 1936 der in Berlin erscheinenden Zeitschrift *Der Morgen* warnte er im Anschluß an einige praktische Vorschläge zur Rettung europäisch-jüdischer Kunst und Literatur: Wenn man diese praktischen Ziele nicht weiter verfolge,

[...] wird das Judentum von Westen nach Osten zurückgeworfen werden, und aus dem Europäer von 1936 wird schnell und wieder (wie ich es gern sage!) jener östliche gothische Mensch werden, der einen großen Teil seiner Seele noch aus den Zeiten der Kreuzfahrer, da das religiöse Problem im Mittelpunkt des Seins stand, unverändert sich erhalten hat.[63]

Ähnlich beschreibt Hermann auch in seiner *Lanze für die Westjuden* 1937 den Ostjuden als »unzeitgemäß« und von einem Lebens- und Seelenstandard und einer Mentalität, »die überwunden werden muß«.[64]

---

[60] Hermann, Was sollen wir Juden tun? (Anm. 2), S. 22.

[61] In seinem »Rückblick zum Fünfzigsten« schrieb Georg Hermann: »Ich gehöre einer sehr alten Rasse durch Geburt an und bekenne mich, trotzdem ich alle ihre Riten als Ballast für den Menschen von heute empfinde und ganz und einzig in europäischer Kultur wurzle, gern zu ihr. Ich schätze die hochwertigen Brüder meiner Rasse, die ich mit unter die allerbesten Vertreter des Menschentums, die wir kennen, zähle, ebenso, wie ich die minderwertigen mit aller mir zu Gebote stehenden Energie laut, klar und deutlich ablehne. Und ich verhehle mir keineswegs, daß meine Rasse sehr weite Pendelschwingungen nach Gut und Böse, nach Kultur und Unkultur hat. Aber seit dreitausendfünfhundert Jahren haben all meine Vorfahren – auch wohl meist die Frauen – schreiben und lesen gekonnt und sind dadurch ihrer selbst in hohem Maße bewußt gewesen. Und das können wahrlich in ihrer ganzen Ausdehnung nicht allzu viele Rassen auf der Erde von sich sagen.« (In: ders., Gesammelte Werke, Bd 5: Novellen und Essays. Stuttgart u. a.: Deutsche Verlags-Anstalt 1922, S. 423–454, hier S. 448). »An der Stelle, wo bei andern das Organ für die Religiosität sitzt, ist bei mir ein Loch, das absolute Nichts. Alle Begriffe, auf die sich eine Religion gründen, sind mir unverständlich« heißt es in seinem Essay »Weltabschied« von 1935 (s. Anm. 10), S. 242, vgl. auch S. 236.

[62] Hermann, Was sollen wir Juden tun? (Anm. 2), S. 9.

[63] Georg Hermann zur »Umfrage über Gegenwart und Zukunft der jüdischen Literatur«, in: Der Morgen (Berlin), September 1936, S. 251–254, hier S. 253.

[64] Hermann, Eine Lanze für die Westjuden (Anm. 29), S. 288.

Angesichts antisemitischer Bestrebungen, ein im 19. und beginnenden 20. Jahrhundert auf die Gruppe der Ostjuden ausgelagertes Negativstereotyp zu revitali-
sieren und nach 1933 im Sinne eines Staatsantisemitismus auf die gesamte jüdische Bevölkerung Deutschlands rückzuübertragen, erscheint Hermanns vehemente
Abwehrhaltung zwar erklärbar, jedoch wenig hilfreich im Blick auf eine notwendige große Hilfsaktion für die gesamte deutsche und bald auch europäische
Judenheit. Daß er damit kaum auf größere Gegenliebe in der Emigrantenpresse
stieß, scheint nicht verwunderlich und mag zu allgemeinen Verlags- und Veröf-
fentlichungsproblemen des Autors im Exil sowie zu seiner politischen Zurückhaltung angesichts der in Berlin lebenden Tochter hinzugekommen sein.[65]

Ungeachtet ihrer Problematik bekundete Hermanns Haltung in der Ostjudenfrage jedoch erneut seine immer wieder unterstrichene Auffassung, daß die Lösung der jüdischen Frage nicht in der Separierung jüdischen Lebens, jüdischer
Kultur oder Literatur bestehen könne. Ganz in diesem Sinne unterschied er darum 1936 im *Morgen* jüdische Kunst »in solche, die ihrer Sprache, ihrer Stoff-
wahl nach nur die *Juden* angeht, und in solche, die die *Welt* angeht, das heißt:
alle Kulturgeschichten dieser Erde«. »Die mögen sich als Schloßwache des Judentums fühlen, jene andern sind der Vortrupp, die Verbindungsoffiziere auf
dem Marsche zum künftigen Europäer.«[66] Hierin lag indirekt auch eine deutliche
Absage an das sich innerhalb Deutschlands im Jüdischen Kulturbund seit Mitte
der 30er Jahre zunehmend durchsetzende Konzept einer jüdischen Kultur.

Interessant erscheint in diesem Zusammenhang die Rezeptionsgeschichte der
nach 1933 erschienenen Werke Georg Hermanns in Deutschland, insbesondere
seines 1934 in Berlin veröffentlichten Romans *Eine Zeit stirbt.* Sie verdeutlicht
einerseits erneut Hermanns Positionen zu deutsch-jüdischer Existenz im 20. Jahrhundert und spiegelt andererseits wesentliche Aspekte der sich innerhalb Deutschlands zuspitzenden Debatte um jüdische Kunst und Kultur.[67]

So äußerten sich viele der Rezensenten zunächst lobend über den Roman,
wenn es um die »künstlerische Virtuosität des Autors«[68] und seine Schilderun-

---

[65] Vgl. dazu u. a. auch: Hermann, Briefe aus dem Exil (Anm. 2), S. 33, 44, 63, 93f.,
109f., 136, 150, 163f. Hermann selbst nannte seine Schriften »Was sollen wir Juden
tun« und »Warum heiraten arische Künstler jüdische Frauen?« schließlich »mehr
Selbstgespräche«.

[66] Hermann zur »Umfrage über Gegenwart und Zukunft der jüdischen Literatur« (Anm.
63), S. 251.

[67] Georg Hermann, 1933 zum Ehrenpräsidenten des aus der Notlage jüdischer Künstler
und Intellektueller geborenen Kulturbundes Deutscher Juden ernannt, avancierte in
diesen Jahren im jüdischen Kulturkreis innerhalb Deutschlands zu einer nicht unkri-
tisch beleuchteten Symbolfigur deutschen Judentums, eines mißlungenen Integrations-
prozesses der jüdischen Bevölkerung in Deutschland. Vgl. dazu ausführlicher: Kerstin
Schoor: ... Aber ihr Ruf verhallt ins Leere hinein. Georg Hermann – ein Autor und seine Leser. In: Der Schriftsteller Georg Hermann (Anm. 15), Vorwort, S. 9–55, hier bes.
S. 37–45.

[68] Vgl. Arthur Eloesser: Eine Zeit stirbt. In: Der Morgen 10 (Juni 1934), H. 3, S. 139f.
Vgl. auch: Leo Hirsch: Der neue Georg Hermann. »Eine Zeit stirbt«. In: C.V.-Zeitung,

gen eines spezifischen Berliner jüdischen Milieus ging. »Da es jetzt von vielem Abschied nehmen heißt«, schrieb Arthur Eloesser in seiner Rezension im *Morgen* 1934, »ist wohl der letzte Augenblick, noch einmal auf ihre leisen Stimmen zu hören, uns von ihnen über uns erzählen zu lassen: woher wir gekommen, durch welche Wandlungen wir gegangen sind.«[69] Sich am Ende deutsch-jüdischen Zusammenlebens der Wurzeln eigener Existenz rückblickend zu versichern, selbst »[i]n der Gewißheit«, wie Julius Bab schrieb, »daß diese schöne, aber [...] hoffnungslos private Welt dem Untergang geweiht ist«,[70] war eine der ersten Reaktionen der damals Betroffenen angesichts notwendiger Neuorientierungen. Und wenn der Romanerzähler das für Paul Gumpert auf dem Jüdischen Friedhof in Weißensee gesprochene Kaddisch mit der Bemerkung kommentierte, »Worte, von denen die meisten hier nicht einmal ahnen, welcher Sprache sie angehören und deren Sinn Dr. Spanier sicher auch nicht kennt. Die ihm aber von früh an im Gedächtnis geblieben sind«,[71] beschrieb er damit nicht nur den Lebenshintergrund einer großen akkulturierten Mehrheit deutscher Juden, sondern illustrierte gleichermaßen auch die Schwierigkeiten zahlreicher Bestimmungsversuche einer jüdischen Kunst und Literatur. »Auch wir sind Figuren«, schrieb der Journalist und Schriftsteller Leo Hirsch im März 1934 in der *C.V.-Zeitung*,

[...] von denen nur in der Vorrede zu unserem Leben unser Autor behauptet hat, daß wir Juden seien. Was aber an uns jüdisch ist, was an unseren Berufen, unserem Verhalten, unsrem Lebensstil jüdisch, was berlinisch, was deutsch, was bürgerlich oder kleinbürgerlich sei – wer kann das sagen? Selbst die Terminologie für die Beurteilung des Typisch-Jüdischen in solcher Doppelspiegel-Literatur (Feuilletonismus usw.) müssen wir uns aus dem Wortschatz unserer Beurteiler von der anderen Seite ausleihen, nicht wahr? Sein wir doch ehrlich!«[72]

Daß die jüdischen Figuren des Hermannschen Romans im »Wesenskern ihres Seins [...] von jüdischen Inhalten unberührt« waren, machte sie für die Rezensentin Bertha Badt-Strauß »schutzlos am Tage der Not ... wie dieser Paul Gumpert *gar nicht versteht*, worum es geht«.[73] Und auch Leo Hirsch verwies nach seiner anerkennenden Besprechung der schriftstellerischen Leistung Hermanns als eines Nekrologs, auf die veränderten zeitgenössischen Aufgaben eines jüdischen Schriftstellers, denen das Buch kaum gemäß erscheine:

»Eine Zeit stirbt?« Sie ist schon tot, und uns geht's ums Leben. Ums nackte Leben und ums trockene Brot, und darum doppelt um unsere moralische, deutsche, jüdische Existenz heute! [...] Wir müssen weitergehen, und der Rückblick war zu unse-

Nr 12 (22. März 1934), 3. Beilage, oder Julius Bab: Eine Zeit stirbt. In: Monatsblätter des Kulturbundes deutscher Juden 2 (1934), H. 4, S. 6f.
[69] Eloesser, Eine Zeit stirbt (Anm. 68), S. 139.
[70] Bab, Eine Zeit stirbt (Anm. 68), S. 6.
[71] Hermann, Eine Zeit stirbt (Anm. 14), S. 350f.
[72] Hirsch, Der neue Georg Hermann (Anm. 68).
[73] Bertha Badt-Strauß: Georg Hermann beschwört die Toten. In: Jüdische Rundschau, Nr 60 (27. Juli 1934), S. 10, Hervorhebung im Original.

rer Orientierung notwendig [...] belehrt uns, wie zwitterhaft und zwielichtig, wie herbstlich das alles, oder doch das meiste war. Aber was haben wir nun? Das Ende dieses Buches ist ein gespenstisch riesiges Fragezeichen. [...] Wir haben schon viel gewonnen, wenn wir einsehen, daß »eine Zeit stirbt«, aber nach dieser Feststellung, hinter dieser Einsicht erst fängt eigentlich die Arbeit der Autoren, der Wortführer der deutschen Juden an [...].[74]

Je mehr sich unter den jüdischen Intellektuellen angesichts ihrer existentiellen Gefährdung ein Kulturkonzept durchsetzte, das nicht abgelöst von dem Bemühen gesehen werden kann, große Teile zumindest der jüngeren jüdischen Bevölkerung zusammenzuführen und auf eine Perspektive und einen Neuanfang im Ausland, wenn möglich in Palästina, zu orientieren, desto größer wurden die artikulierten Schwierigkeiten bei der Rezeption der Werke eines Autors, der Klage über den Tod des Vorkriegsmenschen führte, und desto mehr verstärkte sich die Ablehnung der Darstellung des vereinzelten Individuums bürgerlicher Couleur als ein Schreiben an den kulturpolitischen Konzepten der Zeit vorbei.

Aus einer gescheiterten Integration der jüdischen Bevölkerung in Deutschland nun zionistische Perspektiven abzuleiten, entsprach jedoch Hermanns Intentionen keineswegs. Und so erscheinen auch Bertha Badt-Strauss' Deutungen der einzigen ihr sympathisch erscheinenden Figur Ruth[75] nicht wenig angestrengt, wenn sie in dieser eine durch ihren frühen Tod verhinderte Chaluzah sehen will,[76] ein Opfer jener Zeit, »der sie ihre Liebe geweiht« hatte, »sie, die doch ›aus anderen Zeiten kam und in andere Zeiten zu gehen hoffte‹«.[77] Selbst wenn man Badt-Strauss' kaum in der literarischen Entwicklung der Figuren angelegter Lesart folgen und im letzten ein verborgenes Herzl-Zitat als Untertext entdecken würde, bleibt der Tod Ruths dennoch in einer seit ihrer Geburt bestehenden Krankheit begründet. Sähe man in dieser Figur zionistische Ideen verkörpert, würde der in ihrem Leben früh sich abzeichnende Tod eben auch zwingend deren Abweisung bedeuten.

---

[74] Hirsch, Der neue Georg Hermann (Anm. 68).

[75] Vgl. Badt-Strauß, Georg Hermann beschwört die Toten (Anm. 73), S. 10. Dort heißt es, alle anderen Figuren erscheinen der Verfasserin »[g]leichgültig und fremd«.

[76] Bertha Badt-Strauß: »Eine Zeit stirbt«. Georg Hermanns neuer Roman. In: Jüdische Rundschau, Nr 40 (18. Mai 1934), Literatur-Blatt. Dort schreibt die Rezensentin über die Figur der Ruth: »Nur darum kann sie es in der weltabgeschiedenen Stille des Neckartals nicht länger mehr aushalten, weil es sie drängt, am Bau der neuen Zeit mitzuhelfen ... wenn auch nicht viel darüber gesagt ist, wie und wo sie sich diesen neuen Bau vorstellt. Gewiß, sie ist so wenig bewußte Jüdin wie alle die anderen bürgerlichen Großstadtjuden ihres Kreises; aber man kann sich unschwer vorstellen, daß sie, wenn sie diese Zeit und diese Tage miterlebt hätte, auch einmal eine Chaluzah hätte werden können, die mit Hand und Herz am Bau einer neuen Welt mithilft; oder eine Hinaufziehende zu neuem Ziel – denn neue Ziele sind der Feuerstrom, in dem allein sie atmen kann.«

[77] Ebd.

III

Hermanns Äußerungen über Palästina schwanken auch in seinen späten Aufsätzen zwischen sich verstärkenden Sympathiebekundungen und einer skep-
tisch-widersprüchlichen bis ablehnenden Haltung.[78] Die Notwendigkeit des
Aufbaus einer gesicherten Heimat für bedrängte Ostjuden hatte Georg Hermann zwar 1919 in seinem Aufsatz *Zur Frage der Westjuden* zu einer leichten
Modifizierung seiner Haltung zum Zionismus veranlaßt,[79] aber am Ende, so
schreibt er 1935, sei ein sicheres Leben für ihn doch nur »Selbstverständlichkeit«, »die Basis, über der sich die Pyramide meines Lebens in der Welt erst
erheben muß ... [...] Ich stelle höhere Anforderungen ans Dasein als mir das
bieten kann, weil ich, um mit Nietzsche zu sprechen, als ein Jude eben der
zukünftige Europäer bin ...«[80] »Trotzdem haben natürlich die Juden etwas

---

[78] Hermann, Emigranten (Anm. 3), S. 7. Palästina bezeichnet er hier bereits als »unsiche-
ren Boden«, während es noch zwei Jahre vorher in »Was sollen wir Juden tun?«
(1935/36) heißt: »Ich bin durchaus nicht gegen Palästina. Ich schrieb schon 1920 ›Es
ist ein mir befreundeter Planet, und ich werde immer glücklich sein, zu hören, wie
sich auf ihm die Dinge entwickeln, und daß es dort gut geht‹. Seitdem haben sich
meine Sympathien für diesen mir befreundeten Planeten bedeutend verstärkt. Nicht
etwa deshalb, weil mich etwa die Entwicklung in Deutschland besonders überrascht
hätte [...], sondern weit mehr [...], weil mich die Entwicklung Palästinas überrasch-
te« (S. 1, vgl. auch: ders., Briefe aus dem Exil [Anm. 2], S. 97). Diskussionen um
die Aufnahme des Neuhebräischen als Mittel einer Einigung des jüdischen Volkes
stehen ihm darum ebenso fern wie die Arbeit an einer *Hebräischen Universität* in
Palästina. In »Was sollen wir Juden tun?« schreibt er: »Also ich bin nicht gegen Palästina, wenn ich auch gegen Neuhebräisch bin. Genau wie gegen jede Kunstspra-
che« (S. 1). »[J]ede kleine Sprache« bedeutet ihm »Abschluß vom Weltleben, wenn
sie nicht eine zweite Sprache ist, die man aus Pietät sich erhält, so wie Hamburger
Großkaufleute unter sich Plattdeutsch sprechen, oder die Schwyzer Schwyzerdütsch.
Daß Hebräisch nicht verloren geht, dafür bürgt der Gottesdienst des Juden und seine
religieusen Übungen«, und hinter einer *Hebräischen Universität* vermutet er eher
das Bestreben, »dem gesamten Lehrstoff der Welt wieder eine scholastische Fessel
um[zu]legen [...], nämlich hebräisch« (S. 3f. und S. 5). Selbst wenn Hermann alter-
nativ die Wahl des Englischen als »beweglichste[r] Weltsprache« (S. 5) empfiehlt,
erscheint ihm selbst die Idee einer Einigung der Juden durch die Sprache als »wahr
und falsch zugleich« (S. 6). Am Beispiel eines russischen Juden streicht er vielmehr
die über Mentalität vermittelte, gewachsene Bindung der Juden an die jeweiligen
Nationen, in denen sie leben, heraus.

[79] Vgl. Georg Hermann: Zur Frage der Westjuden. In: Neue Jüdische Monatshefte, Zeitschrift für Politik, Wirtschaft und Literatur in Ost und West, 3. Jg., H. 19/20 (10.–
25. Juli 1919), S. 404: »Ich gebe zu, ich bin schwankend geworden, und ich stehe
dem Gedankenkreis des Zionismus nicht mehr so völlig ablehnend gegenüber, wie
ich das noch vor wenigen Jahren tat. Und wenn er in jener Form Wahrheit würde,
wie er heute erstrebt wird, eine gesicherte Heimat für bedrängte Ostjuden, ein geistiges Zentrum für die Juden der ganzen Welt zu sein, – ich würde nicht mehr so
schroff ›nein‹ zu ihm sagen, wie ich es noch vor fünf Jahren getan hätte.«

[80] Hermann, Was sollen wir Juden tun? (Anm. 2), S. 24. Weiter heißt es: »[...] man will
vielleicht Land bauen, sich sicher und gesund fühlen, nicht auf der Straße Schimpfwor-

gemeinsames. Und es gibt etwas in der ganzen Welt, woran sie sich erkennen«, schreibt er 1935 und verweist auf Tolstoi, dem die

[...] große Bedeutung des Juden darin bestände, daß er all die Rückständigkeit des heutigen Menschen, der durch Nationalismus und Beamtentum und Heere gebunden und in seiner seelischen Entwicklung gehemmt sei, nicht mitmache, und dadurch seine menschlichen und kulturellen Eigenschaften besser entfalten könne, nicht die Selbstüberheblichkeit und die albernen Haßgefühle kenne, und dadurch eben unendliche Kräfte für die wirklich kulturellen Arbeiten des Menschengeschlechts frei hätte. Staatliche Bindungen würden die aber lahm legen und den Juden um sein Bestes bringen.«[81]

Georg Hermann sah damit Potenzen jüdischer Existenz vor allem auch in deren historisch gewachsener Besonderheit, übernationalen Charakters zu sein. Erinnert man sich der Überlegungen Hannah Arendts, die Ursprünge und Entwicklung des Antisemitismus »in den allgemeineren Rahmen der Geschichte des Nationalstaates« bindet und die »in der Geschichte des Verhältnisses zwischen Juden und Staat den Schlüssel für die wachsende Feindseligkeit bestimmter gesellschaftlicher Gruppen gegen die Juden« sah,[82] treffen sich die beiden genau in diesem Punkt: Arendt in der Analyse geschichtlicher Entwicklungen, Hermann in seinen Ideen einer wünschbaren Zukunft. Zwar blieb Hermann sich über die Ursprünge der modernen antisemitischen Bewegung weitgehend im Unklaren, doch er nahm seine Beobachtungen über eine sich gegen das Individuum richtende Entwicklung der modernen Nationalstaaten ernst und wendete daher im Blick auf Zukünftiges die Staatenlosigkeit jüdischer Diaspora ins Positive. Seine Visionen jüdischer Existenz blieben damit unmittelbar an Utopien allgemein-menschlicher und europäischer Gesellschaftsentwicklung gebunden. Nicht ein zu gründender Nationalstaat, der nach Hermanns Auffassung »den Juden um sein Bestes bringen« würde,[83] sondern ein auf evolutionärem Wege zu errichtendes Pan-Europa, eine multikulturelle Gesellschaft, die die Gleichheit aller Menschen zur Grundlage hat und in der auch die Juden ihren natürlichen Platz einnehmen,[84] bewegte ihn bis zum Ende seines Lebens. Er forderte, was seiner Ansicht nach Thomas Woodrow Wilson, damaliger Präsident der Vereinigten Staaten von Nordamerika, nach Beendigung des Ersten Weltkriegs als ersten Punkt seines Friedensprogramms hätte fordern müssen:[85]

---

te nachgerufen bekommen, keine Behinderung haben, jeden Beruf auszuüben, frei sein, in Ruhe atmen können, was man dort, wo man herkam, nicht mehr konnte ... Zudem kommt noch der Gedanke, von hier bist du ausgegangen und hierher kehrst du, nachdem du die ganze Welt umwandert hast, wieder zurück. Gewiß, ich verkenne das ja nicht ... auch ganz schön und gut! – aber endlich sehe ich doch darin nicht mehr als eine Selbstverständlichkeit ...«

[81] Ebd., S. 7.
[82] Arendt, Elemente und Ursprünge totaler Herrschaft (Anm. 54), S. 35.
[83] Hermann, Was sollen wir Juden tun? (Anm. 2), S. 7.
[84] Georg Hermann am 22. April 1939, in: ders., Briefe aus dem Exil (Anm. 2), S. 174.
[85] Wilson proklamierte am 8. Januar 1918 seine Kriegsziele in Form eines 14-Punkte-Programms, das für eine stabile Nachkriegsordnung neben einem Frieden des gerech-

die Begründung eines Bundes europäischer Staaten. Die gemeinsamen Interessen dieses Staatenbundes, der »Vereinigten Staaten von Europa«, sollten nach Hermanns Vorstellungen von 1938 (!) als

> von *einer* Stelle aus dirigiert und geleitet werden ..., dessen Staatsform, und deren Entwicklung von *einer* Stelle aus normiert wird ..., dessen Einzelstaaten aber ihre nationalen Eigenheiten vollkommen wahren können, ebenso wie ihre alten, oder durch die Sprache bestimmten, oder durch die Volksart bestimmten Abmessungen. Kurz, [...] ein so oder so gegliedertes Paneuropa [...] als Garantie gegen Zukunftskriege.«[86]

Überlegungen dieser Art machen Hermanns Essays und literarische Arbeiten noch heute für uns provokant und attraktiv, auch wenn in dem Gedanken, »daß Judentum und Judesein nicht mit mehr oder weniger Glaubens- und Gebräuchetreue allein verbunden ist, sondern mit einer Art von Menschentum, die bislang nur den Juden immanent zu sein scheint«,[87] wohl gleichzeitig auch eine historisch verständliche, aber doch menschliche Überforderung lag. Waren Hermanns Hoffnungen auf eine kosmopolitisch orientierte deutsch-jüdische Symbiose bereits 1914 tief erschüttert worden,[88] erscheint ihre Realisierung nach 1933 in weiter Ferne. Der Aufsatz »Was sollen wir Juden tun?« formuliert bereits 1935 resigniert seine Prognose: der Abgrund.[89]

> Die lange Nacht ist nun herum, wir fahren still, wir fahren stumm, wir fahren ins Verderben.[90]

Prophetisch über den Roman *Eine Zeit stirbt* hinausweisend erscheinen uns heute diese Worte der Schriftstellerfigur Fritz Eisner bei seiner bevorstehenden Ankunft in Berlin. Hermanns späte Briefe dokumentieren die sich verschärfenden Maßnahmen gegen die Juden auch in den Niederlanden, den ersten Pogrom in Amsterdam im Mai 1939,[91] die fortschreitende Faschisierung des Landes und Europas. Sein letztes großes Romanprojekt *Die daheim blieben* war nach den Etappen der Judenverfolgung konzipiert und schilderte das jüdische Schicksal im Deutschland der dreißiger Jahre. Es ist uns nur in Teilen überliefert.[92]

---

ten Ausgleichs und dem Prinzip der Selbstbestimmung, die Schaffung eines Systems kollektiver Sicherheit propagierte. Es wurde, mit Abstrichen, Grundlage des Waffenstillstandsabkommens.

[86] Hermann, Einige simple Tatsachen, naiv dargestellt (Anm. 3), S. 53f., Hervorhebungen im Original.

[87] Hermann, Eine Lanze für die Westjuden (Anm. 29), S. 307.

[88] Vgl. Thomas Medicus: Nachwort. In: Georg Hermann: Doktor Herzfeld. Berlin: Verlag Das neue Berlin 1997 (Werke und Briefe, Abt. 1: Romane und Romanfragmente; 5), S. 583–589, hier S. 589.

[89] Hermann, Was sollen wir Juden tun? (Anm. 2), S. 23.

[90] Hermann, Eine Zeit stirbt (Anm. 14), S. 150.

[91] Georg Hermann am 25. Mai 1939, in: ders., Briefe aus dem Exil (Anm. 2), S. 178.

[92] Vgl. u. a. Georg Hermann am 27. November 1939, in: ebd., S. 184–186. Der erste Teil des ersten Bandes dieses offenbar als mehrteiliger Zyklus geplanten Romanprojektes befindet sich derzeit als 157seitiges Typoskript mit dem Titel »Max und Dolly« im Besitz von Prof. George H. L. Rothschild, eines Enkels von Georg Hermann.

Arnold Paucker

Zur Geschichte von Georg Hermanns Nachlaß
Ein Geleitwort

Lassen Sie mich eines vorausschicken: Ich bin ein ausgesprochener Georg Hermann-Laie. Ich habe nur *einen* Vorteil gegenüber den anderen Beiträgern zu diesem Band: Sicherlich bin ich unter ihnen der erste, der Georg Hermann gelesen hat – das ist eine Altersfrage. Andererseits kann ich nicht behaupten, in meinem Elternhaus Bücher von Hermann zu Gesicht bekommen zu haben. In den hochassimilierten jüdischen Familien der jüdischen Großbourgeoisie der Weimarer Republik las man, meiner Erfahrung nach jedenfalls, gewiß auch die modernen jüdischen Autoren, aber nicht unbedingt Bücher jüdischen Inhalts – kein *Jettchen Gebert* oder populärere Literatur. Vielleicht ist das aber nur meine persönliche Beobachtung – und gewiß trifft diese nicht auf andere jüdische Schichten zu. Man konsultiere nur die *C. V.-Zeitung* aus der damaligen Zeit mit ihren ausführlichen Rezensionen der Bücher Hermanns – und überhaupt sind meine Bemerkungen auch vor dem Hintergrund einer spürbaren jüdischen Wiederbelebung in der Weimarer Phase zu sehen. Aber auch für mich füllte sich diese Lücke bald nach 1933, und so habe ich, wie viele Jugendliche in der Berliner jüdischen Jugendbewegung, Hermann gelesen. Der Lieblingsschriftsteller der assimilierten deutschen Juden war natürlich Fontane (trotz seiner gewiß zweideutigen Einstellung zu Juden und zum Judentum)[1] und Hermann wurde schon früh zum »jüdischen Fontane« gestempelt. Mir waren und sind etwa zwanzig Personen bekannt, die alle von sich behaupten, den Begriff vom »jüdischen Fontane« als erste geprägt oder erfunden zu haben, – und auch ich gehöre zu ihnen. Es lag ja so nahe. Aber wahrscheinlich leiden wir alle an einer kollektiven Selbsttäuschung.

Nach 1945 verschwand Hermann für etwa drei Jahrzehnte von meiner Leseliste und tauchte erst ungefähr Mitte der Siebziger Jahre wieder auf, diesmal sozusagen als physische Präsenz, als ich nämlich ganz plötzlich mit dem Georg Hermann-Nachlaß konfrontiert wurde.

Zu den Aufgaben des Leo Baeck Instituts gehört es, die Nachlässe und Papiere ehemaliger deutscher Juden zu sammeln und zu bewahren. Das ist eine groß angelegte Aufgabe – und dieses Einheimsen der Dokumente erstreckt sich von den Nachlässen der geistigen, politischen und wirtschaftlichen Eliten bis zu den Erinnerungen des kleinen Mannes. Alles ist Zeugnis einer unwiderruflich verlorenen Vergangenheit, die nicht in Vergessenheit geraten darf. So ist in fast einem halben Jahrhundert in New York ein Hauptarchiv entstanden, geradezu

---

[1] Vgl. u. a. Wolfgang Paulsen: Theodor Fontane. The Philosemitic Antisemite. In: Leo Baeck Institute Year Book XXVI (1971), S. 303–329.

eine Erinnerungsstätte an das ehemalige deutsche Judentum. Dort liegen unter anderem die Nachlässe vieler deutsch-jüdischer Schriftsteller. Wir in London sind sozusagen die Zuträger.

Ich kann nicht behaupten, daß ich im Aufspüren und Konfiszieren von Nachlässen und Dokumentationen eine überragende Geschicklichkeit bewiesen habe, obwohl ich doch auch Erfolge zu verzeichnen hatte. Wenn man sich aber einen wahren Künstler auf diesem Gebiet in Erinnerung rufen will, so gebührt die Krone, der Ehrenplatz, dem imposanten Dr. Max Kreutzberger, dem ersten Direktor des New Yorker Leo Baeck Instituts und Schöpfer des dortigen Archivs.[2] Er hatte nicht nur eine Spürnase für anscheinend verlorene, versteckte oder zuweilen verkommene Bestände – er hatte auch in gewissem Sinne die Allüren eines Diktators. Ihm konnten die Besitzer der einmal aufgestöberten Nachlässe niemals entrinnen. Es war ihre jüdische Pflicht und Schuldigkeit, so donnerte er seine Opfer oder die schon fast zum Opfer bereiten Geber an, ihre Nachlässe und Familiendokumente unentgeltlich auszuhändigen. Ich habe ihn öfter in New York und London in Aktion gesehen, und seine Methoden dünkten mich zuweilen ein wenig anmaßend und fast gewalttätig (obwohl ich mich dabei als bloßer Zuschauer einer gewissen Belustigung nicht immer erwehren konnte). Wie immer dem auch sei, ihm haben wir es zweifellos zu verdanken, daß so viel jüdisches Erbe nicht einfach von unverständigen Nachkommen weggeworfen oder über die ganze Welt verstreut wurde, sondern an geeigneter Stelle erhalten geblieben ist und somit den Erforschern der Geschichte der deutschen Juden zur Verfügung steht.

In London mußte ich schon meiner eigenen Natur nach zartfühlender verfahren und auf Empfindlichkeiten Rücksicht nehmen. Abgesehen von dem verständlichen Wunsch der Nachkommen auf Sperrzeit gab es diejenigen, die unter keinen Umständen gestattet hätten, daß ihre Familienpapiere – nach dem was geschehen war – wieder nach Deutschland gelangten. Andererseits gab es aber auch einige, die meinten, die Bundesrepublik wäre ein besserer Ort für die Aufbewahrung der Nachlässe, da wir schließlich aus dem deutschen Kulturbereich gekommen seien. Außerdem gäbe es dort, z. B. im Falle eines verstorbenen Dichters, bessere Möglichkeiten für eine nachträgliche Veröffentlichung.[3] Die meisten wählten ohne Vorbehalt das Leo Baeck Institut, waren aber nicht immer glücklich darüber, daß ihre Nachlässe nach Amerika verschwanden. Es wäre ihnen lieber gewesen, diese in ihrer neuen Heimat aufbewahrt zu wissen. In London hatten wir jedoch keine geeignete Aufbewahrungsstätte. Auch war

---

[2] Max Kreutzberger (1900–1978), Direktor des New Yorker Leo Baeck Instituts von
     1955 bis 1967 und bis zu seinem Tode Generalkonsultant der Leo Baeck Institute. Er
     war u. a. Direktor der Zentralwohlfahrtsstelle der Deutschen Juden in Berlin und nach
     seiner Auswanderung nach Palästina Leiter der Hitachduth Olej Germania in Tel Aviv.

[3] Das New Yorker Leo Baeck Institut hat nunmehr eine archivarische Zweigstelle im
     Jüdischen Museum in Berlin eingerichtet, in der Duplikate und Mikrofilme seiner Bestände es den Historikern in der Bundesrepublik ermöglichen, ihre Arbeiten in Deutschland selbst zu verrichten.

unser Institut weder technisch noch finanziell in der Lage, drei Archive – in New York, Jerusalem und London – zu errichten. Ich übertreibe also nicht, wenn ich sage, daß ich so manches zu überwinden hatte.

Zuweilen jedoch verlief die Nachlaßübergabe völlig problem- und reibungslos. Und so verhielt es sich auch mit dem Nachlaß Georg Hermanns. Es muß über fünfundzwanzig Jahre her sein, daß sich zwei der vier Töchter Georg Hermanns an mich mit dem Vorschlag wandten, den Nachlaß ihres Vaters für das Leo Baeck Institut zu übernehmen. Es waren die beiden ältesten Töchter aus Hermanns erster Ehe mit Martha Heynemann, Eva-Maria Borchardt-Rothschild in London, und Hilde Villum-Hansen in Dänemark. Der weitaus größte Teil des Nachlasses befand sich in London – und eine riesige Kiste wurde eines Tages von zwei Lastträgern bei uns in der Devonshire Street abgeliefert. Ein kleineres, aber keineswegs unbedeutendes Konvolut wurde mir in Kopenhagen von Hilde Villum-Hansen übergeben. Dessen bescheidenerer Umfang gestattete es mir, es selbst mit einiger Mühe nach London abzuschleppen. Ich muß auch hervorheben, daß ich mich mit der lebendigen, forschen und sehr interessanten Hilde sofort ausgezeichnet verstand, schon weil sie linkspolitisch eingestellt war. Sie war (kommunistisch engagiert) schon 1932 nach Dänemark ausgewandert. (Gestatten Sie mir im übrigen eine Abschweifung um zu bemerken, daß wenn eine bekannte bürgerliche jüdische Familie in Deutschland vier Söhne oder vier Töchter aufzuweisen hatte, stets einer/eine Kommunist und einer/eine Zionist war – so war es bei den Scholems, den Lehmanns – und man kann das beliebig erweitern.) Soviel zu dieser einmaligen, aber nie vergessenen Begegnung in Kopenhagen. Eva-Maria Rothschild habe ich in der Folgezeit oftmals hier in London gesehen. Sie war eine charmante und großzügige Frau.

Lassen Sie mich nun zum Nachlaß selbst kommen. Die Übergabe verlief, wie gesagt, völlig unproblematisch, – aber es gab da eine unerschütterliche Grundbedingung. Ich mußte mich, ich glaube sogar schriftlich, den beiden Töchtern gegenüber dazu verpflichten, daß der Nachlaß auf keinen Fall je nach Deutschland überführt werden würde – in das Land, das ihren Vater in Auschwitz ermorden ließ.

Was den eigentlichen Inhalt anbetrifft, so muß ich Ihnen sagen, daß ich damals vor dem Transport nach New York nur in der Lage war, den Nachlaß recht flüchtig durchzusehen, und schon aus Zeitmangel konnte ich nur weniges sichten. Ich war aber überwältigt von der Fülle der Originalmanuskripte, des unveröffentlichten Materials, der ausgiebigen Korrespondenzen; auch ein Filmskript war dabei – was ist wohl aus ihm geworden? Ordnen konnten wir den Nachlaß also hier gewiß nicht – ich höre, daß er auch in New York noch nicht völlig geordnet oder katalogisiert worden ist. Wie alles rechtzeitig aus Deutschland weggeschafft wurde – und was zurückgeblieben ist[4] – mag mir gesagt worden sein, ich kann mich dessen jedoch nicht mehr entsinnen.

---

4 Ein kleiner Teil des Nachlasses von Georg Hermann ist – wie sich jetzt herausstellt – in England verblieben und befindet sich in der Hand von Hermanns Enkel George Rothschild.

Der Großteil des Nachlasses also ging ziemlich schnell nach New York, aber etwas ist doch hier verblieben – und zwar ein kleiner Bestand von Büchern, der sich heute in meinem Privatbesitz befindet. Es waren zweifelsohne die Krumen einer einstmals stattlichen Bibliothek. Der durchschnittliche deutsch-jüdische Mittelstandsbürger bewahrte bekanntlich in seinem oft einzigen Bücherschrank im allgemeinen nur die für den deutschen Juden geradezu obligatorischen Meyer-Klassiker von Goethe bis zu Grillparzer auf – sowie auch die sonstige gängige moderne Lektüre. Über dieser recht erheblichen Gruppe erhob sich der Stand der ernsten Sammler und Gelehrten, und über diesem thronte wiederum die Elite der wahren großen jüdischen Bibliophilen, unter die z. B. Ludwig Feuchtwanger zu zählen ist.[5] Georg Hermann vermag ich da nicht genau ein-zureihen, da ich über den Bestand seiner Bibliothek nicht genug weiß. Seine beiden Töchter bestanden jedenfalls darauf, daß die im Nachlaß enthaltenen Bücher, die nicht Werke Georg Hermanns waren, als eine Art Anerkennung meiner Aktivität als Vermittler in meinen Besitz übergehen sollten. Es waren viele Erstausgaben von Heine[6] – wenn auch leider nicht das *Buch der Lieder* oder die *Harzreise* (aber wir wußten, daß das New Yorker Leo Baeck Institut dank der emsigen Sammlertätigkeit Max Kreutzbergers ohnehin alle Heine-Erstausgaben besaß) – und ferner waren da zwei seltene Erstausgaben von Jean Paul, die nun gewiß nicht in das Arbeitsgebiet des Leo Baeck Instituts gehör-ten. Die sehr frappanten Titel schweben mir stets im Kopfe. Sie lauten: *Das Kampaner Thal oder über die Unsterblichkeit der Seele*[7] und *Das heimliche Klagelied der jezigen Männer*.[8]

Ein Büchernarr wie ich kann einem derartigen Angebot nicht widerstehen, und Eva-Maria Rothschild, die sich später einmal – beim Nachmittagstee – den Standort ihrer Geschenke besah, fand, daß die Bücher ihres Vaters ein an-gemessenes Heim und einen würdigen Erben gefunden hätten.

Wenn ich heute meine Bücherreihen abschreite, denke ich nicht selten an den Mann, der Deutschland so viel gegeben hat und auch daran, wie es ihm gelohnt wurde.

---

5 Das Standardwerk über jüdische Sammlertätigkeit und deutsche Juden als Freunde des schönen Buches ist Fritz Homeyer: Deutsche Juden als Bibliophilen und Anti-quare. 2., erw. und verb. Aufl., Tübingen: Mohr (Siebeck) 1966 (Schriftenreihe wis-senschaftlicher Abhandlungen des Leo Baeck Instituts; 10).

6 U. a. *Ueber den Denunzianten*, Hamburg 1837; *Ueber Ludwig Börne*, Hamburg 1840; *Atta Troll. Ein Sommernachtstraum*, Hamburg 1847 (und die zweite Auflage, Hamburg 1847); *Vermischte Schriften*, 3 Bde, Hamburg 1854; *Briefe von Heinrich Heine an seinen Freund Moses Moser*, Leipzig 1862; ebenfalls ein Facsimile-Neudruck des *Buches der Lieder* (Hamburg 1827) Berlin 1912.

7 *... nebst einer Erklärung der Holzschnitte unter den 10 Geboten des Katechismus*, Erfurt 1797, bei Wilhelm Hennings.

8 *... eine Stadtgeschichte. Die wunderbare Gesellschaft in der Neujahrsnacht*, Bre-men, bei Friedrich Wilmans 1801.

Anhang

Georg Hermann: »Bist du es oder bist du's nicht?«

»Zu den unerträglichsten, wenn auch wichtigsten und notwendigsten Dingen« sagte er sich halblaut ...

Dabei waren eigentlich seine Gedanken ganz woanders noch eben gewesen, aber er hatte sie im gleichen Moment, da er den Aktendeckel zuklappte, in dem sich die Blätter eines Romanmanuskripts übereinanderschichteten, ausgeknipst, so wie man einen Lichtschalter herumdreht. Und den braunen Aktendeckel hatte er zugeklappt, weil jetzt durch das große Atelierfenster das Licht schon abnahm, so die l'heure bleue, wie der Franzose gern sagt ... oder die Stunde zwischen Hund und Wolf begann. Also jene, da man auf hundert Schritte keinen Wolf von einem Hund unterscheiden konnte. Eine Sache ... dachte er ... die vielleicht für meine Herren Vorfahren, die einst, als sie eine Bibel dichteten, das sagten, wichtig und von Bedeutung gewesen ist, da man dort, wo das geschah, einen Hund mit Steinwürfen verjagen konnte, während das Gemüt eines Wolfes gegen Steinwürfe immun blieb. Außerdem: wo ist hier überhaupt ein Wolf?! Die nächsten tausend Kilometer sind doch alle Wölfe, die vorhanden sind, in Käfigen hinter Eisenstäben, um vor den bösen Menschen geschützt zu sein. Wenn man sie nicht gerade da aufsucht, kann man ihnen garnicht in der Dämmerung begegnen. Und dann ist ja auch gar keine echte Dämmerung bislang. Eine Weile hätte ich ja noch ruhig weiter schreiben können. Und, wenn es mit den Augen wirklich nicht gegangen wäre (ich soll sie schonen), hätte ich mir die Lampe immer noch anknipsen können.

Aber mach dir doch nichts vor! Deine Gedanken sind ja schon viel eher trübe geworden, als das Licht da draußen. Und der Faden meiner Erzählung hat sich ja schon viel eher verknotet und verfitzt, und ist nur unter Assistenz von zwei dicken Zigarren ... und du sollst doch nicht rauchen (wegen Herz!) mit Mühe, mit vieler Mühe wieder zusammengeknippert worden.

Und hören, hören (er schloß die Augen, als ob er dann besser in sich hineinhorchen könnte), hören tue ich garnichts mehr. Und dann ist es immer das Beste, man macht kurzweg Schluß, und wartet, bis es von selbst da drin wieder zu reden anfängt, und man es nur nachzuschreiben braucht. Denn da drin in mir arbeitet es ja doch weiter, ohne, daß ichs bemerke. Stimmt nicht ganz: man fühlt es doch an einem so ganz leichten und leisen Summen und Vibrieren in einem. Wie es in der Muschel des Telefons ist, wenn man keine Verbindung bekommt. Genau so spüre ich auch, wie ich ... das heißt wie es, es doch eigentlich ganz etwas anderes insgeheim denkt, fühlt und tut, wie ich denke, empfinde und tue.

Man hat doch gleichsam zwei Leben, die wie Schichten übereinander liegen. Das, was ich fühle und dokumentiere, sind wie die Wellen eines Ozeans, die, so bewegt sie immer sein mögen, doch nicht tiefer wie zwanzig Meter das Wasser aufrühren, und unter denen die ewig unbewegten tausendmeterigen Tiefen erst beginnen. Und diese Tiefen sind von sehr seltsamen und unbekannten Lebewesen bevölkert. Und Glück und Unheil des Tages und des Lebens gleiten in sie hinab in diese Tiefen. Und die Toten sinken in sie unter, um nach langen Jahren, vielleicht als sehr anders geartete Schemen, wieder hochgespült zu werden, sich vampirhaft an uns zu heften und unser Blut zu trinken, solange bis sie sich an uns sattgetrunken haben und wir sie zu einem Scheinleben zwischen Buchseiten erweckt haben. Andere, die wir lebendig wieder machen wollen, sind nur mühselig mit dem tiefen Schleppnetz von dem Grund aufzuscharren und schwierig ans Licht zu bringen und in die alte Lebensluft heraufzuziehn. Meist zerplatzen sie dann, und es bleibt nur ein schaumiges Trümmerhäufchen davon übrig, und … er schlug mit der flachen Hand auf den braunen Aktendeckel, daß es in dem hohen und weiten Raum widerhallte wie in der Schulklasse, wenn Kinder eine aufgeblasene Papiertüte zerknallen: so wie das da.

Aber vielleicht ist es auch das, daß, wenn man alt wird, man die Dinge nicht mehr in der Hand hat und sich auf sein Glück verlassen muß, ob sie werden. Früher konnte man es zwingen. Das heißt, man brauchte es garnicht zu zwingen, weil man sich einfach auf sich selbst und seine Kraft, die schon aus einem herausholte, was man geben konnte, und auf seine unverbrauchten Jahre verlassen konnte. Heute will das Herz nicht mehr. Und die Puste geht einem noch leichter aus dabei wie der Atem beim Treppensteigen, wenn mal wieder der Fahrstuhl in Reparatur ist.

Naja … ich hätte eben nicht hierher gehn sollen! Aber alle Menschen sagen mir, ich darf mich nicht immer verstecken. Man muß hier schon sein … wenigstens ein Teil des Jahres … wenn man seinen Namen behalten will. Man muß hier gesehn werden. Hier wird gewertet, gewogen und abgestempelt. Und wer nicht hier ist, zählt nicht mit und wird auf die Dauer vergessen.

Na – nun bin ich ja hier seit ein paar Monaten wieder. Man ist höflich zu mir aus alter Gewohnheit, wie, als ob man sagte: Leben Sie auch noch? Das ist ja nett. Aber ich bemerke nicht, daß sich dadurch viel geändert hätte.

»Also zu den unerträglichsten, wenn auch wichtigsten und notwendigsten Dingen« sagte er halblaut vor sich hin – denn all das war sehr schnell durch ihn, eigentlich mehr in Empfindungen als in Worten hingezogen, er hatte eigentlich kaum viel mehr Zeit benötigt, wie er brauchte, um mit der flachen Hand auf den Aktendeckel zu schlagen und bis der letzte Hall davon in dem hohen Atelier, das ihm als Bibliothek, Salon und Arbeitszimmer diente, und das er sein »Filmstudio« nannte, weil auch, genau wie dort, die paar Möbel, die er sich hatte nachkommen lassen, so ganz wahllos in kleinen Arrangements herumstanden und sich von Insel zu Insel nicht umeinander kümmerten … bis der letzte Widerhall in der schon sich rötenden Abendstille verklungen war …

»Zu den unerträglichsten Dingen« murmelte er (Leute, die viel allein leben, gewöhnen sich solche halblauten Monologe, solche ein »Sein oder
nicht-sein« und »Durch diese hohle Gasse muß er kommen« sehr leicht an),
»aber auch zu den notwendigsten dieser Erde, deren Bewohner ohnedem
noch in einem kulturlosen Dämmerschlaf dahinvegetieren würden, gehört
wahrhaftig eine Stadt. Sie wird darin und an Unausstehlichkeit nur übertrof-
fen durch eine: Großstadt. Und diese ist in dieser Beziehung nur zu überbie-
ten durch eine: Weltstadt. Eine sogenannte ... das heißt, von sich selbst sogenannte. Zugegeben: sie, die Stadt ist die Wiege aller Kultur, der Born alles
Wissens, die Quelle alles Zweifelns und mithin aller Entwicklung. Sie ist
auch die Schöpferin aller Zivilisation, und, weil die Menschen in ihr zu nahe
aufeinanderhocken, aller feineren menschlichen Umgangsformen. Kurz: sie
ist Bett und Sinnbild des Menschentums auf Erden. Aber sie ist striktement
so unausstehlich, daß ich bisher nie begriffen habe, wie jemand in einer Stadt
wohnen kann. Wenigstens jetzt im Sommer, oder solange überhaupt noch
Bäume grün sind. So wenig, wie ich etwa begreife, daß jemand am heller-
lichten Tage ins Theater oder ins Kino geht und sich Illusionen vorspielen
läßt. Habt ihr mal ihre Gesichter und ihre Augen beobachtet, wenn die Leute
nachher plötzlich auf die Straße zwischen das Gewühl wieder kommen? Wie
Maulwürfe, die man eben ausgegraben hat, sehn sie aus. Wer geht am Tage
ins Kino?! Des Abends, wenn der Tag verklungen ist, will ich es vielleicht
unter Vorbehalt gelten lassen. Und im Winter, wenn alles kahl ist und kalt
ist, und es ganz nett ist, wenn man mal etwas näher zusammenrücken kann ...
dann ist sogar auch die Stadt mal auf zwei, drei Monate ganz erträglich. Aber
im Sommer, wenn die Häuserwände glühn und der Asphalt Blasen wirft?!
Boah! Berlin ist doch unausstehlich! Ich habe nie begriffen, wie jemand da
wohnen kann. Ebenso wie ich niemals verstanden habe, daß man woanders
als in Berlin, der Weltstadt ... aber damals war es noch eine bescheidene
Großstadt zur Welt gekommen sein kann. Das braucht man schon einfach
wegen der weiteren Horizonte von da aus!«

Und vielleicht, um sich die zu schaffen, nahm er die Brille von den dunklen,
um die Pupillen schon ganz leichtgraugerandeten Augen, putzte die Gläser
umständlich und stellte die Brille vor sich in den Brillenständer auf seinem
Arbeitstisch, als ob er damit sagen wollte: bis morgen! Und dann legte er den
Kopf weit ins Genick, um sich noch umständlicher die Augen zu reiben (Eigentlich müßte ich schon wieder ein schärferes Glas haben doch!).

Und wie er die Augen zwinkernd öffnete, sah er plötzlich durch das große
schräge, geteilte Atelierfenster, das den Himmelsglobus wie in Längen- und
Breitengrade zerschnitt, da oben in den grünlichen Abendglanz hinein, über
den sich querhin rote Wolkenbänder wie Ordensbinden über einen altmodi-
schen flaschengrünen Staatsfrack zogen: ein farbiger Abend nach einem heißen Tag, der einen noch heißeren Tag für morgen verkündete, und dessen
Glanz heute, der grüne und rosige, noch lange in diesen »hellen Nächten« ...
wie man sie nennt ... bleiben würde.

Ich kenne die Wüste nicht ... das ist mir in diesem meinem Dasein diesesmal entgangen, wohl weil meine Herren Vorfahren das zweifelhafte Vergnügen hatten, in ihr vierzig Jahre lang Sommerfrische zu nehmen. Aber ich glaube nicht, daß ein Mensch, wenn er des Abends da sein Zelt aufschlägt, einsamer unter dem grünen rotgerandeten Abendhimmel und auf dem davon angebluteten Sand sein kann, wie ich hier oben jetzt. Und viel anders kann der Himmel da auch nicht aussehn. Also sonst ... früher wäre ich bestimmt noch zuhause geblieben und hätte mal die Nacht herangegeben ... denn eigentlich komme ich doch nicht voran. Ich habe doch so mehr Nächte durchgearbeitet wie manch einer Tage. Ich bin das gewohnt. Früher machte es mir nichts aus. Und heute brauche ich außerdem überhaupt nicht mehr so viel Schlaf. Aber wozu? Wer wird danach fragen, wenn dieser Roman da einen Monat, ein halbes Jahr später gelesen wird? Und wer, wenn er garnicht gelesen wird? Ich kann mir doch unmöglich einreden, daß einer fehlt. Und die Zeit, daß ich innerlich ersticke, wenn ich stumm bliebe, ist verdämmert. Meine Mutter erzählte mir immer: wir warteten jedes Jahr in meiner Jugend, was von Heinrich Heine Neues käme. Nun die Zeiten sind anders geworden. Ich bin kein Heine. Und selbst, wenn ich einer wäre, würde niemand darauf warten.

Aber, wenn ich heute Nacht hierbleibe, werde ich mich aufhängen. Trotzdem weder Haken noch Strick da ist. Für das Gros der Menschen ist doch Wohnen kein Vergnügen sondern eine Strafe. »Man kann einen Menschen[«], heißt das Wort der Nationalökonomen, [»]mit einer Wohnung eben so sicher wie mit einer Axt totschlagen«. Aber man kann noch viel sicherer eine Seele mit einer Wohnung totschlagen.

Wenn man also zum Beispiel solch eine Atelierwohnung sich nimmt, meint man wunder, wie angenehm das ist, nahe dem Leben und doch ganz herrlich ruhig und abseits zu existieren da ... »hoch über der Menschheit Mummenschanz«, wie Liliencron behauptet, weil er einen Reim auf »ein Viertel, Halb, Dreiviertel, Ganz« ... brauchte. Da gibt es also von der Stadt nur ein paar langweilige Kirchtürme, die nicht voneinander zu unterscheiden sind ... ein paar flache Dächer ... von nachvornheraus, einen Flugzeugblick in die Straße ... ein paar flache Dächer, auf denen über geteerten Pappen im Kies dürres Unkraut wächst, Schornsteine, Stuckpuppen, denen wie Dolchstoßlegenden Eisenstangen im Rücken stecken ... und damit sie kein Wind mal wegbrechen kann. Und Radiomasten, die eigentlich schon wieder unmodern geworden sind, und die man nur vergessen hat, zu kassieren. Und, wenn's dunkelt, springen Lichtreklamen in der Ferne auf und verlöschen, um wieder aufzuspringen. Und ein Laternenglanz schimmert aus einer Straßenschlucht herauf, der im Winter etwas heller dann ist als im Sommer jetzt, weil im Winter die Lindenreihen in der Straße kahl sind und jetzt mit ihren grünseidenen Lichtschirmen die Helligkeit nach oben hin abfangen.

Vom Straßenlärm und tausendfachen Dasein da unten ist nur ein letztes brandendes Rauschen zu vernehmen. Aber merkwürdig: wenn man nie hier, von seinem elfenbeinernen Turm, herunterkäme, müßte man zu der Ansicht neigen, daß es am Tage viel stiller unten ist als des Nachts. Denn des Nachts hört man hin und wieder sehr deutlich ein schreiendes Auto, ein keifendes Frauenzimmer, eine abklingelnde Straßenbahn ... von vier Straßen weit ... Leute, die marschieren und solche die singen und marschieren. Und ab und zu mal einen Schuß, der aufkreischt, aber in den letzten fünfzehn Jahren hat man sich an diesen Laut so gewöhnt, daß man nicht viel Notiz davon nimmt. Morgen wird man es in der Zeitung lesen oder auch nicht lesen. Das genügt. Man hört auch wohl eine Trillerpfeife von einem Polizisten ... das Feuerwehrklingeln des Überfallkommandos ... das Bellen eines Hundes. Und nach zwei sogar, weiß der Himmel, wo er sich versteckt hat, und warum er gerade hier das tut: das Krähen eines Hahns.

All das hört man sehr nah und deutlich, während es doch tagüber schon eigentlich mucksmäuschenstill hier oben ist, wenn nicht gerade im Nebenzimmer Teppiche geklopft werden. Und das ist seit der Aera der Staubsauger unmodern geworden. Sicher gibts auf dem Hof hier gar keine Teppichstange mehr, um niemand von den Herrschaften in Versuchung zu führen.

Die tägliche Musik des Teppichklopfens gehörte einer längst verschollenen ... hier paßt das Wort ... Jugend von mir an. Dann wurde sie wöchentlich auf zwei Vormittage beschränkt. Dann nur noch auf einen. Und dann ging sie allgemach in das mürrische Gebrumm des Staubsaugers über. »Und wie wirs dann so herrlich weit gebracht!« Nein tags hört man eigentlich garnichts, weil man auf das melée von Geräuschen eben nicht achtet, aus dem nichts Einzelnes mehr herauszuschmecken ist. Und das ist ein Vorteil.

Man kommt auch leicht in diesen meinen Turm hinauf. Man braucht nur einen Absatz zu gehen, denn der Fahrstuhl fährt, bringt einen bis zum vierten Stock. Und die roten dicken Läufer geleiten einen sogar bis zum fünften, damit man selbst da oben seine Vornehmheit nicht vergißt. Und dank dieses Fahrstuhls, der sogar geschnitzt wie eine Rokokosänfte ist und eine Polsterbank in Altrosa auf Dackelbeinen hat wie aus dem Trianon, kennt man keinen Menschen im Haus, und will ... im Vertrauen ... ja auch von keinem gekannt sein.

Und man würde garnichts von ihnen wissen, wenn nicht die Aufwartung sich bemüßigt fühlte, von ihnen ab und zu zu berichten. Sie kommt zwei Stunden jeden Tag und weiß davon die eine nicht mehr, was sie tun soll.

Ein einzelner Mensch macht ja nicht viel Arbeit. Und da sie die andere Stunde doch hinbringen muß, so erzählt sie mir allerhand Klatsch aus dem Haus. So, daß mit mir zusammen da unten in die letzte Zwölfzimmerwohnung – die andern sind schon längst in zwei und drei selbst geteilt – ein einzelner alter Herr eingezogen ist, ein Argentinier oder ein Brasilianer ... jedenfalls solch ein Afrikaner (in den vierzig Jahren, seitdem sie die Schule verlassen hat, hat sich ihre Geographie, die nie sehr taktfest wohl war, noch mehr verwirrt) ... der aber jrade jenau so Deutsch spricht wie wir beide auch ... und der drei braune Diener mitgebracht hat, von denen einer hinter seinen Stuhl steht, selbst wenn er ganz alleine ißt, und ein anderer nur das Essen auf Silberplatten hereinträgt. Mit dem jeht

ihre Tochter. Er lehrt ihr Span'sch! Und der dritte muß ihm bekochen. Aber der
ist sehr stolz, der redet mit keinem im Haus. Weil er auch sein Chauffeur ist.
Einen Kasten voll Ringe hat er ... nich der Chauffeur! ... wozu ein Herr sowas
braucht!? Und dazu noch ein einzelner Herr. Dabei hat er Kinder von zwei Frau-
en. Doch die sind drüben bei ihm in Afrika geblieben.

Solche Geschichten aus dem Haus erzählt mir »Frau« Warnecke. Doch auf
der Invalidenkarte steht indiskret »Fräulein« Warnecke. Ich klebe ihr doch die
Marken ein, da muß ich es doch sehn. Aber ich mache mich nichts wissen und
lasse mir von ihrem Seligen erzählen. Und instinktiv trifft sie den Ton der
Marthe Schwertlein: »Und fremde Weiber, fremden Wein«, nur daß es Bier
und Schnaps war, »und das verdammte Würfelspiel«, nur daß es verbotenes
Wetten im Zigarrenwinkel auf ausländische Rennpferde war. Aber sonst war er
wirklich ein guter Mann, der Herr Warnecke. Bis auf eine kleine Untugend des
Nichtvorhandengewesenseins, die nicht ins Gewicht fällt, da er eben so, wenn
vorhanden gewesen, so und nicht anders gewesen wäre.

Ob nun Frau Warnecke mich ebenso zum Gesprächsthema bei ihren anderen Kunden macht! Zwar sagt sie mir, daß sie keine andern Klienten hat, und
ich allein ihr deswegen die Invalidenkarte kleben müßte und die Krankenkasse
bezahlen muß. Aber neulich hat sie sich verplappert, und da ist herausgekom-
men, daß sie bei den andern – und sie hat vier Stellen – auch wenigstens das
Geld dafür erhebt und einkassiert. Naja – wovon soll solche arme Frau leben?!
Und endlich will sie doch auch mal ins Kino gehn. Und außerdem warum
sollen nur reiche Menschen allein das Vorrecht haben, unehrlich zu sein?!

Ob sie nebenbei unter ihrem Klientel auch solche Märchen über mich ver-
breitet, die brave Warnecke? Wäre mir nicht lieb. Ich habe von je Anonymität
geschätzt. Merkwürdig – wieviele Menschen von mir wissen, und wie wenige
einen von Angesicht zu Angesicht doch nur kennen. Nichtmal die im Hause
hier. Das ist einer der geringen Vorteile der Großstadt. Höchstens, daß man
sich vor dem Fahrstuhl höflich anlächelt, wenn es der Zufall will, daß man
zugleich in den petit salon des petit Trianon einsteigen muß. Und noch höflicher, wenn man aussteigt, als ob man um Entschuldigung bäte, daß man hier
im ersten oder zweiten Stock wohnt und deshalb genötigt ist, durch Stoppen
von der kostbaren Zeit des andern ... eben jenes alten Herrn da ... zehn Sekun-
den zu entwenden. Merkwürdig: da wo sie es nicht brauchten, haben Menschen stets etwas schuldbewußtes.

Aber deshalb kommen die vom ersten Stock lange noch nicht bis zur Atelierwohnung hier herauf, um nachzusehen, wer denn dort eingezogen ist ...
eigentlich. Außerdem würden sie ja doch nur meinen bürgerlichen Namen und
nicht meinen nom de guerre erfahren. Solange man nichts ist, versteckt man
sich gern dahinter, um seinen bürgerlichen Namen und seine anständige Familie nicht mit Schreiben und Sich-découvrieren und Mißerfolgen zu kompromit-
tieren. Und wenn man Erfolg dann hat, versteckt man das Pseudonym wieder
hinter seinem bürgerlichen Namen, um sich selbst nicht durch Erfolg zu kom-
promittieren. Denn Erfolg kompromittiert.

Also sie würden doch nicht ahnen, wer ich bin, und daß sie mich kennen, wenn sie mein Schild, das nicht mal ein richtiges poliertes Messingschild sondern nur eine etwas vergilbte angesteckte Visitenkarte (Visitenkarten sind aus der Mode gekommen, wie der Gehrock. Nur Veteranen des Lebens tragen beides!) unter dem Klingelknopf ist ... lesen würden.

Eine schnurrige Idee für einen Schriftsteller, sich ein Atelier zu mieten. Aber in Frankreich machen sie das öfter. Vor allem, wenn sie Familie haben. Da sind sie schwerer erreichbar, ein sehr geeigneter Zufluchtsort dann. Vielleicht haben auch in einem hohen Raum die Gedanken mehr Platz, sich zu entfalten, und Hell und Dunkel verteilen sich gerechter bei dem neutralen Nordlicht, das hier eigentlich Nordwestlicht ist. Aber wer wird, wenn er nicht gerade malt, es damit so genau nehmen?!

Jüngere Kollegen, alte Freunde und ältere Freundinnen, die mal herauffinden ... denn man muß ja schon mal Leute, wenigstens zum Tee, bei sich sehn! ... alle die sich heraufwagen, denken innerlich: ich würde zwar nicht so wohnen und wenn man mir etwas zuschenkte: das Atelier ist zwar eine Tennishalle, aber dafür ist das Schlafzimmer auch eine Kabuse und die Küche eine Angelegenheit für Liliputaner aus der Zwergenstadt auf dem Rummelplatz. Und nur ein Douchraum! Man will doch mal gemütlich baden. Und sie sagen dann laut: »Gott, haben Sie es hier oben nett! Und wie praktisch dabei! Man merkt doch gleich den Künstler, den Mann von Geschmack. Und die Utamaros! (Zwar sind es Landschaften von Hirishigo aus der Tokaidofolge). Ist der Barockschrank alt? (Alt ja, aber nicht Barock). Haben sie denn Ihr Haus da unten nicht mehr, Meister? Wie lange ist es eigentlich her, daß Sie hier fortgegangen sind? Ich glaube: sechzehn Jahre bald. Oder ist es gar achtzehn. Noch länger?! Wie die Zeit verfliegt! (Aber ich kann doch nicht ewig schreien: gewiß ich habe es noch. Meine Kinder und meine verheiratete Tochter mit dem Mann wohnen da jetzt grade drin. Man kann doch den Leuten nicht immer in die Ohren brüllen: »der Not gehorchend, Lieber, nicht dem eigenen Triebe![«]) Warum sagt Goethe niemals solche Plattituden. Ja, Lieber, man kann nämlich nicht mehr Jahre und Jahrzehnte von hier fortbleiben. Man mag sein, wer man will. Es kommen neue hier, man wird schnell in die dritte Linie geschoben. Man wird vergessen. Man muß hin und wieder sich sehn lassen. Mit dabei sein. In Zeitungen genannt werden: Man sah von Schriftstellern unter andern Herrn n..., in Zeitungen mitschreiben mal. Sich in Erinnerung bringen. Alte Beziehungen aufrecht erhalten. Das geht nicht par distance. So wenig wie man brieflich ein Liebesverhältnis auf die Dauer par distance aufrecht erhalten kann. Da heißt es auch: wer da ist, hat recht! Die Menschen, die Stadt muß wissen, daß man da ist, und anständig erinnert werden, daß man immer noch existiert. Die Zeiten sind gründlich anders geworden nach dem Krieg. Die Welt lebt flach und schnell und hat ein miserables Gedächtnis bekommen. Selbst die besten Dinge verschwinden von heute auf morgen und entschwinden ihr. Die Revenuen von alten Büchern einstreichen und die Tantiemen von alten Stücken und selbst wie Zeus, wie man das vordem konnte, hinter seiner Wolke bleiben ... irgendwo auf dieser Erde in angenehmer blumiger Verträumtheit von draußen her sich alles anschauen, oder einfach so herumreisen und Kunst kneipen, während unsere Mühlen für uns mahlen ... all das geht nun *nach* dem Krieg eben *doch* nicht mehr! Andersgeartete Menschen und andere Generationen sind nachgewachsen, die einen nicht mehr miterlebt haben, für die man nicht Wortführer ist mehr, weil man ihnen ja nicht vordem die stumme Seele gelöst hat ... Und die von einem nur den Namen und den kaum noch kennen. Und die einen vielleicht schon einfach *darum* ablehnen, weil man denen vor ihnen etwas bedeutete. Die warten nicht mehr: Was wird er *nun* sagen?!

Die aber, bei denen man galt, und die das Dasein vordem beherrschten, ihm die Note einst gaben, ihm den Stempel aufdrückten, die meisten von denen sind schon wieder zur andern Tür hinausgegangen, oder der Krieg, dieser brutale Hausknecht in der Wirtschaft »zum Leben« hat sie hunderttausendweise zur andern Tür vorzeitig herausgeschmissen.

Und die, die blieben damals, sind von dem Leben genau so an die Wand dann gedrückt worden wie wir es würden, die bei ihnen etwas galten. Ich weiß genau, Garantiescheine werden nicht gegeben, nicht ausgegeben mehr in diesem unsern schreibenden Dasein. Das acceptiere ich. Aber irgendwie würge ich mich ja immer noch durch. Und wenn es nicht mehr geht? Ach Gott, endlich habe ich ja durch lange Jahre meines Daseins wie ein russischer Student in Dachstuben gelebt und Wochen kaum warm gegessen und die Nächte bei zehn Glas Tee durchgeschrieben. Ich habe von Goldstück zu Goldstück von der Hand in den Mund gelebt. Ich habe von Monat zu Monat gelebt. Ich habe schlecht gelebt. Ich habe gut gelebt. Ich habe Jahre recht angenehm sogar gelebt, so ... so zwischen reichen Leuten und mit kleinen Liebhabereien. *Nun* lebe ich wieder weniger gut. Und ich werde sogar noch schlecht wieder mal leben. Kann alles kommen. Garantiescheine werden eben für uns nicht mehr ausgestellt in diesem unsern schreibenden Dasein. Wir Schriftsteller leben heute mehr unter Druck als von Druck. Aber eines kann ich von mir sagen, daß keines von alledem, weder so noch so, je den Kern meines Daseins getroffen hat. Weil der Praster sich um Kleinigkeiten nicht zu kümmern hat. Und weil von alledem die Schönheit, die Klugheit der Welt, das Elend und das Grausen der Welt, die unberechenbare Bösartigkeit des Menschen gegen den Menschen und die ganze dunkle Ungewißheit des Seins unberührt bleiben. Und weil das, das! unserm Leben die Note gibt, vom ersten Tage an, da unser Geist die Augen öffnet und unser Herz zu beben beginnt ob dieser schreienden Gegensätze, in die wir hineingeworfen wurden. Ob dieser seltsamen Mischung von Schönheit und Trostlosigkeit, von gähnender Öde und bezauberndsten Nüanzen, von Dummheit und Witz, von Kitsch und Kunst in dem ganzen Auf und Ab des Lebens um uns her; und des Lebens in uns, ... weil das alles bleibt, bleibt, bleibt und nie vergessen werden kann, wenn wir [es] einmal erfaßt haben ... ob wir im Straßengraben liegen, oder ob wir in stolzem Auto an uns selbst im Straßengraben vorbeisausen.

Ach Gott, die Schriftstellerei von Leuten, die von Hause her reich waren ist selten etwas oder gar viel ... oder es waren Deklassierte die aus der Reihe tanzten wie Tolstoi oder Turgenjew ... Denn Geld oder gar Reichtum sind ein Polster, das in der Mensur des Lebens die Hiebe abfängt, die ins Herz gehn könnten. Und ohne Narben im Herzen wird niemand Schriftsteller. Denn diese Narben erinnern uns daran, wie es jenen ist, denen jeder Tag ins Herz Wunden schlägt.

Warum ist nur ein Sommerabend in der Großstadt so melancholisch, so trostlos, so dumpf, so heiß, so brandig, so sehnsüchtig und ziellos. Eine Sache, die irgendwie totgeschlagen werden muß. Mit Gesellschaft anderer Menschen, ganz gleich welchen und wie. Mit einem Kino. Mit einem Mädchen, wenn man jung genug dazu ist. Mit einem Café. Mit einem ziel- und sinnlosen Flanieren durch Straßen. Mit Trinken. Mit schlechter Musik. Mit ... ... Und all das desto mehr, je schöner und wärmer und klarer es eigentlich ist. (Dann ist *das* sicher der schönste Sommerabend den ich je erlebt habe!) Oder auch mit Arbeit totschlagen. Wozu arbeitet man eigentlich? Und wozu lebt man? Der Sinn des Lebens, sagt man, ist das Leben. Und der Sinn der Arbeit, redet man sich ein, ist das Werk. Was ist denn das Werk? In hunderttausend Fällen doch nur eine Sandburg, die Kinder am Strand auftürmen und die die nächste Welle wegfegt. Unsinn: der Sinn der Arbeit ist *auch* nur die Arbeit. Für jedes Mal, da das Kind Lebertran nimmt und brav nimmt, kriegt es einen Groschen. Und von dem Groschen wird wieder neuer Lebertran gekauft, den es nehmen muß, weil wir sonst nämlich überhaupt schon garnicht mehr wüßten, was wir mit unserm Dasein anfangen sollten. Und doch, sie – die Arbeit – ist ja auch nur eine Maske auf diesem traurigen Maskenball, auf dem wir alle mittanzen.

Vielleicht könnte ich mich noch mit irgendeinem Bekannten treffen?! Aber mit wem? Es gibt sicher ein Dutzend Leute, zu denen ich noch gehn oder herausfahren könnte. Ach ja draußen! Nicolassee! Grunewald! Selbst Zehlendorf-West! Da ist solch ein Abend noch erträglicher, wenn die Fenster offen sind oder man auf der Terrasse sogar vielleicht sitzt, während einem zwei Kiefernbäume mit wildem Wein und ein Gitter voll Crimbsen Landschaft vorspielen. Aber nachher sind sie nicht zuhause. Man kann ja vorher anrufen. Aber dann kommt man ihnen doch ungelegen, selbst wenn sie entzückt tun und rufen: »Aber wir freuen uns natürlich sehr! Meine Frau ist zwar leider nicht da heute. Aber das macht nichts. Dann müssen Sie eben mit mir vorlieb nehmen!« Aber dann sind nachher bei der Rückfahrt die Stadtbahnzüge überfüllt von Leuten, die Krakehl machen oder sich anpöbeln. Und meist beides. Ich liebe so etwas außerordentlich, wenn die Volksseele sich entfaltet. Aber ich schätze *noch* mehr, *nicht* mit dabei zu sein. 17352 ... ach nein, lieber dann doch eher 28941. Oder dann doch *noch* eher 64319. Sehr nette und liebenswürdige Menschen. Sie würden sich mit mir gewiß ... das wäre schon eher ... ich kenne sie nun schon zweiunddreißig Jahre bald. Aber grade deswegen, wenn man sich zu lange kennt, kennt man sich zu gut und tut sich gegenseitig leid, weil man nicht mehr der ist wie früher und auf dem absteigenden Ast herumrutscht ... Himmel, war diese Frau mal schön! ... Wie ein violettes Stiefmütterchen! Soll ich ihr sagen: »Sie sind immer noch eine schöne Frau?« und dabei von der Erinnerung leben. Wozu das?! Oder soll ich sagen, wenn der Mann eine zweite

Flasche Mosel heraufholt: »Liebling, dein Herz ist doch genau so weich und
lieb geblieben, wie der Flaum auf deinen Wangen einst war«, und mich dafür
anlächeln lassen, weil alte Herren und Damen immer sehr vernünftig sind, und
mir dann anhören, daß Ellis Älteste Gerda (sie ist zwei Jahre älter wie Renate
von deiner Mieze) ihr gestern erzählt hat, daß sie jetzt in der Schule so langweilige Lieder wie »Ehre sei Gott in der Höhle« singen müssen ... Und das
reizend finden?!

Also 6431 ... aber der Finger bleibt nicht auf der Drehscheibe. Und dann
stürzt man zum Zug, der schon durch die Kiefern zu hören ist ... und japst wie
ein Jagdhund. Alles Sachen, die ich neidlos schon andern überlassen muß.

Ach man kann sich auch ein Buch nehmen! Wozu sind sie geschrieben worden. Ich rechne ja auch damit, daß sich andre mal ab und zu ein Buch von mir
nehmen. Nebenbei würde ich nie ein Buch von mir gelesen haben, wenn ich es
nicht zufällig selbst geschrieben hätte. Und ich lese es ja auch nicht mehr,
wenn ich es erst einmal geschrieben habe.

Aber was soll ich mir nehmen? Eigentlich lese ich überhaupt keine Bücher
mehr oder nur sehr wenig. Ich könnte ja aus diesem Bücherberg hier etwas
nehmen, der sich da aufgestapelt hat. Man bekommt sie immer wieder. Aber
ich habe jetzt mehr und mehr eine Scheu davor ... Genau so, wie ich ungern
neue Menschen nur noch kennen lerne. Was meine alten Freunde zu sagen
haben, das weiß ich. Sie haben zwar nicht immer ihr letztes aber ihr bestes
Wort meist schon längst gesprochen. Nein, wenn ich schon lese, so lese ich *in*
Büchern, ich rieche an ihnen wie an Blumen in einem fremden Garten, mal
hier eine mattrosa Levkoye oder eine purpurbraune Nelke, und sieh mal an, da
ist ja eine neue Sorte von Goldlack, dunkelviolett. Die Farbe Goldlack kannt
ich noch nicht. Die gabs zu meinen Zeiten noch nicht. Der Garten ist bunter
geworden. Aber der Garten meiner Jugend war schöner. Das lag garnicht so an
uns wie an der Jugend. Und an der Zeit, die für uns günstiger war. Wo sind all
die Blumen von damals hin? Verwelkt, verkommen, verdorrt, zertreten und
vergessen. Mit manchen habe ich mal Briefe gewechselt (trotzdem ich nie sehr
für schreibende Kollegen gewesen bin). Maler, Bildhauer, Zeichner, Radierer
sind viel mehr meine Freunde im Leben gewesen, weil sie weniger reden und
besser sehn. Musiker nicht. Die Echten sind mir zu verschwommen. Und die,
die das nicht sind und klug sind, sind selten gute Musiker. Und der Zufall will
es, daß ich mir die Briefe von ihnen aufgehoben habe, mehr, weil mich die
Schrift, das Schriftbild reizte als der Inhalt. Gestern habe ich sie mir wieder
durchgeblättert noch ... sie schreiben nämlich sehr verschieden. Aber man
kann's an der Schrift schon genau sehn, ob es ein Lyriker, ein Romancier, ein
reines Formtalent oder ein musikalischer echter Dichter geschrieben hat, ein
Schriftsteller, ein Philosoph, ein Gelehrter, ein Maler, ein Bildhauer, ein Radierer geschrieben hat. Oder ein Karikaturenzeichner. Oder ein Mann vom
Kunstgewerbe. Oder ein großer Architekt. All diese Hände lebten ja doch
einst, da ich ihre flüchtigeren oder intimeren Mitteilungen empfing. Als ich vor
fünf Jahren sie einmal wieder durchblätterte, waren vielleicht vierzig von hun-

dert dieser Hände schon im Tode starr geworden. Und heute werden es achtzig, ja fast neunzig von hundert sein. Unsagbar, wie schnell so eine Generation
doch nach dem Kriege so zerstoben und verweht ist. Wieviele, die mit mir
zusammen ins Leben hineingegangen sind, sind schon wieder aus dem Leben
hinausgegangen! Ja, aber du bist da unten doch geblieben wie deine hunderte
bevorzugter Genossen, Marc Aurel. Wenn ich dich jetzt hier hätte und nur eine
halbe Stunde den Duft deiner Sentenzen einatmen könnte, ich wäre ja wieder
ruhig. Denn ich hätte sicher bei dir ein Wort gefunden, an das ich mich jetzt
klammern könnte wie ein Ertrinkender an den Rettungsball.

Immerhin du vergaßest dabei das zu sagen, was schlimmer ist und trostlo-
ser. Wie viele, die NACH mir in das Leben hineingegangen sind, sind auch
schon wieder aus dem Leben hinausgegangen! Das erst ist wahrhaft tragisch.
Daß jemand nämlich, der mit uns zusammen das Rennen anfängt, es vor uns
aufgibt, dafür hat man ja genug des tieferen Verständnisses; »gingst du voran
und hast nicht viel verloren«, o Gott, wie oft wollte man es selbst aufgeben in
den nun bald zweidrittel eines Saeculums und tat es nur nicht, weil man die
Fahnenflucht verabscheute. Aber man wäre sehr dankbar gewesen, wenn es
sich so gefügt hätte. Wie kann man sich vor dem Nichtsein fürchten, wenn
man es hundertmal herbeigesehnt hat.

Das also, also das versteht man ja schon. Aber daß jemand, der *nach* uns
sich am Start aufstellte, nun *vor* uns schon abklappt, *das* ist nur *schwer* und
schmerzlich für unsern Kopf zu erfassen.

Schön: der Maler, der Bildhauer, der Musiker ... er hat von früh an diese
Anlage. Er hat Gehör. Er sucht sich auf dem Klavier die Melodien zusammen.
Er bekommt eine Geige in die Hände. Er kann sie kaum halten und spielt die
Chaconne von Bach. Er hat geschickte Hände. Er zeichnet eher, als er schreibt.
Es gibt einige Widerstände später, weil man es für ein unsicheres Brot hält.
Aber er wird Maler oder Musiker oder Bildhauer. Er knetet in Ton. Er model-
liert sich eine Welt in den Farben einer Palette auf einer Leinwand nach. Er
muß genau wie als Kind, wenn er eine Geige sieht, ihr Töne entlocken, die ihm
in seinem Hirn so schwirren. Und all das gewährt ihm eine Befriedigung seiner
Sinne. Er muß es tun. Es ist schwer. Es ist unvollkommen. Er mag tausendmal
an seinem Können verzweifeln. Aber nie an dem Sinn seiner Tätigkeit. Das
mag ein halbes Jahrhundert bald her sein, da stürmt in Paris in ein Atelier mit
wirren Haaren, mit Farben beschmiert, mit rollenden Augen, wütend tobend
ein Mann zu einem andern Maler, der ein Nachbaratelier hat, herein. »Was
man macht, ist Dreck«, schreit er, »Man wird es nie lernen. Wirklich, man
sollte sich die Hände abhacken lassen!« und stürmt wieder hinaus. »Wer war
denn dieser Irrsinnige?« fragt ein Besucher erstaunt ... »Das ... das war Renoir!« Schön, man kann sogar ein Renoir sein und das, was man schafft, als
Dreck empfinden, weil es unserm Wunschbild nicht nahe kommt, weil wir
Hauch und Duft der Natur nicht noch sicherer mit dem flirrenden Spinnennetz
schwankender Farbentöne einfangen können, und weil wir fühlen, daß der
Falter entflattert ist oder entstaubt nur im Ketscher liegt. Aber dadurch wird

uns noch lange nicht das Glück der Betätigung der Sinne, wie ein kleiner Gott eine Welt neuzuschaffen, geraubt!

Was haben wir Schriftsteller denn?! Wenn ich nur Tinte rieche, wird mir schon übel. Schon die manuelle Arbeit allein ist eine Quälerei. Wer aber kann von sich sagen, daß er von vornherein vorbestimmt gewesen wäre zum Schriftsteller, zum Dichter, zum Poeten, zum Erzähler?! Das Kind, das geigt, der Junge, der malt, wird vorgeführt. Die Eltern sind stolz. Die fremdesten Fremden und die Kenner werden um Urteile gebeten. Was *wir* jung schreiben, fiebrig und tränend, verstecken wir und schämen uns, wenn man es findet. Unsere Verse in einem anderen Munde sind Spießrutenlaufen: jede Reihe ein Schlag in den Rücken. Noch nie haben Eltern und Erzieher gesagt: werde Schriftsteller! Wie sie doch zugeben: »Werde Maler«, »Werde Musiker«! Der, der das versucht, gilt der Familie und der Welt immer als ein Narr und schlimmer, und mehr noch als ein Taugenichts und ein übles und meist noch gegen sich und andere indiskretes Individuum. Und wenn du dazu noch dein Glück oder mehr noch deine Schmerzen, die Ungerechtigkeiten des Lebens hinausschreien zu wollen, und U N S gar noch damit zu komptimittieren, deine so ehrenwerte Familie, du entartetes Individuum! ... wagst, dann magst du jetzt oder später so erfolgreich und gefeiert sein, wie du willst, wir werden dich hassen und verfolgen bis über deinen schmählichen Tod hinaus. Und wenn du etwa die Ungerechtigkeiten der Gesellschaft, des Staates, einer Regierung, des Massenmordes der Kriege herausschreist, so wird man dir das in Gefängnissen schon abgewöhnen – sofern man dir das Leben läßt.

Und glaube nur nicht, daß dir etwas oder jemand hilft. Wer und was immer. Für den Musiker, den Maler, den bildenden Künstler, den Schauspieler selbst hat der Staat Akademien und Lehranstalten errichtet und Staatsstellungen und Pfründe aller Art bereit und sorgt doch irgendwie für ihr Recht. – Wir aber gelten schon einfach durch unsere Existenz als die natürlichen Feinde des Staates, der Regierungen und der – ach so braven bürgerlichen Ordnung. Nur, weil wir den Menschen verteidigen. Im äußersten Notfall sendet man dann – überall in der ganzen Welt ist das gleich! – einen Minister aus, der uns zu unserm Siebzigsten oder am offenen Grab oder bei der Denkmalenthüllung wortreich den Beweis zu erbringen versucht, daß ihm unsere Existenz weitgehend unbekannt ist und daß er nie eine Zeile von uns gelesen hat, geschweige denn begriffen hat, und wenn schon begriffen so gebilligt hat. Und wenn schon gebilligt, so doch nie durchfühlt hat. Unser ganzes Dasein müssen wir uns mit Piraten in Luxusautos herumschlagen, die man Verleger nennt.

Wie Söldner, wie Fremdenlegionäre setzen wir uns aus allen möglichen Berufen zusammen, die wir mit oder ohne Not, aus Leichtsinn, oder weil der Beruf uns aufgab, hinter uns zu lassen genötigt sahn. Gewiß, was ist der Beruf? Der Vorwand sich in einer wenig strafbaren Form durchs Leben zu schlagen und außerdem zu bereichern. In den meisten Fällen erwählt der Beruf dich doch und du nicht ihn. Kaum je ist doch die Berufswahl eine Liebesheirat. Meist eine Verstandesehe. Manchmal eine subalterne Straßenbekanntschaft, die zum Konkubinat führt. Und dann redet man sich ein: (wenn man das nicht kriegt, was man liebt, liebt man eben, was man hat, sagt der Franzose) ... die Schriftstellerei ist ein *Liebes*heirat gewesen. Aber Liebesheiraten enden meist wenig glücklich. Und die glücklicheren sind noch die, die zur Scheidung bald führen.

Aber wir Söldner, wie Fremdenlegionäre, die einmal Handgeld genommen haben ... können wir meist nur schwer zurück dann. Das heißt, jeder spielt, jeder Mann, jeder Knabe, jeder männliche junge Mensch spielt ja mal ... so wie er als Kind Soldat spielte ... damit: zu schreiben, zu dichten, verzweifelte und verliebte oder überschwengliche Verse zu schmieden. Er würde sonst überkochen. Vielleicht ist er das ja garnicht sondern die Dilemnen und die Unausgeglichenheiten seiner jungen Jahre und die aufkeimenden und gärenden Säfte, die ihn trunken machen oder aufschluchzen lassen; oder das Leben trüber junger Jahre, die er nachschleppt wie eine Kette und von der er sich befreien muß. Viele fühlen sich ja berufen – ach Gott!! Aber das schwindet im Allgemeinen unter den kalten Duschen dessen, was wir Leben und Beruf nennen, wieder.

Doch die, die dann nicht aufhören damit. Vielleicht weil sie zu nichts sonst zu brauchen sind, die werden, halb freiwillig, halb gezwungen dann: die Schriftsteller! Man mag sie bewundern, lieben sogar oder verlachen oder hassen ... irgendwie sind sie den andern unheimlich, diese Art von Leuten, die ihren Beruf verfehlt haben.

Zugegeben! Man kennt dich. Du stehst auch in *dem* Buch hier drin. Nicht nur dumm gelebt, nicht nur unter ... ›außerdem liefen‹ sondern mit Achtung behandelt: feiner, ernster, kultivierter und persönlicher Kerl ... der da!

Ich möchte schon jetzt da noch etwas darin lesen vielleicht. Aber ich kann es nicht mehr. Es ist ein gutes Buch. Es ist ein kluges Buch. Es ist ein originelles Buch. Und das alles da, wo man es doch am allerwenigsten erwartet ... Es ist eine moderne Literaturgeschichte nämlich. Am hübschesten sind wohl darin die Charakterologien der einzelnen deutschen Jahrzehnte. Die literarischen Stimmungen von ihnen und die zeitlichen Stimmungen, aus denen diese erwuchsen. Von 1880 an. Vorzüglich die Wortphotomontagen der einzelnen fünf Jahrzehnte, die Menschen, Werke, Ereignisse, Geschichtlichbestimmendes und Scheinbar-Belangloses, aber Symptomatisches dabei so aneinanderzureihen, daß sie nicht nur für den, der damals sich noch im Jenseits alles Seins tummelte, sondern auch für jenen, der sie schon *bewußt* und *immer mehr aufhorchend* miterlebte, wieder greifbar-deutlich aus den lexikongroßen Seiten auftauchen müssen ... und für richtig befunden werden müssen.

Aber ich kann's nicht weiter lesen. Es ist ein *unendlich* trauriges Buch. Nicht, weil man an all das erinnert wird, was in Deutschland von Barbaren ... ›unsere Zeit ist aus‹ erkannte schon 1918 Rathenau. ›Jetzt kommt der Dinarier, der homo alpinus hoch!‹ ... zerbrochen und zerschlagen wurde ... ›die dauernd fortschreitende Rebarbarisierung Deutschlands‹ schrieb Gundolf zu Goethes hundertstem Sterbetag, dieser gute und stolze Rassekopf ... ich könnte ihn jetzt hier aufs Löschblatt zeichnen! ... in seinem letzten Essay, mit dem er Abschied von Deutschland und vom Dasein nahm ... nicht deswegen kann ich es nicht lesen jetzt! ... sondern weil das Buch da doch immer wieder, ohne es zu ahnen, daß es das tut, herausschreit, daß D E R Mensch, der es am schlimmsten in der Welt hat, der Künstler ist. Und von denen am allerschlimmsten wieder der Schriftsteller. Jeder andere steht doch eigentlich *nur* seinem Beruf gegenüber. (Katun und Aktien sind stets Katun und Aktien!) Und den Zufälligkeiten und Schicksalen seines individuellen Seins. Der Beruf und das bringen ihm Glück und Unglück, Befriedigung und Kampf. Der Künstler steht zuerst, als seinem Beruf, der *Kunst* gegenüber und ringt mit ihr um neue unbekannte und nie erreichbare Vollendung. Weiter aber steht er ständig dem Problem seines individuellen Daseins gegenüber. Weiter den Problemen seiner *Zeit*, die er deuten und beeinflussen will. Und endlich ständig den Problemen des Daseins, des Lebens an sich. Der Philosoph kann alles noch objektivieren, sich abseits stellen, es von außen betrachten. *Er* nicht: er muß selbst ins Wasser vom Turmbrett springen und schwimmen, bis er untersinkt.

Nicht wahr, das ist etwas viel auf einmal, was da auf dem Ärmsten damit lastet. Und ob er erfolgreich ist, ob er sich erfolglos weiterquält ... weder das Eine noch das Andere sagt Abschließendes über seinen Wert aus. Das ändert nichts. Der Weg seines Daseins ist immer schwer. Und seine Lebenskurve ist stets, ganz gleich, ob er erfolgreich war, ob erfolgreich oder erfolglos, er ist tausendfach gebrochen. Vielleicht daher, weil jeder andere doch mit der Zeit mehr oder weniger sein Dasein als eine Gegebenheit hinnimmt. Oder zeitweise die Frage, die es ihm stellt vergißt. Jeder, der nur mit seinem Beruf ringt, vielleicht darin Genügen findet und Befriedigung sogar. Weil jedem derer die Stunden der Befreiung davon einen ruhigen Genuß des Seins gewähren, in dem die große Frage verstummt ist. Jeder ist unendlich viel glücklicher und beneidenswerter als jener, dessen einziges Problem das Leben ist und dessen einziges Schaffen das Gestalten seiner selbst *und* des Lebens ist. Und für den sich weder die Fragen der Kunst, seines Metiers, – die sich nie vollenden – noch jene des Daseins –, die sich nie beantworten lassen, und immer wieder entgleiten und sich wandeln und in neue Fragen übergehen, je aufhören können.

Ach weg damit! Vielleicht mag das Buch klug sein, und sicher mag es interessant sein, aber es gehört doch zu der zweittraurigsten Lektüre, die auf dieser Welt ersonnen werden kann; kommt gleich nach einem amtlichen Heeresbericht.

Woher weiß ich das? Wer sagt mir denn, ob unser Schicksal nicht vollkommen das Gleiche ist, ob wir diesen oder jenen Lebensweg nehmen, wenigstens in den großen Linien nur ein wenig moderiert. Wirklich vielleicht, ob wir diesen oder jenen Lebensweg einschlagen, am Schicksal selbst ändert das nichts. Wir erleben ja schon ehedem immer das Gleiche. Unser Schicksal aber ... das Wort ist nicht gut: das was uns geschickt wird (... noodlot, wie der Holländer sagt, die durch das Los uns geschickte Not ... trifft schon näher ins Schwarze!) ... bleibt immer das gleiche, nimmt sicher durch eine anders geartete Welt genau die gleiche Bahn. Wir sterben vielleicht nicht früher und nicht später. Und wir sind vielleicht nicht glücklicher und nicht unglücklicher dann, wie wir es in dieser Phase unseres Seins und gerade jetzt wären. Weil all das *in* uns und nicht *außerhalb* von uns liegt. Eines Tages reden wir uns ein, daß wir in Italien ein anderer und glücklich sein werden. Wir packen unsere Koffer. Wir setzen uns auf ein Schiff. Wir gehn in Neapel ans Land, aber es ist genau, wie es war. ›Unser Riese begleitet uns‹, sagt der alte Ralf Waldo. Ich habe lange Jahre und noch vor *viel* längeren Jahren *ihn* und nur ihn fast, diesen amerikanischen Brahmanen, gelesen. Man kann immer nur satzweise oder seitenweise es tun. Denn es ist ein Trank, der eilends trunken macht. Aber daran, und an Emerson, habe ich immer denken müssen, wenn ich nun mal irgendwo an einem südlichen Strand ... der Dichter sagt: ›homerischen Gestade‹ dann lag, und mir einreden wollte, daß ich nun *ganz* glücklich, *traumleicht* und losgebunden von mir selbst wäre. Mein Riese hat mich begleitet.

Ach nein – Unsinn! welch eine Sinnlosigkeit, welch ein blöder und jämmerlicher Zufall war es, daß ich jemals in diesen Maalstrom der Literatur mich gestürzt habe, oder daß mich ein dummes Schicksal da mal hineinstieß. Machen wir uns doch nichts vor ... von Berufung.

Wenn man im Leben andere Leute nur halb soviel belügen würde wie sich selbst, würde einem ja längst kein Mensch ein Wort mehr glauben. Sicherlich, wenn es das Leben ein wenig anders gewollt hätte, so hätte ich, genau so, wie ich einmal eines Tages zu schreiben begonnen habe, und dann hier und da mal mit einer kleinen Sache gedruckt wurde, und ein paar Theaterstücke geschrieben hatte, wie hießen sie doch: der »Wolkenschatten«, und das »Recht des Schwächeren« ... ach ja, die sogar sehr von Mauthner gelobt, wenn sie auch nie gespielt wurden, und die mir dann abhanden gekommen sind natürlich ... genau so also eines Tages glatt und ruhig wieder aufgehört und allmählich wieder Schluß gemacht damit. Und meinem ersten Roman sicher keinen zweiten folgen lassen statt fünfzehn andere. Wie das eben hunderte und tausende junger Menschen zu Anfang der Zwanzig oder um die Mitte der Zwanzig so tun, um dann brave Kaufleute, Anwälte, Ärzte, Rechnungsräte und vor allem noch bravere Familienväter zu werden. Denn diese betrügen immerhin ex professo noch weniger als jene. Zum Schluß waren es ja doch nur zwei ablehnende Antworten, die das machten und die mich da ganz herüberdrückten.

Von wie wenigen Dingen kann man Tag, Jahr und Stunde sogar angeben! Das Leben ist doch sonst meist ein Strom, den man langsam, wie in einem ruderlosen, losgerissenen Boot, heruntertreibt. Und die Ufer wechseln *so* allmählich nur das Gesicht, daß man nur schwer sagen kann, das war an dieser Stelle und zu der Stunde, und das an jener und an dem Tag. Was war an deinem dreißigsten Geburtstag? Was acht Tage danach? Was am zweiundfünfzigsten? Was selbst am einundsechzigsten? Und das ist doch nicht lange her. Wann bist du aus der Schule entlassen? Wann sind deine Kinder geboren? Ich weiß es ja, aber ich muß es mir doch erst einen Augenblick überlegen ... Wann hast du deine verstorbene Frau ... wann hast du Maud ... das erste Mal doch gesehn? Gewiß – ich kann das alles, wenn ich will, wieder ausgraben. Je länger ich mich damit beschäftige, je mehr Einzelheiten tauchen da auf. Was ist denn meine ganze Arbeit anders als in den Millionen Erinnerungsbildern wüh-

len und wählen, und sie kombinieren ... ob ich nun das Innere eines Doms
beschreibe ... ein ungemachtes Schlafzimmer ... oder einen Salon mit Sofa-
schonern und braunen Samtgardinen ... die Schneeschleier einer Winternacht
... oder die erste silbergraue Dämmerung eines feuchten Frühlingsabends, der
nach harzigen nassen Pappelzweigen riecht. Das erste Mal wieder danach
riecht seit sechs Monaten! Aber das war am ersten ... oder war es doch am
zweiten September 1895 ..., dem fünfundzwanzigsten Jahrestag der Schlacht
bei Sedan. Das ist mir in der Erinnerung geblieben. Von all den vierundzwanzig, die ich bis dahin schon erlebt hatte, oder richtiger dreiundzwanzig, weiß
ich nur von zweien sonst. Eine Schulfeier, bei der der dicke Prümers die Fest-
rede hielt, mit seinem Würdebauch und seinem feisten Doppelkinn zwischen
den beiden Kragenspitzen und zwischen seinen angegrauten Bartkotteletten.
Man hatte zwar keinerlei Sympathien für ihn, aber er war kein unanständiger
Mann, wie manche andere von diesen brutalen Einfallspinseln, denen man von
Staats wegen uns anvertraut hatte. So etwas empfinden Schüler sehr scharf.
Und auf der Magengrube seines langen Gehrocks saß ein eisernes Kreuz. Aber
keiner aus der Klasse hörte ein Wort seiner schwungvollen Rede, die wir einmütig als einen echten Schulquatsch ablehnten, und doch grinste einer nach
dem andern stillvergnügt vor sich hin und starrte dabei, wie hypnotisiert, auf
das eiserne Kreuz auf seiner Magengrube am Gehrock. Denn der Witzbold der
Klasse, der Fleischmann, hatte einem Nachbar zugeflüstert: »Das hat er nur
deswegen gekriegt, weil er einen ganzen französischen Proviantzug eigenmäu-
lig aufgefressen hat!«

Ja, und dann ein paar Jahre später einmal hatten ich und mein Freund
Fleischmann (der Bengel war nebenbei imbezil. Zu solchen hat es mich immer
hingezogen – und er hat später lange Jahre in Irrenanstalten den wilden Mann
gespielt!) ... also mein Freund Fleischmann und ich uns gedrückt von der Feier
... Wie wir es fertig bekommen hatten, vor der Tür zur Aula noch zu entwi-
schen, nachdem wir doch unsere Anwesenheit schon hatten feststellen lassen,
ist mir entfallen ... Ach ja, wir taten, als ob wir etwas in der Klasse hatten
liegen lassen ... richtig ... und kehrten auf der Treppe nochmal um. Und wie
wir uns vorsichtig dann ... jeder für sich noch zum Schulportal hinausschlei-
chen konnten, das weiß ich wirklich nicht mehr recht. Genug ... wir taten es!
Aber eines weiß ich noch genau, wie ich plötzlich dann am Rand der Jung-
fernheide draußen stehe ... heute sind neue Stadtviertel da entstanden! und wie
so eine herbstliche Sonne den Buchenweg anleuchtet, am Rand da anleuchtet,
und die grünen Laubmassen da ab und zu ein vorzeitiges gelbes Blatt schon
hatten, und wie die Kiefern ganz klar und scharf zwischen den Eichen standen,
und die Birkenstämme schon fast winterlich weiß wieder schimmerten in der
frischen windigen Luft, die über Stoppelfelder und Kartoffeläcker kam ... und
auf dem Sandweg saßen die Schmetterlinge, die Füchse und die Tagpfauenau-
gen, und sie trippelten in kleinen Kreisen, bevor sie sich zu kurzem Flug erhoben. Aber sie waren schon etwas verschlissen, und sie drehten ihre ein wenig
verblichene Buntheit in weißer Helligkeit ... die Büsche, aus denen die Dros-

seln schrieen, saßen voll von korallenroten Beeren schon. – Und zerlumpte
Vorstadtkinder schlichen auf bloßen Füßen mit kleinen Blechdosen um die
Brombeerhecken, die sich mit tausend Stacheln gegen sie wehrten, als müßten
sie selbst ihre sauren, blauschwarzen Beeren, die im Halse kratzen, gegen jene
verteidigen.

Ja, eines weiß ich, daß ich da plötzlich empfand: Herbst, Herbst! Herbst!
Der Sommer ist herum. Der Sommer geht zu Ende. Er hat schon die Koffer
gepackt und wird nun vielleicht morgen, vielleicht in acht Tagen abreisen.
Wann verrät er nicht. Aber er tuts über Nacht plötzlich. In der Stadt hatte ich
nichts davon gemerkt, die ganze Zeit über, daß er eigentlich dagewesen war,
geschweige denn, daß er jetzt schon gehen wollte. In den Straßen hatte ebenso
die Sonne geschienen, und es hatte ebenso geregnet und auch mal gewittert.
Die Abende waren warm, und sie waren kühler gewesen, für mit ... und für
ohne Mantel. Aber ich erinnerte mich nicht, je Felder grün oder gelb gesehn zu
haben. Oder Wiesen voller Blumen, eigentlich. Ein Tag war in den andern
geflossen, Schule, Arbeiten, Ferien, Zank und Sorgen daheim, und was man so
treibt in einer freudlosen Jugend, die an die Sorgen anderer streift, und die
einem Sorgen aufbürdet, denen man nicht gewachsen ist. Aber wann ist man
Sorgen überhaupt gewachsen?! Gewiß, es hat sich in dieser Sekunde da garnichts ereignet. Eigentlich war es ja auch ein *schöner* Tag, nur ein Spürchen
Herbst erst. Die Blätter, die paar gelben, schienen eher von Hitze abgestorben
als von dem Förster Tod, der durch den Wald gegangen war, gezeichnet, und
doch irgendwie kam eine Erkenntnis über mich, die mich mehr überwältigt hat,
als es später je der melancholischste Herbsttag getan. Die Erkenntnis, daß mir
ein anderer diesen Sommer weggenommen, weggelebt hat, der doch für mich
bestimmt gewesen war, und daß ich an meinem eigentlichen Leben vorbeige-
lebt habe, daß es mir durch die Finger geglitten ist. Ich habe das Gefühl, das
ich in dieser Sekunde empfunden habe, das erste Mal, daß dieses ganze Leben,
das einem durch die Finger rinnt wie Sand, und das an uns vorbeistreicht wie
Wind, daß all das, genau wie dieser monatelange Sommer in dem steinernen
Gefängnis da drin, der mir nicht gehört hat, doch nur ein Vorbeileben am eigentlichen Leben, an meinem eigentlichen, mir doch zugehörigen, mir ver-
brieft und versiegelt zuerkannten Leben ist.

Das war mit Fleischmann damals ... sicher hat er nie geahnt, was in mir
vorging. Und wenn, so hätte er es nicht erwähnt. Denn in den Jahren ist man
wie ein Araber: nur kein Gefühl verraten!

Eigentlich war er doch immer verrückt schon ... genau so wie sein buckliger
Onkel. Bucklige gehörten früher zum Straßenbild. Ebenso wie Leute mit ver-
gnügten Beinen. Oder der Mann mit Radmantel, unter dem er den Sarg mit der
Kinderleiche hatte. Denn jedes zweite Kind, das geboren wurde, starb ja wie-
der unter einem Jahr. Und da das bei Reichen nicht geschah, so mußten bei
Armen immer von dreien zwei sterben, um die Statistik doch auszugleichen.
Na, und dieser bucklige Onkel war eines Tages nicht mehr da, weil er die
Schwindsucht gehabt hatte (und gestorben war). Denn, wenn Fleischmann

auch immer renommierte, daß er sehr reich war und daß seine Eltern eine Equipage hielten, so war das nur annähernd richtig. Sein Vater hielt *mit* der Equipage, weil er herrschaftlicher Kutscher war. Aber im Ganzen kommt das doch auf eines heraus. Er fuhr jedenfalls mit der Equipage.

Ja ... und richtig: da hat man mich doch mal arretiert, weil ein junges Mädchen immer am Fenster stand, oben im Hochparterre, am Seitenfenster und uns zunickte auf dem Heimweg ... ein richtiger Backfisch mit zwei dicken Zöpfen und zwei dicken Waden und einem runden Kopf wie ein Eierkuchen mit zwei Backpflaumen drin. Das, was wir einen Poussierstengel nannten, weil wir wußten, daß sie schon drei Jahre hintereinander bei Herrn Wege Tanzstunde hatte (oder war es bei Freising?). Und da hat er ein glühendes Liebesgedicht geschrieben ... oder abgeschrieben: (sowas wußte man [bei] ihm nie so genau) mit Sonne und Sternen und Augenglut und Lippenrot, nein: Lippen rot ... denn in Prosa sagt man zwar: rote Lippen, in der echten Poesie aber heißt es »Lippen rot« ... und das hatte ich auf seinen Wunsch dann oben abgegeben, geklingelt, in den Briefkasten geworfen und war wieder die Treppe hinuntergerannt. Und wie ich des Nachmittags da wieder, um in die Schule zu kommen, vorbeistürze ... denn es war spät schon ... da stand der Vater von dem dicken Eierkuchen mit einem Kriminalpolizisten da und ließ mich arretieren.

Verrückt war der Fleischmann schon immer. Aber ich habe für solche Menschen anscheinend soviel Anziehungskraft wie ein Magnet für die Nähnadel. An mich heftet sich immer so etwas. Wie Fleischmann jedoch damals die Schule geschwänzt hatte und nachher sagte, seine Mutter wäre leider vor drei Tagen gestorben und die Mutter am gleichen Tage in die Schule kam, um sich nach ihm zu erkundigen, da schmiß man ihn doch heraus, trotzdem er einen guten Kopf hatte und alles spielend faßte, und trotzdem er, was ich erst nachher erfuhr, Freischüler war und schon auf der Volksschule durch Überbegabung aufgefallen war ... Komisch, daß ich heute immer an ihn denken muß. Alles schrieb ich ab von ihm ... nur in den deutschen Aufsätzen revanchierte er sich dafür bei mir.

Komisch: daß ich heute immer an ihn denken muß. Er war mir Jahre ganz aus meinem Hirn geschwunden eigentlich ... der brave Fleischmann.

An diesen Sedantag denke ich noch manchmal, aber ich weiß nicht, ob ich da dreizehn oder fünfzehn oder gar sechzehn schon war. Aber das weiß ich so genau, als ob es gestern war, das war am zweiten September 1895, am fünfundzwanzigsten Jahrestag der Schlacht bei Sedan ... war eben am ersten oder zweiten September 1895.

Merkwürdig: zehntausende von Wegen macht man in seinem Leben und einen behält man. Die Kinder hatten schulfrei, und ein paar Hoflieferanten Unter den Linden hatten Fahnen herausgesteckt und ein paar Guirlanden um die Schilder »Hoflieferant s. Majestät des Königs von Preußen« gewunden, dicke Eichenlaubkränze mit Astern drin, mit bunten und mit dreifarbigen Bändern umwickelt. Und sonnig war es und warm war es auch noch. Ich aber sollte um Zwölf hinter dem Alexanderplatz sein. Die Equipagen fuhren mit Ministern nur so hin und her. Die Soldaten hatten hohe Helmbüsche auf und weiße Hosen dazu, und die Offiziere trugen so bunte Uniformen, als kämen sie direkt aus dem Papageienhause im Zoo. Sie klirrten von Orden und hatten die Schuppenketten heruntergeschlagen. Das sieht martialisch aus, macht aber Striemen ums Kinn. Ich ging sehr langsam dazwischen hin, denn ich hatte mir gerade bei diesem Maskenball eine eklige Lungenentzündung geholt, die nicht erkannt, verschlampt und nicht so richtig ausgeheilt worden war, und es machte, daß ich ab und zu die Nächte noch schwitzte und daß es mir ab und zu oben unter den Schulterblättern und an den Rippen ... aber nur noch ab und zu ... wie mit einem langen Schusterpfriem stach. Vor allem, wenn ich das vergaß und zu schnell ging, als ob mir nichts gefehlt hätte und nichts mehr fehlte. Mit vierundzwanzig aber ... doch das wollte ich in sechs Wochen erst werden ... war man nicht gern krank. Mit zweiundsechzig ist man es nebenbei auch nicht gern. Man hat ja eigentlich nie Zeit dazu in diesem Dasein. Man kann sterben. Man kann tot sein. Aber man kann nicht krank sein. Das ist keine Beschäftigung für einen anständigen Menschen. In diesem Dasein wenigstens hat man keine Zeit dazu. Also aus diesem Maskenball da hatte man vor zwei Monaten mich herausgeworfen aus meiner Companie da unten, wo ich mein Jahr herunterreißen wollte, und vorerst mal zur Landwehr zweiten Aufgebots gestopft ›dauernde Erkrankung der Lungenluftwege!‹ Aber die richtigen Ärzte, nicht die auf Ricinusöl geeichten Militärärzte, hatten gleich gesagt, es wäre garnicht spezifisch und T B, und wenn ich mich vorsichtig hielte, würde es schon bald ganz weg gehn, genau so wie es eines schönen Tages auch gekommen ist.

In meine alte Stelle jedoch als Kaufmann konnte ich nicht mehr zurück, die war inzwischen besetzt worden. Hätt's auch nicht gewollt, und eine neue, die einem irgendwelche Aussicht bot außer der, in fünf Jahren noch siebzig Mark monatlich zu verdienen oder achtzig oder hundert und die Nächte so nebenher für mich durchzuschreiben, war nicht zu finden. Zuhause schleppte man mich ja wohl noch gerade so mit, aber man sah es schon lieber, wenn ich bald richtig flügge wurde ... denn alt genug war ich ja dazu so langsam geworden. Nun, zwei von uns verdienten zwar, einer sogar mehr wie gut ... außerdem hatte die Mutter eine kleine Rente ausgesetzt bekommen von einem Bruder von ihr, der als mehrfacher Millionär mit seiner verarmten Schwester natürlich nicht verkehrte aber doch jedes Vierteljahr für sie das Portemonnaie aufmachte, damit sie wenigstens vor gröbster Not geschützt sei. Das heißt, das war noch nicht zu alten Datums. Aber endlich war sie ja doch nunmal schon sechzig geworden – ihr Mann war Gottlob auch tot, mit dem sie – was ihr nicht verziehen wurde – Not und elende Jahrzehnte durchgemacht hatte (wozu hatte sie das nötig gehabt?!) und die Kinder waren ziemlich eigenwillige und zähe Menschen allgemach geworden, die ihre bittere Jugend nicht vergessen wollten. Die hatten nicht viel gemein mehr mit jenen vom gesicherten Leben.

Und da man so überall Bewerbungsschreiben herumschickte ... denn Stellennachweise waren damals kaum organisiert ... so hatte ich auch an eine Konkurrenzfirma meines alten Geschäfts geschrieben, ob da vielleicht eine Stelle für mich frei wäre ... Und gestern hatte ich einen Brief bekommen: ich sollte doch mal heute um zwölf mich vorstellen. Vielleicht hätten sie etwas, wo sie mich brauchen könnten. Der junge Chef hatte selbst unterschrieben, und der hatte mich sogar geduzt. Denn wir waren in der gleichen stillen Straße im Westen aufgewachsen, und er hatte mich immer bevatert. Er war vielleicht sechs, sieben Jahre älter als ich, und er hatte mir unten im Klempnerkeller bei Lehmann sogar manchmal Zinnsoldaten gekauft, Franzosen mit roten Hosen, eine Schachtel für einen Groschen. Und wie bei Andersens standhaftem Zinnsoldaten hatte wirklich meist der achte ... mehr gabs da nicht drin ... nur ein Bein, als wäre er schon jetzt Invalide mit 'nem Leierkasten.

Also, wenn man irgendwo etwas für mich tun wollte, so da. Und diese Firma da war ... das wußte ich gleichfalls ... auch langsam eine weltumspannende Angelegenheit geworden und hatte sich aus kleinen Anfängen zu einem Unternehmen mit großem Überseegeschäft entwickelt. Das war keine so einschlafende Sache wie mein altes Haus. Da hatte man Chancen drin mithochzukommen vielleicht.

Aber weiter wie bis zum Schloßplatz reichte der Sedantag nicht. Dann kamen die langen Geschäftsstraßen mit ihren Rollwagen und ihren Kollis, mit ihren Läden und ihren Engrosfirmen und großen Detailleuren, mit ihren Fabriken in den Hinterhäusern, mit ihren Seitengassen voller Kaschemmen, die auf Schultheisbier, und deren Musikautomaten heute auf Patriotismus gestimmt waren. Mit ihren Mädchen, die in den Fenstern lagen und in die Sonne und nach den Männern auf der Straße sahn, denen sie Zeichen machten ... mit Nähstuben und Heimarbeit ... mit Parfümfabriken, die die Umgegend verpesteten ... mit sechzig Einzimmerwohnungen im dritten Hof und achtzig Einzimmerwohnungen und zwei Loci im vierten Hof. Mit Karren um die Markthallen, unter denen Betrunkene schliefen ... mit allen Gerüchen von allen Obst- und Fischsorten und geronnenem Blut aus den Großschlächtereien ... mit Schwindsucht ... mit Arbeitslosigkeit ... und Verbrechen, Diebstahl und Einbruch und Perversionen jeder Art und Prostitution, mit Schweiß und Dreck, und mit Goldgruben von Geschäften, die ihren Besitzern oder irgendwelchen Aktionären Millionenvermögen zusammenkratzten ... Gott endlich habe ich ja vier Jahre und länger in dieser Welt gelebt, um sie genugsam zu kennen. Vielleicht ist es heute ein wenig anders da geworden, weil es doch wenigstens vernünftige Krankenkassen gibt, ein Kranker nicht gleich vor die Hunde geht. Und etwas Arbeitslosenunterstützung, daß er da langsamer als vordem verhungert und nicht gleich nach einem Monat ins Asyl für Obdachlose braucht und als Pennbruder auf die Walze geht, oder daß die Näherin als Prostituierte auf dem Alexanderplatz sich einschreiben lassen muß. Damals war der Weg vom Proletariat zum Lumpenproletariat noch ein Stück kürzer als heute. Heute hat man zwar auch kein soziales Gewissen, genau sowenig, ja eigentlich noch weniger, wie man es vor vierzig Jahren hatte. Aber man wahrt wenigstens das Gesicht. Man baut sauber. Man kontrolliert die Hygiene der Arbeitsräume. Man stellt neue und hohe und prunkende Gebäude hin mit viel Glas und vielem blankem Messing und viel Licht und viel Fahrstühlen und Ventilatoren und Entlüftungsanlagen und Staubabsaugungsapparaten ... aber ehedem nicht wahr? ... so um 1895 noch, da war das alles noch ekelhaft verstaubt, eng, muffig, dreckig. Man wollte nicht repräsentieren, man wollte nicht sich sozial tun, man wollte glatt und einfach verdienen. Man zog Dukaten wie Erdbeeren und Frühgemüse auf Mistbeeten so hier herum damals. Man mietete einfach sich ein paar Wohnhäuser, baute sie kaum um; sie blieben ein Gewirr von Treppen, Höfen und alten Zimmern mit hängenden Tapeten, von denen eines hoch und das andere drei Stufen tiefer lag, und in denen riesige Berliner Kachelöfen seit hundert Jahren verstaubten, zwischen Regalen voll Kartons und Stoffballen, die nicht weniger staubig waren. Und der Buchhalter saß da auf dem Drehsessel zwischen Kontobüchern mit Metallecken, die ein Mann kaum schleppen konnte. Und je höher die Wände davon voll waren, desto würdiger kam er sich vor. Die Korrespondenten standen als niedrigere Wesen hinter Stehpulten, wie Pferde hinter den Krippen und scharrten wie diese mit den Hufen und schrieben schwungvoll und gleichmäßig wie gedruckt (das war ihr Stolz!) »In höflicher Erwiderung teile ich Ihnen mit, daß 1173 A B nicht mehr an Lager, wenigstens nicht in beige ..., doch hoffen wir, daß Ihnen 1132 A C crème die gleichen Dienste bei Ihrem verwöhnten Kundenkreis leisten kann ... wir sind in der Lage, Ihnen hierin eine besonders günstige Offerte ... und erlauben uns deshalb, mit gleicher Post ...« es ist doch nicht zu begreifen, mit welchen Belanglosigkeiten erwachsene Menschen auf kleinen Posten ihre Zeit hinbringen müssen! Und noch weniger zu begreifen, daß man verlangen kann, sie sollen dafür Interesse haben! »Sie haben kein Geschäftsinteresse, Herr Niemeier!« »Verzeihen Sie, werter Herr Chef, würden Sie für fünfundsechzig Mark per Monat Interesse frei Haus mitliefern?!« Warum sagt solch ein armer Hund das nie?! – Also, so ein kleiner Kuli bleiben – hoffnungslos! ... Lieber hänge ich mich auf.

Aber wenn da Otto geschrieben hat, er hätte etwas für mich, vielleicht wäre da etwas im Wege, wo er mich brauchen kann, vor allem, da man doch etwas ... und er hoffe, da er mich kenne von früh an, und meine Familie ... so hätte er sogar schon an mich vorher gedacht, noch ehe ich an ihn geschrieben hätte – und er wäre froh, zu hören, daß ich schon vom Militär wieder frei gerade wäre.

Ich kann zwar nicht zeichnen. Aber wenn ich zeichnen könnte, so könnte ich das Büro, die Buchhalterei, in der ich wartete, zeichnen. Büros sehn ja alle gleich aus. Und vor siebenunddreißig Jahren sahn sie noch stumpfsinniger aus. Mit den Türen, an denen um die Klinke das letzte Spürchen von Farbe eben schwinden wollte. Mit den verklierten Scheiben, an denen man keine Gardinen hatte. Und dabei wäre es auch nicht dunkler gewesen, wenn man sie geputzt und dafür Gardinen angemacht hätte. Aber bei dieser ernsten Stätte der Arbeit ist wohl solch ein Luxus unangebracht. Weil er andeuten könnte, man sei nur zum Vergnügen hier. Gefängnisse haben auch keine Gardinen. Oder nur schwedische.

Man weiß nicht, was staubiger ist in diesem Raum. Er selbst oder die Langeweile, die darin, sogar an einem sonnigen Herbsttag, gähnt. Der Buchhalter, der Hauptbuchhalter ... denn die andern sind zum Frühstück gegangen ... kratzt sich mit dem Federhalter in den gelichteten grauen Haaren herum und beißt

dazu vorsichtig von einem schmalen Butterbrot ab, einer Klappstulle, aus der
wie eine Zunge ein Stückchen Schinken heraushängt. Er hat die Klappstulle
vorsichtig nochmals in ein längliches Briefcouvert – solches für Stoffproben –
geschoben, aus dem er sie, die Klappstulle, wie Zahnpasta aus einer Tube
langsam in kleinen Schüben hervordrückt, um nur nicht etwa mit fettigen Händen an das Hauptbuch zu kommen, in dem er hin und wieder – nachdem seine
Augen wie zwei Heusprengsel über die Seiten gehupst sind – mit der Feder ein
Häkchen irgendwo an den Rand machte, nur um den Halter wieder seiner
Hauptbetätigung, sich damit zu kratzen, zuzuführen.

Um die Hälfte des grauen Raums sind an den Wänden schmale und unbequeme Bänke, soweit das die Türen ... man weiß garnicht zuerst, wie viel Türen da sind! ... zulassen. Und diese Bänke und diese Türen geben von dem
Raum die Suggestion eines Polizeibüros, in dem auf der einen Seite die Kom-
missare sitzen, und auf der andern, hinter hölzernen Gittern die ersten Verhöre
der Eingebrachten stattfinden, oder die Klienten bescheiden ihre Abmeldungen
herauskramen. Nur daß hier noch als Prunkstück ein eiserner aber unlohnender
Geldschrank in altgewohnter Scheußlichkeit in der Fensternische steht, weil er
nur die Geheimbücher und die Portokasse über Nacht zu bergen hat.

In dem weiten freien Raum mit den absplitternden Dielen aber ging heute
mit weiten Bewegungen und langen Schritten ein seltsamer Mann auf und ab,
auf und ab ... Und ich sah sofort: nicht der Reisende. Sondern der *erste* Reisende. Was mehr ist. Ich kannte ihn genau, ohne ihn zu kennen. Und ich sah
ihm an, daß er noch nicht fünfzig sein wollte und noch nicht ganz sechzig war.
Und ebenso, daß er die Gasthöfe in zehn Ländern – und nicht nur diese – mit
großer Kennerschaft sich auswählte. Von Christiania bis Constantinopel. Daß
er sich für unwiderstehlich hielt in der öligen Beredsamkeit, mit der er seine
Kunden einseifte, und mit den Doppeldeutigkeiten, die er wohl für Kompli-
mente hielt und die doch nur ganz glatte Eindeutigkeiten waren, die seinen
dicken Lippen entquollen, sowie er einen Frauenrock sichtete. Und das war
wohl auch der Grund, weswegen er sich für unwiderstehlich hielt! Einmal zehn
Minuten habe ich den Mann gesehn. Und heute noch nach siebenunddreißig
Jahren könnte ich ihn zeichnen und würde ihn aus tausend ähnlichen Exempla-
ren herauskennen. Er hatte einen schwarzen Moiréegürtel statt der Weste ...
eine Pseudoweste gleichsam mit zwei Taschen. Und auf dem Nabel ein dop-
peltes Knopfloch, durch das er eine sehr dünne aber goldene Uhrkette durch-
gezogen hatte. Quer über die Wölbung seines Bauches, der mit einem hartge-
stärkten Oberhemd gepanzert war. Er hatte scharf gebügelte gelbliche, gestrei-
te Nankinghosen mit Lederstegen und einen rund geschnittenen Gehrock.
Marengo. Man konnte glauben, daß es Stäubchen auf dem Schwarz waren. Es
waren jedoch kunstreich und listig eingewebte Stäubchen. Und er hatte im
Zimmer seinen Strohhut aufbehalten, der so klein war, daß er nur schlecht seine
Glatze beschirmte, und so eng war, daß er einen roten Striemen über seine
Stirn gezogen hatte ... jene Stirn, die voll von einzelnen Schweißtröpfchen
stand, und die er mit einem blaugerandeten Taschentüchlein, dem man es an-

sah, daß es aus seiner vorjährigen Frühjahrskollektion stammte, ab und zu leise betupfte. Und es ist für den Kenner dieses Typs eigentlich überflüssig, hinzuzufügen, daß er schwarze breite Lackschuhe mit grauen Einsätzen aus Glacéleder trug, die bekurbelt besteppt waren. Genau so überflüssig wie zu sagen, daß die Schleife aus blauem Foulard war mit großen weißen Tupfen, daß sie von ihm selbst kunst- und schwungvoll gebunden war, und daß er jedesmal, wenn er auf seinem Gang bei dem Spiegel mit den Stockflecken vorüberkam, der (weiß Gott, wie er hierhergekommen!) zwischen zwei Fenstern in einer abgestoßenen Goldleiste hing ... einen Blick da hineinwarf, um sich die Schleife zum hundertsten Male heute zurechtzuzupfen.

Aber er war auf hundert Meter unter die Sorte einzurangieren, die sich rühmen kann, in keinem der Länder, in denen er je gewesen und deren Sprachen er radebrechte, etwas anderes gesehn zu haben innerhalb eines Vierteljahrhunderts und länger schon als Geschäfte seiner Branche, Hotels und Bordelle. Und ab und an ein Tingel-Tangel. Aber ein Kaufmann, der ernst arbeitet, hat ja leider nie Zeit.

Dafür hielt er sich aber auch für den tüchtigsten Reisenden der Firma, die e r großgemacht hatte, für den tüchtigsten Reisenden der Branche, die durch ihn Weltgeltung erst erhalten hatte, und zum mindesten für den tüchtigsten Reisenden, den e r je zu Gesicht bekommen hatte. Und das alles, trotzdem die Kollektion immer, seit über zwanzig Jahren, schundschlecht und die Nouveautées veraltet und geschmacklos und unverkäuflich waren, was er den Chefs jeden Tag brieflich und, sofern er im Lande, mündlich unter die Nase rieb, und was – wenn man seinen Worten Glauben schenken wollte – umso mehr bewies, wie unersetzbar tüchtig er war.

Ich weiß noch, wie er hieß, trotzdem ich doch den Namen nur einmal gehört habe. Koeppen hieß er, und semmelblond war er gefärbt: die Zahnbürste von Schnurrbart auf der Oberlippe, die Haare im Genick und die an den Schläfen. Wo mag er hin sein? Heute müßte er nämlich so um die fünfundneunzig sein. Da lebt man nicht mehr der Wahrscheinlichkeitsrechnung nach. Er rennt auf und ab, setzt dabei die Lackschuhe mit den grauen Glacéeinsätzen sehr auswärts und pustet zwischendurch. Auch das gehört zu seinem Bild, während der Buchhalter unentwegt Häkchen ins Hauptbuch macht, sich mit dem Halter in den Haaren kratzt und ab und zu grunzt, wie das so alte Buchhalter nun mal an sich haben. Und er redet ohne Punkt und Komma. Er spielt den großen Mann. Aber er ist natürlich nur ein ganz kleiner Pinscher und armer Hund, der mühselig von den Vertrauensspesen sich etwas zusammenspart noch, um sich, was er bislang verabsäumt hat, ein paar Kröten für sein Alter zurückzulegen. Denn für einen Reisenden wird man leicht zu alt ... früher als für den Buchhalter und für den Korrespondenten. Ewig kann man ja doch nicht auf der Bahn herumliegen bei Wind und Wetter. Eines Tages klappt man ja doch zusammen, kommt irgendwo in ein Krankenhaus durch die Vordertür hinein und verläßt es durch die Hintertür. Das ist nun einmal so ein Schicksal, wenn man nichts gespart hat und sich nicht zur Ruhe setzen kann. Und er hat fast *nichts* bislang gespart. Heiraten kann er doch auch nicht mehr. Gott ja: er hätte auch mal heiraten können. Sogar mit Geld und mit Kind gleich. Aber Reisende sind nicht recht für die Ehe zu brauchen. Und ihre Frauen dann auch nicht. Und wer hält sich gern eine Frau für andere Leute?!

Also ich sehe mich noch! Ich sitze da – wenn auch nicht ganz bequem! – auf meinem Armensünderbänkchen und sauge an meiner »Mühle mittel« sechs Pfennige Loeser und Wolff! und warte. Wenn man beim Militär war, hat man eines ja sicher gelernt: warten! »Zeit ist Dreck« Wenigstens die anderer Menschen, heißt es da. Der Juniorchef hatte sich entschuldigen lassen, weil er mit einem rumänischen Grossisten – das klingt immer gut – frühstücken muß. Aber er kommt zwischendurch noch einen Augenblick zurück. Keinesfalls solle ich wieder weggehn ... hat er gesagt, mimmelt der alte Buchhalter zwischen zwei Happen und nimmt bei mir Inventur auf. Er ist *nicht* für Konnexionen und familiäre Beziehungen. Das sieht man ja: Volontär ist einer, der freiwillig nichts tut, denen, die arbeiten müssen, im Wege steht und mit den Mädchen, auch im Geschäft, poussiert. Als ob er nachher dazu keine Zeit hätte. Da kommt dann nichts bei raus als Bengels, die sich nachher mausig hier machen und alles besser wissen wollen.

Ich sitze ruhig da und drehe meine Kreissäge, die etwas vergilbt schon ist, und lasse mir von dem Renommisten Theater vorspielen und sage mir: ›vielleicht will man mich langsam für ihn anlernen hier. Denn lange hält der ja das Leben draußen nicht mehr aus. Vielleicht werde ich dann also in fünfundzwanzig oder dreißig Jahren mal genau so sein, nur daß man dann andere Nankinghosen und andere Kragenformen tragen wird, und die Lackschuhe vielleicht rot mit grün sein werden. Ist der Mann nun eigentlich all seiner Eigenschaften wegen Reisender geworden? Oder ist er so geworden, *weil* er Reisender geworden ist? Aber wenn er es wurde selbst aus innerer Anlage, sicher hat ihn doch erst der Beruf so ausgebildet und zur letzten Witzblattvollkommenheit gesteigert. Wenn er Chemiker, Photograph, Werkmeister, Druckereibesitzer wäre, wäre er ein ganz anderer. Oder Anwalt oder Lehrer bei der hundertdreizehnten Gemeindeschule oder Rechnungsrat beim Katasteramt. Ja selbst als Buchhalter oder Bankmensch wäre er ein ganz Anderer sicherlich geworden. Wählt sich der Mensch einen Beruf? Oder wählt sich der Beruf einen Menschen?‹ denke ich noch so. Das ist nicht geklärt. Aber der Beruf formt ihn sich doch erst, so wie er ihn verwenden kann, züchtet seinen Verstand auf eine Richtung hin, bildet einseitig seine Anlagen aus, seine Aufnahmefähigkeit, sein Denkvermögen, sein menschliches Gefühl ... man denke zum Beispiel an einen Offizier, der doch erst sein menschliches Gefühl so zu trainieren hat, daß er »Feuer« kommandieren kann ... seine Interessen, seine Nerven ... Wenn er sich nicht anpassen kann wie ich, ist er überall grade so wenig zu brauchen wie ein Kalb mit zwei Köpfen und acht Beinen.

Und das da, das da ist: *der* Reisende!

Aber plötzlich bummert es, und die Scheiben beginnen zu klirren. Irgendwie werden wohl im Lustgarten zur Feier des Tages Kanonenschüsse gelöst. Wie kann man eine Schlacht auch besser in der Erinnerung der Menschen halten als mit Kanonenschüssen! Und plötzlich wird aus meinem Falstaff da ein sentimentaler Falstaff: »Was ist das Leben?!« seufzt er, »Wo ist es hin?« seufzt er, »Fünfundzwanzig Jahre! Ich weiß es noch, als ob es gestern war. Damals habe ich noch Meyer und Joelsohn (pleite!) vertreten. An das hier war noch garnicht zu denken damals. Das ist erst dreiundsiebzig aufgezogen worden. Mit einem halben Dutzend Arbeiterinnen in der Nähstube.«

»Heute sind es zweihundertsiebenundachtzig« wirft der Buchhalter ein »und nur die hier im Hause ... Ohne die Heimarbeit!«

»Ich war damals gerade in Petersburg, wie die Kriegserklärung kam. Ich dachte, sie wären alle auf unserer Seite. Aber sie hätten mich beinahe gelyncht und totgeschlagen damals. Wie aussätzig war man mit einmal. Kein Hund hat einen Brocken von mir genommen. Die gleichen Leute, die noch gestern mit mir Brüderschaft getrunken haben, haben mir heute das Haus verboten. »Die Emser Depesche ist ein Betrug!« hat man geschrieen. »Bismarck ist der Teufel! Nieder mit den verfluchten Schweinepreußen! Mit den Deutschen!« Gott haben die geflucht und getobt alle. Ich habe garnicht geahnt, daß wir in der Welt *so* verhaßt waren. Und Vernunft war ja den Leuten überhaupt nicht mehr beizubringen. Naja, die Franzosen würden ja – tschakreff – bald genug in Berlin sein. Wenn der Zar damals *ein* Wort nur gesagt hätte, ganz Rußland wäre ja wie ein Mann gegen uns aufgestanden ... Kein Wort deutsch konnte man mehr auf der Straße sprechen. Einer, ein Kerl wie ein Bär, mit einer hohen Mütze, der mich als Deutschen ... und kein Mensch glaubt mir doch sonst, daß ich ein Deutscher bin! Sehe ich etwa wie ein Deutscher aus?! – erkannte, hat mich an der Brust gepackt, geschüttelt und mir ins Gesicht gespuckt ... so wütend war man auf uns ... Ich weiß es doch noch besser, wie ich das von gestern weiß, meine Herren!

Und wo sind die Jahre hin?! was ist aus mir geworden?! Ein alter verlauster Landstreicher, der nirgends ein festes Dach überm Kopf hat. Ich kann keine Hotelzimmer mehr sehen. Ich kann keinen Hotelfraß mehr essen. Wenn ich Eisenbahndampf nur rieche, kriege ich schon Krämpfe. Man verlangt ja nicht viel vom Leben. Aber man will doch einmal wenigstens zu sich selbst kommen dürfen.

Oder soll man wirklich nur *dazu* hier gewesen sein, um sich jeden Tag von Neuem den Bauch vollzuschlagen, rumzuhuren und den Leuten alte Ladenhüter aufzuhängen?! Wenn ich des Abends so irgendwo, wo einen kein Mensch kennt, unter ein feuchtes Bettuch krieche, dann möchte ich manchmal weinen über all das und die ...... Naja: wir sind groß geworden! Sternheim und Wolfsberg ist ne Weltfirma geworden. Deutschland ist groß geworden dadurch, Deutschland ist auch 'ne Weltfirma geworden! Oder der junge Chef redet's sich ein, weil er nicht draußen hört, wie ich es höre, wie gesprochen wird. Aber Frankreich ist *auch* groß geblieben. Also was hat es denn für einen Sinn gehabt?! Gehaßt werden wir ... gehaßt werden wir! Und wenn sie es auch laut nicht sagen, innerlich schreien sie doch: Revanche! Gehn sie nur mal nach Frankreich ... kaufen können wir von ihnen aus Lyon ... das dürfen wir! Aber ... und wenn sie noch so katzenfreundlich zu mir sind ... los werden Sie nicht zehn Dutzend bei ihnen da drüben ..

Wie lange werde ich denn noch machen?!

Plötzlich hatte man so die Empfindung, der olle Mann da tat einem leid, weil er sich selbst leid tat. Die Kanonen hatten ihn in seine Wirklichkeit zurückgedonnert. Er lehnte sich vor und begann mit den Fäusten auf der Brüstung da herumzuhämmern.

»Was hat man doch für'n Hundeleben geführt!!« schrie er. »Fünfundzwanzig Jahre sind einem doch wie nasser Dreck durch die Finger gelaufen, und Montag geh ich wieder auf die Tour. Andere, wie du, Ringert (denn zu den Gepflogenheiten des Reisenden gehört es, alle Welt zu duzen), andere wie du Ringert, legen sich des Abends gemütlich ins Bett zu ihrer Frau ...«

Vielleicht war der alte Buchhalter solche Ausbrüche gewohnt, vielleicht auch hatte er es sich abgewöhnt, über die Schicksale anderer Menschen sich Gedanken zu machen, denn er hörte dabei nicht auf, sich mit der Rechten mit Hilfe des Halters den Kopf zu kratzen und sich mit der Linken zu füttern und mit den Augen die Kolonnen auf und ab zu springen.

»Ach Jott, Koeppen«, mimmelte er so nebenher. »Sie haben sich immer so. Meinen Sie vielleicht, ich stehe von morgens um acht bis abends um halber neune (denn eher kommt man ja doch nie weg) und mit de Überstunden wirds *noch* später ... zum Vergnügen der Einwohner in den Affenkasten hier?! Sie können doch auf de Straße gehn, wenn S i e wollen. Ich nich! Und meine Frau?! Also wollen wir tauschen. Sie kriegen noch een prachtvollen Harzer Roller von Kanarienvogel sammt Bauer von mir als Gratisbeigabe zu. So bin ich. Wenn S i e das gemütlich nennen, haben Sie bei Schimmelpfennig die verkehrte Auskunft gekriegt.« Und da kam der Laufjunge und meinte, ob ich es wäre, dann möchte ich doch zum Chef ins Privatkontor ... er sprach das Wort mit der Achtung, die es verlangte ... kommen.

Schade, der alte Ringert begann gerade Details aus seinem Eheleben auszupacken. Genant schien er nicht zu sein ...

Damals gabs noch keine Klubfauteuils und keine Diktaphone und Fernschreiber – nicht mal Schreibmaschinen. Damals gab es in Privatkontoren nur erst Axminsterteppiche bis in die letzten Ecken hinein. Und auch keinen imitierten altholländischen Schrank mit gepreßten Löwenköpfen, und wenn man die Tür aufmachte, klappte da ein Waschbecken heraus, in das gleich Wasser strömte, und ein Handtuch leuchtete und Seife roch. Damals waren noch Drahtständer fürs Personal mit Waschbecken und Karaffe und einem Glas sogar; aber ein Chef hatte schon seinen eigenen schicken, braunen Blechkasten zum Aufklappen, daß man die Karaffe, die unten drin stand, und das Waschbecken nicht gleich sah. Doch damals gabs schon Diplomatenschreibtische, weil es doch leider schon Diplomaten gab, und Renaissanceschreibtischstühle mit Schnitzereien, an denen man sich stieß und mit den Taschen hängen blieb und sie sich aufriß, wenn man unverhofft plötzlich sich erheben wollte. Und wer inmitten von dem Raum hinter seinem Diplomatenschreibtisch in seinem Schreibtischstuhl saß, war eben der Chef, distanziert von den andern, für die nur zwei einfachere Stühle mit Ledertroddeln um den Sitz da waren. Wenn man sie zum Sitzen aufforderte etwa.

Ich sehe ihn noch den Chef, den Juniorchef ... Da er sehr klein war, spielte er den Schneidigen, und da er eigentlich scheu und freundlich war, den Energischen. Weil er bei den Ulanen gedient hatte, war er Unteroffizier der Reserve beim Spandauer Train, und außerdem hatte er einen dicken blonden Schnurrbart, ohne daß er doch sonst blond war, denn das Haar war eigentlich dunkelbraun, fast schwarz.

Und ich war noch nicht ganz im Zimmer, als er sagte ... wie er nach der Zigarrenkiste griff: »Schmeiß doch den Stummel weg, nimm doch eine andere! Sie ist besser als deine! Die kriegen wir jetzt von drüben. Sie sieht nur so schwarz aus! Sie ist garnicht schwer!« Er belehrte mich ganz nett, daß trotzdem er mich von klein auf kannte, ich doch nicht mit einer brennenden Zigarre in sein »Privatkomptoir« kommen dürfte. Für ihn bin ich eben immer noch der kleine Junge aus der gleichen Straße, für den er Zinnsoldaten kauft.

Und dann fängt er an, an allen Ecken und Kanten mich zu behorchen und zu beklopfen. Er macht das wirklich klug und geschickt. Er fragt mich sogar, ob ich noch ›immer‹ schriebe. Wie ihm das zu Ohren gekommen, weiß ich nicht. Denn die paar kleinen Skizzen, die in kleinen literarischen und linkspolitischen Blättern, Blättchen, nicht mal alle mit meinem Namen gedruckt worden waren, konnte er doch unmöglich gelesen haben. Und noch weniger die Berge von ungedrucktem Zeugs und den Roman, den ich jetzt eben beim Erholungsurlaub, den ich bekam, bevor man mich beim Militär herauswarf, doch zu Ende gemacht hatte und den mir ein junges Fräulein, das ich kaum kannte, sauber abgeschrieben hatte ... die ganzen dreihundert Seiten ... sie sagte, es machte ihr Spaß … und den ich nun grade vor Kurzem wohin gegeben hatte, weil ein Schild über der Tür gewesen, auf dem das Zauberwort »Verleger« stand, das doch auch nicht. Er weiß auch, daß ich beim Militär krank geworden bin, aber daß es nicht viel zu sagen hat ... er fragt nach der Mutter, den Brüdern, den Schwestern ... nur nicht nach dem, was er eigentlich will. Er kommt mir so vor wie ein guter Kinderarzt. Wenn den die Eltern haben rufen lassen, dann beschäftigt er sich zuerst nicht mit dem Kind sondern beobachtet es so eine ganze Weile so nebenher. Und dann weiß er nach dessen Benehmen einfach schon: ist das Kind krank, oder ist es nur ein bischen nicht in Ordnung grade.

»Höre mal,« sagt er und steht auf, um das Gespräch damit zu beenden ... »es freut mich, dich gesehn zu haben. Du bist doch eigentlich ein ganz netter Mensch geworden. Dumm bist du nicht«, und er legt mir jetzt väterlich die Hand auf die Schulter, dabei ist er gut einen Kopf kleiner als ich »Die Flausen wirst du schon wieder aus dem Kopf kriegen. Meinste: ich habe nicht gedichtet und Dramen geschrieben? Sogar Maccabäerdramen. So waren wir alle mal. Sone Jugendsünden macht jeder von uns. Die Hauptsache, du bist aus anständiger Familie doch und kein Knallpöbel wie alle die, die sich bisher gemeldet haben. Ich kenne dich von klein an. Ich brauche da jemand, zu dem wir und die Leute da drüben Zutrauen haben können. Was du für uns zu lernen hast ... das wirste schon in der Branche und in den andern Branchen von uns ... das wirste schon lernen. Das lernt jeder Esel. Und Spanisch kannst du ja etwas auf dem Schiff schon Stunden nehmen von irgendeinem oder einer Dame nehmen. Die tun es gern. Denen macht es Spaß. Die sind sehr schön drüben. Ich weiß es. Ich war eben acht Monate da. Verlieb' dich nur nicht gleich in die erste. Die andere ist nämlich schöner. Und die dritte noch viel schöner als beide zusammen. Und freundlicher. Man weiß garnicht, wer die schönste ist. Immer die, die man grade sieht. Englisch und Französisch wirste dich doch wenigstens verständigen können?! Wenn man auch bei uns in der Schule keine Sprache lernte sondern nur ihre Grammatik und die auch nur so, wie wir uns einbildeten, daß sie wäre. ›Wir wollen doch unsere Kinder nicht zu Papageien und Hotelportiers erziehen‹, sagte mein Französischlehrer im Wilhelmgymnasium zu meiner Mutter. Ich glaube, daß ich dir da eine gute Chance gebe. Ich glaube, daß du eine große Zukunft haben kannst bei uns. Denn die Sache ist ja weit weg und muß sich doch mal ziemlich selbständig machen später. Es ist wie eine Kolonie. Auf die Dauer geht sie doch ihren eigenen Weg, und man ist froh, wenn sie mit einem grade noch so angenehm zusammenhängt.

Also willst du für uns rübergehn? Aber du mußt dich ganz schnell entschließen. Denn du mußt dir doch eine Ausrüstung noch kaufen. Und Montag geht der Steamer von Hamburg ab. Man verdient drüben in Buenos Aires viel. Aber die Anzüge und was man so braucht, sind auch entsprechend teurer als hier. Man muß schon von hier die Dinge mitnehmen ... oder von England. Kannst sie ja vorher einmal anziehn, damit sie nicht zu neu aussehn. Wegen des Zolls. Die sind verdammt scharf drauf. Ich will dich zuerst fünf Monate auf Probe engagieren. Überfahrt zahlen wir. Rückfahrt auch, wenn's nichts ist. Wenn es *dir* nicht gefällt, wenn du drüben nicht gefällst, dann gehn wir in aller alten Freundschaft auseinander. Aber es wird dir schon zusagen, und du wirst uns schon zusagen.«

Er hatte mich sogar untergefaßt und ging mit mir auf dem roten Axminsterteppich auf und ab.

Also nur nicht merken lassen, wie ich mich freue. Bisher hatte sich doch eigentlich alles gegen mich verschworen gehabt, solange ich denken konnte. Und plötzlich ist da einer, der will die Steinplatte, die auf mir liegt und mich nicht atmen läßt, wegrücken. Also das ist ja herrlich. Was hält mich denn zu Hause? Was hält mich noch an Deutschland? Also – natürlich … lieber sofort als erst nächsten Montag.

Aber jedenfalls muß ich jetzt so tun, als ob ich es mir überlege, als ob es mir doch eigentlich schwer fiele, den Ozean zwischen mich und die traute Heimat zu bringen, das geliebte Vaterland zu verlassen, dem Mutterboden Valet zu sagen und von der ach so zärtlichen Familie Abschied zu nehmen (die Freude uns los zu sein, wird sicherlich auf Gegenseitigkeit beruhen!) »Und wieviel Gehalt bekomme ich zuerst? Oh, das ist ja sehr schön! Und wie steht doch der Peso grade?!« als ob ich täglich Arbitragen mache und es mir nur entfallen ist bei den ständigen Kursschwankungen.

»Und kann man davon leben drüben?«

»Nein, leben kannst du vorerst nicht oder kaum davon. Zum mindesten so nicht, wie du es mußt, und wie wir es von unseren Angestellten fordern müssen

drüben. Du mußt unbedingt die ersten fünf Monate von Hause her oder irgendwo
sonst her einen Zuschuß haben. Nach der Probezeit wird das Gehalt sofort ver-
doppelt, und dann kannst du drüben mehr als angenehm leben. Und wenn du
länger da bleibst, wirst du über uns nie zu klagen haben, Bernhard. Wo wir verdienen, lassen wir auch gern verdienen. Leben und leben lassen. Vor allem aber
kannst du da weiter kommen. Was du hier kaum noch kannst, Bernhard. Gewiß:
Buenos Aires heißt: gute Luft. Aber wer sagt, daß dir das Klima bekommt. Du
bist nicht völlig kapitelfest grade ... auch wenn du gut aussiehst ... nicht wahr?!
Für *den* Fall garantieren wir ja die Rückreise, damit du nicht plötzlich allein in
einem fremden Land herumliegst. Denn das ist da sehr unbarmherzig, und man
kommt dann verdammt schnell herunter, und in einer Weise, wie man es sich
hier kaum träumen läßt. Sieh mal, das Risiko ist für uns zu groß ... Aber vielleicht kannst du es deinen Leuten doch später zurückzahlen ... Millionen sind es
ja nicht. Nicht mal tausend Mark, kein brauner Lappen ... alles in allem höchstens, ach vielleicht siebenhundertfünfzig, selbst sechshundert Mark. –
    »Ja« ... wollte ich sagen, es gibt doch Menschen ... ich weiß, du ahnst es
nicht, und wenn du es selbst ahnen solltest, so *willst* du es nicht *wissen* ... für
die sechshundert Mark Millionen sind. Aber Gott, endlich müssen ja doch die
zuhause, oder der reiche Onkel einsehn, um was es sich für mich dreht. Naja –
Freude hab ich ihnen ja nicht gemacht, bislang ... aber Geld gekostet habe ich
sie doch auch kaum. Selbst mein Dienstjahr habe ich von meinem väterlichen
Erbe bestritten ... und es ist dabei glatt draufgegangen bis auf den letzten Heller grade ... sonst hätte ich es ja davon noch … noch nehmen können. Aber
Gott, es würde sich schon machen lassen!
    »Jedenfalls, Otto, sage ich dir jetzt mal zu und schreib dir spätestens bis
morgen oder übermorgen Abend, wenn etwas dazwischen kommen sollte und
Ihr … du, kannst du mir nicht lieber ein bischen mehr geben jetzt, und nachher
dafür etwas weniger?! Nein?! Geht?! Euer Prinzip?! principiis ebsta!« Warum
soll ich ihn nicht daran erinnern, daß man *auch* Gymnasiast war?! »Na, dann
werde ich mal zusehn. Endlich wird man ja zuhause doch begreifen, was für
mich daran hängt!«
    »Also ich höre von dir, Bernhard. Nimm dir noch eine Zigarre mit auf den
Heimweg ... hier ... grüße zuhause ... Wie es uns geht?! Na, der Vater ist nicht
mehr am besten dran. Der Mann hat zuviel gearbeitet in seinem Leben. Es ist
ihm auch *zu* groß hier geworden ... müssen junge Kräfte mit neuen Ideen
rein ...!« (Merkwürdig, daß das immer die Jungen und nie die Alten sagen!
dachte ich.)
    Otto brachte mich selbst durch die vielen grauen mit Regalen verstellten Gän-
ge, zwischen denen Mädchen mit schwarzen Arbeitsschürzen herumhuschten
und scheu und lächelnd auswichen, und in denen Lagerverwalter von den Leitern, die sie erklettert hatten, herab devot grüßten, trotzdem es nicht gerade
schien, als ob sie lange schon oben auf den Leitern vordem waren … brachte
mich bis an die Tür des Polizeibüros wieder ... »Also ich höre dann bestimmt
gleich von dir, Bernhard!« rief er mir noch nach, als er hinter mir die Tür zuzog.

Und Ringert und Koeppen ... Ringert war wohl immer noch bei den negativen Vorzügen seiner Gattin, wenn auch jetzt bei denen kulinarischer Natur ...
die ihm so harte Eier aufs Brot legte, daß er Magendrücken bekäme, oder so
weiche, daß er sich stundenlang das Eigelb aus dem Schnurrbart reiben müsse
... sie wären nie richtig gekocht ... grade ... Ringert und Koeppen, die erst, wie
ich kam, meinen Gruß garnicht erwidert hatten, sagten nun tief höflich zuerst:
»Mahlzeit, junger Herr!« ... als ob sie in mir schon einen zukünftigen Teilha-
ber des Unternehmens witterten.

Also ich war ganz betrunken vor Glück, wie ich wieder auf der Straße war.
Ich sehe noch alles vor mir. Die Welt, die eben noch so trostlos wie diese Sei-
tenstraße hinter dem Alexanderplatz hier war, war plötzlich lustig wie eine
Kirmes geworden mit Musik aus allen Ecken und Enden, und ich selbst, der
noch als überlegener Todeskandidat vorhin in einer elegischen Abschieds-
stimmung zwischen den Menschen hindurchgeschlichen war, weil ich doch
über kurz oder lang richtig die Schwindsucht bekommen würde ... was interessant aber traurig ist, und vielleicht schnell dann abkratzen würde, denn das war
nicht der erste Fall bei uns! lief nun trällernd und strahlend und schwenkte den
Spazierstock. So eng die Welt noch vor einer Viertelstunde gewesen war, so
weit war sie jetzt. Ich blieb Unter den Linden vor den Schiffsagenturen stehn
und studierte die Karten, die Globen und die Schiffsmodellchen, die auf
schwarzen Schienen über ein blaues Weltmeer von Pappe geschoben werden
konnten. Lag es eigentlich auf der Ostseite oder auf der Westseite von Südamerika? Oder hatte dieser Erdteil nur zwei Westseiten? Und unter welchem
Breitengrad überhaupt? Jedenfalls ein ganzes Stück vom Äquator. Aber warm
war es da noch, und Palmen wuchsen da wie hier die Birken. Vier, ja sechs
Wochen konnte man fahren: über graues Meer, über blaues Meer, durch violettes Meer, durch Windstille und Sturm und war noch nicht am Ende. Die Leute
würden zwar auch keine Nasenringe mehr tragen ... wie in meinen Kinderbü-
chern ... und keinen Mantel aus gelben Tukanfedern wie im Völkerkundemu-
seum ... und Schürzen aus gefärbten Kokosfasern. Sie waren schon gewiß
genau so wie hier ... wenigstens in den großen Städten. Und es waren da große
Städte schon und Pampas und Viehherden wie Züge aus der Völkerwanderung
so groß. Aber es war doch alles anders, ganz anders. Und man war unendlich
weit weg auf der Flucht vor sich selbst. Und vor allem, es hatte doch Zukunft.
Man konnte da erst mal wohlhabend werden, zehn und zwanzig Jahre lang
Geld machen und dann das treiben, was einem Freude macht: Reisen, Schreiben, Bildersammeln, studieren, einfach aus Liebhaberei studieren auf der Universität ... ohne je die Absicht zu haben, von vornherein schon die Absicht zu
hegen, sein Studium durch Broterwerb zu entweihen ... Literatur, Naturwissen-
schaften, Philosophie ... und schreiben, wann man will, und nicht in den paar
Nachtstunden, die man sich abstiehlt ... Und spanisch ... ach, wenn ich es so
gut lernen würde, wie ich als kleines Kind von Pamchite de Ramiros spaßig
fluchen gelernt hatte ... meinem Freundchen ... na ... dann würde ich Furore
direkt machen. Es ist doch endlich mal Aussicht da und nicht diese bleierne

Hoffnungslosigkeit, in der ich, seitdem ich bewußt denke ... und das sind gut
sechs Jahre jetzt, seitdem ich aufgewacht bin ... früher habe ich gedöst ... wie
in einer Nebelwolke gehn muß, die immer wieder nur grade zehn Meter einen
sehn läßt. Dann ist wieder eine Nebelwand da. Soviel weiß ich schon: die Zeit,
da man mit einem Kasten voll Knöpfen anfing und in fünf Jahren der Diktator
der gesammten Steinnußknopfbranche ist ... die ist ... wenn es sie je gab ... und
wenn sie nicht, wie so vieles eine schöne Sage nur ist, hier in Europa unwie-
derbringlich vergangen.

Und in Südamerika drüben, da dämmert sie bestimmt erst herauf. Hier bleibe ich: junger Mann. Lagerverwalter. Abteilungschef mit Postprocura. Stadt-
reisender ... Kuli mit hundertfünfzig Mark monatlich. Das ist alles, was ich vor
mir sehe. Mit fünfunddreißig Jahren Büro. Es ist unausweichbar, wie wenn ich
zwischen zwei Mauern gehe ohne einen Querweg, in den ich abbiegen könnte.
Gewiß man muß ja mal ans Ende kommen, wenn man eben nicht vorher zusammenbricht. Denn man kann ja nirgends anders hinkommen. Aber es zahlt
sich wirklich nicht aus, zwischen zwei glatten, feuchten und triefenden Stein-
mauern zu gehen. *Ich* jedenfalls werde es *nicht* mitmachen! Ich nicht!

Und jetzt ist da mit einem Mal eine Querstraße, die vorher nicht da war.
Und ich kann ausbrechen. Eigentlich bin ich schon garnicht mehr hier. Eigentlich bin ich schon auf dem Schiff. Ich erinnere mich noch, ich stellte es mir
ganz weiß und nur mit Prunkkajüten, immer eine hinter der andern vor. Es
schwamm ständig inmitten einer Art von einer großen imaginären Schüssel,
die bis zum Rand mit Wasser und spritzenden Wellchen gefüllt war, unter
einer duftig-blauen Käseglocke dahin, genau so wie auf den Plakaten, die zu
den Seereisen animierten.

Aber bis zum Abend würde ich darauf warten, um das, wenn sie alle zuhause waren, denen auseinanderzusetzen ... irgendwie müsse man die paar Hun-
derter doch noch aufbringen können für mich.

Also ... wie immer in meinem Leben, wo ich auf Hilfe rechnete ... von welcher Seite auch immer ... es wurde nichts, nichts, nichts, garnichts daraus. Ach
Gott … man hätte es mir ermöglichen können, aber man wollte es nicht. Hielt
mich auch vielleicht für krank noch ... wollte mich auch vielleicht lieber in der
Nähe haben deshalb. »Hilf dir selbst, du bist alt genug« ... hieß es. In ein paar
Monaten bist du sicher wieder da und wirst uns von Neuem auf der Tasche
liegen. Man sagte es nicht. Aber man dachte es hörbar. Womit hatte ich denn
das verdient? Gewiß, ich wohnte zuhause, aber die Wohnung war meinetwe-
gen nicht größer, als sie sein mußte. Ich hatte kein eigenes Zimmer. Meine
Kleidung kaufte ich mir selbst seit Jahren. Und wenn ich von den paar Scheinen, die ich vorher verdient hatte, etwa ein paar Mark übrig behalten hatte, so
gab ich auch etwas zur Wirtschaft zu ... es wurde meinethalben doch kaum *ein*
Pfund Brot mehr gekauft ... zuhause ... kurz also: man traute mir nicht! Man
traute der ganzen Sache nicht. Vielleicht wollte man mich auch unter Augen
noch haben. Denn eigentlich war ich ja doch ein Taugenichts und ein Schwer-
verbrecher, wenn ich es bisher auch noch nicht bewiesen hatte. Das kam dann

noch. Ja, und dann immer der Refrain: es ist besser, du bleibst jetzt mal hier in Deutschland noch! ... du wirst noch später genug Zeit haben, dir Wind um die Nase wehen zu lassen.

Dann bin ich zu dem reichen Onkel noch gegangen. Die andern haben es gar nicht gewußt. Er war sehr herablassend.

»Onkel, ich kann nach Buenos Aires gehn. Ich muß aber die ersten fünf Monate Zuschuß haben ... den Monat hundert Mark!«

Also der hielt es für eine glatte Lüge. Wer würde mich, solch einen Böhnhasen von Kaufmann, herausschicken denn?! Und selbst, als ich den Brief zeigte, beguckte er ihn von allen Seiten, ob ich ihn nicht etwa selbst geschrieben hätte, um ihn zu prellen. Und dann sagte er, daß es doch besser wäre, ich bliebe hier.

Hier könnte man ja auch weiterkommen, wie ich an ihm sähe!

Woher nehmen eigentlich Leute, die Geld haben, immer diese hoheitsvolle Anmaßung?!

Ich sehe den Mann noch vor mir. Er war damals schon Mitte der Siebzig, vielleicht sogar an Achtzig bald, in seinem geblümten Seidenschlafrock auf dem roten Plüschsessel, der feine alte Herr auf dem Modekupfer von 1860. Er hatte die Eigenheit, sich stets an den Kopf zu fassen, ob seine Perrücke auch nicht verrutscht wäre, die graublond wie die meisten Perrücken nicht aus Haar sondern aus Stroh zu sein schien. Er wäre mir auch sonst unsympathisch gewesen, wenn es nicht mein Onkel gewesen wäre. Ich liebe keine Leute, die zu sich Sie sagen. Hab diese Sorte nie geliebt. Vergiß nie, daß du eigentlich ja doch ein armer Hund bist, und vergiß nie, daß du doch nur ein Esel bist. Er war groß, aufrecht und ungebrochen und lebte mit einer vorsichtigen Zähigkeit. Er hatte wie Kaiser Franz Josef, dem er auch irgendwie ähnelte, viel Unglück in seiner Familie, mit Frau, Sohn und Töchtern eigentlich gehabt. Aber es hatte ihn nicht die Spur menschlicher gemacht. Es war garnicht an ihn herangekommen. Er hatte wie die meisten Menschen nichts, aber auch nichts aus dem Unglück gelernt. Wie er auch nichts aus seinem Reichtum gelernt hatte. Außer den Kurszettel lesen. Ich bin ein friedfertiger Mensch und beleidige nicht gern jemand. Nicht mal einen Schlächterhund, und deshalb kann ich auch nicht sagen: er hatte das Gemüt eines Schlächterhunds. Er war auch nicht mal schroff zu mir damals. Ich weiß noch jedes Wort. Er war väterlich und freundlich zu mir, sogar zu mir, und er drückte mir wie dem verlorenen Sohn der Bibel ein blankes Geldstück in die Hand zum Abschied. Heute denke ich manchmal: er war vorher präpariert, denn er wußte so merkwürdig gut über zuhause grade Bescheid.

Und am Montag ging dann die Wilhelmina, auf der ich umsonst, ganz umsonst hätte mitfahren können, mit meiner Zukunft von Hamburg ab. Aber ohne mich!

Ich weiß noch, wie ich getobt habe ... die ganze Zeit über, und mit den Füßen des Nachts hinten gegen das Bettende gehauen habe und gestoßen habe ... bis meine Brüder riefen: ich möchte doch stilliegen und sie schlafen lassen. Sie müßten morgen früh heraus und aufs Büro und auf den Bau ... und ich nicht (das war wieder eine Spitze ... weil ich noch keine Stelle gefunden hatte!).

Ich weiß nicht, zum wievielten Male ich mir das Leben nehmen wollte. Beim Militär war es das letzte Mal gewesen, daß ich es wollte und eigentlich alles soweit war ... wegen einer lächerlichen Geschichte, aus der nachher garnichts kam ... nicht einmal Stubenarrest, weil ich auf Posten einen Abruf von der Ronde überhört hatte, in einer Winternacht, da ich, bis an die Knie im Schnee, um ein Artilleriedepot, das ganz einsam eine Stunde vor München in der Ebene lag, herummarschieren mußte, damit es nicht plötzlich die Franzosen, die Russen oder die Chinesen stehlen könnten.

Aber so dicht dran wie an dem Abend, da das Schiff ohne mich wegfuhr, bin ich nie wieder gewesen oder doch kaum je ... Ich habe eigentlich niemals mir das Leben nehmen wollen wegen der Gegenwart ... wenn ich an andere denke, an die Armen, an die Ganz-Armen dieser Welt ... ein Dach habe ich ja zum Schluß immer noch über dem Kopf gehabt, und wenn ich gegessen hatte, ist doch immer wieder von irgendwoher bis heute eine zweite und neue Mahlzeit später nachgewachsen ... grob gehungert habe ich nicht ... sondern immer nur aus Angst vor einer Zukunft. Später bin ich klug geworden und habe mir meine Püppchen in meinen Büchern gemacht, die dann das Leben für mich wegwarfen, wenn ich es nicht mehr ertragen konnte.

Aber den Nachmittag: Ich sehe noch das Zimmer vor mir. Warum hatte man nur damals so scheußliche Tapeten mir großen Granatapfelmustern, die aussahen, als ob sie eben aus dem Sumpf gezogen waren, und so dicke braune Peluchegardinen dazu?! Man fand wohl das Lenbachsche Sfumato besonders vornehm. Alle waren sie weggegangen, oder noch keiner war wieder nach Hause gekommen. Und eine Gardinenschnur, selbst ein Handtuch und ein Rasiermesser leisten da genau so gute Arbeit wie ein Revolver oder Cyankali. Damals wußten ja die jungen Menschen noch garnicht, was Elend ist, wie in den letzten achtzehn Jahren, in denen der Krieg des Staats gegen den einzelnen Menschen nie aufgehört hat und nicht eine Stunde Waffenstillstand kannte. Und doch, wie schwer und wie tausendmal verzweifelt ... einfach schon an sich in seinen Problemen schon war doch schon damals das Leben eines jungen Menschen. Zwei meiner Freunde hatten mir schon grade ein Vorbild gegeben. Der eine war zum Schluß mit einer wandernden Artistentruppe herumgezogen und hatte sich dann erschossen; und der andere, den man gleichfalls mit einer Kugel im Hirn halbverwest endlich im Grunewald fand (er hatte es nicht weit mehr von da bis zum Selbstmörderfriedhof) der soll eine unglückliche Liebe gehabt haben ... aber vielleicht waren es auch eher die unglücklichen Folgen einer glücklichen Liebe. Denn deshalb nahmen sich damals manche das Leben. Sehr jung waren wir damals, und wir waren wohl alle sehr nahe daran, es zu tun, öfter als die heute, die jetzt ebenso jung sind. Vielleicht weil gerade das Leben damals gegen das von heute doch viel, viel sicherer und einfacher noch war.

Also ... wenn es in einem Film wäre, so würde selbst das letzte Vorstadtpublikum pfeifen und mit Kartoffeln nach der Leinewand werfen. Ich habe das in Genua mal erlebt in einem Keller am Hafen vor Jahren, als der Film ganz jung noch war.

Eigentlich war ich schon neun Zehntel so weit, und hatte schon Abschieds-
briefe geschrieben, und wollte die Tür grade abriegeln ... die andern, die beiden andern da hatten ja auch den Mut dazu gefunden ... da kommt das Mädchen in das Zimmer ... es war ein schönes, schweres, bäurisches Wesen, und
wir gingen immer um einander herum, wie zwei Nachbarskatzen, die es zu
einander zieht und die sich doch nicht zu einander wagen ... legte ein Couvert
auf den Tisch und ging schnell wieder hinaus ... aber doch nicht grade so
schnell, wie sie gegangen wäre, wenn sie nicht eigentlich eine Weile bei mir
hätte bleiben wollen und gewartet hätte, daß ich sie unter irgend einem Vorwand zurückhalten würde.

Aber ich habe von je die Eigenheit, Briefe, die nicht angenehm scheinen,
nicht gleich zu öffnen. Heute habe ich sie noch ... Also von diesem Kerl von
Verleger da! Was soll es anders sein ... er schreibt mir ab. *Der* Weg also war
mir auch verrammelt. Nicht wahr: eine Freundin, aber wirklich nur eine
Freundin, hatte sich doch hingesetzt und nach meinem Geschmier von Roman,
den ich während des Erholungsurlaubs jetzt heruntergeschrieben hatte ... da in
Partenkirchen, die ganzen langen dreihundert Seiten blitzsauber abgeschrieben.
Denn damals kannte man noch keine Schreibmaschine, wenigstens nicht in
Deutschland. Mit gleichmäßigen Buchstaben, einer wie der andere, wie an die
Schnur gereiht. Damals war man ja noch trainiert, zu schreiben. Die Rückkehr
zum Analphabetentum ist erst eine Nachkriegserscheinung ... und Spaß, hatte
sie behauptet, hätte es ihr auch gemacht. Und den hatte ich jetzt abgegeben,
weil ich gelesen hatte, daß unten an der Tür »Verleger« stand, und weil der
Name »Fontane« mir bekannt schien. Und ein junger Mensch mit einem Bak-
kenbärtchen hatte gesagt, daß er gelesen werden würde und man mir Bescheid
geben würde. Und dann hatte ich sehr schnell wieder, ohne den Packen, mich
auf der Straße befunden. Ich hatte das Gefühl, als ob ich ein Kind ausgesetzt
hätte. Ich mußte es wohl tun, aber es fehlte mir sehr. Gewiß: ich konnte es
nicht ernähren, aber es war doch *mein* Kind! Und nun schrieben die Leute
wohl, daß ich mir mein Kind wieder abholen sollte. Sie könnten es in ihr Fin-
delhaus nicht aufnehmen. Denn, wenn man in eine Prügelei kommt, und ich
war *der* Raufbold der Schule gewesen, und konnte das später immer noch nicht
ganz lassen ... selbst beim Militär nicht! ... also da kannte ich das ... wenn man
nämlich in eine Prügelei kommt und einer hat einem erst einen tüchtigen Hieb
auf den Kopf gegeben, daß man taumelt, schlägt einem der Zweite sicher noch
schnell mit der Faust ein blaues Auge.

Ich hatte damals eine Menge Blätter schon beschrieben, all die alten weißen
Blätter, die von früher her noch in meinen alten Schulheften frei geblieben
waren, hatte ich auf meine Art verwandt. Aber ich hatte nicht zehn Romane in
meinem Leben gelesen und war, was Literatur und so anbetrifft, Gottlob doch
ein vollkommen unbeschriebenes Blatt.

Also ... ich soll mir den Packen wieder abholen ... wird er schreiben. Punk-
tum ... Streusand! Schön ... warum soll ich auch mein Todesurteil nicht *gleich*
lesen. Er braucht keine Angst vor mir zu haben. Ich werde es *nicht* tun. Und

ich werde ihn auch kein zweites Mal mit ähnlichen Anliegen wieder belästigen. Er wird nicht dazu kommen ... und ich auch nicht! Her mit dem Wisch! Was ist denn das?! Bitten um freundlichen Besuch! seit wann sind Verleger so höflich ... wenn sie retournieren?! »weil wir vor der Drucklegung Ihres Romans, den wir gern acceptieren, da wir uns einen Erfolg davon versprechen ... und den auch unsere Lektoren uns einmütig empfohlen haben, gern über alles Weitere mit Ihnen uns unterhalten würden.«

Also ich muß schon sagen, – was ich immer bemerkt habe: das Leben ist doch um hundert Prozent kitschiger wie ein anständiges Stück Prosa es sein darf!

»Und deshalb wird bei'n Happy end
Zum Schlusse meistens abjeblendt!«

Weil nämlich da die wirkliche Quälerei erst anfängt! Das andere vorher war nur erst die Ouvertüre zur Oper. Das hat wiedermal der famose Peter Panter ganz richtig erkannt.

Oder wie die Zeitungen heute als feste Rubrik haben: »Wenn das Leben zum Triumph wird!« Die Zeitungen sollten einmal die Wahrheit schreiben. Aber dann wären sie ja eben keine Zeitungen. Wenn man auch nur eine kleine Filmkanone ist – nicht mal eine 42er ... dann hat man da ein marmornes Schwimmbassin im Garten, an dessen Rand die liebliche Mipi Slocum mit zwei anderen Angorakatzen spielt, während man selbst als Mipis fünfter Gatte wie ein Walroß vor Lebenslust im Wasser trompetet. Und nachher stirbt man früh, aber unbekannt, im Hospital irgendwo mit zwei Zeilen in der Zeitung: der ehedem ... und so weiter.

Wenn man aber nur Bücher oder Stücke schreibt ... dicke Bücher, die Erfolg haben ... so bleibt man eben sein Lebenlang nur »Der Dichter in seinem Heim«, umspielt von fröhlichen Kindern und später von neckischen Enkeln in seinem wohlgeregelten Haushalt, während die Gattin unentwegt zu strahlen hat, trotzdem man weiß, daß sie es nicht leicht hat: denn Künstler sind schwierige Menschen!

Also erstens wurde es ja gar kein Triumph ... sondern erst ein Jahrzehnt lang ein permanenter Stellungskrieg, eine Feldschlacht mit näheren und weiteren Angehörigen, und ein Sich-herumbalgen mit allerhand piratenhaftem Gesindel um ein paar lausige Geldstücke den Monat ... bis man ungefähr durchkam. Und dann, wie man das war: zwanzig Jahre lang Enttäuschungen, Quälerei und Nackenschläge. Und das Schicksal hat einem doch immer wieder kreuz und quer über den Kopf gehauen, daß man hundertmal dachte, es ginge überhaupt nicht mehr weiter. Und zum Schluß hockt man hier wie ein alter einsamer Uhu in seinem Baumloch wieder ... genau so wie vor vierzig Jahren demnächst in seiner Bude bei Frau Weintrunk ... nur etwas eleganter. Und das alles eigentlich doch nur, weil einmal nicht hundert Mark im Monat für ein Menschenschicksal auch nur ein einziges Mal für ein paar Monate lang aufzubringen gewesen waren! Welche Lappalien bestimmen doch unser Dasein!

Ziehn wir doch das Facit: Gewiß: ich habe mir ja meinen Weg ganz allein durch das Dickicht gehauen wie mit einem Buschmesser durch den Urwald! An Energie hats mir nicht gefehlt und an Zähigkeit ... Fehlt's mir auch heute noch nicht! Aber Donnerwetter! Donnerwetter! Was habe ich aber dabei für ein Hundeleben auch dafür geführt?! Ich bin doch immer nur der Außenseiter bei allem gewesen. Und für die Menschen der freundliche oder melancholische Hansnarr, solange sie glaubten, daß ich sie ernst nahm. Sowie sie das nicht mehr glaubten, haben sie mich sofort als ihren intimsten Feind behandelt. Was hat das alles nur für einen Sinn gehabt, dieses ganze Dasein?! Wenn ich ganz simpel selbst Reisender in Unterwäsche wie dieser alte Koeppen damals, und in Pyjamas gewesen wäre, oder in Oberhemden ... zweiter Korrespondent und Lagerist ... von einem Abteilungschef bei der Dresdener Bank ganz zu schweigen, wenn ich drüben dritter Chef und Prokurist geworden wäre ... ich hätte ja tausendmal angenehmer und befriedigender mein Dasein verbracht, als ich es je gelebt habe. Und skrupelloser. Schön: ich habe mir das erkämpft, was man einen Namen nennt. Aber wie lange hat's gedauert, bis ich ihn gekriegt habe, und wie schnell geht's, daß man ihn wieder verliert. Die ersten fünfunddreißig Jahre meines Lebens haben ein paar tausend Leute an mich geglaubt, und bis dahin sind mir fünfzig Mark doch wie ein kleines schwer erarbeitetes Vermögen erschienen. Mit hungrigem Magen bin ich am Leben vorbeigelaufen und habe als Zaungast durch die Spalten kaum mal reinsehn dürfen wie die andern drin tanzten, weil ich nirgends mein Billet bezahlen konnte. Und dann habe ich andern Menschen zuliebe zwanzig Jahre lang in einer lachhaften Parodie bürgerlicher Wohlhabenheit gelebt, und mich noch kreuzunglücklicher dabei gefühlt, weil es mir unmöglich ist, je zu vergessen, wieviel Elend, Qual und Jämmerlichkeit das Dasein von *jedem* von uns in dem Schoß trägt. Das, was die andern alle so herrlich vergessen können, als ob es nun seit ewig ihnen gehörte und in Ewigkeit ihnen gehören wird. Alle die andern, die ohne jeden Rechenschaftsbericht in ihm ruhn. In mir hat's immer gefragt: was geht das alles mich an, was ihr da treibt und was ich mit euch zusammen treibe?! Ich habe Freund, Geliebter manchmal, Hausherr und Bürger und Villenbesitzer gespielt, und Gatte, und spiele heute den liebenden Vater. Aber immer habe ich mich gefragt: Ja – einen Moment: bin ich denn das eigentlich? Was habe ich damit zu schaffen? Was wollt ihr denn alle von mir? Was kann ich euch geben? Wie kann ich euch denn halten? Und in den letzten fünf Jahren umlauern mich doch schon wieder die Sorgen. Wie die wilden Tiere, die man draußen im Wald heulen hört, und deren hungrige Augen auch manchmal schon durch die Stämme glimmen, wenn sie sich auch vorerst noch nicht ganz nah an uns herantrauen, solange noch Tag ist, weil ihnen die Dämmerung noch nicht tief genug ist. Beruhige dich: sie warten nur, bis es noch dunkler wird.

Ach Gott ... und man kann sich ja mit soviel Nachsicht und Selbstüberschätzung betrachten, wie immer man will. Wenn man nun mal über die Sechzig ist, wie ich es jetzt bin, so kann man sich doch nicht der Selbsttäuschung hingeben, daß alles, was nachkommen wird, ja doch nur Bärme ist, die zäh und mürrisch aus dem leeren Faß vertropft.

Wozu mußte man denn das sein?! Tausende von jungen Menschen waren von Hause her nicht unbegabter als ich und sind mit mehr oder weniger Glück Kaufleute, Anwälte, Schullehrer, Bankiers, Professoren, Eisenbahnbeamte geworden. Wozu ... wozu mußte ich mir eigentlich die Extrawurst braten? Unsinn ... ich sehne mich ja nicht nach Saturiertheit. Habe ich nie getan. Ich weiß genau: Reichtum ist keine Anwartschaft auf Glück. Nur eine auf Bequemlichkeit. Er distanziert in angenehmer Weise vom Dasein. Es rückt einem nicht so grob auf den Leib. Die Automobilwünsche des Lebens habe ich längst und ohne Neid mir begraben. Ich habe mich sogar abgefunden damit, ohne die Insignien des besseren älteren Herrn aus dem Leben zu gehn, ohne den Pelz und die goldene Uhr. Und ich werde in den Sielen auch mal sterben. Das weiß ich genau. Damit habe ich mich sogar längst ausgesöhnt.

Und merkwürdig, daß es noch immer Leute gibt, die einen beneiden um das dreckige bischen Erfolg, was man hatte im Leben. Und Erfolg nennen sie, wenn der Name genannt wird.

Meine Stiefel und meinen Rock habe ich in meinem Dasein zerrissen, und ich kann mir keinen neuen Rock und keine neuen Stiefel mehr kaufen. Das weiß ich. Wenn es nur im wörtlichen Sinne [ist], ist es ja nicht allzu schlimm. Aber es ist auch im bildlichen Sinne. Und das ist viel tragischer.

Was ist, wenn ich nun krank werde? Ich durfte bisher noch nie krank sein. Bisher konnte ich es mir einfach nicht leisten. Hatte ganz simpel nicht die Zeit dazu, und selten die Mittel. Und mußte doch immer und ewig auf andere Rücksicht nehmen ...

Mensch ... das ist doch alles ein Wahnsinn, was du da redest. Eine idée fixe, in die du dich da reinverbeißt! Das ist doch nur Paroxismus, in den d u dich immer weiter hineinsteigerst. Es wird wohl allen von uns heute so gehen. Früher hat es doch eben die ungekannten Massen gegeben, die uns trugen. Und wenn man auch ins Dunkle rief, es kam ja doch ein Echo von irgendwoher. Heute ist das Dasein für jeden zu schwierig und zu unsicher geworden. Jeder braucht sein ganzes Ich zur Selbstbehauptung. Wo ist für uns Platz noch? Wir wollten Vertiefung des Seins ihnen geben. Sie wollen Ablenkungen vom Sein haben. Wir können sie nicht mehr im Kern treffen. Man amalgamiert uns nicht mehr. Alles, aber auch alles, was wir für sie zusammenbasteln, sind für sie nur Dinge, die draußen vorübergehn und nach denen sie vielleicht einmal, halb schläfrig, halb neugierig hinblinzeln. Und dieses resonanzlose Sprechen macht unser ganzes Dasein zu einer vollendeten Sinnlosigkeit, weil es so unendlich gleichgültig geworden ist, ob das, was wir machen, Kunst oder Dreck ist ... Wie kann man sich denn auch einreden, daß man eine Welt, ein Europa, das über einen zehnmillionenfachen Mord, über ein hundertmillionenfaches Elend schlechtweg zur Tagesordnung übergegangen ist, das nicht mal nichts sondern noch weniger als garnichts daraus gelernt hat und jede Minute bereit ist, mit

Wonne bereit ist, ein Ähnliches anzuzetteln, mit irgend einem Leid von uns und andern etwa noch ins Herz treffen kann, und ihm mit irgendeiner Freude oder einem kleinen Glück oder einer neuen Lebensdeutung ein glückliches oder nachdenkliches Lächeln abringen kann?!

Wir lassen die Welt aussi sot et aussi méchant zurück, wie wir sie angetroffen haben. Also dieser Voltaire ist doch immer ein Idealist und Träumer gewesen. SO dumm und SO niederträchtig, wie ich sie zurücklassen werde, habe i c h sie jedenfalls n i c h t angetroffen, als ich sie vor zweiundsechzig Jahren betrat. Himmel! Himmel! Bei Gott ich kann nicht mehr. Jahre und Jahre habe ich mit zusammengebissenen Zähnen doch gelebt. Es geht nicht mehr weiter. Ich halte diese buntkarierte Einsamkeit dieses Daseins wirklich nicht mehr länger aus. Sein ganzes Leben hat man doch verfehlt. Mein ganzes Leben hat mir irgendein anderer weggelebt. Herkules am Scheidewege. Die Sage behauptet e r wählte den richtigen Weg. Und nun glauben es die Menschen seit zweitausendfünfhundert Jahren, ohne sich die Mühe genommen zu haben, es nachzukontrollieren.

Was mußte ich diesen blödsinnigen Weg nehmen?! Mein ganzes Dasein gehört mir doch weniger als seelischer Besitz als einem Straßenbahnschaffner sein verflossenes Leben zum Schluß. Wozu muß man sich selbst immer wieder und wieder seelisch ausbluten, bis man nur noch eine schlotternde Lemure von sich selbst wird!

Natürlich war es Wahnsinn, nach dem Tod von Maud allein zu bleiben, weil ich dem Kind keine neue Mutter geben wollte, damit sie die Erinnerungen an sie behielte. Na ja ... es ist etwas anormal, wenn man unter hunderttausend Kämpfen sich von der einen Frau losgemacht hat, weil das Leben neben ihr von Jahr zu Jahr unerträglicher geworden war, und mit jemand sich verbindet, der ein Vierteljahrhundert später auf der Welt erschienen ist, als man selber, der schön, fein und klug ist ... wenn man dann nach einem halben Dutzend von Jahren wieder alleinsteht, und davon nichts übrig geblieben ist, als ein Kind, das durchs Haus tapert, ein Packen von Erinnerungen und eine Handvoll Staub in einer Urne irgendwo unter einer Grabplatte mit einem Namen ... und man schon zu den andern Kindern, die einem inzwischen ja doch entfremdet sind, und die nun schon groß geworden sind, und ihre eigenen Wege gehn wollen, bei allem guten Willen hüben und drüben, doch nicht mehr ganz zurückfinden kann. Also das ist doch schon eine ausgesuchte Schicksalsperfidie.

Man redet sich ein, man muß denen etwas sein, und man darf der Kleinen da ein Traumbild nicht zerstören, von dem man nicht mal weiß, ob es in ihrer lallenden Seele überhaupt noch nachzittert. Denn sie läßt nichts davon merken, geht immer zaghaft und verschüchtert darum herum, wenn sie irgendwie an eine Erinnerung stoßen könnte ... Gott, sie ist ja noch ein Kind heute.

Und man scheut jede neue Bindung und spielt, statt ruhig und friedsam sich an ein neues Wesen zu gewöhnen, mit dem man sich so langsam zusammenlebt, immer noch ,anmaßend und zu falscher Frist' den im Irrgarten der Liebe herumtaumelnden Kavalier ... wovon doch nur das erste Wort richtig wahr noch ist.

Und selbst wenn es der Zufall schon mal gewollt hätte, daß man jemand ganz an sich binden könnte, dann kann man zu keinem innern Entschluß kommen, und der andere Teil, der sich erst angezogen fühlte, entflatterte einem so gemach wieder, und man wird immer älter und immer einsamer nur und in sich versponnener. Die Freundinnen von einst sind ernste alte Fräuleins geworden. Oder sie sind längst Mütter von großen Töchtern und Söhnen ... und sie halten einem zwar menschlich rührend die Treue, sie bekommen freundliche und fast nasse Augen, wenn sie einen mal sehen, und sie melden sich mit besorgten Briefen, wenn sie lange nichts gehört haben, und wenn man an dem Blatt Papier dann riechen würde, riecht es nach welken Rosen ... auch wenn es nach garnichts riecht.

Und Freunde, die mich halten könnten, habe ich nie besessen. Das liegt mir nicht. Ich schätze Männer, wenn sie klug und beweglich sind. Aber sie liegen mir nicht so, wie die Frauen. Kameradschaft steht nicht in meinem Lexikon der Gefühle. Hat nie drin gestanden. Kameradschaft ist für Handelnde, nicht für Betrachtende, wie ich einer war.

Himmel, Herrgott ... für wen soll ich mir denn mein Leben noch länger erhalten? Für mich? Ich habe genug davon bis hierhin! Er strich sich mit dem Handrücken über die Kehle und dachte dabei: Nun habe ich doch heute vergessen, mich zu rasieren, für die Welt? Die kann mich entbehren. Nichts kann so leicht entbehrt werden wie ein Mensch. Für meine Kinder? Ich kann ihnen nicht mehr helfen, und sie mir nicht. Ich habe sie gebracht, solange ich konnte, nun müssen sie ihren Weg ohne mich finden. Mehr konnte ich nicht für sie tun. Wenn sie mal den Weg wieder zu mir zurückfinden wollen, ich hab's ihnen leicht gemacht. Leichter als andere Menschen es ihren Kindern machen. Sie brauchten nur ein Buch von mir wieder aufzumachen, da bin ich wieder da, gerade so wie ich gewesen bin. In meinen guten und in meinen schlechten Stunden. Und wenn sie es nicht tun, ist es genau so.

Letzthin kam ich hier an die Ecke unten. Da stand ein kleiner Junge: »Du«, sagte er zu mir, »willst du mir mal die Hand geben, und mich übern Damm bringen?! Ja?!«

Und wie wir drüben waren, sagte er zu mir: »So ... nun kann ich schon allein weiter gehn!«

Also – wir bringen sie übern Damm, und dann gehen sie eben alleine weiter ... C'est tout! – Und das muß auch so sein.

Gewiß gehn unendliche Einheiten mit jedem Leben hin. Wir können unser Geld ihnen vererben. Wenn wir es haben. Unsern Besitz. Wenn wir ihn haben. Aber nicht unsere Kenntnisse, unsere Erinnerungen, unsere tausend Verbundenheiten mit dem Sein. Nicht das Wissen um Menschen, von denen wir vielleicht noch als Allerletzte wissen, die mit uns lebten, vor uns starben und mit uns nun *ganz* vergehn. Wer erinnert sich ihrer noch, sagt man sich. Sie streifte mich irgendeinmal im Dasein, sie war sehr schön, Clärchen Rutkowski, wurde krank und starb dann. Ich werde vielleicht der Letzte sein, der sich ihrer erinnert. Wer wird von diesem Vers, diesem Bonmot, dieser Anekdote noch wissen, wenn ich nicht mehr bin? Niemand. Aber beruhige dich ... nicht daß ...

aber beruhige ... er schluckte gerührt auf ... *Ihr* Hirn wird dafür mit anderm gefüllt sein. Und wozu sollen sie es denn noch mit totem Kram überlasten?!

Zwischen beiden Armen hatte er den Kopf mit geschlossenen Augen auf die Tischplatte herabgesenkt, und er hörte sich selbst mit seinen Fäusten auf diese Tischplatte trommeln und die Aschenbecher und die Federhalter und Bleistifte in dem Glas scheppern davon und mit dem Glas zusammenklingen. Er zwang sich endlich mühsam, damit aufzuhören, aber es ging schwer nur. »Wozu hat man eigentlich sein Lebtag gearbeitet, um zum Schluß nicht mehr zu sein wie dieser alte aufgeblasene Idiot damals? Und sich nicht besser selbst an der Kandarre zu haben wie irgendein x-beliebiger Herr Koeppen??« schreit er und erschrickt über seine eigene fremde Stimme.

Er springt auf und sieht sich in den [!] Spiegel dabei. Aber das Glas von dem alten Empirespiegel, in dessen vergoldeter Umrandung sich Tauben über Amors Köcher und Hymens Fackel schnäbeln, und das einst sicherlich oft genug die zärtlichen Gesichter eines jungen Paares zurückgestrahlt hat, ist in hundertunddreißig oder hundertundvierzig Jahren recht trübe geworden. Und vielleicht kommt noch die Dämmerung hinzu, daß er sich selbst so elend, grau und schemenhaft nur und verschwommen unter dem weißen Schimmer seiner Haare mit zwei Kohleaugen, die wie erloschen scheinen ... geradezu in einem Absynthnebel, wie von Carrière gemalt ... entgegenblickt, sodaß er Furcht vor sich selber bekommt.

Gewiß, er ist es ja nicht. So sieht er nicht aus. Es ist leicht verzerrt ja, wie dieser Spiegel immer zeichnet. Aber es ist doch sein psychisches Bild zum Erschrecken getreu.

Und er hat die Empfindung, als ob er mit dem da nicht eine Minute mehr allein im Zimmer, in diesem Atelier hier bleiben könnte, sonst würde *er* dieses Spiegelbild ... oder das da ihn erwürgen und erschlagen. weg! weg! weg! Gott, doch ... wie unheimlich still das doch hier ist. Höchstens, daß man mal einen Wasserhahn im Haus rauschen hört, und das Surren, wenn der Fahrstuhl abwärts gleitet, und das brüchige Geflatter einer Libelle, die an der großen schrägen Atelierscheibe tanzt!

Und wie rot der Himmel geworden ist, als ob er zornig wäre über die da unten. Mit Schreiben wird es ja heute doch nichts mehr. Mit Lesen wird es ja heute doch nichts mehr. Zu Bekannten gehn wird ja heute doch nichts mehr! Aber, wenn ich hier bleibe, schneide ich mir sicher die Pulsadern auf oder stürze mich auf den Hof hinunter ... oder auf die Straße vorn ... da geht es viel leichter über den kleinen Balkon da ...

Es ist nur der erste Entschluß, der dazu gehört, so wie beim Inswasserspringen in der Anstalt. Nachher springt man schon von selber, kommt schon von selbst im Wasser an. Gewiß – ich habe mein Lebtag Menschen gehaßt, die fahnenflüchtig geworden sind ... Aber das gilt doch nur, so lange es eine Fahne gibt. Und wo ist eigentlich *meine* Fahne geblieben?! Sie ist doch längst zerfetzt und von der Stange gerissen, und die Stücken sind wer weiß wohin vom Sturmwind getrieben worden.

Ein paar Kröten, ein paar Hundertmarkscheine, die ich aber später, ohne mich zu besinnen, für irgendeine alte Holzfigur oder ein japanisches Lackstück hingelegt habe ... für ein paar Wochen in Paris oder Madrid oder Rom, die hat man nicht aufbringen können für mich, um mir einen glatten, klaren und ruhigen Weg für mein Dasein zu ebnen. Die konnten nicht aufgebracht werden, um mir all das zu ersparen. Unmöglich – es ging nicht!!!

Also: Schluß! Gehn wir! Irgendwo werden wir schon landen. Der Abend und die Nacht wird vorbeigehn. Aber es werden hier noch viele kommen! Und wie werden die vorübergehn dann?! Willst du mir diese kleine Preisfrage vielleicht beantworten, junger Freund?! Ob ich an eines meiner Kinder schreibe ... es soll kommen?! Ich brauche sie jetzt. Ich war ja auch immer da, wenn sie mich gebraucht haben.

Ach, Unsinn – wozu soll man junge Menschen belästigen? Schluß! Schluß!! Schluß! ! ! Wo ist mein Hut, mein Stock, mein Sommermantel?! Ach, man braucht heute keinen. »Gehn Sie nicht mehr ohne Mantel des Abends aus. Wozu? Sie sind nicht jung genug mehr dazu« sagte der Arzt, »Rennen Sie nicht! Steigen Sie wenig Treppen! Trinken Sie wenig! Essen Sie nicht viel auf einmal! Lieber öfter einmal! Rauchen Sie nicht! Wenig lieben! Und es hat ja nichts auf sich ...!«

Aber jedenfalls erst noch Licht anknipsen im Gang. Wenigstens die eine Birne will ich brennen lassen. Ich liebe es nicht, in eine dunkle Wohnung zu kommen. Es ist solche Narretei von mir. Nicht etwa, daß ich fürchte, es hätten sich Leute eingeschlichen. Im Gegenteil, ich will, daß mir nicht gleich wieder die Einsamkeit entgegenschlägt. Ich will das Gefühl haben, als ob mich, wenn ich nach Hause komme, doch jemand erwartete noch.

Der breite Schacht vom Treppenhaus ist ganz in Dämmerung, in eine rötliche Dämmerung gehüllt. Das heißt: am Tage ist er auch nicht viel lichtvoller, weil er bunte Glasfenster, wie eine gothische Kirche hat, mit Nymphen, Schwänen und Seerosen und Ruinen auf unersteigbaren Klippen über einem gletschergrünen Flußband. Und außerdem hat es ein polisanderschwarzes Treppengeländer, wie ein Chorgestühl. In feinen Häusern hier so herum ist das nie anders. Denn solch ein vornehmes Haus erfordert doch ein weihevolle Stimmung, und außerdem müßte man sich doch genieren, wenn man auf einen Hof und ein Hinterhaus heraussehn müßte, die als Garten und Gartenhaus frisiert sind. Man kann sich also schon am Tag hier Hals und Beine brechen, geschweige denn erst jetzt. Und der Fahrstuhl geht nicht, vorhin ging er doch noch. Man hörte ihn immer schnurren. Muß also da jemand unten eine Tür aufgelassen haben oder mal irgendwie wieder etwas nicht oder falsch funktionieren. Fahrstühle haben ihre seltsamen Mucken meist ... wenigstens dieser. Dabei hat ihn die Behörde als tadellos begutachtet doch erst neulich! Licht wird natürlich nicht gemacht im Sommer. Na ich werde die Nachtbeleuchtung in Tätigkeit setzen. Denn solche Prozesse mit Wirten wegen Schadenersatz wegen Beinbruch sind immer langwierig und ungewiß, weil ja nicht der Wirt (was geht ihn das an?) sondern die Unfallversicherung haftbar ist, in die er sich eingekauft hat.

Ratsch … ist das Licht wieder aus! Und oben … ›wo selbst das liebe
Himmelslicht matt durch gemalte Scheiben bricht‹ … war es noch eine Feerie
gegen hier unten, weil das Tageslicht sich ja kaum je in den engen Hof hinein-
quetschen kann, geschweige denn der letzte Schimmer von Abendrot. Hier
muß man sich ganz auf sein Tastgefühl verlassen, wenn man den Knopf der
Schaltung wieder auffinden will. Knack!

Merkwürdig, auf dem Messingschild neben dem Lichtknopf, da steht doch
der gleiche Name, wie ich ihn trage … sogar genau so geschrieben. Ob auch
der Vorname der gleiche ist, weiß ich nicht. Den gleichen Anfangsbuchstaben
jedoch hat er. Drei Monate bin ich nun schon bald hier, und habe es bisher also
noch nie bemerkt. Ich sage ja, das Leben schießt immer leicht Doubletten.
Also: es ist ja auch nichts so besonders rares. Mein Name kommt ja häufiger
vor. Wenn auch nicht grade so häufig wie Lehmann, Schulze, Meier und
Schmidt. Da können drei in einem Haus wohnen, und es wird niemand auffallen außer dem Briefträger, der die Post verwechselt. Jedenfalls hat sich mein
Namenskonkurrent eine vornehmere und teurere Wohnung ausgesucht wie ich
… Püüt … was sich hier in solchem Haus tagsüber für Hitze ansammelt. Die
Berliner Häuser und Wohnungen haben einen Nachteil. Sie sind das im Som-
mer zu heiß, was sie im Winter zu kalt sind. Ließe sich das nicht austauschen?
Dann wäre allen Teilen geholfen.

Der Portier in seiner Loge, in dem Glaskästchen in dem Marmorvestibul – aber
es ist nur Kunststein – hat in der Hitze sogar ganz seine Hochherrschaftlichkeit
vergessen, sitzt in Hemdsärmeln vor seiner Weiße. Gott – wie plebejisch!

Auf der Straße jedoch ist es garnicht so warm wie oben. Es geht sogar ein
Lüftchen. Irgendwo muß es gewittert haben. Vielleicht stammt die Abkühlung
aber hier nur davon, daß gesprengt worden ist. Die Feuchtigkeit ist aber noch
nicht wieder ganz aufgetrocknet. Der graue Asphalt hat, wie eine Landkarte,
große umrandete Flecken, in denen sich der rötlich-grüne Himmel, der von
oben durch die Lindenkronen, und von unten her, wo sich die Häuserwände
öffnen, in die Straßenschlucht sieht … grünlich und himbeerfarben und
amüsant spiegelt. So wie das Lesser Ury nie müde geworden wäre zu malen,
wenn ihm nicht der Tod schon den Pinsel aus der Hand gewunden hätte.

Diese Straße hier ist berühmt ruhig. Denn sie ist etwas abseits vom Verkehr.
Autos fahren hier nicht durch, verirren sich nur hierher, wenn sie gerade hier
etwas zu suchen haben. Sie ist sozusagen noch idyllisch diese Straße. Das
heben auch die Annoncen in den Zeitungen hervor, wenn es hier etwas zu
vermieten gibt. Und die Kinder können sogar hier noch auf dem Damm
spielen, ohne daß man ständig in Angst schweben muß, schon in dem Abend-
blatt ihre Namen im Polizeibericht wiederzufinden.

Das jedoch hat sich scheinbar herumgesprochen. Denn zu diesem Behuf
kommen sie manchmal aus der ganzen Umgegend hier zusammen. Sogar jetzt
noch, wo doch schon die Laternen brennen, und schon als hellgrüne Leucht-
käfer im grünen Laub glimmen … wenn sie auch noch nicht dem grünlichen
Licht von oben Konkurrenz machen können … jetzt sogar sind sie noch nicht

mal nach Hause gegangen. An den beiden Straßenrändern, hüben und drüben, hat sich je eine ganze Gruppe kleiner Mädchen installiert, die ständig in zwei Ketten über den Damm hin aufeinander zu tanzen und wieder von einander wegtanzen und dabei sehr hell und sehr eintönig singen ... didadiddada dididdadum diddida tatitat tatitata dididadadiddidadum ... Sie kommen sich entgegen, verbeugen sich gegen einander und tänzeln wieder zurück. Und dabei singen sie unentwegt. Eine wird immer ausgeschieden. Die andern marschieren auf sie zu und tun, als ob sie sie bei sich aufnehmen wollen, aber dann tänzeln sie, wie spöttisch, wieder zurück, und immer singen sie: didadda diddada dadadi dadadidi didiadada diddidadum dididdadum ... dazu.

Es sind nette kleine Mädchen, und sie haben lange dünne Ärmchen und lange dünne bloße Beine à la Heusprengsel, und kurze, dünne, flatternde Sommerfetzchen in allen Farben und kurze verwuschelte Haare mit Schleifchen, die verrutscht sind. Und es sieht auch sehr nett aus, wie sie da in der letzten bunten Dämmerung unter den Glühwürmchen von Laternen und den noch zarten Laubzelten der Linden von der einen Seite des Dammes zur andern rythmisch auf- und nieder, hin- und zurücktänzeln.

Was singen sie denn nur eigentlich?! Eine hat zwar eine helle Stimme, die führt, die zieht den ganzen kleinen Chor mit sich. Wie heißt es denn? Es ist zwar nicht recht zu verstehen. Aber ich kenne es doch bald an die sechzig Jahre. Und bald an die sechzig habe ich es nicht mehr gehört. Ich ahne auch bis heute noch nicht, was das Spiel eigentlich bedeutet. Die Melodie habe ich nicht vergessen … dididadadidada diddadum dididadum ... Ach ja, jetzt habe ich auch die Worte:

»Bist du es, oder bist du's nicht?!«
»Bist du es oder bist du's nicht?«,
»Ach ja ... Ach ja ... du bist es ja«,
»Ach nein, ach nein ... du bist es nicht!«

So ging das hundertmal hin und her früher des Abends in Blumeshof, auf der Straße, unter meinem Schlafzimmer, wenn ich schon in meinem Gitterbett lag, meinem Löwenkäfig, wie ich ihn nannte, und die großen Kinder immer noch auf der Straße spielen durften.

Vielleicht singen sie das seit tausenden von Jahren schon. Als sie noch mit den Wohnwagen hier herumzogen, haben sie es gewiß schon gesungen. Und in tausend Jahren, wenn sie in fliegenden Häusern schlafen, werden es vielleicht die Kinder noch des Abends in ihren Aeroplanchen singen ... Bist du es ... didadda didadda ... bist du es oder bist du's nicht? ach ja, ach ja ... du bist es ja, dididdada didadum, ach nein, ach nein ... du bist es nicht dididadadum diddadum ...

Das werde ich nun wieder den ganzen Abend und die halbe Nacht nicht mehr aus dem Kopf kriegen ... didadda, didadda, didadumdididadum …

Jott ... solch een berliner Sommerabend is ja auch janz nett. Wenigstens hier draußen. Drinnen in der Stadt, eigentlich schon hinter dem Wittenbergplatz, ist es trostlos. Man hat Mitleid mit den Menschen, die in den Straßen Luft zu schöpfen versuchen. Und noch tieferes Mitleid mit denen, die oben in den Fenstern liegen, oder mit jenen, die auf den Balkons hinter ihren Geranientöpfen hocken, und die Wände gegenüber und die Luke Himmel drüber resigniert anstarren müssen. Aber auch hier draußen ist doch nichts von der Luft ... oder es liegt nichts in der Luft, die uns in Paris und in den südlichen Städten diese Flanierstunde zwischen den Menschen so zum Genuß macht. Gewiß, man hört hier wie da Musik, und bleibt einen Augenblick vor'm Gitter stehn. Aber dort geht sie mit allem in eins zusammen, zwitschert einem angenehm ins Ohr, und hier ist die kalt und radauig wie der ganze Abend ... dididada dididada ... Gesichter und Autos gleiten an einem vorbei. Aber man bleibt nicht mit den Blicken daran haften. Man hat das Gefühl, alle Wagen und Menschen wollen nur irgendwohin, eben weil sie wohin müssen, und nicht zu spät kommen wollen. Sie haben die Pflicht übernommen, den Abend unterzubringen, sich zu amüsieren. Aber sie sind nicht zu ihrem Vergnügen da.

Gewiß haben die Frauen gute Kleider an, doch sie tragen sie schlecht. In Paris haben sie manchmal schlechte Kleider an, aber sie tragen sie gut. Die da ist hübsch im Auto. Aber sie ist nicht apart ... dididadum, diddidadum, diddaddididadad ... Man hat von jedem hier die Empfindung, daß er nicht mitmacht und daß er nur wartet, bis die andern ihn dazu abholen werden. Aber die andern kommen nicht. Und das Volk, die Armut, oder die aufgeputzte Armut ... mit Kinderchen in Seidenkleidchen dazu auf dem Arm ... das Fabrikmädchen mit der kühnen Frisur und dem neuen Schal, das da immer – in Paris und im Süden die Gegenspielerin macht ... hier fehlen sie alle ganz. Die besseren Leute wünschen unter sich zu sein. Und sie sind es hier. Nur, daß sie meist keine besseren Leute sind. Selbst der Mann, der mit Schuhbändern und Streichhölzern herumbettelt, ist nur jämmerlich und nicht amüsant und frech (dididada dididada – ach ja, ach ja, du bist es ja ...)

Ein paar von den halbuniformierten Nazis, beinahe Kinder noch ... marschieren zwischen allen Menschen hindurch, und die sagen ... wenn auch nicht laut so doch sehr deutlich: Wer mir zu nahekommt, dem werde ich mit der Faust in die Fresse stoßen! ... Das sieht man jetzt auch hier immer häufiger. Wie die Bersaglieri in Italien wandeln sie ab und zu, zu zweien und zweien, zwischen den Menschen hier, scheinbar unbekümmert und sich um nichts kümmernd. Sonst bisher knallten sie doch nur in Vorstädten und in Laubenkolonien des Nachts aus Verstecken mit Revolvern herum auf andere arme Burschen, die statt »Heil Hitler!« mit geöffneter Hand den Arm zustrecken, die Faust emporrecken und »Heil Moskau« oder »Rotfront« schreien.

Früher in meiner harmlosen Vergangenheit gehörte man einer Partei an und klebte seine Marken in das Parteibuch, klebte auch vielleicht mal Plakate an einen Bretterzaun und verteilte heimlich Handzettel. Man ging in Versammlungen und demonstrierte gegen irgendeine Lex Heinze, oder sonst gegen irgend etwas, was heute garnicht mehr in Frage käme, weil es sowieso längst verboten wäre. Oder riß Wahlaufrufe von Litfaßsäulen, die einem nicht behag-

ten. Und man stand auch mal Streikposten, wenn man gerade Zeit dazu hatte.
Man hatte sozusagen politisch seinen ideellen Idealgegner. Das war alles.
Sonst war man ein friedsamer Mensch bürgerlicher Art. Aber heute hat schon
jeder halbwüchsige Bursche sich plötzlich seinen politischen Privatgegner zum
persönlichen Umlegen ausgesucht. Und wer zuerst schießt, gewinnt. Wenn er
dabei ein Nazi ist, hat er Glück. Denn, wenn man ihn dann wirklich dabei faßt,
unternehmen die Herren Richter doch nichts gegen ihn, sondern attestieren ihm
feierlichst seine patriotische Gesinnung, stehn stramm vor ihm und legen unter
der Robe, unsichtbarlich, aber deutlich, die Hände an die Hosennaht. Na ja ...
wenn er ein Kommunist ist, so wird er ein ganz klein wenig ... dieses abscheu-
liche vaterlandslose Subjekt! ... lebenslänglich zum Tode verurteilt. Aber, da
man es ja selbst nicht ist, dem diese Sache passiert, so geht einen ja eigentlich
diese Sache wenig an, und man läßt das Leben weiter im Polkaschritt an sich
vorbeitanzen ... (dididada dididada ... dididadum dididadum!)

Aber jetzt spielen sie sich auch hier draußen schon als die ... fast am heller-
lichten [Tag] noch ... als die Herren, oder wenigstens als die Thronprätenden-
ten auf. Gewiß man tut, als ob man sie nicht bemerkt, stößt sich höchstens
heimlich mit den Ellenbogen an, weicht ihnen aber doch scheu aus und ver-
meidet es, sie anzublicken. Aber die Stimmung, die über der langen hellen
Straße mit ihren Reihen von Cafés und ihren großen Schaufenstern und ihren
Protzenburgen liegt, ist nicht mehr frei, so wie ich sie vor zwei Jahren noch
sah. Sie schmeckt schon ein bischen nach dem letzten Menuett vor der Guillo-
tine. Es sollen Köpfe rollen. Doch, da jeder der Meinung ist, daß es ja doch nur
die der andern sind, ist es ja noch nicht ganz so arg.

dididada dididada, bist du es oder bist du's nicht??!

Aber das Leben geht eben doch weiter. Mit und ohne uns. Wir haben doch
in den letzten achtzehn Jahren ... oder sind es erst siebzehn und zehn Monate ...
soviel durchgemacht, daß uns so bald nichts mehr imponiert und wir für alles,
was ist und alles, was kommt, tief gleichgültig geworden sind. Der Mensch hat
doch nie in so schlechter Ehe mit dem Staat – mit dem eigenen Staat gelebt,
wie jetzt ... Donnerwetter hat ihn heute seine Frau unter den Pantoffel gekriegt.
Er wagt schon bald nicht mehr zu mucksen und ist zufrieden, wenn die Suppe,
die sie ihm auf den Tisch stellt, nicht zu sehr angebrannt und versalzen ist ...
auslöffeln aber muß er sie eben so und so. Das Leben marschiert eben trotzdem immer weiter im Polkaschritt.

dididadadididada dididadaddididadum.

Und wenns für den Einzelnen nicht mehr weiter geht[, geht] das Leben doch
weiter. Nur seins nicht. Wenn man die Blätter von draußen, vom Ausland so
liest, so leben wir hier heute schon mitten im Bürgerkrieg. Mag sein. Das mag
sein. Aber wir haben uns auch daran schon gewöhnt eben wieder, wie wir uns
an Kanonendonner Tag und Nacht, Monat für Monat, Jahr für Jahr, vier Jahre
lang, an Lazarettzüge, Siegesnachrichten und Verlustlisten und Massengräber
gewöhnt hatten. Die Kapellen spielen ruhig weiter hier, und die Busse kommen auf die halbe Minute pünktlich vorbei. Das Kino hat seine Sensationsfil-

me mit irgendeiner Marlene oder Greta, die man gesehn haben muß, und die
Theater haben ihre Sensatiönchen, in denen sich die Sowieso selbst übertrifft.
Minister halten kulturgesalbte Reden bei Ausstellungseröffnungen. Und die,
die Geld haben, verdienen noch etwas hinzu. Bis zum nächsten schwarzen
Freitag. Und die, die keins haben, verlieren auch noch den letzten Groschen.
Wie das immer war. Ein Land ist s e h r groß. Und der Mensch gewöhnt sich
an so manches, wenn es nicht ihm gerade, sondern einem andern passiert. Und
wenn es nicht hier grade, sondern eine Straße weiter passiert, so geht ihn all
das genau so wenig an, wie der Bettler an der Straßenecke oder die fünfzehnhundert Menschen, die gerade ins Asyl für Obdachlose schleichen. Denn der
Mensch ist, ja, Gottseidank, so gebaut, daß ihm nie die Empfindung kommt:
das könnte doch auch mal *mein* Weg sein. Geschweige denn ... Indien liegt
schon auf der Landkarte sehr weit, und wie weit erst jenseits des deutschen
Horizontes ... Tat wam asi: das, was dem da geschieht, geschieht mir. Maud
sagte immer: das soziale Gefühl des Deutschen hört hinter dem Schwager auf.
Sie hat die letzten sieben Jahre ja nicht mehr mitgemacht, die Ärmste ... sonst
würde sie solcher Übertreibungen sich nicht schuldig gemacht haben. Es hört
schon lange vor dem Schwager auf. Wie lange ist es her? Jetzt werden es grade
vierzehn Jahre sein ... denn es war grade zwei, drei Monate vor Kriegsende
1918, da bin ich auch hier an einem Abend heruntergegangen. Es sah sehr
anders aus wie heute. Die Welt lag wie unter Spinneweben. Alles war dürftig
und schmutzig. Überall leere und zerschlagene oder verklebte Schaufenster.
Überall rote Zettel. Alles zu vermieten! Laternen brannten noch nicht. Nur in
ein paar halbleeren Lokalen war armselig Licht schon gemacht. Die letzten
Menschen bröckelten über den Weg. Soldaten, die zu den Lazaretten mußten
wieder, hinkten, auf Krücken sich schiebend, wie große, graue unbehilfliche
Insekten vorbei. So voll wie Bienentrauben hingen die Trittbretter der Straßen-
bahnen, so voll von Menschen. Und weil sie alt und klapperig geworden waren, die Wagen – auch die Menschen –, da man seit vier Jahren nichts an ihnen
mehr repariren konnte, ratterten sie auf den locker gewordenen Schienen mit
dem Lärm eines Stampfwerks vorbei.

An den Baumreihen, die lange Straße herunter auf dem Mittelweg hatte man
die Äste aller Zweige beraubt, und sie standen kurz, dick und unheimlich und
seltsam gegen den grünblauen Himmel, der genau wie heute von einem bran-
digen Rot bebändert war.

»Komisch«, meinte ich, »die Bäume, die da so schwarz in den roten Himmel schneiden, sehn unheimlich aus, wie so Galgen auf mittelalterlichen Bildern« »Ja«, sagte der andere, »Sie haben ganz recht, maestro ... Und innerhalb
eines Vierteljahrs werde ich auch an einem dieser Bäume da hängen. Das ist
der späteste Termin. Ich sehe die Dinge besser als Sie, denn ich bin mitten
drin. Wir gleiten unausweichbar in eine Revolution hinein.« Er war Kriegsge-
richtsrat oder etwas höheres gerade bei der Militärjustiz. Nun ... er ist nicht da
gehängt worden. Er hängt immer noch andere. Bildlich gesprochen. Er hat
damals Angst vor den andern gehabt, vor denen man keine Angst zu haben

brauchte. Und da er sich das wohl nicht verzeiht, verzeiht er es auch nun den andern nicht.

Merkwürdig; er ist ein feiner Herr, ein kluger Herr und ein gebildeter Herr, kein flacher Dutzendjurist ... ich kenne ihn seit ewigen Zeiten doch, und wenn man sich mit ihm so unterhält ... und er würdigt mich sogar öfter einer freundlichen Ansprache und lädt mich jedesmal ein, ihn doch zu besuchen – ... so ist er das auch bis heute geblieben. Nur, wenn es drauf und dran geht ... ist an der Stelle, wo bei andern so etwas wie ein menschliches Gefühl seinen Platz hat, ist da bei ihm wohl ein Loch. Aber sonst ist er ein vorzüglicher Mann, die Freude seiner Vorgesetzten, der ministeriellen Behörden und die Verehrung seiner jüngeren Kollegen.

dididada dididada dididada dididada diddidada

Wenn man so ein bischen schnüffelt, riecht man schon wieder so ein Spürchen von der gleichen Stimmung, die in der Luft liegt, trotzdem die Bäume hier größer und höher geworden sind und wieder dick und schön und fest voll Laub sitzen. Alte, die schlecht waren, sind gefällt worden und neue eingesetzt worden dafür, die auch schon bald wieder groß sind jetzt. Noch niemand hat mich gegrüßt. Noch keinem einzigen Bekannten bin ich begegnet, und was mehr sagen will, noch keiner einzigen Bekannten bin ich begegnet. Gewiß Männer sind verläßlicher, aber Frauen sind mir immer angenehmer gewesen. Irgendwer hat sich zwar nach mir umgesehn. Hat mich wohl mal wo sprechen hören. Oder in einem Blatt zu meinem Sechzigsten mein Bild gesehn. Vielleicht kennt *er* mich. *Ich* kenne ihn gewiß nicht.

Hier irrt also Goethe wieder mal: Wer sich der Einsamkeit ergibt, ist meist in ganz guter Gesellschaft. Nämlich mit sich selbst zusammen. Sonst flieht er die andern ja nicht. Die letzte und wahre Einsamkeit des Menschen fängt doch erst im Gewimmel an. Nirgends ist er so abgeschieden, so fremd, und so unbeteiligt. Und je lauter und je reicher und je stärker es um ihn brodelt, desto tiefer fühlt er sich verloren, desto unberührter bleibt er von all dem.

Dididada dididada dididada

Die Männer, die von Vorgesetzten ... (ein patentes Wort!) ... und Familienklatsch, von Geschäften und Börse und Zellstoff und Konjunkturen und Prozessen und Patienten und den allerletzten Büchern, die man gelesen haben muß, von Lebensmitteln, Ausstellungen und Kinos und vom Theater (mit der Bergner) von den andern Frauen und den Liebschaften der andern, von Politik und von Sommerreisen und von Hotels (natürlich fließendes Wasser!) und von Autos (schmissig) und von Grundstücken (hat Zukunft), von Lieferungen per ultimo 17 7/8 sprechen, und sich die letzten Witze erzählen (Hindenburg ist doch längst tot. Er wird nur noch durch die Sandrock vertreten! – Junger Freund, ich würde das nicht so laut auf der Straße erzählen ... man kann nie wissen!) ... sie alle ... alle ... alle passen sich an, gehören dazu. Und die jungen Leute, die mit ihren Mädchen dahin gehn, wo man ein bischen tanzen kann ... und all die, deren Reifen den Asphalt blank radieren, die in den Autos, die ins Café oder noch herausfahren nach Hundekehle, oder in den Schwedischen

Pavillon oder zum Sommerfest bei Plessners in der Hubertusallée (60 Personen) ... sie alle gehören dazu, und sie spielen mit. Und die Frauen, die noch vor
den erhellten, riesigen Spiegelscheiben der Auslagen ... nur Glas und Metall ...
mit ihren Liebsten oder Männern stehn, und sich wenigstens das ansehn, was
sie morgen kaufen möchten aber nicht kaufen können ... sie gehören alle erst
recht dazu. Wie die Frau ja immer mehr dabei ist bei allem als der Mann. ›Gewiß, mir gefällt es ja auch nicht! Aber man trägt es doch wieder ... Schatz!‹

Ach nein, ach nein, du bist es nicht, ach nein, ach nein, du bist es nicht!
dididada dididada …

Ich glaube, es gibt eine eigene Krankheit, die Großstadteinsamkeit. Wenigstens habe ich das früher immer behauptet. Vielleicht liegt das daran, daß die
alle da einem unbekannten Gotte dienen, an den ich nicht glaube. Dem Staat,
der Gemeinschaft ... Was man aber jetzt für schöne Autos sieht ... eines am
andern. Aber sie sind nicht meine, und sie gleiten vorbei. Sie gehören mir nicht
mal mit einem hunderttausendstel Prozent. Früher brauchte ich das nicht. Es
war alles mein, was meine Augen streicheln konnten und gehörte mir vielleicht
tiefer als denen, denen es gehörte. Heute stimmt mich hier allein der Duft von
den Dingen schon traurig.

Ach nein, ach nein ... du bist es nicht! dididada diddada ...

Wie kommt es eigentlich, daß in dieser Riesenstadt alles zusammengeht,
zusammenlebt, sich paart, unglücklich ohne einander, und meist nicht glücklich mit einander ist? Und doch ständig einander sucht und findet und wieder
verliert? Und daß eigentlich doch nur ich, wie ein alter räudiger Hund jetzt da
... da mitten zwischen all dem hindurchstromere. Fast alles, was einem begegnet, ist doch paarweise, und was es nicht ist, wird, oder kann es heute noch
werden ...

Ach ja ... du bist es ja ... ach nein, ach nein ... du bist es nicht!

Der Tag gehört den Frauen unter sich. Und der Tag gehört den Männern unter sich. Aber der Abend und die Nacht gehört doch eigentlich seit Menschen-
gedenken den Frauen, nur ihnen. Oder doch beiden zusammen. Wieviele von
ihnen man sieht und bemerkt ... nur wenig unter achtzehn und wenige über
dreißig eigentlich ... zwischen achtzehn und dreißig alle doch. Die einzelne
bemerkt man kaum, und der Hauch von allen liegt zugleich in der Abendluft
hier. Das ist in Paris an einem solchen Sommerabend auf den champs elysées
genau so. Nur mit *dem* Unterschied, daß es da Maupassant ist ... immer noch
Maupassant, trotzdem er nirgends weniger gerade gelesen wird als in Frankreich. Und hier immer noch wie 1896 doch nur Heinz Tovote. Trotzdem er
gewiß längst sogar in den Leihbibliotheken verstaubt. Aber, wenn man über
die sechzig ist, ist das Spiel eben aus. Auch wenn man sich ab und zu goet-
hisch tröstet ... ›sind auch die Haare weiß, sollst du doch lieben‹. Wenn sich
wirklich mal ein junges Ding uns zuneigt ... und sie ist ja immer jung gegen
dich, selbst wenn sie das nicht mehr ist, so weißt du schon vorher genau, es ist
dir nicht beschieden, sie zu halten, oder gar dauernd an dich zu knüpfen. Du
bist nicht dumm. Du bist nicht roh. Du bist nicht mal unamüsant. Dein Leben,

das in deinen Büchern begraben ist, ist etwas, an das sie sich klammern kann. Sie weiß soviel von dir, daß es sie verwirrt. Aber sie hat eigentlich insgeheim doch Angst vor dir. Und du bist nicht jung, nicht jung wie all die andern, mit denen sie sonst lebt. Sie will es vergessen, aber sie kann es nicht vergessen. Und du auch nicht.

Und dann treibt man eben, wie man zusammengetrieben ist, wieder auseinander. Wie oft ich das in den letzten sieben, acht Jahren, seit Mauds Tod, erlebt habe. Mehr oder weniger schmerzvoll. Und die scheinbar schmerzlosesten taten am meisten weh.

dididada dididada   Ach nein, ach nein, ... du bist es nicht!

Alles, fast alles ist doch paarweise. Und was es nicht ist, wird und kann es noch werden. Ach sieh mal: den Mückenschwarm dort oben über dem Dach gegen die helle Luft! Wie eine Rauchsäule über einem Holzfeuer treibt er hin und her, immer hin und her. Die hier unten spielen doch auch gradeso wie die Mücken da oben. Ist das nicht so, daß die Mückensäule, die auf und nieder surrt, in zwei verschiedenen Tonlagen singt?! Sie summt ja eigentlich nicht, sie singt. Die eine etwas heller. Die andere etwas tiefer, jedenfalls erzählen das die Herren Zoologen. Die Männchen für sich und die Weibchen für sich. Aber beide doch im gleichen Schwarm. Sich immer lockend und sich stets abstoßend wieder, bis sich alle Paare doch endlich gefunden haben. Oder die, die sich nicht fanden, vom Tanz erschöpft, niederfallen und dann absterben, von Spatzen gefressen und von Menschen zertreten werden. Jedenfalls erzählen es die Herren Zoologen.

Also: genau so summt das auch hier, in dieser Riesenstraße. Jetzt durcheinander im gleichen Sinn: wenn auch nicht so plump und offensichtlich, wie es die Natur treibt, wenn sie ihr Ziel erreichen will.

Gut gesagt: Aber was ist ihr Ziel?! Nur, daß aus Mücken wieder Mücken werden? Dann könnte sie ja einfach die Mücken leben lassen, sehr sehr lange leben lassen. Eine kleine Ewigkeit lang leben lassen, bis sie mit dieser Erde wieder vergehn.

Aber welches Ziel haben die großen Eintagsfliegen, die sich den Namen Menschen gegeben haben, mit dem sie in ihrer Vorstellung gewisse menschliche Eigenschaften verbinden?! Der einzige Name, der ihnen nicht zukommt!

(dididada dididada dididada)

Ich glaube, viel dunkler, wie es jetzt ist, wird es heute Nacht nicht mehr. Die paar Sterne da oben sind nur eingesetzte Diamanten in einer lichtblauen Altardecke. Warum nicht! Sterne über Berlin sind ja stets kostbare Raritäten. Wie sie sich aber gegen diese »Hellen Nächte« jetzt und gegen das blaugrüne Licht der Straßenampeln hier sogar noch und gegen die roten und grünen und violetten Lichtreklamen um die Dächer und gegen die Leuchtbuchstaben da drüben, die immer marschieren und marschieren und Neuigkeiten verkünden, um für schlechte Zigaretten gute Reklame zu machen, behaupten können, ist eigentlich rätselhaft zu nennen. Aber sie haben sich scheinbar vorgenommen, es heute Nacht durchzuführen. Und sie tun es.

Wie lange mag ich schon [von zu] Hause weg sein? Ach weit über eine
Stunde schon. Eigentlich also könnte ich doch jetzt ruhig wieder nach Hause
gehen. Wo nebenbei habe ich denn hier ein Zuhause? Hier doch nicht! Nicht
mehr! Ach nein, ach nein ... du bist es nicht! dididadadididada ... Ich werde
hier heute doch nichts mehr erleben. Es steht mir nichts mehr bevor. Das
Ganze kehrt ... marsch ... dididada dididada …

Und was werde ich vorfinden, wenn ich heimkomme wieder? Mir graut schon
leise davor, auch nur die Tür aufzuschließen, wenn einem so mit der Wärme
vom Tag, die sich in dem Raum gefangen hat, auch die Einsamkeit zugleich
wieder entgegenschlägt, als ob beide die ganze Zeit auf einen gewartet hätten.
Und wenn die Möbel, die alten braunen Schränke, die dunklen Stühle, die
blanken und mit den Bücherreihen die Regale mit den Augen blinzeln ... man
muß da immer an eine Frau denken, die gähnend sagt: »Stör mich doch jetzt
nicht wieder. Ich war gerade eben eingeschlafen!« dididada dididada.

Ich jedoch werde dann beruhigend zu mir sagen: eigentlich ist es doch sehr
nett oben. Man kann es aushalten ... die vier Wochen ... dann gehe mal wieder zu
den Kindern. Jetzt also werde ich noch auf meinem elektrischen Maschinchen
ein Teechen machen ... ein Zigarrchen werde ich mir anstecken und mir ein
Buchchen nehmen. Ich habe nebenbei in letzter Zeit vor neuen Büchern Angst
bekommen. Genau so wie vor neuen Menschen. Und doch sehne ich mich nach
neuen Büchern. Denn alle meine Bücher um mich sind in letzter Zeit stark geal-
tert. Wo ich sie auch anblättere, Alles déja lu! Sie passen nicht mehr recht in die
Zeit heute hinein. Sie sagen schöne Worte ... kluge Worte ... aber nicht die
Worte, die wir gerade brauchen und die uns heute erlösen würden. Aber endlich
trifft man doch ein neues Buch genau so selten, wie einen neuen Menschen.

Wenn einem wenigstens noch ein Hund entgegenspränge. Oder sich eine
Katze an den Hosenbeinen riebe. Oder selbst nur Goldfische in der Glaskrause
glucksten. Aber sie sind auch dageblieben bei den Kindern da unten und lassen
mich in jedem Brief mitgrüßen. Das Leben ohne Hund ist doch ein Hundeleben!

Ach setzen wir uns doch hier noch eine halbe Stunde in den Vorgarten. Es
ist zwar nicht mehr der gleiche wie es früher war vor dem Krieg. Wieviel hunderte von Malen habe ich hier gesessen. Und es ist auch sicherlich niemand
mehr da, der damals da war. Das Leben und der Krieg, diese beiden Men-
schenhais mit den doppelten Zahnreihen hintereinander, haben die meisten von
jenen (außer mir) schon längst verschlungen, und den Rest in alle Winde aus-
einandergejagt. Manche fristen nur noch im »Neuen« Soergel ein kümmer-
liches Dasein. Setzen wir uns hier in den Quasi-Garten, nehmen wir noch eine
Schale Haut und drei Becher Erinnerungen zu uns.

Der Vorgarten ist auch bis heute noch kein Garten geworden, sondern eine
Ansammlung von Tischen und Korbsesseln hinter einem weißgestrichenen Holz-
gitter mit Geranientöpfen ... Und mit einer Kirmes von bunten Schirmen darüber
... weiß und rot gestreiften ... Und mit einer Kollektion von Lämpchen auf den
Tischen, um die die Motten Luftkarussel fahren. Sie wollen sich durchaus, wie
es bei ihnen durch Generationsreihen die Tradition war, an der Kerze die

Flügel verbrennen, aber da es ihnen an den Glühbirnen nicht gelingt, ertränken sie sich aus Verzweiflung darüber in den Pilsnern und in den Eisbechern.

dididada dididada dididada ...

Aber hereinsetzen will ich mich *doch* nicht. Vielleicht ist hier auf der Terasse von dem Vorgarten noch ein bescheidenes Plätzchen für mich. Denn, wenn ich schon zuviel für eine Tasse Kaffee bezahlen muß, um dafür das Vorrecht zu erkaufen, keine Musik einer als Schnitzelreiter maskierten Bande rotbefrackter, glutäugiger Zappelphilipps über mich ergehn lassen zu brauchen, so will ich doch wenigstens das Leben am laufenden Band mit all seinen Autos und leichtbeschwingten Dämchens an mir vorbeiziehn sehn von meiner Theaterloge aus. Man sieht es sich an, kritisiert es und freut sich, daß man nicht mitzuspielen braucht.

Aber alles sitzt dicht und eng unter den Schirmen um die Tischchen gebündelt ... paar- und familienweise. Samt Hausfreunden und Hausfreundinnen. Na, da in einer Ecke ist noch ein bescheidener Korbsessel gerade frei, so im Winkel, halb dem Café und halb der Straße zugekehrt. Man kann von da aus beide übersehn. Ich werde mal geschickt darauf zusteuern.

(dididadaddidada, bist du es oder bist dus nicht?)

Voraussichtlich wird die Dame sagen – es ist die Sorte und die Altersklasse, die eine kleine graue französische Zwergbulldogge eigentlich auf dem Schoß oder ans Stuhlbein gebunden haben müßte, (wenn sie sie nicht hat, so hat sie sie heute mal zuhause gelassen), wird sagen: »Pardon mein Herr, der Platz ist leider besetzt. Der Herr ist nur einen Augenblick aufgestanden!« (was eine Lüge ist). Oder: »Ich erwarte noch jemand, mein Herr!« Und das Letzte wird sicherlich wahr sein. Und dann werde ich, ehe der Kellner mich bemerkt ... vor der roten Siegellackstange von Boy am Eingang habe ich keine Angst, aber Kellner sind Respektspersonen und verwirren mich! ... dann werde ich unauffällig mich umsehn, als ob ich nach Bekannten suche und unter »Verzeihen Sie« – »Ach wollen Sie mich bitte einmal hier durchlassen?!« den Ausgang wieder gewinnen.

Aber was ist das?! Die Dame lächelt ... lächelt mich sogar an. Sie hat ein graziöses, beinahe kapriziöses, sicher ein langgeübtes, fast geistreiches Lächeln. Und sie sagt: »Bitte!« Und sie nennt, wenn ich recht gehört habe, sogar meinen Vornamen. Woher kennt sie mich? Ich pflege mich doch sonst Damen dieser Art nicht gerade vorzustellen, und sogar noch unter meinem Vornamen?! Gesehn nämlich habe ich sie nie. Sicherlich nie! Aber sie mich wohl. Entweder in natura, oder ausgestopft in einer Photographie irgendeines illustrierten Blattes. Aber deswegen nennt man doch keine alten betagten Herren gleich beim Vornamen. Das geht unbedingt zu weit.

Wenn ich sie kennen würde, würde ich es wissen. Sie ist ein Wesen, das man viel weniger leicht übersieht, wie mich. Wenigstens hier in Berlin. Man wird sie nie für eine Deutsche halten. Eher vielleicht für eine Belgierin. Oder für eine Französin, die sich Mühe gibt, für eine Spanierin gehalten zu werden. Ob sie eine Dame ist oder keine Dame ist, weiß ich nicht. Dafür habe ich kei-

nen Blick. Das werde ich auch nicht mehr lernen. Vielleicht ist sie eine
Sprachlehrerin. Das ist so der Typ der irgendwohin verschlagenen aparten
Sprachlehrerin mittlerer Lebzeit ... wie es im Holländischen heißt ... die es bei
lernbegierigen älteren Schülern in der Wahl der Unterrichtsfächer nicht allzu
genau nimmt. So als ob sie gerade aus der Not eine Untugend machen müßte ...
wenigstens im Augenblick! ... sieht sie aber nicht aus. Denn sie ist verdammt gut
angezogen und apart aufgemacht in Dunkelblau und Seide. Eigentlich ist sie
nicht groß, eher klein und von rundlichen Formen, also etwas dicklich ... sie ist
der Typ, die von einem Manne alles erreichen kann, was sie will, nur durch ein
Lächeln schon ... und ihre großen Augen sprühen von Beweglichkeit und einem leisen spöttelnden Witz. Ihre Haare sind voll und lackschwarz unter einem
balanzierenden Hütchen aus dunkelblauem Stroh, das wie ein Schwalbennest
über dem rechten Ohr in den Haarmassen zu kleben scheint. Und auf der hohen und schmalen Stirn hat sie sogar, wie eine Argentina, drei angeleimte
Fragezeichen von ganz dünnen Löckchen. Niemand trägt das sonst hier. Und
sogar einen schwarzen Schal, mit weißen und roten Blumen bestickt, hat sie seit-
lich über der Lehne des Korbsessels liegen, einen schönen, echten, spanischen
Schal, der, wie die meisten dieser Art, beste chinesische Männerarbeit ist.

Natürlich ist sie tadellos zartviolett gepudert und geschminkt und gemalt
über einem gesunden brünetten Hautton, trotzdem man nie glauben kann, daß
sie es nötig hat. Aber sie würde sich unangezogen vorkommen, wenn sie das
nicht wäre. Und sie duftet ganz leise nur, aber sehr eindringlich dabei, nach
Jasmin (Maja) so, wie die gepuderten Frauen immer duften, wenn man des
Nachts über die Rambla geht. Sie ist viel zu klug, um sich jünger zu machen.
Das sieht man auf den ersten Blick. Und sie hat auch kein Interesse an jungen
Leuten. Das sieht man gleichfalls. Für die ist sie viel zu klug und espritvoll.
Jugend schätzt Esprit nicht. Da zieht sie gewiß sofort rein mütterliche Seiten
auf. Sie weiß genau, daß die älteren Männer meist liebenswürdiger, klüger
und galanter im Geplänkel der Worte, und vor allem weniger kleinlich in
Gelddingen sind, weil sie mehr von der Materie ihr Eigen nennen und gesehn
haben, daß man es nicht angenehmer umsetzen kann, als ihr damit Freude zu
machen, damit sie ihnen Freude macht. Solche Brillantohrringe, wie sie da
hat, findet man nämlich nicht auf der Straße. Schade, ich werde sie enttäu-
schen müssen.

Und doch wird man sich nie darüber Illusionen hingeben, und man braucht
kein Balzac des Kurfürstendamms zu sein, daß sie sich diese Steine nicht kaufen kann. Aber soviel sie auch gelernt hat: sie unauffällig und selbstverständlich zu tragen, wie jene Dame dort am dritten Tisch rechts, die damit sagt: nun
mein Mann kauft mir eben gern so etwas ... *das* ist ihr bisher noch *nicht* geglückt. Man sieht, sie sind neueren Datums. Denn sie bewegt immer den Kopf,
das sehr aparte Köpfchen, leise wie ein Vögelchen vor'm Futternapf hin und
her, als ob sie eine heliographische Verständigung suche.

Aber das macht noch alles nichts. Im Ganzen ist sie ja doch hier wie eine
Feuerlilie in einem Küchengarten. Man erwartet nicht, sie hier zu finden.

»Ach«, sagt sie und lächelt erstaunt und leicht enttäuscht zugleich, »Oh, Sie sind es ja garnicht. Ich muß mich bei Ihnen entschuldigen, mein Herr! Wirklich, Sie sind es ja garnicht!«

Vielleicht ist es sogar doch eine Deutsche. Aber der Ton hat etwas von dem eines Menschen, der viel und lange eine andere Sprache spricht. Sogar etwas guttural, als ob es wirklich spanisch wäre.

»Aber madame!« In solchen Fällen sagt man madame. Es enthebt aller Schwierigkeiten.

»Man sollte stets alle Frauen als Damen behandeln«, unterbricht sie und lächelt leise unter der Puderschicht, »die Illusion, die man sich vorspielt, ist größer.« (Habe *ich* nicht einmal dieses Wort gesagt?! Wie kommt sie nur darauf?!)

»Entschuldigen Sie, meine Gnädige, woher stammt dieses nette Wort?!«

»Wenn ich es brauche, von *mir*. Ursprünglich jedoch von einem, der viel Ähnlichkeit mit ihnen hat, wenn er auch sehr anders ist, wie mir jetzt scheint. Soviel Ähnlichkeit, daß ich Sie eben schon mit ihm verwechselt ja hatte, mein Herr!«

»Der Wunsch war wohl der Vater des Gedankens«, sagt er halblaut. Aber wozu soll man so indiskret sein, so etwas laut zu sagen!

»Gewiß ... ich wäre ja sehr gern jemand anders« (mit all seinen Vorrechten) »aber, wenn ich Ihnen eines jedoch versichern kann, so ist es doch: daß ich *ich* bin, gnädige Frau!«

»Das ist nun auch wieder übertrieben, cavalliere.«

Meint sie, daß ich ich bin, oder meint sie, daß sie keine Frau sondern ein Fräulein ist etwa. Aber man soll nicht *zu*viel fragen.

»Ja ... ich sehe eben vielen ähnlich. Das ist eine fatale Eigenschaft von mir, da ich ein sehr gewöhnliches Gesicht habe.«

»Das wäre eine Beleidigung für den andern!« sagt dieses kleine Luder (da kommst du nicht mit, du nicht!) »Aber es stimmt Gottseidank nicht ... sehn Sie zum Beispiel diese ganze Guirlande von Japanern dahinten um den Tisch. Einer sieht genau wie der andere aus. Alle sind sie auch gleich alt. Und alle gleich jung. Ich wenigstens habe noch nie in meinem Leben begriffen, woher eigentlich jeder weiß, ob er selbst er selbst ist, oder, ob er nicht vielleicht doch der andere ist«, zwitschert die kleine Dame und lächelt freundlich und klug mit halbgeneigtem Kopf von unten herauf, und gibt dem Gegenüber geschickt Gelegenheit, ihre feine kleine Nase mit den beweglichen Flügeln zu bewundern: und sich die Gelegenheit, weiße und sehr tadellose Zähne unter einer etwas geschürzten Oberlippe, die nur in der Mitte korallenrot angemalt ist, damit der Mund kleiner wirkt, als er ist, zur Schau zu stellen.

Ach Gott: das muß doch sehr nahe liegen, denn das habe ich auch schon gesagt, oder geschrieben sogar. Das kommt gewiß auch nur von meiner Ähnlichkeit. Aber man muß sich in Acht nehmen vor ihr. Die sticht einen wie weiland der Totengräber den Hamlet sonst mit Silben tot ... die da mit dem französischen Gesichtchen und der spanischen Locke. Früher war sie schön. Jetzt ist sie hübsch. Immer noch verdammt – reizvoll. Selbst für jemand, der es sich abgewöhnt hat, in dieser Lotterie zu spielen. Sie muß aber doch viel im Süden gewesen sein ... Hier verstehen die Frauen nicht, einen Sorbet durch einen Strohhalm zu schlürfen. Man merkt es ihnen dabei immer an, daß ihre Groß-mütter das Weißbierglas noch in *beide* Hände genommen haben.

»Ohne Ihnen ein Kompliment machen zu wollen: Sie sind ungewöhnlich amüsant, meine Gnädige. Ich bin leider nur recht beschränkten Verstandes.«

Die Dame lächelt wieder ein ganz klein wenig. Wie jemand, der weiß, daß man mit Lächeln weiter im Leben kommt wie ohne Lächeln. »Zu schade für mich«, sagt sie, »daß die meisten amüsanten Menschen eben nur amüsant sind (Das habe ich nie gesagt, könnte es aber gesagt haben!). Aber wenn sie etwas anderes noch wären, wären sie das erste wohl garnicht.«

»Was sind Sie für eine Landsmännin?!«

»Ça dépend!!« sagt jene und lacht, zwitschert ein kleines Gelächter vor sich hin.

»Der Sprache nach: Deutsch zwar. So sicher Florettfechten kann man nur in seiner Muttersprache. Aber dem Ton nach sprechen Sie doch mehr spanisch?« –

»Können Sie spanisch?! Cavalliere?«

»Zu wenig, um eine Zeitung zu lesen, und genug, um eine Speisenkarte zu lesen. Also all das, was man braucht, wenn man mal durchs Land reisen will, um zu sagen, man ist dagewesen ...«

»Oh ... wer Spanien sagt, sagt alles! ... Ich war nie dort«, sagt die Dame und seufzt ein ganz klein wenig dazu.

Nun schön: ich bin nicht hier, um sie zu examinieren.

Irgendein armes Individuum, das drei Streichholzschächtelchen in der hoh-len Hand hält, die als Kriegserinnerung nur zwei Finger hat, wimmert hastig von Tisch zu Tisch. Und trotzdem es die Augen bei seinem Gemurmel gesenkt hält, sieht es doch mit unsichtbaren Augen zu den Kellnern drin hin, die sich gegen die Theke, die blanke, zu malerischen Gruppen zusammengefunden haben ... ob nicht gleich einer von jenen herausstürzen wird, und e s aus dem Lokal weisen wird. Die Gäste sollen hier nicht belästigt werden. Wozu muß man einen, der hier sein Geld läßt, erinnern, daß es Armut gibt?!

»Sehn Sie diesen unglückseligen Kerl. Er ist wie eine Strohmatte, an der sich jeder die Füße wischt. Und häßlich, häßlich wie ein Steuereinnehmer. Aber ich gebe nie etwas, da mache ich dann meine Sommerreise davon.«

»Darf ich das in Entreprise nehmen? Ist das wirklich von Ihnen, madame?!«

»Wenn Sie eine Schallplatte fragen: wer singt da? wird sie immer sagen: ich. Und nie: Richard Tauber.«

»Also es ist von Richard Tauber!«

»Nur, daß wir jede unsern Richard Tauber für unsern Privatbedarf haben!«

(dididada dididada dididada diddidada)

Eine mächtige Person von unschätzbarem Lebendgewicht, mit einem Ge-sicht, als ob sie soeben gegen eine frischgekalkte Mauer damit gelaufen, und das zudem wohl in der letzten Zeit noch etwas vermagert ist, sodaß es an eine Schweinsblase erinnert, die versehentlich an dem Türpfosten des Schlächters

länger hängen geblieben ist, und, da sie langsam die Luft verliert, voll von
Schrumpeln wird; und dazu mit einem Kleid, das oben wie unten lächerlich
kurz ist, solch eine Groteske, wie sie manchmal, aber nur des Nachts, das
Großstadtpflaster ausspeit … tagsüber sieht man so etwas nie … schiebt sich
jetzt herein von draußen in den Eingang, und sieht sich siegesgewiß um, um
dann auf den Tisch der Japanerchen zuzusteuern, die vielleicht von haus eher
gewohnt sind, sich zur Unterhaltung bei Herrengesellschaften eine Geisha zu
mieten, und die nun die heimischen Sitten nach hier verpflanzt haben.

»Oh! Oh!« sagt die kleine Dame, »sehn sie nur diese Kathedrale von einem
Konversationslexikon!« Ach ja … Konversationslexikon, sagt der Spanier gern
für eine bejahrtere Dame, die auf viele Aventüren zurückblickt … Aber »Kathedrale von einem Konversationslexikon« … das heißt den Ossa auf den Pelion türmen
… »Also diese Lächerlichkeit reicht doch wirklich vom Nordpol bis Peru. Dumm
wie ein Satz Kasserollen und schminkt sich dabei noch bis in den Gaumen!«

»Das sagt wohl nicht mal in Spanien ein Richard Tauber! Das kann nur
einer aus den A B C Staaten sagen! denkt er. Das ist ja eine echt südameri-
kanische Übertreibung.

»Also ich versichere Ihnen, mein Herr, von dem, was ihrem Kleid fehlt,
würde *mir* meine Schneiderin noch ein ganzes Komplet arbeiten!«

Bei den meisten Frauen klingt so etwas gehässig und unharmonisch. Frauen
sind gegen Frauen härter als Männer untereinander. Sie aber amüsiert sich nur
damit. Sie zwitschert so etwas eben so hin wie ein Bonmot, das ihr einfällt. Sie
würde sich auch viel zu billig ansetzen, wenn sie in so etwas Konkurrenz empfände.

Aber ich kann doch nicht hier sitzen, und mich unterhalten lassen. Sonst
werde ich noch ein Billet nehmen müssen, oder zum mindesten doch Bil-
letsteuer zahlen müssen. Man muß auch ein wenig für die geistige Bewirtung
sorgen, soweit doch Sorge tragen, daß es zum mindesten doch nach einem
Picknick aussieht. »Gehn Sie gern ins Kino, meine Gnädige?« Damit kann
man gut beginnen und harmlos. Und je nachdem sagt man dann: Sie kennen
den Film nicht? Wirklich? Also wenn Sie Harry Liedtke darin nicht gesehn
haben, haben Sie Harry Liedtke überhaupt nicht gesehn. Er ist unerhört span-
nend. Und endlich ist er ja doch kein Jüngling mehr. Ich komme sogar nochmal mit. Oder man sagt: ach wirklich?! Marlene Dietrich als der weiße Ele-
fant? Alles richtig in Siam aufgenommen?! Chululangkorn spielt höchstselbst
mit?! Aber allein gehe ich nur *sehr* ungern ins Kino!

Aber nichts von dem. »Nicht besonders gern. Der Film ist doch die photo-
graphierte Lüge. Und außerdem habe ich schon als Kind früher Ansichtspostkarten
gesammelt«, meint die Dame und gähnt ganz leise zwischen den Zähnen! Das
eine kommt mir bekannt vor. Das andere kann nur von Richard Tauber … das
kann nur von ihrem privaten Richard Tauber stammen … Frauen freuen sich
doch sonst immer, sowie sie die Püppchen über die Leinwand tanzen sehen.

Gehn wir eine Stufe höher, noch eine höher: Literatur! Sie wird dir gleich
von der Colette schwärmen (Und mit Recht!), und sie wird dir gleich von Irm-

gard Keun und Joe Lederer erzählen. Oder dir mit der ›letzten‹ Vicky Baum
ins Gesicht springen. Man redet dabei immer vom letzten Buch des oder der
Sowieso. Aber sie bewirft mich mit Namen und Titeln, von denen sie bedauert,
daß ich sie nicht kenne. Übersetzt sind sie nicht. Ich müßte schon dazu eben
spanisch lesen (Richard Tauber). Und sie nennt ein paar Franzosen und Eng-
länder und Amerikaner, deren Namen bisher kaum an mein Ohr geklungen
sind (Richard Tauber). Das wären Leute, die aufkämen. Die paar, die hier noch
etwas zu sagen hätten, wiederholten sich.»Und die Neuen ... vielleicht sind
Sehr-begabte darunter, aber sie kommen nicht recht zur Entwicklung wie das
ganze Land überhaupt (Richard Tauber!), wie das ganze Land überhaupt, das
nicht mit dem Krieg sondern *jetzt erst richtig* Harakiri macht« (Richard Tauber). Dabei lächelt sie in der Richtung des Landes der aufgehenden Sonne!

Jetzt nur nicht fragen; kennen Sie das und das?! Und dann so ganz harmlos
sein eigenes Buch nennen. Erstens ist sie viel zu klug, um das nicht zu merken.
Und zweitens würde sie sofort ihr Urteil korrigieren, wenn sie es zu spät merkte. Und drittens liebe ich nicht, zu hören: ›Ach Sie sind das?!‹ Die Menschen
bekommen dann gleich ein anderes Gesicht, und beginnen zu schwindeln, um
einen günstigen Eindruck zu schinden. Der einzig ehrliche Mann war ein alter
Onkel von mir, der sagte: »Wat, Biecher willste schreiben, Junge?! Also an
mir wirste nischt verdienen. In mein Haus kommt's janze Jahr keen Buch!« Er
war sonst nebenbei auch ein Prachtbursche, und wir haben uns wirklich sehr
gern gehabt gegenseitig. Ich sehe ihn noch heut (man wird doch immer wieder
sentimental)! ›Also bleiben wir beim Finanzwesen ...‹

»Glauben Sie wirklich, daß Deutschland so hoffnungslos kaput ist?!!« »Ich
glaube es nicht ... ich weiß es aus bester Quelle. Gestern sagte mir noch jemand, der mir nahesteht,« (Ah so Richard Tauber!) [»]und dem ich riet, doch
etwas von seinem Vermögen auch hier arbeiten zu lassen … er hätte es sich
auch schon überlegt, ob er etwas herüberholen soll ... man muß stets auf mehreren Pferden reiten ... Er hätte sich längere Zeit und nach allen Seiten hin
informiert. Alles wäre oberfaul hier. Die einzige Industrie, die in ganz
Deutschland prima wäre, wäre die Bierindustrie.«

Aber jetzt so hier sitzen, ist ja doch ganz nett. Oben zwischen den andern,
den Lichtreklamen drüben ist der blaue, jetzt tiefe Nachthimmel mit den paar
geschickt eingesetzten Brillantsternen drin. Hunde – Griffons, Schins trippeln,
dekorative Barsois stelzen im Gewühl vorbei ... Bullis, Seidenpintscher, scho-
koladenfarbene französische Pudel und kleine schwarze Schlummerrollen auf
Beinchen ... das ist das letzte! ... Collies sieht man garnicht mehr ... werden
gestreichelt und ermahnt, sich ruhig zu verhalten, sitzen auf dem Schoß der
Damen oder alter penibler Junggesellen und lassen sich mit dem Finger aus
den Silberschälchen Eis um die Schnauzen schmieren, die sie mit langen roten
Zungen glücklich ablecken. Dazwischen immer wieder das Kreischen zu hart
bremsender Autos, und das rote, gelbe, orangene und grüne Aufblitzen der
Verkehrsampeln da draußen. Alles untermalt von einer Musik die von einem
unweiten Kaffee herüberschallt, und in die sich die Hupensignale der Autos

mischen, um sie noch atonaler zu machen. Und über das Ganze hingestreut die Hunderte von hell und bunt gekleideten Frauen unter dem hellen Licht. All das klingt doch irgendwie sehr angenehm zusammen und in einem leise nach, wenn man so hier sitzt und die Zeit versäumt.

»Eigentlich«, sagt die kleine Dame wieder, »sehen Sie ihm doch sehr ähnlich, zum Verwechseln fast. Aber im nächsten Augenblick sind Sie dann doch wieder ein ganz anderer und« sie betrachtet den Andern mit schrägem Kopf »und ein Völlig-Fremder für mich … aber e r, e r sieht etwas jünger aus.«

(Naja selbstverständlich sieht Richard Tauber jünger aus!)

»Und, ich kann es Ihnen ja sagen, ohne Sie zu kränken, etwas gepflegter. Doch das ist ja einfach eine Geldsache. Nicht wahr?!«

Meinen Sie etwa, Gnädige, mir zahlt einer zweitausend Mark für zwei Liederchen wie Ihrem Richard Tauber?!

Aber die kleine Dame läßt sich nicht aus dem Text bringen. »Und dabei ist er über sechzig heute, aber ganz weiß! Das wird man da drüben eher wie hier. Sie sind gewiß noch jünger, mein Herr.«

»Hören Sie Madame, ich bin schon viel zu alt, um mich jünger zu machen wie ich bin. Und noch nicht alt genug, um mich älter zu machen, wie ich bin!«

»Er wird sogar im September schon zweiundsechzig.«

»Also dafür hat er doch eine wundervolle Stimme, Ihr Richard Tauber.«

»Was wollen Sie denn immer nur mit dieser musikalischen Schuhwichsschachtel! Am 4., an dem Tag gerade habe ich Bernardo bei Riche letztes Jahr in Paris kennen gelernt, am 4. September wird er's!«

»Irren Sie sich nicht?«

»In wichtigen Tagen meines Lebens irre ich mich nie!«

»Also ist er der Achte, den ich kenne oder nicht zu kennen die Ehre habe, der von meinem Vorrecht Gebrauch macht, am 4. September geboren zu sein!« (Ach nein, ach nein, du bist es nicht, ach ja, ach ja, du bist es ja …!)

›und er greift sogar noch weiter in meine Vorrechte ein, denkt er, er hat sich nicht nur den gleichen Monat, den gleichen Tag, sondern auch noch das gleiche Jahr ausgesucht‹ (dididada, dididada … dididada, dididada). ›Aber was geht das dies Dämchen an?!‹ Und ähnlich soll mir ja der Unglückliche auch noch sehen, Madame. Das ist zuviel auf einmal.«

»Der Unglückliche?! Woher wissen Sie denn das auch nun wieder?«

»Pardon Madame, ich wollte doch sagen: der Glückliche, denn er hat doch alles, um das zu sein. Er scheint gesund zu sein, soweit man das bei seinen Jahren sein kann. Ich nicht. Denn, Sie sagen ja, er sieht noch sehr jung aus und gut. Er überlegt sich, wo er sein Geld arbeiten lassen soll. Ich überlege mir, wie lange es noch dauern kann, bis auch mein letzter Heller zum Fenster hinausgeflogen sein wird und der Schornstein zu rauchen aufhört. Entschuldigen Sie diese Offenherzigkeit, Madame. Solange man noch jung ist, imponiert einem so etwas gewiß nicht. Wenn man älter geworden ist in den Geschirren, hat aber diese Perspektive keineswegs etwas besonders Erfreuliches und Verlockendes mehr. Und außerdem hat jemand, auf den eine so nette, also sagen

wir mindestens so amüsante und geistig bewegliche ... wenn ich ein Spanier
wäre, würde ich sofort eine Copla aus dem Handgelenk schütteln ... mit ›süß
wie ein Topf voll eingemachter Kirschen‹ usw. ... also auf den eine so aparte
Dame wartet, durchaus nicht die Berechtigung, den Unglücklichen zu spielen.
Wenn es mir zuteil würde, würde ich das undankbar nennen.

»Vielleicht wartet sie gerade deswegen auf ihn. Aber sie wartet heute garnicht auf ihn. Bisher bin ich nicht dumm genug«, (Sage ich das nicht gern?!
Woher hat sie das? Von ihm?!), »um mir einzureden, daß Sie sich Illusionen
über mich machen werden.«

»Warum? Habe ich es etwa vielleicht an Achtung fehlen lassen, Madame?
Für wie minderwertig müssen Sie mich einschätzen wenn Sie mir zumuten, ich
hätte nicht einmal das Eine im Leben gelernt: daß der Mensch unverant-
wortlich ist.«

»Darf ich es Ihnen mit einem Wort sagen? Er braucht mich eben, mein
Herr!«

›Und sie ihn‹, denkt der Andere mit einem Blick auf die Brillantohrringe
und die ganze raffinierte Aufmachung seines Gegenüber! (›Verpackt wie ein
teures Parfüm‹, denkt er).

»Weil er bei all dem ein tief unglücklicher und zernagter Mensch ist; und
›pantes melancholikoi ontes‹, sagt er immer zu mir. Das ist griechisch!« (Es ist
doch eins meiner Lieblingsworte, ich glaube, Aristoteles sagt es vom Künstler.)

»Und das ist das erste Mal, daß ich fühle, jemand braucht m i c h.« Sie will
nicht weitersprechen, aber sie versteht den Blick ihres Gegenüber sofort.
»Vielleicht hat mich früher auch schon oft jemand gebraucht, aber es liegt
wohl nicht in meiner ganzen Art, mich darum zu bekümmern. Bisher hatte ich
mich nur darum kümmern müssen, wie lange *ich* sie brauchen konnte, und *daß*
ich sie brauchen konnte, und daß ich auch *bestimmt* wußte, wer der Nächste
war, ehe ich dem Vorgänger einen Tritt gab.«

›Freifrau von Klettenberg, Bekenntnisse einer schönen Seele!?[‹] denkt er.
[›]Ich jedenfalls werde es nicht sein.‹

»Ist er denn verheiratet?!« (Was geht das nur mich an?)

»Nicht mehr!«

»Man fragt sich doch oft, warum eigentlich soll solch ein Wesen wie Sie,
das geschaffen ist, einem Menschen lebenslänglich Freude zu machen, niemanden gefunden haben, dem sie sie machen durfte?! Also, *wenn* er Sie braucht,
verzeihen Sie die dumme Frage: warum heiraten Sie ihn dann nicht?!['«]

Die kleine Person senkt den Blick und errötet sogar deutlich unter der Puderschicht. »Meinen Sie, daß ich das nicht könnte, und daß er davon noch nie
gesprochen hat? Und meinen Sie wirklich, daß ich ihn noch nicht davon habe
abbringen müssen, mit allerhand Ausreden, die ich selbst nicht glaubte. Ich
wäre doch ganz ungeeignet. Ich würde ihn am dritten Tag mit seinem Koch
betrügen. Bestimmt zwar nicht, aber vielleicht. Ja so wäre ich nun mal!
Dagegen könnte ich nichts tun ... Ein alter ranzig gewordener Pomadentopf,

eine Emponomanin, die mit jedem Geld, auch mit seinem sogar, fertig wird, und alles verpfändet ... ein schlecht durchgebratenes Huhn, das zuviel Hautgoût schon bekommen hat. Eine Putana, die man nicht heiratet, wenn man selbst schon große Kinder hat ... Und was solche liebenswürdigen Redensarten mehr sind, wo ich doch lieber mit tausend Zungen ›Ja‹ singen würde. Denken Sie, man wird nicht müde, wenn man sich schon immer die grauen Haare zupfen lassen muß.«

Sie wartete einen Moment die Wirkung dieser Konfession ab.

»Aber die Farbe ist noch echt«, und lächelt ganz stolz von unten her, um dem Andern Gelegenheit zu geben, auf die dicken, wohlondulierten polisanderfarbenen Haarmengen herabzusehen, die unter dem Hütchen hervorquellen.

»So – holt er mich, wenn er mich braucht. Mal die Woche siebenmal und mal alle zwei Wochen einmal. Aber das ist selten. Er ist nämlich sehr beschäftigt. Reiche Leute haben immer zu tun, auch wenn sie nichts zu tun haben. Und er liest und arbeitet außerdem noch ewig für sich. Aber ein Mensch kann doch nicht im Alter noch all das nachholen, was er in seiner Jugend hat versäumen müssen. Und wie lange dauerts, dann wird er es ja doch nicht mehr brauchen können. Die Dinge nehmen ihm doch nur die Zeit, die er zum Leben haben sollte. Ein Nachmittag auf seiner Motorjacht ist doch für ihn mehr wert wie zehn Nächte am Schreibtisch. Aber er will und will das nicht wahrhaben, und einsehen ... Ja, und wenn er dann wieder mal ganz zusammenknackt, nichtwahr? dann spiele ich ihm solange mein kleines Theater vor, bis ich ihn mir wieder zurechtgerückt habe. *So* bin ich seine Medizin, sagen wir, seine Morphiumspritze. So kann er immer fürchten, daß ich ihm weglaufe. Aber sowie er das nicht mehr fürchten muß, mich zu verlieren einmal, verliere ich doch alle Macht über ihn, und er sackt mir einfach weg, einfach wieder ab. Wenn Sie ihn heute sehen und vor einem Jahr gesehen hätten, also ich habe noch nie einen reichen Mann gekannt, der so zerbrochen, innerlich und äußerlich eigentlich verwüstet und so heruntergekommen war wie er damals in Paris ... Und das will etwas sagen.« Sie lächelte verlegen fast, als wären das alles halbvergessene kleine Jugendsünden. »Bei meinen Erfahrungen ... und bei Paris.«

»Es gibt Dinge, die man eigentlich nicht erzählen darf oder nur dem Ofen anvertrauen kann. Verstehen Sie, daß er den ersten Abend bei mir nichts getan wie geheult, geflennt, getobt und geweint hat. Erst habe ich gedacht, das ist ein Frauenmörder und wollte schon aufs Kommissariat telefonieren lassen. Dann habe ich gedacht, ich müsse ihn ins Hôtel Dieu oder nach Charanton bringen lassen, und wollte schon den Krankenwagen kommen lassen. Nicht wahr, man hat ungern Ungelegenheiten mit der Behörde! Nachher passiert einem Herrn was bei uns, dann denkt man doch gleich an ein Verbrechen und verhört einen vierundzwanzig Stunden hintereinander, bis man zugibt, seine eigene Urgroßmutter auf dem Grévyplatz guillotiniert zu haben. Aber es war garnichts von all dem. Er mußte nur mal jemand haben, der ihm zuhörte und vor dem er sich nicht schämen brauchte. Ich weiß, das ist ein Vertrauensbruch, wenn ich das Ihnen erzähle. Aber, da Sie weder wissen, um wen es sich handelt, und selbst, wenn Sie es wüßten, wohl kaum die Wahrscheinlichkeit besteht,« (Wie sicher und druckreif sie die Worte setzt) »daß Sie seine Bekanntschaft machen ... außerdem wissen Sie ja, Frauen lügen immer, und Frauen wie ich noch öfter« (sie hat eine so große Freude an ihren Aperçus, daß sie sie nicht mal unterdrücken kann, selbst wenn es auf eigene Kosten geht) »Sie sehen aber nicht aus, als ob Sie so etwas begreifen!«

»Meine Verehrte, man kann so etwas nie oder nur allzuleicht verstehen. Pantes melancholikoi ontes!«

Donnerwetter, ich habe doch so die Empfindung, als ob jemand hinter mir steht, hinter meinem Stuhl steht, jemand, den ich garnicht bemerkt habe, vielleicht schon 'ne ganze Weile lang. Sicher ist das der Andere! (Dididada... bist du es, oder bist du es nicht? ...) Es wird mir wenig angenehm sein und ihr da sicher noch weniger, wenn er unser Gespräch von jetzt eben gehört haben sollte. Und heiliger Brahma, er tippt mir doch jetzt sogar ganz leise mit zwei Fingern auf die Schulter, daß ich den Kopf wende. Man kommt doch einem Menschen, den man nie gesehen hat, auch nicht mit dem kleinen Finger zunahe. Wenigstens sind solche plumpen Vertraulichkeiten nicht üblich in sogenannten zivilisierten Staaten, wie es Deutschland zu sein, immer noch vorgibt.

»Ach Herr Rat, also ich habe schon mal heute an Sie gedacht. Ich glaube, es werden jetzt gerade vierzehn Jahre sein, daß wir uns hier das letzte Mal gesehen haben.«

»Ich rate Ihnen nicht, ›Herr Rat‹ zu sagen, maestro! Das habe ich früher mal geduldet. Aber das war einmal. Ich lern' jetzt boxen.«

Der Andere sieht ihn ziemlich belustigt an. »Komisch«, meint er, mehr für sein Vis-à-vis bestimmt, denn es paßt so gut zu ihrem Gespräch gerade, »zu ulkig: die meisten Menschen wollen doch immer in einem Alter Dinge lernen, wo sie sie nicht mehr lernen können und vor allem, wo sie sie nicht mehr brauchen können.«

»Man kann nie wissen, maestro. Denn, wenn Sie nämlich Herr Präsident zu mir sagen sollten« (wie fein er mich davon in Kenntnis setzt. Aber ich tue nur überrascht, ich wußte es schon) »lande ich doch vielleicht bei Ihnen einen Magenstoß. Aber Sie haben außerdem wirklich ganz recht, das sind so Alterserscheinungen, die man nicht umgehen kann.« Man kann durchaus nicht sagen, daß die letzten vierzehn Jahre ihn besonders zu seinem Vorteil verändert haben sollten. Er ist sehr hager geworden, grau meliert in seinem Braun, so weit es noch vorhanden ist. Die Stirn, über den von Arbeit und Zigarettenrauch unter der dicken scharfen Brille geröteten Augen geht ihm bis zum Hinterkopf fast. Und da sie hoch und schmal ist, so gibt das ihm den Anschein einer sehr bedeutenden Intelligenz, der ihm nicht ganz zukommt. Er ist nur ein Streber, der damit vergessen machen will, daß er sich hat taufen lassen, weil er Richter sein doch für vornehmer und ehrenvoller hielt, als

den gutgehenden Anwalt spielen. Für Universitätskarriere, die er erst erhofft
hatte, hatte es nicht gereicht, und zum seriösen Wissenschaftler schon garnicht. Aber er wäre auch Streber, wenn er sich nicht hätte taufen lassen, nur
weniger äußerlich betont ... In Wirklichkeit noch mehr. Er ist teuer und
schlampig zugleich angezogen. Damit markiert er den Genialen. Das Erste
braucht er für seine Amtskollegen. Das Andere für seine Tafelrunde hier, der
er schon seit Jahrzehnten fast präsidiert. Sein Gesicht unter der hohen Stirn
ist eigentlich fast zu klein geworden, und trotzdem es hager ist, ist es so
zusammengefaltet wie ein Pfandschein. (Das Wort nehme ich von der kleinen Dame in Entreprise.) Man braucht nicht auf seine knochig schmalen
Hände zu schauen, die mit dünnen behaarten Handgelenken und dem Gold-
armband aus den vorfallenden Ärmeln seines Homespun-Jacketts kommen,
um zu wissen, daß die ersten drei Finger der rechten Hand braun vom Niko-
tin der Zigaretten sind.

Streber ist er nebenbei bloß amtlich. Im Privatleben ist er ein umgänglicher
und nicht einmal witzloser Zyniker schon immer gewesen und wird es wohl
auch heute noch sein, denkt der Andere. Und er hält es gern mit der Literatur
und den bildenden Künsten. Er hat viele Richtungen überdauert, ohne eine von
ihnen zu überwinden. Und er hat gutmütig sich ganze Wände mit Kubismus,
Expressionismus, Konstruktivismus, neuer Sachlichkeit tapezieren lassen; und
auch die verschollensten Lyrik- und Novellenbände in seinen Regalen zu Hause aufgereiht. Und er legt sich auch nicht auf eine Richtung fest, wenn er selbst
deren Vertreter[n] mal kleine Geldbeträge auf Nimmerwiedersehen leiht. Er
kann sich das erlauben. Denn er ist nicht unwohlhabend und außerdem lang-
jähriger vereidigter Junggeselle.

»Sind Sie hier in Gesellschaft, maestro? Nur in zufälliger? Ich komme als
Abgesandter: wollen Sie nicht ein wenig in unsere Ecke da drin mal herüber
und hereinkommen? Man wird sich freuen, den illustren Mauernweiler ... wissen Sie, Friedrich Haase wurde immer der Mauernweiler genannt, weil er doch
ständig auf Tournée war, der illustre Gast weilt seit gestern in unsern Mauern.
Aber ich darf ihnen ja so olle Berliner Witze und Geschichten ja nicht erzählen, das tun *Sie* uns. Sie leben wohl rückwärts? Denn seit vierzehn Jahren sind
Sie egal weg jünger geworden.«

»Wollen Sie mich eine Weile entschuldigen, Madame«, sage ich und stehe
auf und habe eine kleine und angenehm weiche Hand in der meinen. Daß so
kleine Hände so gut und so wehe auch tun können!

»Gewiß«, sagt sie und lächelt ein Lächeln, das alles Vorhergehende zu-
sammenfaßt. Und dann meint sie leise, »Was ist das für ein Mensch?! Der hat
eine Suada, die kann einen D-Zug in Hundert-Kilometerfahrt zum Stehen
bringen.«

»Ein ganz harmloser Mitbürger, Madame. Ein alter Freund von mir, den ich
seit fünfunddreißig Jahren und länger schon kenne. Ach Gott, man sieht alte
Bekannte von Zeit zu Zeit gern wieder. Wir nützen ihnen zwar nichts, sie nützen uns zwar nichts, aber es beruhigt unser Bewußtsein, zu wissen, daß sie

noch nicht gestorben und daß sie auch nichts geworden sind. Dabei, wenn Sie gestorben wären, würde man es gar nicht bemerken, daß sie fehlen.«

»Was war das eigentlich für eine Dame, mit der Sie da sprachen«, sagt der Andere leise, wie er meint, daß sie außer Hörweite sind. »Ich kenne sie doch nicht, ich sehe sie überhaupt zum ersten Mal. Ich habe mich zu ihr an den Tisch gesetzt, weil draußen kein anderer Platz sonst mehr war. Und wir sind auch nur ins Gespräch gekommen, weil sie mich zuerst für einen Anderen gehalten hat (Dididada, dididada ... bist du es, oder bist du's nicht?), aber wie ich ihr stolz versichert habe, daß ich i c h bin, hat sie es mir endlich geglaubt. Jedenfalls ist sie fast mehr als amüsant!«

»Ja, man hält sie sogar für eine internationale Spionin, aber man kann sie nicht fassen. Man weiß nicht einmal, für wen sie arbeitet oder für wieviele zugleich. Ich dachte, vielleicht hätte sie es Ihnen anvertraut. Aber richtig: der alte Herr, mit dem sie öfter hier sitzt, der sieht Ihnen, auch wenn er scheinbar bei einem andern Schneider arbeiten läßt, auch wirklich ähnlich. Nur noch viel brünetter. Schon eher wie 'ne eingemachte Olive eigentlich, Maestro.«

»Also, Herr Präsident, lassen Sie doch endlich diese Verbalinjurien mit maestro. Ich muß da immer an Anatole France denken. Schrecklich, sie sagen jetzt alle schon cher maitre zu mir. Ich erinnere mich noch ganz deutlich, wie ich als junger Dachs zu den Idioten von der Akademie das damals sagte und mir dabei dachte, du schmieriger alter Senftopf!«

Drin ist alles offen. Die Spiegelscheiben sind versenkt, und das gibt etwas Südlicheres heute dem Garten. Es fehlen nur zur Illusion diese orientalischen Vorhänge aus bunten Holzperlen, deren Schnüre man beiseite stößt. Drinnen hat sich nicht gerade viel verändert. Da ist im Winter Sommer und im Sommer Winter. Denn die Korbsessel vom Winter sind jetzt draußen und die leichten Rohrtischchen mit den Schimmerlämpchen. Und dafür sind wieder die alten, tausendfach bekritzelten Marmortischchen herbeigeholt worden, und die Pyramiden verjährter gebogener Thonetstühle sind auseinandergehakt worden und um sie herumgestellt. Es sieht aus grad wie in alter Zeit, grad wie in aaaalter Zeit!!

Die Wände haben zwar ihre gemalten Gobelins von ehedem ganz verloren. Sie haben auch nicht mehr die grünen Seidentapeten in einem schlichten Empirerahmen von resedegrünem Holz eingelassen. Seidentapeten wie Holz waren schnell verschlissen und mußten weg. Die expressionistische Wandmalerei, die jene ersetzte, mit Felsen aus Eierkuchen und Pferden blau wie Veilchen und mit Giraffenhälsen und mit Telegraphenmasten statt der Beine waren indessen gleichfalls braun von Rauch wieder geworden, sodaß man nicht mehr erkennen konnte, was die Weinernte in Bordeaux und was die heroische Landschaft mit Ziege war. Aber man hatte es vorher auch nur schlecht unterscheiden können. Außerdem waren es Kriegsfarben gewesen, mit denen man es auf die nasse Wand gemalt hatte, und die hatte sich nachher vollkommen verändert. Das Grün war rot und das Rot war blau geworden. Und dann allesammt nach einiger Zeit zu einer gelbbraunen Sauce zusammengeschmolzen. Das ging nicht. Der Kandinski-Imitator, der nur zwei amethystfarbene Strich und einen knittrigen Kreis von Schwarz mitten auf eine Wand gemalt hatte, hatte sich auch keiner langen Lebensdauer erfreuen können. Und nun hatte man auch den wieder überstrichen und einfach ein paar Bilder hingehängt, die alte Stammgäste von vor dreißig Jahren für unbezahlte Rechnungen dem Wirt verpfändet hatten. Und siehe an, da die Bilder aus der Rumpelkammer fünfundzwanzig Jahre alt waren und älter jetzt, so waren sie mit der Zeit ganz nett in der Farbe zusammengegangen und sahen recht vernünftig und beinahe wie Stücke Malerei aus. Nur begreife ich nicht, warum ich mir damals die Finger krumm geschrieben, um diese wilden Neuerer in Schutz zu nehmen. Sie waren doch sehr brav und bürgerlich ... diese Revolutionäre von einst! Wie wir alle vor dem Krieg. Ganz gleich, ob wir mit dem Pinsel, mit dem Meißel oder mit der Feder unsere Bilderchen malten.

Aber im Sommer ist hier keine Saison für Kunst mehr. Das war einmal. Für die Kunst sind anscheinend die Monate ohne R nicht vorteilhaft. Jetzt sind nur vier Cercle da über die vier Ecken des großen leeren Raums verteilt, dessen Mitte die Kellner mit blanken Tabletts unter Habichtschreien wie ›drei Pils, vier Haut‹ durchstürzen. Nur die ... wenn man nicht die paar Einzelgänger rechnen will, die in Zeitungen und Zeitschriften wühlen, die sie vor sich aufgetürmt haben, die sie ängstlich festhalten, oder die sie sich gegenseitig wild zu entreißen suchen. Das ist eine Manie wie jede andere auch. Ich habe diese Leute nie begriffen. Denn es ist mir noch niemals geglückt, eine neue Zeitung oder Zeitschrift zu erwischen. Jede Nummer, jedes Blatt sah genau wie die vorigen Nummern, wie das vorige Blatt aus, und die genau so wie alle ungeborenen.

Hinten rechts hält mein alter grauer verknautschter Philosoph inmitten eines platonischen Harems alter oder etwas weniger bejahrter Damen seinen Cercle. Genau wie anno dazumal. Es sind eigentlich die gleichen Gesichter, die man am Sonntagabend aus einer apostolischen Betstube kommen sieht. Nur um drei Stufen des Geistes höher gezüchtet. Worte wie esoterisch, Phänomenologie, individualpsychologische Relation, Neo-Kantianismus und pseudologistische Funktionstheorie reißen sich hin und wieder aus dem spitzfindigen Gemurmel los, und irren, selbständig geworden, durch den Raum um zu verklingen.

Die Maler mit ihren Damen sehen schlecht und verhungert aus. Ihre guten Jahre waren vor dem Krieg. Die reichen Leute haben zuviel in modernen Bildern angelegt, und sie haben zuviel daran verloren. Auch mit Antiquitäten, in die sie sich dann flüchteten, weil sie als wertbeständig galten, ist es jetzt schon das Gleiche. Schön, man liebt aufrichtig die Kunst. Man will sich an den Dingen sogar freuen. Sie unterstützen. Aber man will doch nicht sein Geld daran verlieren. Und das haben nun die Maler, die armen zu büßen. Keine Richtung zieht mehr so recht. Sie wissen garnicht mehr, was sie machen sollen. Es kann doch nicht jeder eine Malschule gründen. Nur die Karikaturisten sind etwas besser genährt und gekleidet. Und auch bei ihnen dämmert es schon bedenklich. Es gibt keinen Nachwuchs. Die Preise sinken. Und man kriegt nur politische, Sittlichkeits- und Gotteslästerungsprozesse an den Hals.

Zu der bildenden Kunst haben sich ein paar Schauspieler gesetzt, die abwechselnd das Theater, den Film und den Rundfunk verfluchen, der Dilettanten beschäftigt und sie nicht.

Den dritten Cercle in der Ecke von jungen Herrn mit pomadisierten Köpfen, die etwas reichlich Ringe tragen und etwas allzu bunte Kravatten, scheinen andere Interessen zusammengeführt zu haben.

In der vierten Ecke bringen ein paar dürftige literarische Überbleibsel von ehedem, mit jungem Nachwuchs gemischt, die warme Nacht hin, unter ihrem Präsidenten.

Entweder kennt man mich hier wirklich, oder ich bin schon vom Lotsen, der das Schiff in den Hafen bringt, signalisiert, denn man sieht doch zu mir von allen vier Kanten herüber. Durch ein paar Dutzend Augenpaare muß ich Spießrutenlaufen. Selbst die Zeitungstiger, die über den Raum verteilt sind, hören für eine Sekunde auf, das Papier mit ihren Blicken zu zerfetzen.

Wie sagte doch der General zu Max Liebermann: ›in diesem Kaffee … ach … scheinen Sie ja wirklich sehr berühmt zu sein.‹

Selbst ein älterer Jahrgang des platonischen Harems hat sich von dem Munde seines philosophischen Evangelisten losgerissen und lächelt ranzig zu mir hin: ›sie hat mich sicher mal geliebt, als wir noch jung gewesen!‹ Um den Tisch ... das heißt es sind drei in der Ecke zusammengeschobene Marmortische mit Illustrationen drauf, sitzen die gleichen Leute, wie sie stets dort saßen. Nur daß es andere sind. Bis auf den Präsidenten, der sie mit vieler Förmlichkeit, um zu zeigen, wie bürgerlich man hier immer noch ist, jeden und jede vorstellt. Ich kenne keinen und keine davon. Aber es ist die gleiche Mischung im Großen und Ganzen wie stets. Wenigstens die gleichen Zigarettenmarken, wenn auch der Tabak wohl etwas weniger, wohl noch weniger taugt als früher mal.

Da ist zum Beispiel der braunblonde Lockenschüttler, der den jugendlichen Idealisten spielt ... (der Typ war früher noch nicht auf Wandervogel stylisiert sondern hatte zerfransten Schnurrbart und Havelock) … der aber genau wie jener ehedem, aus einem westpreußischen Dorf kommt, wo sein Vater Lehrer ist. So jung er ist, war er doch schon mal verheiratet ... das gehörte auch ehedem zum Bild! ... und hat ... was gleichfalls dazu gehört! ... Frau und Kinder im Stich gelassen, weil *sie* ihm seelisch nicht genügte, und das K i n d ihn nicht zum »Schaffen« kommen ließ ... nachdem er mit dem bischen Geld der Frau fertig geworden war. Er beruft sich hierbei auf Hebbel, dem auch sein »Werk« mehr war als ein Menschenschicksal. Jetzt hat er sich an eine schöne, kleine und bewegliche Jüdin gehängt (das gehörte schon damals gleichfalls zum Bild). Er hat sich durch sämtliche Parteien schon durchgeschrieben ... durchgedacht, wie er es ausdrückt. Im Augenblick weiß er noch nicht, ob er sich zu den Kommunisten oder den Nazis hinüberdenken soll. Sie haben viel Ähnlichkeit in der ›Ideologie‹. Liebäugeln tut er schon jetzt energisch mit beiden. Und er lernt auch die Phraseologie von beiden sich an, hat mit beiden Tuchfühlung genommen, um sich im richtigen Moment für das Richtige entscheiden zu können.

Jetzt also hat er diese kleine jüdische Freundin aus gutem jüdischen Stall, die in dem kleinen Finger klüger ist, als er im Kopf, die, im Gegensatz zu ihm, ihren letzten Groschen mit ihm teilt und teilen wird, brav Jura studiert, vor dem Examen steht und fest an ihn glaubt (bis sie aufwachen wird). Das Einzige, was sie davon abhält, Kommunistin zu sein, sind die Kommunisten. Ihr Denken wird durch den Kommunismus angezogen. Dessen Anhänger stoßen sie ab. Denn Edith Meierheim kommt, das sieht man, aus einem kultivierten Milieu. Und das kann sie immer noch nicht vergessen. Soviel Mühe sie sich auch gibt.

Edith Meierheim findet Baldur Baumer – was die Welt leichter behalten kann als Stefan Ziebrinski; außerdem klingt es besser! – gerade das, was man als seelisches und geistiges Gegengewicht benötigt. Nämlich so herrlich-unkompliziert.

»Wozu diese Fremdworte?!« sagt der Präsident gern zu ihr, »Fräulein Edith, wir sind doch beide olle Berliner von Hause her. Reden Sie einfach, wie Ihnen der Schnabel gewachsen ist. Sagen Sie ruhig doof!«

Er bevatert sie nämlich etwas, und sie tut ihm leid. Er möchte zu gern die beiden auseinanderbringen wieder. Denn Edith Meierheim ist mit ihren Eltern ... das ist allgemein so üblich in diesen Jahrgängen ... gerade überquer, und sie zieht deshalb Pensionen, die nach Kohl und Naphtalin riechen, dem mit alten Yordis- und Kulateppichen ausgelegten Zuhause vor. Wenn nämlich die Eltern arm und ungebildet sind, verzeihen ihnen die Kinder nicht, daß sie arm sind. Wenn sie reich und ungebildet sind, verzeihen sie ihnen nicht, daß sie ungebildet sind. Und wenn sie reich und gebildet sind, verzeihen sie beides nicht. Und Edith Meierheim ... warum soll die gerade eine Ausnahme machen! ... verzieh ihren Eltern beides nicht. Dagegen kann man meist wenig ausrichten. So etwas gibt sich auch später von selbst wieder.

Aber auch ein Präsident kann irren. Baldur Baumer ist garnicht doof. Er ist sehr bauernschlau. Das sehe ich doch sofort, denkt der da, wie er seine Hand bieder und etwas allzulange geschüttelt fühlt. Der da weiß genau, was er will. Der wird sich noch zu einem ganz waschechten Idealisten deutschester Spezies entwickeln ... entwickeln zu so einem, der sich in irgendwas verbeißt, sodaß man zum Schluß nicht mehr weiß, i s t er verrückt oder spielt er nur verrückt. Und er selbst vielleicht auch nicht mehr genau. Das ist doch einfach so einer, der die Frau und die Kinder ruiniert, um diesen Beruf dann in zweiter Ehe bei einer reichen Jüdin fortzusetzen. Die Sorte ist mir doch schon hundertmal über den Weg gelaufen in den letzen vierzig Jahren. Dabei sind sie meistens berauschend talentlos, und amusisch bis ins Rückenmark, wie alle solche Phrasenhengste. Und ihre Nerven sind so wenig zum Schwingen zu bringen wie eine Eisenbahnbrücke. Es muß schon ein ganzer Lastzug über sie hinfahren. Und selbst dann rumpelt sie auch nur und singt und klingt noch lange nicht.

Also da ist dieser kleine junge Jude schon eher mein Mann, so nervös, arrogant, verbittert und abgehungert er auch sein mag, frech, frühreif und mit der Schnauze vorn weg. Aber eigentlich sehr hübsch von Gesicht. Jedenfalls ungewöhnlich-sympathisch. Mit dieser Sehnsucht nach der ganzen Welt in den

Augen. ›Ein junger Jude‹ denkt man. Früher hätte man sich doch nur gesagt ›ein junger Mensch‹. Hat einen netten Kopf und nachdenkliche Augen. Kein Norddeutscher. Eher schon so ein junger west- oder süddeutscher Wassermann vielleicht. Er hat auf seinen Jugendbildern etwas Ähnliches. Warum hat man sich eigentlich angewöhnt, zuerst zu sehen, ob es ein Jude ist? Warum nur? So etwas möchte ich mir mal als Sekretär nehmen. Sicher einer, der das unausgesprochene Wort schon versteht.

Die Übrigen sind mehr oder weniger Statisten.

Da ist noch die kleine obligate Lyrikerin mit religiösem Einschlag und mit gesenktem Kopf und Blick, die andächtig und hingegeben zu schweigen weiß. Wenn sie aber etwas sagt, ist es sehr klug.

Da ist der ironische Feuilletonist, der seit zehn Jahren erzählt, daß er etwas Großes, Zusammenhängendes machen will; aber genau fühlt, daß sein Atem dazu zu kurz ist. Er ist viel zu klug, um das nicht zu wissen. Was er so auf einen Sitz hinhaut, wird vorzüglich. Er ist nebenbei noch besser in der Unterhaltung, wie in dem, was er schreibt, und stolz darauf, daß er das mit Peter Altenberg, dem er, als Wiener, und als ›blutjunger Bursch eh'dem‹ ... alle Österreicher, ganz gleich wie weit östlich sie geboren sind, sind Wiener und waren stets ein blutjunger Bursch ehdem ... gesehen hat und infolgedessen nunmehr gekannt hat, gemeinsam haben soll. Na ja – es ist wie mit den Zigaretten die Sache. Die Marken heißen noch so. Aber der Tabak ist es nicht mehr.

Der Expressionist von 1925 hat sich selbst überwunden und objektiviert und schreibt jetzt nur noch im Thomas Mann Styl. Er will sich aber, … reichlich spät doch! ... der historischen Monographie in Romanform zuwenden jetzt, und beschäftigt sich mit ›einem‹ Cromwell, wie er gleich erzählt. Und andere mehr. So alle kann man nicht gleich in das richtige Fach tun.

Und doch ist [es] ein Vergnügen, mal wieder mit Menschen zusammen zu sein, die wissen, welches Blatt gespielt wird. Man verliert so den Zusammenhang mit der Welt, wenn man wie ein alter Bär, der seinen Winterschlaf hält, ewig an den eigenen Pfoten saugt.

»Aber lieber Freund«, ruft der kleine Jude dazwischen, über den ganzen Tisch weg, wie der seinen Thomas Mann Hymnus singt, »wozu denn? Bei Thomas Mann ist doch das Leben ein permanenter Gähnkrampf und bei Heinrich Mann ein permanenter Fiebertraum. Je schlechter seine Romane werden, desto besser werden seine Essays, und seine letzten Essays sind schlechtweg ausgezeichnet!«

›Dieser anmaßliche Lausejunge‹ denkt der Andere. ›Wie solch ein Bengel – und er ist doch höchstens dreiundzwanzig! – über Gott und die Welt und Philosophie und Frauen gewiß und vor allem über Literatur schon zu Gericht sitzt! Aber würde ich nicht einen noch viel größeren Schreck kriegen, wenn ich mir heute in diesem Alter selbst nochmal begegnen würde?!‹ (didadada didadada, bist du es oder bist dus nicht. Ach ja, ach ja, du bist es ja, ach nein, ach nein du bist es nicht!) ›Wenn die Alten schon unverschämt sind, so muß unter der Jugend die größte Unverschämtheit herrschen‹, wie schon Plato mit Recht ehedem so schön bemerkte.

Aber eigentlich ist es doch ein famoser Junge, auch wenn er auch etwas zu sehr liebt, das große Wort hier zu führen. Wie er jetzt zum Beispiel den ›Präsidenten‹ aufzwickt, ist maßlos frech und doch sehr witzig. Denn er hat's mit der Rechtsprechung gerade ... Ach Gott, das ist ja heute nur ein Symptom!

»Recht ist das, was der Reiche nicht braucht und der Arme nicht kriegt, nicht wahr Herr Präsident«, sagt er und zwinkert mit seinen lustigen Augen den an. »Es sei denn, er habe die richtige politische und patriotische Lebenseinstellung. In England hätte man auf jeden Fememord mit Hängen geantwortet, bei uns mit Strammstehen!«

»Ich bin jetzt nicht im Dienst. Außerdem ist das in meiner Kammer nie passiert ... so weit ich mich erinnere,« meint der Präsident nachsichtig, »erwachsene Menschen, Herbert, sollen sich nicht wie Kinder benehmen!«

»Wenn man sagt, daß sich Erwachsene wie Kinder benehmen, so ist das die größte Beleidigung, die man Kindern je zufügen kann,« repliziert der gewandt und hat die Lacher auf seiner Seite. »Also wir verlangen hier ja gewiß kein Recht von unsern Richtern, aber zumindest gleiches Unrecht für alle.«

»Lieber Herbert Hirschmann«, sagt der Präsident nachsichtig. Ihn bringt nichts aus der Ruhe. »Das wäre sogar beinahe neu und originell, wenn ich es nicht genau so wie Sie vorgestern von Georg Hermann im Unterhaltungsblatt der Voss gelesen hätte. Ein Apercu ist ein Apercu. Ich bin der Letzte, der nicht zehn Jahre seines Lebens nach dem Tode für einen gut geschliffenen Aphorismus gibt, selbst, wenn ich auch genau weiß, daß er dadurch nicht richtiger und nicht wahrer wird, daß man ihn wiederholt, Herbert.«

Und er sieht dabei mit einem geheimen Blick des Einverständnisses zu dem Mauernweiler herüber. Als ob er sagen wollte: ›Sie wissen doch, an wen mich dieser Bengel da erinnert ... nicht wahr?‹

»Überlegen Sie es sich doch mal, Herbert, Sie und Ihre Lieblingsblätter tun doch immer, als ob wir Richter das leichtfertigste Gesindel gerade wären, was die Erde trägt. Ich habe zum Beispiel jetzt mir eine Strafkammer zuteilen lassen. Warum? Ich weiß a priori ganz genau, von vorn herein, die Parteien sind da anständiger wie in der Zivilkammer und weit kleinere Gauner und viel harmlosere Verbrecher. Denn jene stehlen sich viel größere Summen, doch auf andere Manier! gegenseitig aus den Taschen wie jemals bei einem mittleren Einbruch herauskommen könnte. Aber was soll man tun? Sagen Sie selbst, Herbert. Da ist zum Beispiel solch ein lieber, netter, blonder, bescheidener junger Mann vorgeführt worden mit einem Schnurrbärtchen und einem sauberen Cheviotanzug und blütenweiß rasiert. Er trägt ein blaues Foulardkravattchen, und er sieht mindestens so anständig aus wie jeder von uns. Von mir ganz zu schweigen! – Also – ich sage mir sofort: unmöglich! Der Mann kann es nicht getan haben. So raffiniert ist er garnicht. Sie werden wieder mal danebengegriffen haben. Und er leugnet es natürlich aus. Das ist sein gutes Recht. Das würde ich ihm sogar übel nehmen, wenn er das nicht täte. Nicht wahr?! Wozu werde ich denn opulent bezahlt? Ich soll ihn doch überführen! Aber jedenfalls lasse ich ihn mal wieder abführen.

Und wenn ich ihn mir dann nach drei Wochen nochmal vorführen lasse, und es steht da solch ein Bursche vor mir, blaß, verstört, unruhig, verdrückt, unterwürfig, aber mit tückischen Augen dabei in einem verknautschten, staubigen alten Cheviotanzug, schlecht rasiert und voller Pickel von dem Gefängnisessen, dann sage ich mir sofort: das kann niemand als der Mensch da gewesen sein!«

»Und war er es denn«, fragt die stille Gotteslyrik.

»Aber das weiß ich doch nicht, mein Fräulein. Jedenfalls verknacken wir ihn. Denn einer muß es doch gemacht haben. Wenn wir nicht ab und zu mal einen verknackten, würden sie doch alle Geldschrankknacker werden wollen, weil man nirgends so wenig Berufsunfälle hätte.«

»Ja, aber«, sagt langsam die Gottesminne.

»Das dürfen Sie alles nicht so ernst nehmen. Er bekommt ja doch nach einem Jahr Bewährung wegen Wohlverhaltens. Und solch ein Jahr geht doch schnell herum, wenigstens bei andern Leuten, nicht wahr?«

»Aber duldet denn eine deutsche Regierung so etwas? Kann sie denn so etwas dulden?« fragt die Gottesminne und hatte dazu die Hände tugendsam über ihrem von Natur aus dicken Bäuchelchen unter dem blauen bestickten Leinenkleid verschränkt. Die Ironie des Präsidenten begriff sie niemals, wenn ihr auch so langsam aufging, daß der Mensch da die Dinge meist sehr anders meinte, wie er sie grade sagte.

»Die Regierung? Aber meine Hochverehrte! Jede Regierung der Welt nimmt doch sofort dem Volk das mit der linken Hand weg, was sie ihm vor zehn Minuten mit der rechten zu geben gezwungen war. Und heute sind es bei uns in Deutschland sogar schon bald vierzehn Jahre, achtzehn plus vierzehn macht zweiunddreißig. Da kann natürlich nicht mehr viel von übrig sein ... solange es nicht heißt ›pereat justitia fiat mundus‹!«

Die Gottesminne lächelte verständnisinnig, wie immer, wenn sie nicht ein Wort verstanden hatte.

Jetzt ist selbst Herbert entwaffnet und seine flammende Anklage gegen Justiz, politische Justiz, Klassenjustiz, gegen die deutschen Richter dieser sogenannten deutschen Republik ... und er liebt es sehr, flammende Anklagen zu halten, weil er eben noch recht jung ist und glaubt, daß sich mit Worten etwas ändern ließe, ist ihm von dem alten Fuchs da mit seiner Selbstironie aus dem Mund genommen worden. Herbert Hirschmann weiß genau, jener ist ein Streber eigentlich, ohne Rückgrat wie ein Lanzettfisch. Sonst hätte er längst sich pensionieren lassen müssen – statt das mitzumachen. – Nötig hatte er es doch nicht! Und in irgend einer Ecke seines Wesens nimmt er es ihm auch übel, daß er sich hat einmal taufen lassen, der Karriere wegen. Aber in irgend einer andern Ecke seines Wesens hat er ihn ja eigentlich doch gern, weil sie sich ja doch recht ähnlich trotzdem sind. Nur Edith Meierheim reagiert hier noch sonst wie er. Und irgendwie hatte er auch Achtung vor dem Mann da, der eine so feine Nase für Literatur hatte ... Achtung, trotzdem er fühlt, daß eigentlich all das doch nicht recht zusammengehen kann und zusammengehen darf.

Aber, schon beginnt Herbert Hirschmann, ohne sich eine Atempause gön-
nen zu können, gegen den Mauernweiler da Sturm zu laufen: ›Ob er nicht ganz
seiner Ansicht wäre, daß die ältere Literatur jetzt vollkommen abgewirtschaftet
hätte. Nicht nur in der Richtung, die überholt sei, sondern einfach noch viel
mehr in der Funktion. Literatur müsse sich für alle Zukunft ganz und gar poli-
tisieren und sie, er und seine Freunde, täten es ja schon. Und wir alten sollten
uns eben ganz auf ihre Seite stellen ... der Sache wegen.‹

Wenn es nicht unschicklich wäre, so würde ich dem Jungen die Backen
streicheln (dididada, dididada ...), genau so haben wir vor vierzig Jahren den
alten freundlich zugeredet, Selbstmord zu begehen.

Und doch ist solch ein Junge da heute weiter, viel weiter, viel bewußter, hat
viel mehr durchgemacht. Die Kohlrübenwinter haben ihn ganz anders denken
frühzeitig gelehrt, als wir es lernten. Und der Krieg, den er doch nur halb bewußt
gewiß, als kaum zehnjähriger Knirps zu Ende hat gehen sehen. Er ist klüger als
wir es waren. Wir waren viel unbewußter und dumpfer. Wir standen als Gegner dem Staat gegenüber. Und ihm steht der Staat als Gegner gegenüber. Und
er ist heute bitterer und noch tausendmal unglücklicher wie wir damals. Trotzdem er vitaler ist, als wir es waren und einen weit größeren geistigen Horizont
für seine Jahre hat als wir ihn hatten oder vielleicht je gehabt haben.

»Hören Sie, junger Freund, ich fürchte, Sie nehmen Dinge zu wichtig, die
garnicht sehr wichtig sind. Nämlich das, was Sie, und das, was wir beide, ich
und Sie, Kunst zu nennen überein gekommen sind. Man frage doch jeden ver-
nünftigen Menschen, ob nicht eine gut durchorganisierte Fabrik, die Badewan-
nen und Klosettbecken am laufenden Band herstellt, viel mehr Sinn für die
Menschheit hat als alle Schriftsteller, Maler, Bildhauer und Komponisten zusammen. Und das, was sie hervorbringen.«

»Sie vergnügen sich in Paradoxen, Meister«, sagt Herbert Hirschmann überlegen.

»Durchaus nicht, mein Freund, ich nehme nur die Brille mal ab, und ich sehe
den Dingen mit bloßen Augen mal ins Gesicht. Welchen Sinn hat es eigentlich,
und welche Genugtuung gewährt es, sein Lebtag Buchstaben an Buchstaben zu
reihen, um sich selbst sich selbst, und die Welt der Welt ... das heißt beides den
Menschen mitzuteilen?! Sinn hat's gar keinen. Die Fabrik hat Sinn!«

»Oho«, rief Herbert Hirschmann, »selbst das heutige Rußland erkennt doch,
daß ...«

»Aber, junger Herr, nehmen wir doch mal die Künste nach einander. Musik
ist doch Larifari. Der Klang einer Sirene aus dem Nebel eines Gefühls. Der
unbestimmte SOS Ruf der Seele. Schreiben, schreiben heißt nach Dingen
Wortpfeile schießen, die wir damit treffen wollen und die stets zu kurz oder zu
weit gehen und kaum je haargenau im Ziel stecken bleiben. Und außerdem ist
es eine Quälerei. Und selbst wenn wir treffen, wissen wir nie, ob der Andere es
auch bemerkt, daß wir getroffen haben. Und als Erster getroffen haben sogar.
Malen ist unvollkommen, weil wir nicht nicht auf die Palette spritzen können,
wie schon Rubens sagte, der das beinahe konnte. Aber es ist wenigstens schön

für den, der es treibt, genugtuend, weil wir den Schein der Welt, den flüchtigen, in den Farbenspielen des Prismas festhalten und allein mit ihnen wieder erstehen lassen wollen. In Ton kneten, aus dem Stein schlagen, aus dem Holzblock schneiden, das ist noch sicherlich am schönsten und sinnlichsten, weil es am nächsten einer Zeugung und einer Geburt kommt. Aber deswegen würde ich mir noch lange nicht einreden, daß die Welt es vermissen würde, wenigstens nicht die von heute. Trotzdem – Bildhauer hätte ich sein mögen! – –

»Also Sie meinen, Meister, Literatur ist ein Nonsens, und hat außerdem nichts mit Politik zu schaffen? Literatur ist der Traktor, der den Boden überhaupt politisch erst urbar macht«, ruft Herbert Hirschmann laut.

»All das, junger Herr, läßt sich schwer zwischen zwei Tassen Kaffee endgültig behandeln. Gewiß: Kunst ist immer politisch gewesen, nicht nur die russische ... Dickens so gut wie Victor Hugo, selbst Molière schon und Don Quichote. Vielleicht Homer schon. Aber ich glaube an die Literatur. Und ich glaube als Realität an die Politik. Doch ich glaube nicht, daß Politik Literatur und Literatur Politik ist. Sondern nur in einer Mischung, in der die Literatur die Speise, und die Politik, das menschliche Kämpfen um den Menschen das Salz ist. Und merken Sie sich das Eine für das Leben: Literatur gehört zu den wenigen Dingen, für die es kein Sollen gibt, sondern nur ein Sein oder Nichtsein. In dem meisten aber, was sich heute Literatur nennt, schmeckt das hineingestreute Salz derart vor, daß die Speise ungenießbar geworden ist, wenigstens für mich.«

Der Wiener Feuilletonist hörte gut zu. Er wollte eingreifen; aber Herbert Hirschmann ließ ihn nicht aufkommen. Der hatte den Mauernweiler mit Beschlag belegt. Er wollte ihn ausquetschen wie eine Zitrone. ›Wie denken Sie über?‹ Denn wenn er sich auch nichts davon merken ließ, und sich vollkommen kollegial gab und sogar etwas herablassend, so viel mit Neid gemischte Bewunderung hatte Herbert Hirschmann doch für jeden, der einmal das gehabt hatte, was er erst haben wollte, nämlich den bekannten Namen und Erfolg. Und außerdem hoffte er, daß jener ihm das Rezept dazu geben würde, wie man es anstellen müsse, um beide möglichst bald zu bekommen. Und deshalb setzte er dem Mauernweiler direkt die Pistole auf die Brust und sagte: »Was halten Sie von unserer jüngeren und jüngsten Literatur?« (Das heißt von mir?).

»Ach Gott, wie soll ich das beantworten? Ich glaube, daß immer die gleiche Summe von Begabung vorhanden ist. Vielleicht auf zwei Millionen Menschen kommt immer einer innerhalb von zehn, zwanzig Jahren. Nennen Sie mir dreißig gute deutsche Dichter und Schriftsteller heute, also Sie werden kaum bis fünfzehn kommen, innerhalb einer Generation. Und außerdem hängt es noch von den Zeitläuften ab, ob die hochkommen und sich entwickeln können.«

»Ja und«, unterbrach Herbert Hirschmann und hatte sich weit über den Tisch gelehnt.

»Wie diese Zeitumstände sein müssen, weiß ich nicht. Darüber zerbrechen sich alle Literaturprofessoren ihre gelehrten Köpfe. Aber plötzlich kommt eine Generation von großen Schriftstellern auf, ist da. Sie sind zu Beginn zusammenhanglos untereinander, und dann schwindet sie wieder. Das war in Deutschland und Österreich zum Beispiel um 1890 so, und vielleicht in ganz Europa sogar. Ohne daß ich das, was bei uns gemacht wurde, nun allzusehr andern Ländern gegenüber überschätzen will. Wie das kam, weiß ich nicht. Jedenfalls stand es zur Zeit, die man liebte und spiegelte und geißelte zugleich in stärkster Opposition. Aber das tut ihr, Jungen ...« Herbert Hirschmann dankte mit einem kurzen Blick dem Mauernweiler, »ja heute auch noch viel mehr eigentlich. Und trotzdem habe ich ... aber ich verstehe davon sehr wenig, junger Freund, das Gefühl, als ob nicht mehr allzuviel dabei herauskommt.«

»Also, Meister«, rief der Junge und blitzte aus seinen Rabenaugen. »Ich habe nicht dieses Gefühl!«

»Das würde ich Ihnen sogar übel nehmen, wenn Sie es hätten. Aber ein kleiner Unterschied ist doch zwischen euch und uns von damals. Wir damals wußten, daß wir mit Kunst kein Geld machen konnten, wenigstens nicht mit dem, was wir dafür hielten. Und wir zogen es vor, deshalb zu hungern, manchmal wenigstens, statt Konzessionen zu machen. Und so kamen nette Dinge dabei heraus wie zum Beispiel diese Bilder da, die hier herumhängen, weil sie das Kleid einer Zeit tragen und alle ihre Probleme so restlos und so geschlossen verkörpern. Aber heute denkt man doch immer daran, wie kann ich zuerst oder letzten Endes Geld damit machen. Ich sehe, Sie protestieren. Also werde ich nicht ganz so Unrecht haben wie ich eigentlich fürchtete. Aber vielleicht ist auch das garnicht der Grund. Vielleicht ist es doch einfach der, daß heute Kunst wie Fordautos am laufenden Band hergestellt und verbraucht wird. Ich will nichts gegen Fordautos sagen. Sie sind sehr zweckentsprechend. Aber sie laufen im besten Fall drei Jahre. Dann klappert die Karosserie, und die Linie ist unmodern geworden. Man hat eine andere Stromlinie und andere Scheibenwischer jetzt. Es ist schrecklich beschämend, sich so sehen zu lassen. Der Motor ginge vielleicht noch. Aber das Ganze kommt eben doch auf den Autofriedhof, steht da eine Weile herum in Wind und Regen und vielleicht kauft sogar noch mal ein Grünkramhändler und hält den Prozeß, bis es ganz verschrottet wird, noch ein, zwei Jahre auf. Aber selbst wenn es noch zu brauchen wäre, niemand will es mehr haben. Man zieht eben jetzt andere Typen vor. Nur daß es bei der Literatur zwanzigmal fixer geht als bei den Fordwagen. Aber all so etwas läßt sich wirklich nicht zwischen einer Schale Haut und einem Kaffee verkehrt abhandeln und beantworten.

Doch vielleicht ist all das auch nicht der Grund. Vielleicht ist es doch einfach der, daß all das, was wir Alten so schmerzhaft mal geliebt haben: Menschenschicksal und Menschenleben einfach klein und dumm und unwichtig geworden ist, weil seit dem 1. August 1914 der Kurs des Menschenlebens an den europäischen Börsen nicht mehr notiert wird, da er vollkommen wertlos geworden ist, und doch ein Papier nicht tiefer als nullkommanull stehen kann.«

Aber darauf hatte der braunblonde Lockenschüttler vielleicht nur gewartet. Der Andere tat frech und nonchalant, aber eigentlich war er es nicht. Ihm imponierte Können immer, wo er es auch fand. Aber der hatte so eine Sorte von geölter Höflichkeit ohne jegliches Achtungsgefühl, die als tief unverschämt empfunden wurde. Er begann etwas von Volkstum ... nationalliterarischer Autarkie und neu erwachendem Mythos zu erzählen, und von dem Wiederanknüpfen an die großen Traditionen. »Deutschland hätte ohne Zweifel die größten Schriftsteller der Neuzeit hervorgebracht und würde jetzt noch größere hervorbringen.«

»Ich weiß, ich weiß, Deutschland züchtet die besten Kartoffeln der Welt, hat die besten Schulen der Welt, den preußischen Leutnant macht uns keiner nach. Es hat das beste Stahl der Welt, die mutigsten Soldaten der Welt, die besten Ärzte, Wissenschaftler und Philosophen der Welt. Und warum soll es nicht auch die beste Literatur der Welt haben? Es ist nur eine ganz gemeine Perfidie der andern, es nicht zu glauben und sich nicht darum zu bekümmern und sie links liegen zu lassen.«

»Ja, man müsse eben das Ohr an die Seele des Volkes legen, wieder zu den Quellen zurückgehen, in das wahre und tiefe Volkstum hineingreifen!«

»Greif nur hinein ins volle Menschenleben«, sagte der Präsident, »aber wasch dir nachher die Hände.«

Er konnte anscheinend den Mann auch nicht leiden, den Edith Meierheim da vor zwei Monaten – so lange ging das ungefähr – eines Abends mit in ihren Kreis gebracht hatte. Der Präsident mißtraute ihm gehörig. Aber das tat man eigentlich fast jedem gerade schon. Was wollte der eigentlich hier bei ihnen letzten Endes?!

Der Lockenschüttler ließ sich jedoch nicht stören und war jetzt bei der geistigen Führerschaft, der Erweckung des Volkes zu seiner Kunst, die ihm verschwärzt und verfälscht worden wäre. Er gab einen kleinen Auszug aus Bartels, ohne doch den Namen oder gerade bestimmte Namen zu nennen und sprach etwas vom Skaldentum des Dichters, der auch in seinem Leben ein Vorbild edler idealer Reinheit ...

Darauf hatte der gewartet wieder, der ehedem als blutjunger Bursch Peter Altenberg noch persönlich gekannt hatte. »Bitt schön, nehmen Sie doch das Leben von Peter Altenberg. Sein Leben war eins mit seinem Werk, und sein Geheimnis ist es ja nur, daß er es wagt, Dinge zu sagen, die jeder von uns zu sagen sich schämen würde, weil sie ganz trivial scheinen; und die dann gesagt zu haben, jeder von uns beiläufig sich zur Ehre anrechnen würde ...!«

Aber der blonde Lockenschüttler streifte diese Zustimmung mit einer großen Geste ab, und sah in Altenberg nur das »Produkt einer perversen Wiener Kaffeehausatmosphäre und die betrauernswerte Verirrung einer bis ins Mark dekadenten Vorkriegszeit ohne Ideale.«

»Ja, dann haben Sie ihn ja garnicht gelesen!« rief der Feuilletonist.

»Nein, das habe ich auch nicht,« schrie der braunblonde Lockenschüttler stolz zurück. Aber ich weiß es trotzdem. »Große Vorbilder soll man vor das Volk hinstellen!« sagte er und sah sich siegesgewiß um, nur unterstützt darin von seiner hübschen Juristin, die dazu nickte.

»Warum macht sie sich eigentlich auch zum Sprachrohr seiner Dummheiten,« flüsterte der Andere dem Präsidenten zu. »Ich habe schon gesehen, daß

Liebe blind macht. Aber es ist doch nicht nötig, daß sie auch dumm macht.«
Und dann sagte er laut: »Ach bleiben Sie mir doch mit diesen ausgekochten
Idioterien vom Leibe. All das habe ich schon vor vierzig Jahren bald von Hein-
rich Pudor gehört und gelesen. Der ist lange tot und dahin. Und geblieben ist
uns von ihm nur in unserm Andenken das nette Gedicht eines der Gelehrten
des Kladderadatsch, das da begann:
›O Heinrich Pudor, Heinrich Pudor,
Was bist du für'n geniales Ludor.‹«
Der junge Baldur Baumer ließ seine Dichteraugen ... oder richtiger Stefan
Ziebrinski ließ die Dichteraugen in blauwildem Trotz ... aber sie waren braun!
... aufflammen, als ob er sagen wollte: mit dir werden wir auch schon abrech-
nen einmal, du Verspotter der heiligsten Güter unserer Nation.

Aber der kleine Jude, das heißt, er war garnicht klein sondern ziemlich lang
und seine Arme hatten eine reichliche Spannweite, er sieht auch gut durch-
gesportet aus, wenn auch nicht gerade gut ernährt, schlägt mit der Faust auf
den Tisch:
»Also mit so etwas haben sie einem doch schon die ganze Schulzeit, das
ganze Gymnasium bei uns daheem in Darmstadt« (das erste Mal, daß ein
Anflug von Dialekt in seinen Sprachklang kommt) »verekelt. Alles, was
nach Gottfried Keller kam, war zu modern. Wer sagt das doch: die Schwaben
sind Leute, die Goethe für unmoralisch und die Uhland für einen Dichter
halten. Sechs Aufsätze habe ich allein zur Stärkung meines vaterländischen
Gemüts über Gudruns Klage machen müssen. Was geht mich denn diese
verjährte alte Dame an?! Also ich habe mit einer Königstochter, die am
Strand im rauhen Märzenwind Wäsche waschen muß gewiß Mitleid, aber
eigentlich nicht mehr wie mit einer Portierstochter, die Wäscherin ist und das
gleiche tut. Man kann sagen, die Wäscherin kennt es ja nicht anders, also
brauche ich kein Mitleid mit ihr zu haben, während die Königstochter doch
mal Wachteln von goldenen Tellern gegessen hat, in Seidenbetten geschlafen
hat und mit silberbetreßten Kavalieren getanzt hat. Aber sie kann doch wenigstens denken, daß sie das mal gehabt hat. Die Wäscherin jedoch hat von
je auf dem Strohsack geschlafen und aus einem irdenen Napf Buchweizen-
grütze gegessen. Das gleicht sich aus. Im besten Fall habe ich mit der einen
nicht mehr Mitleid wie mit der andern. Was Sie mit Ihrem Mythos und Gefa-
sel wollen, ist von je das Unglück der deutschen Literatur gewesen – nämlich
dem Leben und dem Heute aus dem Wege zu gehen, weil sie unfähig ist, es
zu gestalten; und an seine Stelle irgend etwas zu setzen, was Sie sich und den
andern ... vor allem aber den andern! vorlügen wollen. Und wer nicht mitmacht, wird eingesperrt. Der deutscheste Dichter ist Grabbe. Der ist gleich in
einem Zuchthaus zur Welt gekommen.«
(Dididada dididada dididada ...) ›Wieviele Nächte haben wir damals so
durchdiskutiert. Die Zeit hat uns – bis heute wenigstens! – rechtgegeben. Ob
wir Recht hatten, weiß ich nicht. Aber wer kann von sich überhaupt sagen, daß
er Recht hat‹, sagt ein Blick des Präsidenten zu dem Mauernweiler hinüber.

Also das mit dem Zuchthaus ist irgendwie deutlich. Aber die literarischen Diskussionen waren ja auch damals so, daß man dachte, wir führen uns gleich an die Gurgel. Und nachher gings ruhig weiter bis zum nächsten großen Zusammenstoß.

Der Präsident, der ein firmer Verhandlungsleiter auch hier ist, hat jetzt das Gefühl bekommen, daß er doch einen kleinen geschickten Ordnungsruf nunmehr dazwischen schmettern könnte und müßte.

»Wir dürfen die Dinge nicht so eng sehen,« beginnt er.

»Unsre deutsche Literatur soll national sein, oder sie soll nicht sein!« ruft der Lockenschüttler voll Pathos, schmettert der braunblonde Lockenschüttler heraus.

»Aber es gibt ja keine nationale Literatur ›es gibt keine nationale Kunst und es gibt keine nationale Wissenschaft, beides gehört, wie alles, was gut und schön ist, der ganzen Welt an‹. Das sagt eine der [sic] Sie sich doch auch wohl beugen werden: Goethe!«

»Bah«, schreit Baldur Baumer, »man braucht ja diesen Mann nur zu sehen, um zu wissen, was mit ihm und seinem Deutschtum los ist!«

»Also, man könnte doch in Deutschland ganz gut existieren, wenn es von Menschen statt von Nationalisten bewohnt würde,« wirft Herbert Hirschmann dazwischen.

»Aber«, sagt der Präsident, »wir wollen doch mal ganz ruhig … ohne alle persönlichen Spitzen ... Sie sagen: Mythos. Sie sagen: Idealismus. Aber denken Sie doch an die russischen Bücher, die ganz ohne Mythos sind. Und das Großartige an ihnen ist doch, daß sie alle so vorzüglich den Stumpfsinn, die Zwecklosigkeit und die kleinen Belanglosigkeiten aufdecken, an denen die Dichtkunst anderer Länder vorbeisieht. Kennen Sie zum Beispiel den ›Taugenichts‹ von Tschechow?«

»Gewiß, aber ich erinnere mich im Augenblick nicht!« ruft Baldur dazwischen. »Wir heute lehnen diese bolschewistischen Literaturzerstörer ab.«

»Entschuldigen Sie, Tschechow hat sich schon selbst abgelehnt, er ist seit bald dreißig Jahren tot,« ruft lachend der Feuilletonist dazwischen.

»Und deshalb schmeckt man russische Bücher so stark auf der Zunge, auch wenn sie einem als einzige Nahrung widerstreben würden ... wenigstens mir! Und trotzdem möchte ich sie aus meinem literarischen Weltbild nicht missen: denn ohne sie würden wir das Leben um viele Nuancen ärmer sehen!«

»Das beweist nichts!«

»Es nuancenreicher sehen, beweist sehr viel. Gerade wir Richter können zum Beispiel nicht an einem Dostojewski vorübergehen. Auch Nietzsche betrachtet es als das große Glück seines Lebens, daß er ihm begegnete: ›der einzige Psychologe, von dem ich etwas gelernt habe‹ schreibt er.« ›Nietzsche wird doch bei dem Mann ziehen‹, denkt der Präsident.

(Dididada dididada dididada dididadum.) Aber vor vierzig Jahren waren doch unsre literarischen Fehden wie die Schlacht auf den katalaunischen Feldern, die Kaulbach in dem neuen Museum im Treppenhaus an die Wand gemalt hat und in der die Geister der Erschlagenen in den Lüften weiterkämpfen. Der ganze Kampf war doch nur irgendwie in den Wolken. Aber jetzt ist er urgemein auf dem Boden der niedrigsten und unversöhnlichsten Gehässigkeit. Das habe ich draußen verschlafen. Das hat es früher nicht gegeben. Es geht garnicht mehr um Richtungen und Bekenntnisse, um Naturalismus, Neuklassizismus, Symbolismus und Sozialismus. Es geht um Vernichtung. Wirklich: auf soviel Haß und auf soviel Borniertheit wie sie unter den Worten dieses wandervogelhaften jungen Mannes hervorklingen, bin ich eigentlich nicht vorbereitet gewesen. Das ist etwas Neues, in das ich mich auch nicht hineinfinden werde. Sonst hatte nämlich Geist, ganz gleich aus welcher Ecke er kam, und gar erst Leistung, woher sie auch immer stammte, wenn sie als solche anerkannt werden mußte, einen Freibrief. Aber das schmeckt doch eigentlich hier nach Fehme fast schon. Wie kommt denn der, dieser eiskalte Junge zwischen diese Menschen hier?!

Aber der Präsident merkt es nicht oder will es nicht bemerken.

»Aber um nochmal auf den Beginn unseres Gesprächs zurückzukommen,« sagt er, »ich bin auch da nicht ganz ihrer Ansicht. So sehr ich menschliche Anständigkeit auch zu schätzen weiß. Ich bin zum Beispiel fest überzeugt, und ich glaube es auch nicht, daß Paul Verlaine zum Beispiel das strahlende Ideal eines sympathischen Menschen war. Ich weiß zum Beispiel auch, daß Dostojewski zeitweise Spieler und sogar Falschspieler wohl war. Aber ich weiß trotzdem, daß er ein Psychologe von erstem Format ist, an dem ich nicht vorbeigehen kann, nicht wahr? ... und auf dessen Schultern wir stehen. Verlaine war gewiß unsympathisch, um es fein zu umschreiben, aber ich weiß, daß er ein sympathischer Dichter war, um es bescheiden auszudrücken. Da er ein Mensch für einige Hunderte nur war, die ich persönlich darum beneide (aber das ist eine Auffassungssache!) und ein Dichter für jene Hunderttausende, die ihn suchen, oder denen er zufällig begegnet, so geht mich sein halbverschollenes Menschentum nichts, sein Menschgewesensein nichts an. Und kann nie mein Urteil über ihn beeinflussen. Und außerdem war sein Menschsein ... ob es unsern Beifall findet oder nicht! ... ja der Tribut, den er zu zahlen hatte, damit wir seine Verse lieben können. Ohne das – ganz gleich, wie es geartet – würden sie garnicht existieren. Ich jedenfalls möchte sie nicht missen.«

»Ja,« sagt der, der ehdem als blutjunger Bursch den Peter Altenberg noch persönlich gekannt hat, »ja, wahrhaftig, es gibt Verse bei Verlaine, die doch nur geweinte Küsse sind, vielleicht sogar noch etwas mehr. Aber es gibt dafür auch welche bei ihm, die nur gereimte Tränen sind. Wie es Musik gibt, die nur eine tönende Träne ist.«

›Komisch, wie das posthum nachwirkt,‹ denkt der Mauernweiler, das hätte Altenberg beinahe selbst sagen können. Nur noch konziser und altenbergischer!

»›Et toi que tu pleures sans cesse, sans cesse,
Dis qu'as tu fait avec ta jeunesse?!‹

Das hat er nicht für sich gesagt, das hat er für jeden von uns damals gesagt ... ehdem. Nicht wahr, maestro?! Aber endlich haben wir ja dann doch nicht ganz umsonst gelebt.«

»Also, ich kann das bestätigen, mich hat es wenigstens 'ne Menge Geld gekostet,« wirft der Mauernweiler ein. »Aber wenn ich das mir so ansehe, (und
dabei wirft er einen Blick über den Tisch fort) frage ich mich doch wozu?
Gelohnt hat sichs kaum.«

»Ach Gott, Maestro!« wirft der Präsident dazwischen. Er will um jeden
Preis vom Thema los und überhört absichtlich das, was nicht zu überhören ist.
Man muß heute vorsichtig sein, man kann nie wissen. »Ach Jotte doch, ›hör
auf mit deiner Qual zu spielen, die wie ein Geier dir am Herzen frißt!‹, oder
heißt es ›am Leben‹ bei Joethen. Also der Geier ist jedenfalls richtig, wenn es
kein anderer Raubvogel ist. Tun Sie sich doch nicht so, als ob Sie, Sie grade
Berechtigung hätten, besonders unglücklich wegen Ihres verfehlten Lebens zu
sein. Wir tauschen alle hier mit Ihnen. Ich habe ja den angenehmen Vorzug,
Sie von sehr jung an, also seit nunmehr bald vierzig Jahren zu kennen. Und ich
kann Ihnen nur im Vertrauen – es hört uns ja hier niemand – sagen: wirklich
begabt waren Sie ja doch nur damals, als kein Schwein noch Ihren Namen
gehört hatte, außer so einem halben Dutzend, außer so einer Handvoll junger
Leute und Dilettanten wie zum Beispiel: ich! ... die dann alle, verdammt resigniert, sehr bald sogar dumm und kreuzbrav im Bürgerlichen untergekrochen
sind. Wie ich zum Beispiel.

Sie haben doch wenigstens im Leben etwas getan. Wir nicht. Und was Sie
dafür zahlen mußten, das war eben der Kaufpreis. Billiger ist das nun mal nicht
zu machen. Und Sie haben eine gute und anständige Ware dafür als Gegenwert
bekommen. Meinen Sie nicht, daß jeder von uns hier, wie wir gebacken und
gebraten sind, gern auf das gleiche Geschäft eingegangen wäre?!«

»Ich sofort!« rief die Gottesminne und schlug dann aus Schrecken über sich
selbst die Augen nieder.

»Ich würde es mir noch überlegen,« sagte der kleine Jude und kniff spöt-
telnd das eine Auge dabei ein. (Dididada dididada ... bist du es oder bist du's
nicht? ...)

»Und ich würde es mir nicht überlegen«, meinte der, der Peter Altenberg
noch als blutjunger Bursch gekannt hatte.

»Ich auch nicht,« sagte der Lockenschüttler, wenn es auch im umgekehrten
Sinn gemeint war, und lachte frech dabei auf.

»Das ist nie anders,« sagte der Präsident und spielte den Conferencier. Entweder haben Sie etwas vom Leben, dann haben wir nichts von Ihnen, oder Sie
sind eben doch nicht der oder einer von denen, der für uns, wenigstens für
meine Generation damals die Worte fand. Also muß es schon so sein, daß Sie
nichts von ... Beethoven-sein und glücklichsein gibts nicht, so wenig wie
reitende Jebirgsmarine. Es ist nun mal so in der Welt, daß der, der uns wirklich
etwas sagen will, das uns angeht, uns nicht nur die Freibillets zum Drama
seines Lebens schenken muß sondern diese Freibillets sogar noch aus seiner
eigenen Tasche bar zu bezahlen hat. Aber er hat dafür auch nicht sein verfehl-
tes Leben zu betrauern ... Gott, ich erinnere mich doch, wir waren damals alle
sehr anständige junge Leute ... Sie besonders! aus sehr anständigen ... um kein

anderes Wort zu gebrauchen – Familien, um wiederum kein anderes Wort zu gebrauchen.« (Denn trotzdem er getauft war, hatte er doch ein tiefes Faible für derartige Worte behalten, so tief war ihm das Wasser doch nicht unter die Haut gedrungen.) Genau so wie dieser junge Herr oder diese junge Dame, nicht wahr? (dididada dididada dididada ...) Und Sie brauchen auch nicht wie weiland Verlaine einer verlornen und vergeudeten Jugend nachzuweinen!

›Et toi que tu pleures sans cesse, sans cesse,
Dis qu'as tu fait avec ta jeunesse!‹«

»Für uns stimmt das nicht ganz«, ruft plötzlich der junge Jude und man merkt, man ist Herbert Hirschmann, ohne daß man es ahnte, an eine sehr wunde Stelle, vielleicht an die wundeste Stelle seiner Seele gekommen. (Warum wird er plötzlich so erregt?!) Und man empfindet, daß es sich jetzt um etwas anderes dreht bei ihm da als nur um Literatur, so ernst sie ihm immer auch sein mag. Er beginnt nervös mit den Fingern auf den Marmortisch zu trommeln. (Naja, die Zeiten sind anders geworden: wenn früher, zu meinen Tagen ehedem einer klug mit zwanzig und tüchtig und begabt war, so konnte er immerhin annehmen, daß er mit dreißig schon etwas zu erreichen begann. Aber wenn einer heute mit zwanzig klug und tüchtig ist, so vergrößert das nur die Gefahr für ihn, mit dreißig verfemt und arbeitslos zu sein. Aber das muß ja auch mal anders werden.) »Das ist nicht richtig. Ich hätte schon aus meiner Jugend etwas gemacht! Aber was hat man aus unsrer Jugend, aus meiner Jugend gemacht. Dis qu'as tu fait avec MA jeunesse! Ich bin nicht schuld. Das sind die da«, schreit er fast. »Meinem Vater hat man eingeredet, er müsse sterben, damit Deutschland leben könnte. Und mir will, seinem Sohn, will man einreden, daß ich Deutschlands Unglück wäre!«

»Lieber Freund,« unterbricht der Präsident, »sehr traurig, aber es hätte ja jeden von uns damals treffen können«. (›Seit wann lagen die Militärgerichte vorne im Schützengraben‹, denkt der Mauernweiler).

»Das ist aber immer so gewesen!« meint sehr nachdrücklich der junge Jude. »Die meisten Menschen sind immer bereit gewesen, das Leben anderer Menschen freudig und voller Begeisterung für irgend eine dumme Sache, eine Idee, ein Prinzip oder für Persönliches, ihre Ehre oder um einen Fürstenmord zu rächen ... als ob der Fürst dadurch wieder lebendig würde ... zu opfern. Und je höher sie in der Rangskala der Menschen stehen und dadurch davor geschützt sind, selbst in die Zwangslage zu kommen, ihre Haut zu Markte tragen zu müssen, desto leichter und freudiger sind sie stets dazu bereit gewesen, andere dazu zu animieren, ihr Leben und sich für ihre Idee, die darin besteht, daß ein Gegner, der gar keiner ist, vernichtet werden muß, damit ihr Geldbeutel noch etwas dicker werde, ihr Leben hinzuwerfen ... nämlich das der Andern. Aber das wird wohl auch für die nächsten Jahrzehnte, ja Jahrhunderte sich kaum ändern. Trotzdem jeder Halbidiot doch sieht und weiß, wie es anders zu machen wäre. Weil nämlich der Mensch das ungelehrigste Wesen ist unter dieser Sonne. Wenn ein Regenwurm – das ist experimentell erwiesen – einmal einen elektrischen Schlag gekriegt hat an einer Stelle, kriecht er da nie wieder lang.

Der Mensch rennt aber immer grade da und nirgends anderswohin. Jeden
Hund würde man ja mit einem Knüppel totschlagen, wenn er so ungelehrig
wäre. Das Unglück unserer Erde ist immer noch der Soldat.

Schön, aber das alles hätte ich hingenommen wie ein Schicksal. Ausgesöhnt
hätte ich mich nicht damit, nie und nimmer!

Aber nicht nur das Leben meines Vaters hat man hingemacht. Auch mein Leben hat man schon halb zugrundegerichtet damit! Meine ganze Jugend! Ich hätte
schon etwas aus ihr machen wollen, aber, was hat man aus meiner Jugend gemacht?! Nicht ich! Die andern! Die da! Der Herr Staat, die lieben Lehrer, die
gebenedeite Schule, unser süßes Vaterland, das! Was hätte ich für eine Jugend
haben können! Die besten Jahre, die man gebraucht hätte, um ruhig zu wachsen
und man selbst werden zu können, die sind mir doch eine einzige Qual und ein
einziger Jammer gewesen, eine einzige offene und versteckte Beschimpfung!
Statt daß die Leute den Hut vor mir ... meines Vaters wegen ... gezogen hätten,
hat es überall nur laut und leise geheißen: der Judenjunge! Wenn ich gescheiter
und besser war wie diese Mostschädel, hieß es, ich hätte ein böses Gewissen.
Wenn ich Sportpreise bekam, haben sie gezischt, statt wie bei den andern ge-
klatscht. Wenn ich sie suchte, hieß es, ich will mich anmeiern bei ihnen. Auf der
Universität jetzt noch habe ich mich xmal herumprügeln müssen statt zu arbeiten, und wenn ich ein gutes Referat mache, heißt es, ich bin ein Streber!

Meinem Vater haben sie eingeredet: er muß sterben, damit Deutschland leben
kann. Und er hat es sich selbst eingeredet. Es war ja garnicht nötig, daß er gleich
hurra schrie und mitlief und den Kopf hinhielt. Er hätte sich genau so gut unab-
kömmlich schreiben lassen können und ›kriegswichtiger Betrieb‹ spielen, wie
die meisten, die heute nachträglich die ersten Heldenrollen agieren. Er war ja an
der Altersgrenze, mein Vater, und er war ja außerdem leidend, aber er hat sich
gleich am ersten Tag als Kriegsfreiwilliger gemeldet. Wer erlaubt den andern,
für mich sich ihr Blut abzapfen zu lassen, das dulde ich nicht. Er ist von Truppe
zu Truppe gefahren, bis sie ihn wo angenommen haben. Er hat nicht gesagt wie
der pälzische Bauer: ›ob man nachher an denne Stinkpreiße die Steier zahlen
oder an dem Franzos, des wird sich schon glei bleiben!‹ Das hat mir doch meine
Mutter hundertmal erzählt. Was habe ich denn von meinem Vater gehabt? Und
was hätte ich denn von ihm haben können?! Man soll ihn doch mal heute fragen,
wofür er gefallen ist, und ob er vor die Wahl gestellt, es nochmal täte?! Wir
haben die Leiche exhumieren und nach Hause überführen lassen, weil es meine
Mutter wollte. Sie wollte ihn nicht so ferne in einem fremden Land haben. Und
jetzt schreibt mir gerade meine Mutter: sie haben den Friedhof demoliert und den
Stein zerschlagen. ›Natürlich, das sind nur mutwillige Kinder, die da gespielt
haben,‹ schreiben die Blätter, jüdische Friedhöfe scheinen demnach seit Urzeiten
des Nachts die beliebtesten Kinderspielplätze in Deutschland zu sein. Die nicht-
jüdischen jedenfalls nicht.«

Er war sehr rot geworden. Der Junge hatte ganz die Contenance verloren.
»Warum hassen sie mich eigentlich!« schrie er, »was habe ich ihnen getan?
Warum will man mir, heute, achtzehn Jahre später einreden ... genau so wie

man meinem Vater eingeredet hat, er müsse sterben, damit Deutschland leben könne, ich wäre Deutschlands Unglück! Ich hätte da nichts zu suchen. Gehören sie denn hin? Ich komme aus Speier, all meine Vorfahren kommen daher, da haben sie seit über zweitausend Jahren vielleicht schon gesessen. Wie die andern noch in Karren herumzogen und nicht mal Dörfer kannten, die andern, die tausend Jahr später noch nicht ihren eigenen Namen schreiben konnten! Warum hassen sie mich denn?! Weil ich älter, tüchtiger, reifer, vor allem tüchtiger und klüger bin! Weil ich menschlicher bin als sie, reden sie von meinem Untermenschentum. Oder weil ich schärfer denke, weil ich keine Phrasen dresche und mich dann selbst daran besaufe. Weil ich die Dinge sehe, wie sie sind. Und weil ich überall neue Möglichkeiten aufspüre. Warum verleumden sie mich denn in hundert Broschüren? Warum ziehen sie ganze Zeitungen auf dazu, nur um mich zu beschimpfen. Hundertundzehn gegen einen. Nur weil ich besseres Deutsch schreibe und spreche wie diese vereidigten Analphabeten und Wirrköpfe, die in jedem Satz die deutsche Grammatik dreimal torpedieren, und die für einen deutschen Vers, eine Zeile Goethe soviel Gefühl haben wie ein Taubstummer für ein Schubertsches Lied.«

Man merkte es dem jungen Menschen an; ihn hatte die Nachricht, daß man den Grabstein auf dem Grabe seines Vaters zertrümmert hatte, schwer getroffen, so schwer, als ob es selbst in ihm etwas zertrümmert hätte, und er mußte sich jetzt, ganz gleich, wer ihm zuhörte, in Worten entladen, wenn er nicht daran ersticken wollte.

Man kann nicht sagen, daß dem Präsidenten dieser Gefühlsausbruch besonders angenehm war. So etwas macht man unter vier Augen, unter Ausschluß der Öffentlichkeit, und sogar unter Ausschluß der Presse ab. Aber doch nicht hier und dazu in einer öffentlichen Sitzung. Außerdem liebte der Präsident es durchaus, es mit beiden Parteien nicht zu verderben. Und das war noch einer der letzten Flecken neutralen Bodens, wo sie zwanglos zusammenkamen. Gewiß: er machte kein Hehl daraus, wenn er es auch ungern herausstellte, daß er jüdischer Abstammung war, und er lachte gern, wenn ihn seine Freunde einen langjährigen Christen nannten ... in vorgeschrittenen Stunden bei ausgewählten Schnäpsen und bibliophilen Raritäten. Oder einen feinen alten arischen Junggesellen aus guter jüdischer Familie. Aber hier, an diesem Tisch, war doch, solange er ihm, einem ungeschriebenen Gesetz nach, präsidierte, und ausgesprochene Parität bestand, das heißt fifty-fifty (was in Wahrheit manchmal twenty-eighty gelesen werden mußte), hier hatte er doch stets ängstlich darauf Bedacht genommen, daß, soviel auch politisiert werden durfte ... denn das ließ sich nicht vermeiden bei den erregten Zeiten und war auch als Ventil für Unzufriedene auf allen Kanten sogar zu begrüßen! ... das dieses eine Thema: Antisemitismus! ... wenigstens tabu war und nicht berührt werden durfte.

»Lieber Freund«, sagte er, und man merkte ihm an, daß er durchaus empfand, wie diesen jungen Menschen das schmerzen mußte: alle Jahre ging er einmal an das Grab seiner Eltern, und wie würde er es denn aufnehmen, wenn er nach der Schönhauser Allée herauskäme und dieses Erbbegräbnis

seiner Eltern da in einzelnen Stücken zerschlagen herumliegend fände, nicht
wahr? Und er genau wüßte, daß jede Strafverfolgung wie die der hundertfünfzig vorhergegangenen Delikte nur auf nutzlose Schreibereien hinauslie-
fe. »Lieber junger Freund, man darf diese Dinge nicht allzu tragisch nehmen.
Wir älteren hier«, (und er warf einen Blick zu dem Mauernweiler hinüber)
»haben es ja mit erlebt ... Deutschland hat immer solche Perioden von Antisemitismus durchgemacht und überwunden, wie ein sonst gesunder Körper
immer hin und wieder einen Grippeanfall überwindet. Aber ich gebe Ihnen
hier in diesem Fall vollkommen recht. Und bin ganz einer Meinung mit
Nietzsche, der schon in der Genealogie der Moral darüber sagt: ›Es wäre
sogar nützlich und billig, die antisemitischen Schreihälse zeitweilig aus
Deutschland zu verweisen.‹«

       ›Nietzsche ist richtig‹, sagte der Präsident sich, ›man soll den Gegner im-
mer mit den eigenen Waffen schlagen; denn Nietzsche hatten die Andern,
gerade weil er sich nicht mehr dagegen wehren konnte, für sich in Erbpacht
genommen.‹

       »Man kann es von höherer Warte völkerpsychologisch, als die Reaktion auf
einen verlorenen Krieg nehmen und auf den Schmachfrieden von Versailles.«

       Aber Herbert Hirschmann will das nicht wahr haben. »Was haben Sie gegen
Versailles, jeder Friede hat doch von je vae victis gelautet! Hätte umgekehrt
Deutschland vielleicht einen andern Frieden geschlossen? Außerdem, wer hat
sich je darum bei uns gekümmert, als meine Vorfahren« ... beinahe hätte er
unsre Vorfahren gesagt ... »nach einem verlorenen Krieg den Römern das
Kolosseum aufbauen mußten? Zwanzigtausend jüdische Kriegsgefangene als
Sklaven und in Zwangsarbeit.«

       »Aber es geht eben,« sagt der Präsident, »in den Kopf des einfachen Men-
schen mit der kleinbürgerlichen Ideologie und in den des Bauern nicht hinein,
daß er an einem Krieg Schuld oder auch nur mit Schuld haben sollte, (und in
Wahrheit waren sie ja auch nur billige Werkzeuge in den Händen anderer),
denn, wenn auch nicht nach einem gewonnenen, so regt sich doch nach einem
verlorenen Krieg beim Verlierer stets ein gewisses Schuldgefühl ... also ... und
nun suchen sie jemand, dem sie diese Schuld dann aufbürden können, wie
Kinder, die den bösen Tisch schlagen, wenn sie sich aus eigener Schuld eine
Brüsche daran gestoßen haben. Außerdem sind es doch wirklich nur gewisse
Volksteile, in denen die Verhetzung …«

       »Ich bin heute nicht für Diskussionen,« wirft Herbert Hirschmann müde da-
zwischen, »sonst würde ich bei dem Wort Verhetzung einhaken.«

       »... Wurzel schlagen konnte.«

       Herbert Hirschmann zuckt mit den Wimpern. Diese Metapher mißfällt ihm,
sie ist ihm zu forensisch.

       »Das wird gerade so gehen, wie es gekommen ist. Man kann Ihre Erregung
verstehen. Aber Sie dürfen nicht generalisieren.«

       Herbert Hirschmann wirft dem Präsidenten einen Augurenblick zu: ›Glau-
ben Sie denn wirklich eine Silbe von dem, was Sie da sagen‹ heißt der.

Eine ganz Weile hat Baldur Baumer still zugehört. Er steht zwar Gewehr bei Fuß, aber er hat sich vorgenommen, sich nicht aus der Reserve locken zu lassen. Er möchte nicht gern mit dem da in Streit kommen. Außerdem weiß er, auch wenn der da nicht darüber hier gesprochen hat, daß der da neulich, als die Makkabi gegen die Berliner Schupo angetreten ist ... das heißt gegen deren Boxriege ... daß jener da seinen Gegner schon in der dritten Runde nach Punkten hat auszählen lassen. Das hat ihm seine Edith stolz erzählt, um zu beweisen, wie tüchtig ihre Leut sind. Nicht nur talentvoll. ›Gott wie talentvoll sind unsre Leut! –‹ steht schon in einer alten Berliner Posse. Edith singt das immer. Sie hat es von ihrem Großvater, sagt sie. Der hat es immer, wie sie klein war, wenn sie bei ihm auf dem Schoß saß, ihr vorsingen müssen. Aber es gibt doch Dinge, die ein national gesinnter Mensch nicht widerspruchslos vorübergehen lassen darf. Und so läßt er nun sich trotzdem herbei, in längerer aber wohlgesetzter und zurückhaltender Rede all das Revue passieren zu lassen, was er für das geistige Gerüst und Skelett des deutschen, nur allzu berechtigten Antisemitismus hält, dessen Auswüchse jeder Mensch von Kultur – natürlich nicht im landläufigen Sinne gemeint –

»Fürchten Sie etwa, das Hans Joohst seinen Browning entsichern wird?« wirft der, der als blutjunger Bursch ehdem den Peter Altenberg noch persönlich gekannt hat, dazwischen, aber er findet keine Lacher.

– ablehnen muß und fast sogar bedauern. Er wiederholt all das, was in klügerer und weit gefährlicherer Form jeder von denen da in den letzten zehn Jahren genugsam gelesen und tausendmal wieder gedruckt gesehen hat. Und man läßt ihn reden, fast ohne ihn zu unterbrechen.

Nur einmal sagt dabei der Mauernweiler zu dem Präsidenten: »»Getretener Quark wird breit, nicht stark!‹«

Er erläutert, daß doch im Tiefsten der Judenhaß, ohne daß man seine historische Berechtigung hier erweisen wolle, ein Instinkt des deutschen Volkes sei. Und daß Instinkte immer ihre Berechtigung in sich trügen. Daß zum Beispiel ein Buch, ein gutes Buch eines Nichtjuden national bedeutsamer als das eines Juden sei.

»Flake«, ruft wiederum der, der Peter Altenberg ehdem als blutjunger Bursch noch gekannt hat.

»Ja, ich zitiere«, sagt Baldur Baumer stolz.

»Jedenfalls geben Sie damit zu, daß es solche auch von Nichtariern gibt,« sagt die Gottesminne, »sogar von deutschschreibenden Juden.« Sie schießt selten, aber dann trifft sie meist. Außerdem verteidigt sie hier nicht einmal eigene Interessen.

»Daß die Juden doch eben die nationale Vergangenheit mit ihnen, den Ariern –«

»Stefan Ziebrinski«, meint einer von den Statisten.

»– nicht teilen. Daß schon der jüdische Habitus die Vorstellung niederer Lebenshaltung ...«

»Ach Gott, hör auf, die größten, die die Welt kennt, sind – das kann man sich nicht verhehlen – ja manchmal mit der Adelfarbe der Blondheit gestri-

chen. Das sage *ich* dir nicht. Das sagt Johannes V. Jensen, der Vorkämpfer der
nordischen Rassen,« wirf Edith Meierheim dazwischen und versucht immer
noch zu lächeln dabei, als ob sie sagen wollte: ›Nehmen Sie doch diesen, meinen lieben Kindskopf, bitte nicht ernst. Er ist ja solch ein guter Junge sonst.‹

»Ach Gott,« sagt Herbert Hirschmann nachdenklich, »machen Sie schon
Schluß. Sie sind ja in diesen Dingen von einer polyhistorhaften Unbildung.«

Aber ein Schnellzug ist in voller Fahrt schwer zu bremsen.

»Daß man nicht um jeden Preis deutsch sein soll, wenn man es endlich doch
nicht ist. Daß die Juden deutsche Werte begeifern und sich zuviel um die An-
gelegenheiten des deutschen Volkstums bekümmern, um Politik, Theater,
Literatur, Kunst und Rechtspflege ... Daß das jüdische Kind mit der Unreife
faszinierender Scheinüberlegenheit schon in der Schule die Jugend seines
Wirtsvolks vergiftet ... Und daß man unmöglich dulden könne, einfach schon
aus dem Triebe der Selbsterhaltung heraus, daß das deutsche Volk seine Macht
und Führerschaft – man denke nur an Rathenau! – widerspruchslos den Juden
ausliefere ... Und daß man von diesem gewollt – und ungewollt – undeutschen
Einfluß, der das ganze öffentliche Leben, auch das geistige ... man denke nur
an die Literatur, die Universitäten, auch die Warenhäuser ... Deutschland befreien müsse. Auch die jüdische Religion müssen wir Deutschen als Ethik
minderwertig empfinden, weil sie ganz ohne Mythos ist. Und vor allem, weil
sie den Tod nicht liebend mit einbezieht in den Reigen des Geschehens.«

»Verzeihen Sie,« rief der dazwischen, der als blutjunger Bursch den Peter
Altenberg noch persönlich gekannt hatte, »ich bin so schwer unerfahren in
Ihrer philosophischen Nomenklatur: sprechen Sie augenblicklich von Fried-
hofsschändungen?«

Aber niemand lachte dazu.

»Der ungebildete Mensch verwechsle eben das Prinzip mit der Person und
vermöchte nicht jenen sauberen Trennungsstrich zwischen beiden zu ziehen,
wie es der gebildete Deutsche« (und er sah sich sieghaft und zustimmungser-
heischend im Kreise um) »eben seiner ganzen Natur nach stets täte.«

Gewiß die Rede war etwas länger, als sie hier wiedergegeben. Denn, wenn
man ein Wehr aufzieht, kommen nicht nur ein paar Tropfen. Doch sie enthielt
wirklich nichts, was irgend einem der Zuhörer noch im geringsten neu gewesen wäre. Es entstand auch keine Diskussion. Es antwortete auch niemand.
Selbst der Präsident verschwendet sein Öl nicht, um irgend welche Wogen
damit zu glätten, und macht auch keinen Versuch, eine Plattform der Verständigung zu schaffen.

Nur Edith Meierheim war zuerst blaß und dann sehr rot geworden. Nicht als
ob sie wütend wäre, sondern als ob sie sich plötzlich tief schäme wie ein Kind,
das in den Schmutz gefallen ist, und das nun fürchtet, daß die Andern es ausla-
chen werden. Aber dann schiebt sie wortlos ihre Kaffeetasse über die Marmorplatte hin, steht auf, geht um den Tisch herum und setzt sich in den freien
Stuhl, der neben Herbert Hirschmann gerade ist, und streichelt dem, der kaum
aufsieht, mit ihren sehr zierlichen Fingern immerfort ganz leise über seine

große Boxerfaust hin, die ruhig und als gehörte sie garnicht zu ihm, und geballt auf der Marmorplatte liegt. Es scheint auch, als ob sich niemand darum bekümmert, daß Edith Meierheim den Platz gewechselt hat.

Vielleicht ist hier ›verwechsel, verwechsel das Bäumelein‹ immer noch das übliche Gesellschaftsspiel, früher war es das jedenfalls, denkt der Mauernweiler. Sie sind wohl alle untereinander sehr befreundet, und der Junge tut ihr eben leid.

(Dididada, dididada, dididada, dididada ...)

Der Präsident hat jetzt Shaw am Wickel. Shaw ist Gottlob immer noch ein größerer Dichter als Denker, für den er sich hält; sonst wäre er nämlich manchmal unerträglich.

»Ja, gewiß,« sagt der Mauernweiler, »die größten Gefahren für den Dichter sind, er darf nicht zu klug sein, dann macht ihm der Verstand die Unbewußtheit des Gefühls kaputt. Er darf nicht zuviel von den Dingen wissen, dann wird er Historiker. Und er darf die Dinge nie zu genau wissen. Dann wird er Rechthaber wie Shaw manchmal. Ich habe Kerle gekannt, mit deren Hirn man einen Hund vergiften konnte, so dumm waren sie, und die dabei doch von Hause her doch ganz gottbegnadete Dichter waren. Nicht nur Lyriker, wo so etwas sogar die Voraussetzung ist. Nur einmal ist Shaw die Synthese von Dichter und Denker ganz geglückt, im Zwischenspiel von ›Man and Superman‹. Je älter Shaw wird, desto schöner wird eigentlich der junge Shaw. Und wo pulsiert das Blut wie in der Jugend so!«

»Ist das nicht von Altenberg?« sagt der, der ehdem als blutjunger Bursch ...

»Nein, von Goethe!«

»Aber Altenberg hätte es beiläufig auch gesagt haben können«, meint der, der ehedem ...

Der braunblonde Lockenschüttler steht auf. Es war ihm vielleicht aufgefallen, daß man ihm nicht viel Beachtung mehr zollte. Aber ein Baldur Baumer steht nicht auf, sondern ein Baldur Baumer ist plötzlich ohne vorherige Warnung aufgestanden. Er läßt seine Groschen in das Zuckerschälchen fallen, kling, kling, kling! »Wir wollen nun gehen,« sagt er, »Edith!« Edith Meierheim streichelt, als ob sie in Gedanken weit weg wäre, die Boxerfaust da neben sich auf dem Tisch weiter. Sie ahnt sicher garnicht, daß sie es tut. Dann sieht sie auf, als ob sie sich besänne. »Merkwürdig«, sagt sie, »seit wann sprechen Sie eigentlich im Pluralis majestatis?! Sie werden gehen. Und ich werde gehen. Sie werden gehen, wann Sie wollen, und ich werde gehen, wann ich will. Aber ich glaube kaum, daß das zeitlich zusammenfallen wird!«

Die drei S i e hatte sie sehr unterstrichen dabei. Und es mußte wohl jedem auffallen, daß es seit längerer Frist das erste Mal war, daß das von ihr hier, jenem da gegenüber, wieder gebraucht wurde, auch wenn er nicht geahnt hätte, daß dem vorher anders gewesen.

Aber so leicht gibt eine Kämpfernatur, wie ein Baldur Baumer einen Kampf nicht auf. »Nun, ich hoffe, daß wir uns dann noch ein anderes Mal darüber aussprechen werden. Ich glaube nämlich, ich bin hier falsch verstanden worden.«

»Auch diese Hoffnung muß ich Ihnen zerstören. Von mir sind Sie jedenfalls und für alle Zukunft richtig verstanden worden.«

Baldur Baumer lacht auf. Er hat so eine eigene Art zu lachen, die man zoologisch am besten zwischen dem Schrei eines Käuzchens und dem Haha einer Schleiereule einrangieren könnte, und in dem sein ganzer Hochmut und seine ganze Selbstüberhebung in einem einzigen Hahaha herausplatzt. Und er hätte sicher tief und ironisch den Hut gezogen, wenn er nicht einen solchen winters wie sommers verschmäht hätte, damit seine braunen Locken jenen Goldschimmer erhielten, der das Signet seiner Rasse sein soll.

Eigentlich hatte man auf diesen Zwischenfall doch nicht viel geachtet, das waren Privatdinge. Aber angenehm war er keinem von allen hier.

Neues hatte der Mann nicht gesagt. Die Einen wußten es schon lange, und die Andern schämten sich dieser Weisheiten und unterstrichen doppelt ihre Liebenswürdigkeit, um nicht in den Verdacht zu kommen, sich mitschuldig zu machen. Aber die Stimmung war gewichen für heute. Selbst Herbert Hirschmann sah durchaus nicht so glücklich aus, wie er, wie jemand sein müßte, wenn ihm ein so hübsches schlankes und kluges Wesen wie diese Juristin vor dem Examen, wie Edith Meierheim ihm die Hände streichelt. Und ab und zu in ihn hineinschwatzt, sehr leise und sehr freundlich, ... vielleicht sogar ein ganz klein bischen verliebt schon, während der ganz unbeteiligt an ihr schien, nur rein kameradschaftlich.

(Dididada, dididada, ach nein, ach nein, du bist es nicht)

Komisch, früher war das nicht so. Ich glaube kaum, daß wir vor vierzig Jahren mit einem Mädchen aus gutem Haus, selbst mit einer Mitstudentin ehedem allein in einem Kaffee des Abends hätten sitzen können. Es sei denn, sie wäre eine entgegenkommende Schutzmannstochter gewesen; (sie sei noch heute gesegnet dafür). Wir aber waren dabei doch immer die Werbenden und nie die Umworbenen. Wir ... jedenfalls hätten wir uns vor Freude und Glück nicht zu lassen gewußt, wenn uns ganz aus heiler Haut und ohne, daß wir uns darum bemüht hätten, ein so entzückendes Wesen wie das da die Hände gestreichelt hätte. Aber vielleicht sind die Dinge sehr anders geworden, weil die Grundbedingungen des Daseins sich für jene Jugend, die nach uns kam, so ganz und gar geändert haben. Weil es ja doch alles Kriegskinder sind, für die der Krieg bis heute stets weiter geht. Wirklich bei uns hieß es noch: ›dis qu'as tu fait avec ta jeunesse?‹ Ich bin – wie sagte der vorhin doch?! nicht schuld daran, ich nicht, daß alles so geworden ist! Ach, ich will jetzt gehen, es ist auch draußen angenehmer als hier drin. Draußen hat es sich doch ein bischen abgekühlt sicherlich und hier nicht, trotzdem die ganze Zeit da drüben der Ventilator wie eine Libelle schwirrt.

»Also, werter Herr Präsident, ich will nun wirklich nach Hause gehn.« Der Andere springt auf und sieht ihn etwas unglücklich an durch die scharfen Gläser und mit den geröteten und überarbeiteten Augen zwischen den vielen zuckenden Falten. »Ach, bleiben Sie ruhig noch ein bischen hier. Aber wir beide haben ja eigentlich noch garnicht vernünftig mit einander gesprochen. Immer war dieses junge Gemüse dazwischen. Sie haben doch, wenn mich nicht mein altersschwaches Gedächtnis verläßt, vor vierzig Jahren auch dem Verein der Bettschoner angehört. Oder singen Sie jetzt: ›Alte Herren müssen schlafen gehn‹.« (Daß er doch immer noch diese öden Kalauer nicht lassen kann!) »Macht Sie die Berliner Luft so müde? Ich wenigstens brauche das hin und wieder einfach als Gegengewicht, so junges Volk um mich. Man rostet zu sehr sonst ein. Es wachsen einem ja wirklich Pilze sonst uff'm Kopf. Nachher habe ich mindestens noch ein, zwei Stunden Entscheidungen. Ich kanns mir natürlich einrichten. Aber was kann ich von den jüngeren Kollegen verlangen, wenn ich selbst meine Akten nicht aufarbeite. ›Der Bien muß‹. Und sich-pensionierenlassen will man auch nicht vor der Zeit. Dann ist man ganz und gar zum alten Eisen geworfen und kann mit sich selbst auch nichts mehr anfangen. Ich versichere Sie, Maestro: das ganze Leben ist eine einzige versäumte Gelegenheit. Das wichtigste ist doch so langsam geworden, das lernt man mit der Zeit, immer die Gründe herausheben, die für den Angeklagten sprechen können, damit er nicht in die Berufung gehen kann, wenn sie nicht berücksichtigt sind ... Naja, Sie meinen: ich sollte reisen dann. Aber reisen, reisen wird auch öde, wenn man immer nur auf so schlechte Gesellschaft angewiesen ist, wie man selber ist. Reden Sie nicht, Sie haben es gut gehabt, auch wenn Sie es schlecht manchmal hatten. Wissen Sie, ich sehe noch ab und zu den oder jenen von unsern alten Jugendfreunden. Dann sagen wir: der hats gut gehabt! Der hat sich einen Dreck um die Dinge gekümmert und ist seinen Weg gegangen. Der muß doch ein schweres Geld in seinem Leben verdient haben und noch verdienen mit all seinen Büchern. Dem purzeln doch nur so die Auflagen und die Tantiemen ins Haus. Na ja, die Menschen sind eben verdammt harthörig. Sie alter Freund haben ihr Lebtag das Glück gehabt, das zu tun, was Ihnen Spaß machte. Aber sei dem wie dem sei: wir müssen uns überhaupt öfter mal wiedersehen. Wenn es Ihnen hier zu laut ist, es gibt eine sehr stille und sehr aparte Weinstube hier in der Gegend. Da müssen wir uns …!«

Gott, wie dumm kommt man sich vor, wenn man solche Reden über sich ergehen lassen muß, ohne darauf erwidern zu wollen. Aber wenigstens posaunt der nicht, daß die ganze junge Garde zuhören kann, sondern er hat eine Art, leise und eindringlich vor vielen doch für einen einzigen Menschen zu sprechen, wenn er sich ihm gegenüber stellt, eine ganz bestimmte Manier, die er wohl von jahrelangen Verhören, vom Beschuldig[t]en her ins Privatleben mit übernommen hat. Denn er war ja auch lange Zeit Untersuchungsrichter.

»Also bleiben Sie ruhig noch einen Augenblick, setzen Sie sich wieder. Ich weiß zwar, zur Liebe und zum Sitzenbleiben in der Kneipe soll man niemanden zwingen. Aber draußen Ihr Platz von vorhin ist ja doch schon inzwischen neu besetzt worden. Der Doppelgänger ist angetreten. Der nächste Herr bitte!!

Aber wirklich, der Mensch sieht beinahe aus wie Sie, nur scheint es mir fraglich, ob er bei dem gleichen Schneider arbeiten läßt. Gehen Sie doch mal zu ihm hin und fragen Sie ihn, wo man solche unauffälligen rohseidenen Sommeranzüge bekommt und solche Panamas. Aber pour le bon prix, und von der

gleichen Qualität. Und dann sagen Sie mir die Adresse. Und fragen Sie mal so
nebenher noch, wo es solche Kollektion von Ringen, wie er da an den Fingern
trägt, (ich glaube, es sind stets fünf Stück im Ganzen! und immer andere, mal
goldene und mal nur Platinringe und wie die Signale vom Verkehrsturm mal
rot, mal blau, mal weiß ...) ... als Gratisbeilage dazukriegt. Sie kennen doch die
Sache, wie Serinissimus den Hofschauspieler fragt, ob er einen Brillantring
oder einen Orden haben wollte: ›Durchlaucht, wenn Sie mich wählen lassen,
ziehe ich untertänigst ein Versatzstück einer Dekoration vor!‹ Wir dachten erst
(der Kerl kommt nebenbei nur selten hierher!), es wäre ein Juwelier, der fürchtet, daß bei ihm eingebrochen werden könnte, und der deshalb seinen halben
Laden mit sich herumschleppt. Ist gar kein Juwelier. Ist ein stinkreicher Rastar,
also, wenn wir uns hier einbilden, daß wir vermögend sind, dann sind wir ja
immer noch Schnorrer. Und wenn die da drüben sich für arm halten, sind sie
gegen uns ausgepowerte Bande immer noch Krösusse. Und dabei ist es gar
kein waschechter Rastar, sondern es soll eigentlich ein sehr biederer deutscher
Mann sein, von Haus her, der jung vor bald vierzig Jahren herübergegangen
ist. Und ich wette sogar, der Kerl ist au fond Jude außerdem. Also das ist doch
zu merkwürdig: wenn Sie einen Juden mit zwanzig nach China setzen, kommt
er mit Schlitzaugen wieder zurück, und dabei wird man noch nach zehn Generationen den Juden heraus erkennen können. Das heißt: wir.

Naja, ohne Ihnen schmeicheln zu wollen, Sie haben schon mehr aus Ihrem
Kopf gemacht wie der da. Sie haben sich besser und geistiger und seelischer
durchmodelliert. Wenn ich Sie nicht kennen würde, so würde ich auf den ersten Blick sagen: geistiger Arbeiter ... Intellektueller. Wir kommen ja mit allerhand Leuten aus allen Ständen, Berufen und Gesellschaftsgruppen zusammen. Wir kriegen sonen Blick für Physiognomien. Das Wichtigste ist für uns,
bevor wir in eine Sache hineinsteigen, daß wir von den Menschen uns ein ... ob
das nun Angeklagte, Zeugen oder Sachverständige sind ... einen Eindruck
formen. Was ist das für ein Kerl?! Bei Frauen ist es nebenbei viel schwerer.
Die sind weit undurchsichtiger. Das da drüben ist nebenbei doch nur ein Koof-
mich, der sich was einbildet. Nich son Konfektionsnapoleon oder son Waren-
haus-Blücher (die sind ganz anders). Der da tut sich nicht, der will was anders
sein, wie er ist. Das ist son bischen die Sorte, wie die Malermeesters, wie die
Fassadenraffaels, die sich ein flatterndes Lavalier umbinden und ’ne Sammetjacke schief knöpfen und nun meinen, man wird sie für Maler halten, die eben
an de Lehrter Bahn die große goldene Medaille für ihren ›friesischen Fischer
am Strand‹ bekommen haben.«

»Kann ich so gar nicht finden, sieht doch eigentlich ziemlich anständig und
durchmodelliert aus. Und doch, wenn er auch mir wirklich etwas ähnlich sehen
sollte, so doch vielleicht nur wie ein jüngerer Bruder. Man sieht es an der gelb-
lich-braunen oder schon mehr fast grünlichen Farbe, daß er lange in den Tropen
gelebt hat und an einem gewissen Schildkrötenglanz in den Augen, die auch
wohl gelblich sind, daß er die Malaria doch nicht ganz aus den Knochen gekriegt
hat, und niemals mehr ganz herauskriegen wird. Außerdem ist mein Typ wirk-

lich keine Seltenheit. Es gibt hier einen Großbankier ... wir werden manchmal verwechselt sogar ... der hat ihn. Also wenn ich die Anlage für einen Harry Domela hätte, wäre ich daraufhin schon längst Pfundmillionär. Und es gibt einen spanischen Staatsmann, hat ihn gegeben. Wenner nicht schon tot wäre, würden sie mich vielleicht noch heute in Spanien für ihn jede Woche zweimal mit Spitzkugeln durchlöchern, und mit 'nem Stilett zwischen de Rippen kitzeln.«

»Maestro, Sie können Ihren Zwillingsbruder auch manchmal weniger munter und weniger aufgeknappt sehen. Heute hat er wohl gerade geladen vor kurzem erst ... Ich glaube nämlich«, der Präsident spitzte die Lippen und machte ein zischendes Geräusch durch die Zähne und schob den Daumen langsam zu den Mittelfingern, als ob er eine subkutane Spritze bediente. »Und wenn er nicht Morphinist ist, ... denn ich halte ihn garnicht mehr für so primitiv! dann ist es eben etwas anderes. Also dann sieht er garnicht so ausgeglichen und krille wie heute aus, sondern verdammt verwüstet, daß man garnicht versteht, wie er überhaupt noch in den Scharnieren zusammenhält. Ihr Herrr Zwillingsbruder! Denn er sieht Ihnen ja doch erstaunlich ähnlich. Wenn man sich so alles das wegdenkt. Er hat so etwas doch wie ein übermaltes Bild von Ihnen. Man muß sich nur durch die Übermalungen nicht beeinflussen lassen. Entweder bei Ihnen oder bei dem da. Wie er soeben da übern Tisch sprach und zu der internationalen Dame halb verlegen und halb schuldbewußt herüberlächelte und wie er sich dabei beklopfte, um nach seinem Zigarettenetui zu suchen, das hätten Sie gewesen sein können. Wenn Sie auch nicht das gleiche Etui haben, das wie eine vergoldete Monstranz glänzt.«

(Dididada, dididada, bist du es oder bist du's nicht, ach nein, ach nein, du bist es nicht, ach ja, ach ja, du bist es ja ...)

»Naja, Sie zupfen sich nicht alle fünf Minuten die Kravatte zurecht. Ich wette, Sie wissen sogar nicht mal, welche Farbe Ihre Kravatte hat, die Sie sich heute umgebunden haben. Und Sie haben keine Krähenfüße um die Augenwinkel. Ihre Figur aber ist viel ähnlicher noch wie Ihr Gesicht. Pyknisch-atlethisch würde Kretzschmar sagen. Naja, wir können natürlich an so etwas nicht vorbeigehen. Erstens arbeiten die psychiatrischen Sachverständigen mit den Begriffen; und zweitens, irgend etwas daran scheint ja doch zu sein, an diesen Zusammenhängen mit dem gesammten Habitus eines Menschen, wenn er verbrecherische Anlagen hat. Das heißt: die meisten Verbrecher sind nur deswegen keine Verbrecher, weil sie es nicht nötig haben, es zu sein. Jemand, der sich einen Pelzmantel kaufen kann, stiehlt ihn sich in den seltensten Fällen. Und wenn er trotzdem sich einen stiehlt, so kann man mit Bestimmtheit annehmen, nicht etwa, daß er Verbrecher ist sondern, daß er sich eben doch eigentlich keinen kaufen kann. Das habe ich wenigstens immer gefunden. Natürlich nur bei primitiven Menschen.

Naja, jedenfalls kann Ihr imaginärer Zwillingsbruder stolz auf diese Ähnlichkeit sein. Es passieren die merkwürdigsten Dinge, gerade bei Zwillingen. Sie meinen das entsetzliche Geheimnis, das über dem Leben Mark Twains schwebte, daß er eigentlich sein eigener Bruder ist, der gleich nach der Geburt in der Badewanne ertrunken ist. Nein: aber ich kannte Zwillinge, einen Herrn und eine Dame, von denen der eine im Sommer und der andere im Winter Geburtstag hatte. Wirklich; der Bruder lebte nämlich in Südafrika, und beide hatten am 24. Dezember Geburtstag. Dann ist hier in Berlin bei der Schwester Winter und da unten beim Bruder gerade Hochsommer. Und warum sollen Sie nicht auch solch einen südamerikanischen Zwilling haben, von dem Sie bisher nichts geahnt haben, Meister?! ›Das Leben spielt oftmals sonderbar‹, würde Hedwig Courths-Mahler hierzu bemerkt haben.

Sehen Sie, er geht, er geht, und die Coeur-Dame bleibt noch sitzen. Sehen Sie, da ist Ihr Herr Zwillingsbruder schon wieder weg. Also, Ablösung vor! Aber wer garantiert Ihnen, daß er nicht wiederkommt? Vielleicht nur nach seinem Auto sieht? Solche Rasta's sind dann oft komisch. Sie schießen gleich oder werfen mit Lassos, das tun sie wenigstens in den Wild-Westfilmen, in solchen Fällen ohne jede Vorrede oder Warnung. Also bleiben Sie ruhig noch mal bei uns, Meister. Bei mir sind Sie sicher. Ich bin die Justiz. Da traut der sich nicht, weil ich gleich ein Protokoll aufnehme. Außerdem müßte ich mich auch sonst morgen als Zeuge melden, und das tue ich nicht gern. Oder ich müßte bei der Obduktion mit dabei sein, das ist mir noch unlieber. ›Für einen Toten bin ich nicht zu Haus‹. Es ist doch jedenfalls sehr zweckmäßig, in seiner Jugend einmal Faust gelesen zu haben. Man hat immer das parat, was man gerade brauchen kann. Also, bleiben Sie schon noch etwas, dann begleite ich Sie nachher auch noch ein Stückchen. Man hat sich doch ewig nicht gesehn.«

›Wie angenehm, dieser Präsident,‹ denkt der Andere, ›wenn man selbst nicht reden will, weil man wie vor den Kopf geschlagen ist, redet er und denkt nachher, er hat sich vorzüglich mit mir unterhalten.‹

(Dididada, dididada, didiada, dididada …)

Aber es bröckelt doch schon so langsam ab. Die Menschen haben genug schon. Jetzt kommt nur noch die Stunde der Nachtfalter von Neigung oder Beruf. Draußen bilden sich leere Flecke um niedrige Rohrtischchen schon, und selbst hier drin, wo doch die Unentwegten sitzen, klopft schon der und jener nach dem Zahlkellner, bis der nach dem dritten Klopfen Notiz von ihm nimmt – Stammgäste sind zwar eine Pfründe, aber selten eine ergiebige … und schlendert hinaus. Denn das Andere, mit dem oder mit der er gerade gehen wollte, ist zumeist ebenso wie er etwas lässiger Natur und kann sich gleichfalls nur schwer von hier trennen.

Und wie die Menschen hier verträpfeln, verträpfelt auch das Gespräch. Über den Fall Baldur Baumer und Edith Meierheim und Herbert Hirschmann hatte niemand mehr eine Silbe verloren. Erstens war es ja eine Privatsache. Und zweitens vielleicht auch etwas Alltägliches hier, daß sich Beziehungen lösen und neue sich anzuspinnen scheinen. Und über den letzten Grund des Zwischenfalls spricht auch niemand. Die Einen, weil sie überhaupt nicht gern daran erinnert werden. Sie denken ja so auch genug daran, ja sie können es eigentlich nur noch für kurze Zeit in sich verdrängen. Und es spielt plötzlich sogar in ihren Träumen, was sie früher nie gekannt haben, eine bedeutsame Rolle. Und die Andern tun es nicht, weil sie erstens nicht recht wissen, was sie sagen sollen und weil sie zweitens nur zu genau wissen, daß ihre jüdischen Freunde, die zwar manchmal anders sind wie sie ... wenn auch freundlich kluge, wenn auch harmlose und oftmals verdammt tüchtige Intellektuelle, mit denen man vorbehaltlos über alles reden kann, was einen menschlich und künstlerisch oder politisch bewegt ... daß *die nur einen* Punkt haben, aber auch alle, in dem sie überempfindlich sind und einen sehr leicht falsch verstehen ... selbst wenn man noch so vorsichtig ist und den besten Willen hat, nicht bei ihnen anzuecken: sowie es sich nämlich um das dreht, was man heutzutage die ›Judenfrage‹ nennt, und was man neuerdings mit den heterogensten Dingen des Lebens und des öffentlichen Lebens zusammenbringt. Gerade da werden sie, die sie doch sonst so ruhig und kritisch bleiben, sofort beleidigt und schnappen ein, oder brausen sogar auf, werden bitter und sehr leicht aggressiv (das hätte nebenbei auch Baldur Baumer wissen können!).

Aber es war eigentlich auch sonst garnicht nötig gewesen, daß der Mauernweiler noch geblieben war. Denn er sowohl, wie der Präsident stellten bald fest, daß sie sich die Hauptsache von dem, was sie sich zu sagen haben, schon lange gesagt haben. Vielleicht ist es sogar beiden leid. Aber das ist nun mal nicht anders, nachdem jeder vierzig Jahre allein durch die Wüste seines Lebens gezogen ist ... wenn die paar alten Gemeinsamkeiten erschöpft sind ... die paar Berichte über sich und ehemalige Bekannte gegeben sind ... ⟨und wieviele davon sind nicht mehr! Wie viele haben ein trauriges oder ein schlimmes Ende genommen ... wie viele sind in ihren bürgerlichen Berufen versauert oder seelisch verfettet oder beides zugleich, sind kleine freundliche Spießer geworden oder geblieben (früher machte es nur ihre Jugend, daß man sie nicht gleich richtig diagnostizierte)⟩ ... wenn so die Berichte, soweit sie einem oder dem andern bekannt sind (manchmal eben keinem, dann fallen sie aus: ›was ist eigentlich aus dem kleinen Dicken, wie hieß er doch, geworden?‹) ... wenn die alle gegeben sind, und so wie diplomatische Noten ausgetauscht sind, dann bleibt nicht viel mehr übrig, was man sich im Augenblick zu sagen hat. Denn der weit größere Teil des Lebens gehört ja doch jedem für sich.

Aber jetzt kam das, worauf der Präsident schon die ganze Zeit gewartet hatte – denn er hatte seinen literarischen Ehrgeiz zwar durch vierzig Jahre zurückstellen müssen aber keineswegs begraben – das, dessenthalben er jenen sogar an seinen Tisch gezogen hatte.

»Wissen Sie, Maestro, wir zwei beide müßten mal ein Kompaniegeschäft machen. Was ich vom Leben und von Menschenschicksalen sehe und gesehen habe und Ihre Begabung, sie darzustellen!«

(Bist du es oder bist du's nicht?, dididada, dididada, dididada)

»Wissen Sie, Präsident, Sie kennen doch die Geschichte mit Scribe und dem Kaufmann, der ihm anbot, er wolle mit ihm sein nächstes Stück schreiben, und da schrieb ihm Scribe: ›Ein Pferd und ein Esel ziehen nicht zusammen‹, Sie brauchen gar nicht einzuschnappen Präsident, denn postwendend bekam Scribe einen Brief, ›wenn Sie nicht die freche Beleidigung, mich ein Pferd zu nennen, zurücknehmen, werde ich Sie verklagen!‹ Aber ich fürchte, es ist mit den Juri-

sten wie mit den Ärzten. Sie sehen nur den Kranken und vergessen den Gesunden. Zum Schluß kenne ich zum Beispiel nichts Uninteressanteres wie den
Verbrecher. Und außerdem ist es doch nicht damit getan, Menschenschicksale
darzustellen. Das kann ein Nationalökonom, ein Historiker, ein Soziologe, eine
Frau, die beim Kaffeeklatsch sitzt viel, viel besser wie wir beide. Das Geheimnis ist, wie stelle ich mich selbst darin dar und lockere dem Andern etwas
damit auf, was er hat, fühlt, und das doch in ihm bislang stumm gewesen ist.
Aber ich glaube, die Stunde ist zu vorgerückt, um so etwas noch zu lösen. Vor
vierzig Jahren konnte ich alle solche Fragen glatt aus dem Handgelenk beantworten ... nicht wahr? ... aber je älter ich werde, desto weniger gelingt mir ...
Nicht wahr.«

Die Gottesminne hatte sich auch schon mit dem, der ehedem als blutjunger
Bursch den Peter Altenberg persönlich noch gekannt hatte, entfernt, trotzdem
der, um wenigstens die heimische Tradition auch hier aufrecht zu erhalten, ein
richtiger Kaffeehausmensch war, wenn auch hier natürlich kein Kaffee Grien-
steigl und kein Central war, wo an jedem Tisch eine andere Berühmtheit säße,
die kein Mensch kennt. Und zuletzt waren auch Herbert Hirschmann und Edith
Meierheim gegangen wie zwei Menschen, die zufällig einmal zusammen weg-
gehen, weil sie vielleicht zufällig ein Stück des Heimwegs gemeinsam haben.

Der Junge war immer noch sehr gedrückt. Erstens hatte ihn der Brief von
der Mutter schwer aufgeregt. Er hatte sogar daran gedacht, sofort zu ihr zu
fahren. Nachher tut sich die ›alte Dame‹ (sie war auf den Tag zweiundzwanzig
Jahre älter als er) und in zweiundzwanzig Jahren mit fünfundvierzig war er
gewiß noch kein alter Herr) die alte Dame noch etwas an.

Und zweitens war er ärgerlich darüber, daß ihm hier wieder sein Tempera-
ment einen Streich gespielt hatte. Er hatte sich doch fest vorgenommen, eiskalt
zu bleiben, kein Wort zu sagen. Laß doch diese Idioten tun und quatschen was
und soviel sie wollen. Aber so war das immer und von je gewesen. Zu Hause
hatte sich seine Schule auf dem Heimweg immer mit einer andern Schule geprü-
gelt – sie lagen beide am Ende eines großen unbebauten Feldes – also ganze
Schlachten hatten sie sich geliefert. Er ging schon stets später weg aus der Klasse. Er ging ganz langsam, um ja nicht wieder mit dabei zu sein, erst zu kommen,
wenn alles aus war. Und innerhalb fünf Minuten wälzte er sich mit dem Haupt-
hahn der andern Klasse auf dem Boden im Dreck herum, und die beiden Klassen
standen im Kreis um sie her und riefen, je nachdem, wer im Vorteil war und
oben lag: ›Gib ihm Saures Herbert‹, oder ›hau doch den Juden feste‹. Und Arrest
zum Schluß, Arrest kriegte immer er. Und jetzt auf der Uni bei den Studenten-
krawallen war es doch wieder das Ähnliche. Warum mußte *er* doch immer gerade dabei sein, wenn es so etwas gab?! Und selbst der Sport hatte daran nicht viel
geändert. Gewiß, er war ruhig wie ein Klotz geworden bis zu einem Punkt. Aber
dann gings auch immer mit ihm durch, ob mit Worten oder mit Fäusten, dafür
konnte er eben nichts. Das Einzige, was dieses Mal noch gut war, war doch, daß
er dieses Mädchen da wenigstens damit – wenn auch wohl nicht auf die Dauer –
von diesem öden Blondbock und Phrasenhengst da losgeeist hatte. Sie war ja

pikklug und nett und viel zu schade für den da. Merkwürdig, daß sich doch immer die klügsten und feinsten und nettesten Judenmädchen an die fatalsten Burschen und an die größten Esel hängen. Na jedenfalls werde ich sie nochmal, was das anbetrifft, noch gehörig zurechtstuken, daß sie den Burschen nun endgültig laufen läßt. ›Wenn ich sie wäre, würde ich solch einem Kerl doch einen Fußtritt in die Kehrseite geben, daß er bis in den Mond fliegt.‹

Und Herbert Hirschmann hatte keine Ahnung, daß diese Angelegenheit seit einer Stunde vollkommen und zwar zu seinen Gunsten geregelt war, und daß es wirklich nicht nötig war, auch nur noch eine Silbe daran zu verschwenden. Denn er war – und das war eben das Netteste an ihm! – doch nur ein großer Junge.

Der Präsident sog an seiner Zigarre. »Selbst die Zigarren sind schlecht geworden,« sagte er.

»Worauf beziehen sie das ›selbst‹, auf den da?«

»Ich?! Halten Sie mich für einen so mäßigen Menschenkenner? Ein prächtiger, ein ganz famoser Bengel. Und hochbegabt. Ich habe ein paar Novellen von ihm gelesen, das konnten wir damals mit dreiundzwanzig nicht. Keiner von uns. Sie auch nicht, Maestro. Naja, bei Ihnen war das alles triebhafter und unbewußter. Aber das ist doch formal von einer Reife, die wir eigentlich nie erreicht haben.«

»Ach,« aber von der Literatur versteht doch der Präsident etwas, dafür hat er eine Nase. Wenn er auf jemand tippt, wird es schon so sein. »Und was wird aus solchem Jungen nun heute?!«

»Was wird? Was soll denn werden? Na das, was heute aus jedem jungen Menschen wird, der begabt ist. Garnichts. Und wenn er zudem noch Jude ist, noch weniger. Meinen Sie wirklich, man läßt in Deutschland so etwas jetzt noch aufkommen?! Wir ... ich und Sie, wir haben ja noch eine relativ günstige Zeit uns dafür ausgesucht. Heute wären weder ich, noch Sie möglich in Deutschland. Heute nicht mehr. Darüber müssen wir uns also für diese jungen Leute ganz klar sein.«

»Gewiß, die Dinge gehen vorüber und sie gehen doch nicht vorbei. Komisch doch, dieses Bleiben in uns von Dingen, die nicht mehr sind!«

»Wie meinen sie das eigentlich, Maestro?« wirft der Präsident lächelnd ein. »Ich sage ja immer, ich wäre als Priester des delphischen Orakels nach drei Tagen ohne Pension entlassen worden.«

»Wie?! ... Gott, in fünf, sechs Wochen am 1. August dieses Jahres des Unheils, also 1932 wird es doch schon achtzehn Jahre, daß plötzlich die Welt sich zum Krieg umstellte, von heute auf morgen. In Krieg. Und Mord. Und Brand. Und Raub. Und vor allem in Lüge, nie endender Lüge. Und Vernichtung. Und Schändung all dessen, was man bisher geliebt zu haben, vorgab. Sich umstellte, wie man gern sagte und schrieb dafür. Und nicht blutenden Herzens etwa, sondern mit Freudengeheul sich umstellte. Wie Kinder, die plötzlich ihr altes Spielzeug jubelnd in Stücke hauen. Ganz urplötzlich und unerwartet. Und daß ganz Europa und die halbe Welt von heute auf morgen tobsüchtig wurde. Und in Trance verfiel. Und zu delirieren begann.

»Und dann hatte man sich eingeredet ... vor vierzehn Jahren, dachten wir, daß im November achtzehn das (wir Handvoll Menschen haben uns das eingeredet, ebenso wie wir uns eingeredet haben, der Mensch ist gut!) so hegten wir also November achtzehn den Köhlerglauben: nun wachen wir alle auf, und werden mit einem Schlag wieder alle Menschen sein. Alles wird wieder so kommen, wie es vorher war. Genau so sein. Nur tausendmal besser. Denn wozu sind wir denn durch dieses rote Meer gewatet, wenn wir uns das nicht mal verdient haben sollten. Wir werden uns alle nun die Augen reiben, etwas torkelig aufstehn und alle wie auf Kommando ausrufen: ›was war das doch?! Gottlob, daß wir es nur geträumt haben!‹«

Der Präsident zuckte spöttisch und mehr nervös noch mit den vielen Fältchen, die er um seine Augen hatte, als ob er sagen wollte: ›man sieht doch, daß Sie niemals im wirklichen Leben gestanden haben, Maestro‹.

»Aber es ist nicht so. Wir sind niemals mehr aufgewacht seitdem. Der Angsttraum geht bis zu dieser Stunde weiter. Und die, die nichts anderes wissen, nämlich die ganze Kohlrübenjugend von damals und die als halbe Kinder noch von der Schulbank auf die Schlachtbank getrieben wurden, und all die nachwachsenden Generationen – nicht mal *die* haben wir uns erobern können! Die eben erst die Schulbänke drücken, reden sich sogar ein, lassen sich fest einreden; es wäre Wirklichkeit. Und das Surrogat, das der Staat ihnen zwischen die auseinandergepreßten Zähne gießt, so, wie man Kindern Lebertran einflößt, wäre absolute, wirkliche Wirklichkeit, wäre wirklich d a s Leben, das man ihnen auf der Erde versprochen hat, und das sie beanspruchen dürfen.«

Der Präsident lächelt immer noch. »Man muß mit den Tatsachen rechnen«, sagt er nachsichtig, »wo kämen wir sonst hin?!«

»Und wenn wir, die wir genau wissen, daß das alles nur der Ersatz ist, und doch nur ein Phantom ist, ein fiebriger Albtraum, der Europa und die Welt schüttelt, wenn wir dann rufen: aufwachen, hallo aufwachen! dann hält man uns für ausgeschaltete und überholte Schwätzer, die die neue Nachkriegswelt und ihren Phrasenidealismus – was es doch für liebe Wortungeheuer gibt! – nicht mehr begreifen können, und lacht uns Unheilkräher aus. Oder man hält uns einfach – was wirklich einfacher – für Verbrecher und knüppelt uns nieder.«

›Und wenn ich das hier drucken ließe,‹ aber das sagt der Mauernweiler nicht mehr, sondern das denkt er nur, ›wären Sie, lieber Präsident, doch der Erste, der dabei mithülfe, mich niederzuknüppeln. Oder das Vorgehen wider mich rechtfertigte. Weil Sie, lieber Herr Präsident, solange ich denken kann, schon in der kleinen literarischen Verbindung damals, sich immer sehr geschickt den Gegebenheiten angepaßt haben!‹

»Jetzt gehe ich wirklich, wir sind fast die Letzten hier, und draußen meine phantastische Freundin von heute Abend (Sie meinen, sie ist hier öfter!) hat sich auch schon in nichts aufgelöst. Genau so wie mein unbekannter Zwillingsbruder mit dem Juvelierladen an den Fingern ... dididada, dididada«.

»Was summen Sie denn heute Abend da immerfort, Maestro?«

»Ach Gott, das ist nur solch altes Kinderspiel, son Kinderliedchen, vielleicht kenne ich es von jung an, auch wenn ich mich nicht sehr genau, (ja doch, jetzt sehe ich es wieder, natürlich,) das habe ich heute, wie ich hierherging, singen hören von zwei Gruppen von kleinen Mädelchen ... und nun geht es mir nicht aus dem Kopf: didadada didadada, bist du es oder bist du's nicht, ach nein, ach nein, du bist es nicht!«

»Die Identität des Angeklagten kann nicht bestritten werden,« sagte der Präsident und lachte.

Draußen ist die lange Straße schon stiller geworden. Mal hört eben das Leben auch hier auf. Es sind fast mehr Autos, die jetzt aus der Innenstadt noch in die Vororte herauswollen und hier also durchmüssen als Fußgänger. Der Himmel wird eigentlich schon wieder silbergrau und licht. Und die Sterne sind ganz weiß, die paar großen Sterne über den Dächern drüben. Man sieht sogar Rosen in den Vorgärten wie frierend zittern und leuchten wieder. Und die Nachtfalter, die müde wurden, um die Lichtkugeln zu kreisen, lassen sich einfach resigniert vor einem aufs Pflaster fallen. Und zwischen Autosignalen schreit sogar schon von einem unbekannten Versteck aus eine Schwarzdrossel, die sich verfrüht hat.

Aber da drüben an der nächsten Straßenecke steht noch eine ganze Anzahl von Menschen unschlüssig und als ob sie auf irgend etwas warte um so ein paar Jungen, sie sind höchstens zwanzig einundzwanzig in braunen Leinenuniformen und Armbinden und Mützen.

»Was ist denn da los,« sagt der Präsident, »es ist zwar besser, man sieht bei solchen Dingen nicht zu. Das gibt unnütz Zeugenaussagen.« Aber dann stehen sie eben doch drüben. Der Eine von den Vieren lehnt etwas blaugrün und verschwollen im Gesicht stammelnd und lallend, dumm und ausdruckslos (aber er sieht auch nicht gerade aus, als ob er vordem besonders ausdrucksvolle Züge gehabt hätte) an dem Eisenstacket eines Vorgartens. Die eine Backe ist ihm arg aufgedunsen und das eine Auge fast schon zu. Denn der Kinnhaken hatte bei ihm etwas zu hoch gesessen. Und der Andere bricht immer noch jämmerlich eine saure und dünne und nach Bier riechende Masse rythmisch in einzelnen pladdernden Güssen aufs Pflaster. Er hat wohl einen Stoß in den Magen bekommen. Und die beiden Andern sind als barmherzige Samariter um sie beschäftigt.

Die Umstehenden nehmen gegen sie Partei. Vor allem die Frauen.

Die Männer verhalten sich passiv. Sie haben deutlich gesehen, wie die vier über den Einen und das jüdische Mädchen hergefallen sind. Aber wozu sollen sie sich da hineinmischen jetzt. Nur einer ruft: »Das ist ja nicht wahr, ich habe ja gesehen, wie sie plötzlich alle über ihn hergefallen sind.«

Es sind auch einige Blutspritzer auf dem Pflaster, nicht gerade eine große Blutlache, aber immerhin ein paar ganz nette Spritzer. Und der eine, über den sie hergefallen sind, ist auch nicht da mehr. Vielleicht ist er schon zum Arzt gebracht. Also werden sie wohl von dem Einen herrühren.

Ach richtig – da steht auch noch vertränt und ungewiß die kleine Gottesminne und neben ihr käsebleich und stotternd der, der ehedem als blutjunger Bursch den Peter Altenberg noch gekannt hat.

»Also, alle vier wären sie gleich über Herbert Hirschmann hergefallen, hätten Edith Meierheim, die sich vor ihn gestellt hätte, zur Seite gestoßen, und er hätte sofort eins mit der Stahlrute übern Hut bekommen. Und das hätte ihm auch noch die Stirn aufgerissen, ein ganzes Stück. Aber das hat ihm eigentlich garnichts ausgemacht. Und wenn ihn Edith Meierheim nicht herausgezerrt hätte und in ein Auto geschoben hätte, das sie schnell angehalten hatte, so hätte er die beiden Andern noch ebenso glatt umgelegt, die sich schon vorsichtig zurückgezogen hatten. Wirklich wie ein Eber ist er losgegangen. Aber Edith, der macht das nichts, die kennt ja von der Universität her solche Prügeleien schon. Sie sagte mir schon neulich: 'ner Frau tun sie nichts, oder selten was, wenn man ihnen nicht gerade das Gesicht zerkratzt. Höchstens, daß einer einen mal ein bischen schüttelt und einem olle Judensau ins Gesicht brüllt. Aber da macht sie sich nichts draus, sie stellt sich immer vor ihre Kollegen.«

Der Präsident zuckt noch nervöser mit den Falten um seine Augen wie vorher schon. Er hatte den Bericht aufgenommen und ihn gleichsam sofort in Gedanken mitstenographiert wie, als ob er nachher dem Angeklagten seine Widersprüche gegen die erste Aussage vorhalten müßte.

»Aber das ist doch ganz klar, Maestro,« sagte er und zog im Weitergehen höflich den Hut gegen die Andern da. »Sonnenklar, daß er die vier umzingelt hat, die sich, da sie von ihm angefallen wurden, in Notwehr befunden haben.«

»Glauben Sie das wirklich, Präsident?«

»Fragen Sie mich privat oder amtlich, Maestro? Sehen Sie, Herbert Hirschmann war doch schon immer auf der Universität unter denen, die sich nicht verprügeln und dann mit einer Krankenbahre wegtragen lassen wollen. Er sollte sogar einmal wegen dieses Delikts relegiert werden. Das ist sehr belastend. Also ist es doch offensichtlich, daß er die vier Andern da zuerst provoziert hat, dann umzingelt, und fürder sie, trotzdem sie auf seine frechen jüdischen Provokationen nicht mit einer Silbe reagiert haben, dann zuerst noch tätlich angegriffen hat, sodaß sie sich gegen ihn zur Notwehr setzen mußten, da die Zwangslage der Notwehr gegeben war. Sie meinen: die Stahlrute! Ja, aber ist denn eine Stahlrute gefunden worden?! Und sehen denn die Nebenzeugen aus, also ob sie je so gefährliche Schlagwaffen bei sich tragen?! Nein! Ebenso steht doch fest, daß die jüdische Studentin Meierheim sie in einem Anfall von Paroxysmus mit den gemeinsten Schimpfwörtern wie ›Zuhälter, Gesindel, Verbrecherbande, Louis, Strichjungen‹ sogleich belegt hat. Und daß sie erst, nachdem sie sich das bestimmt aber ruhig und höflich verbeten ... ja verbeten hätten, sich dann gezwungenerweise auch ihr gegenüber zur Notwehr bequemen mußten; trotzdem sie gerade ganz ruhig, aber durchaus nüchtern, nach einer kleinen harmlosen Vereinssitzung auf dem Heimweg sich befanden. Man wird zu seinen Gunsten anführen, daß der Angeklagte durch die von Kindern gepflegte Demolierung des Heldengrabes, bitte: des Heldengrabes! ... seines Vaters in einen ungewöhnlichen Erregungszustand geraten war. Immerhin hätte er, als Mensch seiner Bildungsstufe usw. ... Und man wird das als strafmildernd betrachten, indem man die Strafe erhöht. Wozu sollen wir uns

Illusionen hingeben. Ich nehme doch an, daß Sie darin keinerlei Zweifel setzen, Maestro. Sein Sie vorsichtig. Sie können sich sonst leicht selbst verdächtig machen dadurch.

»Das Einzige,« vorher hatte er nur sehr leise gesprochen, der Präsident, jetzt
hatte er sich ganz herübergeneigt, und nun flüsterte er nur, »aber auch das Aller-
einzigste, was wir natürlich dafür noch tun können, ist dafür sorgen, daß der
Bengel aus Deutschland herauskommt. Am besten noch heute Nacht, Maestro.
Nach der Schweiz. Da kann er weiterstudieren. Oder sonstwohin. Aber raus. Ich
an seiner Stelle würde nicht eine Stunde mehr hierbleiben. Rabelais mit den
gestohlenen Glocken von Notre Dame war noch gegen das Heute ein kindliches
Gemüt aus kindlicheren Zeiten. Vielleicht kann auch die Ostjüdin Edith Meierheim gleich mitverschwinden, weil sie Louis und ›schwule Bande‹ und vor allem,
weil sie jene ›Mostrichbrüder‹ tituliert hat und ›Heil Moskau‹ und ›Rotfront‹
zwischendurch noch gerufen hat. Siehe Eid! Sie meinen, diese Worte stehen
garnicht in ihrem Dictionnaire? Ja, fragen Sie mich privat oder amtlich?! Natürlich nur, wenn sie es für gegeben hält. Besser ist besser. Sie meinen, sie steht doch
mitten im Examen. Dann wird sie es ein Jahr später machen. Besser ist besser.

Denn im Vertrauen, aber ganz im Tiefsten: ich habe da meine sehr bestimmten und sichern Informationen. In einem halben Jahr, spätestens in einem
Jahr ist doch dieser ganze Spuk hier überwunden. Sie müssen nicht denken,
daß wir schlafen, Meister. Nicht alle schlafen, die die Augen zumachen. Von
heute auf Morgen werden wir dann sagen, bis hierhin und nicht weiter!«

»Und wie wollen Sie ihn jetzt finden?«

Der Präsident hatte ein Auto angehalten, das vom Grunewald her leer zu-
rückkam. Eigentlich durfte es zwar mitten auf der Straße jetzt nicht halten,
aber wo kein Kläger ist, ist kein Richter, selbst für einen Richter.

»Aber ganz einfach: zur Sanitätswache ist er nicht gefahren, dazu ist er zu
gewitzt schon. Das fällt auf. Nach Hause ist er nicht gegangen. Wenn sie ihn
suchen, suchen sie ihn zuerst da, nicht wahr? Also: hat ihn Edith mit sich genommen. Und die wird auch nicht in ihre Pension gefahren sein. Aus bestimmten Gründen. Sondern wird ihn sofort zu ihrer Freundin gebracht haben, mit
der sie offiziell für die Herren Eltern zusammenlebt. Daß ich ihn finde, weiß
ich. Ich weiß nur nicht, ob ich nicht schon zu spät komme.«

»Und wenn sie kein Geld haben?!«

»Seit wann habe *ich* kein Geld?«

»Und meinen Sie, daß die Sache bestellte Arbeit war … vielleicht?!«

»Fragen Sie mich amtlich – oder privat?!«

»Ich frage garnicht.«

»Also, sie merken auch alles. An Ihnen ist direkt ein Kriminalkommissar verloren gegangen. Die merken auch nie was … Aber Meister, wie sehen uns ja bald.«

»Der arme Kerl.«

»Warum arm?! Er kennt es ja Gottlob nicht anders. Wir beide kommen aus
einer andern Zeit. Wir kommen doch mit unsern Anschauungen heute nur sehr
schwer durch. Die Jugend rechnet heute mit völlig neuen Faktoren wie wir

noch. Nicht nur die euklidische Mathematik ist durch Einstein entthront. Sogar die vier simpeln Grundrechnungen, Addition, Substraktion, Multiplikation, Division, die wir noch in der Schule mal gelernt haben, die sind abgeschafft. Und es bleibt einem wirklich nicht viel Anderes mehr übrig, als sich pensionieren zu lassen wenn man sich nicht selber jeden Tag stundenlang ins Gesicht spucken will. Gott zum Gruße, Meister.«

Und damit sauste das Auto weg. Gerade einem Überfallkommando entgegen, das mit einem wilden Geklingel die morgendliche Straße entlang in seinem Polizeiauto heranschoß. Und von dem – als gälte es eine Festung zu erstürmen, zehn Beinpaare und zehn entsicherte Brownings zugleich absprangen.

»Ich glaube, es ist Zeit, daß ich verschwinde,« sagte sich der Mauernweiler. »Ich kann mich nicht mal rühmen, mich trefflich mit der Polizei, geschweige denn erst mit dem Blutbann abzufinden. Turkeln wir nach Hause.«

Die ganze ornamentale Scheußlichkeit dieser Prachtstraße, die so lange gnädig mit Nacht und Grauen bedeckt war, wird auch peinlich deutlich werden. Merkwürdig, daß, mit wievielen man immer zusammen war, man doch stets allein nach Hause wieder finden muß. Allein ist man geboren, allein bleibt man und allein stirbt man.

Hör an, das Überfallkommando ist drüben schon mitten im Zeugenverhör. Oder zum mindesten in der ersten Aufnahme des Tatbestandes. Die Brownings sind gesichert und die Notizbücher sind entsichert. Man hört knappe Stimmen über die Straße herüber und durch die dämmerige Stille hin examinieren. Woher und von wem die Blutspuren auf dem Pflaster herrühren, darüber machen sie sich nicht viel Gedanken. Zwar schreien Vordringliche dazwischen, denn es schallt bis hier herüber. Und man hört deutlich einen österreichischen Dialekt (schon verdächtig!) desjenigen heraus dabei, der ehedem als blutjunger Bursch den Peter Altenberg noch persönlich gekannt hat. Daß jene über ein ganz harmloses, ganz still nach Hause gehendes jüdisches … jedenfalls *konnten* es Juden sein, … Pärchen ganz urplötzlich, ohne einen vorhergegangenen Wortwechsel hergefallen seien. Wenigstens ist er doch so klug, nicht anzudeuten, daß sie ihm bekannt sind.

Aber da kann man sich vorerst hier nicht mit aufhalten: ›Sie können ja später Ihre Zeugenaussagen zu Protokoll geben, mein Herr‹, endlich sind es ja hier doch vier, die dagegen stehen. Wenn auch zweien von ihnen noch nicht gerade sehr die Beherrschung der Sprache wiedergekommen ist, so sind die beiden andern dafür umso wortreicher. Wer der Mann war, der sie angefallen hat, hatten sie keine Ahnung. Aber der eine glaubt doch, ihn vielleicht schon mal gesehen zu haben ... mit einem Bekannten zusammen.

Turkeln wir nach Hause. Wie sagte doch der Präsident: ›Greif nur hinein ins volle Menschenleben, aber wasch dir nachdem die Hände!‹ Wenn man lange genug auf der Welt ist, so sieht man doch allgemach ein, daß es doch nur einen Rechtsgrundsatz auf der Welt gibt: Unrecht muß Unrecht bleiben. Da das schon im Großen so ist, warum soll man sich dem Irrtum hingeben, daß es im Kleinen anders sein müßte.

(Dididadadididada, dididada, dididada, bist du es oder bist du's nicht?)
Bäckerjungen sind heute noch nicht geboren. Oder sie sind vielleicht seit
meiner Jugend doch ausgestorben. Naja, endlich müssen sie auch mal älter
geworden sein. Sie sind doch keine Pikkolos, die, solange ich mich erinnere,
nicht gewachsen sind. Siehe an: dieses Lokal da drüben, das noch hell ist, ist ja
eine Kaschemme, eine amtlich konzessionierte und vereidigte Kaschemme.
Wußte garnicht, daß es in dieser vornehmen Gegend auch so etwas gibt. Also,
sie ist sogar noch offen, denn sie strahlt noch Licht wie ein kleiner Leuchtturm,
und es schwirrt sogar so etwas wie von einer Ziehharmonika durch die Dämmerung herüber. Naja, wo sollen die kleinen Wohnungs- und Bodeneinbrüche
denn ausbaldowert werden, und wo das, vorerst schnell mal hingebracht werden, wenn nicht hintenrum in den Kohlenkeller gerade?! Dafür muß doch
vorgesorgt sein.

Sieh mal an, trippelt da drüben nicht meine kleine Dame heraus? Schick,
Schick! mit einem Kantenschal über dem Arm. Trotzdem die Hälfte der Laternen schon lange hier gelöscht sind und die Lindenbäume die mattgrünen Ga-
zen ihrer Schatten an den Häuserwänden und um die Vorgärtchen hier noch in
das beginnende Silbergrau des nächsten Tages (der Himmel da oben ist wie
Milch jetzt: weiß, klar und ganz leicht bläulich) hineinmischen ... Whistler also
hat das nie schöner getroffen, diesen Ton! ... trotzdem leuchten doch die ge-
stickten Blumen auf ihrem Kantentuch am Arm bis hier herüber. O, die Sache
beginnt wirklich interessant zu werden. Der Präsident wird richtig getippt
haben. Aber was machen internationale Spioninnen in diesen subalternen Höh-
len des Lasters und Verbrechens? Das ist nicht *eine* Stufe, sondern ein ganzer
Eifelturm zu tief für sie.

Ich gehe auf der andern Seite, sonst hätte ich ja all das nicht gut sehen können. Ich gehe absichtlich weder schnell noch langsam. Ich gehe auch, wie ich
denke, leise, setze die Füße kaum auf. Aber solch ein Schritt in einer nächtlichen
Straße ist von einer fatalen Öffentlichkeit. Patata, patatan, patata patatan. Man
bleibt nicht unbemerkt, und schon lenkt Madame den Weg quer über die Straße
herüber:»Cavaliere, Cavaliere«. Soll ich etwa jemand in Schutz nehmen«, oder
was will sie noch. Ist nicht! Wenn meine Schritte patatan patatan machen, so
machen ihre Goldkäferschühchen tikiti tikiti in der leeren Straße. Und tikiti ist
schneller, sie wird mich gleich eingeholt haben. Endlich ist es zwar ihr Beruf,
und jeder hat das Recht, seine Ware anzubieten. Man mag kaufen oder nicht.
Und keiner hat das Recht, den Aufgebrachten zu spielen. Jeder will auf seine Art
leben. Ich auch. Aber gern stehe ich ihr nicht mehr Rede und Antwort.

(Dididada, dididada, ...)
»Ja, Madame, ach da sind Sie ja wieder!« (Nur ganz offiziell jetzt bleiben).
Aber Madame ist garnicht so überaus freundlich zu mir, wie sie es für diese
Zwecke sein muß. Madame ist sogar fast außer Atem und tief verängstigt. Naja,
was rennt sie auch in solche Kaschemmen, wo doch nur die armseligsten Nutten
sicher ... Natürlich machen die Mädchen Krach, wenn ihnen so etwas, solche
Arrivée ins Gehege kommt. Und die Freunde von ihnen befleißigen sich sicher-

lich weder eines freundlichen noch gerade eines besonders vornehmen Tons dann.
Das hätte sich ein Wesen mit Erfahrungen wie sie doch vorher sagen können.

»O, mein 'Err, sind sie vielleicht zufällig eben oder vorhin Bernardo begegnet.« (dididada, dididada, dididada, dididada)

Bernardo ist mir zwar nicht vorgestellt, aber ich bin trotzdem im Bilde.
»Ich, nein, gewiß nicht.«

»Er hat davon gesprochen, daß er mit dem brasilianischen Attaché zusammen
sein müßte. Wir wollten uns treffen, aber er war nur da, um mir das zu sagen. Er
meint, daß der ihm das sonst übel nähme. Und Bernardo braucht ihn noch wegen
einer Transaktion und dann der Konzession wegen. Bernardo macht immer so
etwas.«

Also unsereiner wird doch niemals so vornehme Bekannte haben wie dieser
edle Bernardo. Und er wird nie dazu kommen, Transaktionen zu machen und
Konzessionen zu erwerben mit deren Hilfe. An solche Ordenskataloge kommen
wir garnicht heran. Und wenn schon mal, so nehmen sie einem doch nur übel,
daß man mit ihnen zusammen ist, und nicht, daß man *nicht* mit ihnen zusammen
ist, denke ich. »Naja, Madame,« sage ich, »das wird wohl so sein letzten Endes.«

Aber ich will jetzt nach Hause.

»Nein, ich bin so sehr beunruhigt, ich laufe sicher seit weit über einer Stunde herum und suche Bernardo schon überall. Vor ein und einer Viertelstunde
habe ich den Cavaliere Rodriguez ja eben in seinem Wagen ganz allein mit
seiner Freundin Margarita gesehen. Ich bin sonst die letzte, die sonst für don-
juaneske Portierskandale ist« (das übersetzt sie sich direkt aus dem Spanischen, ein niedliches Wort, müßte man übernehmen).

Hübsch und apart ist das kleine Wesen aber da ja immer noch, trotzdem sie
Tränen in den Augen hat, wie sie da vor mir in ihrer Nervosität hin- und her-
trippelt. Sie ist hübsch, trotzdem sie sicherlich über die Jahre hinaus ist, in
denen es für die Frau die angenehme Zugabe zu ihrem Dasein ist, die für uns
angenehme Zugabe … das zu sein. Und wie sie das eben sagte von dem Por-
tierskandal und in aller Angst, die ihr in die Augen geschrieben, doch noch in
sich hineinlächelt, das könnte selbst einen Jüngeren noch wie mich gerade
entwaffnen und zu Wachs in Frauenhand machen.

»Ja, aber ich glaube, daß doch diese Kneipe da drüben doch nicht gerade
der richtige Ort ist, um jemand, der mit lebendigen Attachés verkehrt, zu suchen, Madame.«

Die kleine Person seufzt nur. »Die Einen wissen, was sie singen,« sagt sie,
»und die Andern singen, was sie wissen!«

»Aber zu so etwas zieht man sich doch gemeiniglich bescheidener an?«

»Nein ... das kommt dann so über ihn, ganz plötzlich. Er hat das seit sieben
Jahren jetzt bald.«

»Seit sieben Jahren?!«

»Seit sieben Jahren jetzt bald. Alle Monat, alle zwei, drei Monate auch
wohl. Aber seitdem ich ihn habe, nur noch sehr sehr selten. Das letzte Mal vor
sieben Monaten jetzt.«

›Ach richtig, richtig, ich verstehe auch ohne Brille. Ich begreife es, sogar fast zu gut. Also da war mal jemand: ein frischer völlig unkomplizierter Bengel war er damals. Ich hatte ihn sogar gekannt, der ist im Waisenhaus erzogen worden, weil der Vater, ein jüdischer Zimmerman, wie Joseph weiland, einen Unfall gehabt hatte und die Mutter dann die vielen Kinder nicht mehr allein erziehen konnte. Und der war ganz jung, das war zu Ende der achtziger Jahre, als Steward nach Südafrika verschlagen worden und dann für die Rückfahrt nicht wieder angeheuert worden, und war da hängen geblieben eben. Und er hatte sich von seinen paar Pfund, die er von der Heuer noch in der Tasche hatte, an einem Clem erst beteiligt, dann an zweien, an dreien und war mit dreißig Jahren mehrfacher Pfundmillionär und mit vierzig der ungekrönte Goldsharekönig des Minendistrikts und wurde ein kreuzunglücklicher Mensch dabei, für den nichts mehr Reiz hatte, nicht Pferde, Frauen, Bilder, Luxusjachten und Geld schon garnicht. Er soff zum Schluß, wenn er keinen heruntergekommenen Europäer mehr dazu auftreiben konnte, mit den wüstesten Kaffern und Chinesenkulis die schwersten Gins und Gifte die Nächte hindurch, bei Ölfunzeln in Bars, die aus alten Kisten zusammengeschlagen waren und erschoß sich konsequent eines Tages. Bis zu dem Augenblick, da er sich erschossen hatte, wußte das niemand. Denn er trieb das sehr geheim. Für alle, die ihm sonst begegnet waren, geschäftlich und in der Society war er immer der reservierte, eiskalte, sehr formelle, ganz und gar anglisierte Großbankier mit den tadellosen Manieren. In dem Hauptbuch seines Lebens wie in seinem Verwaltungsgebäude und seiner Bank waren alle Kolumnen richtig und höchst genau und klug aufgereiht. Aber, wenn er die Bilanz seines Lebens ziehen wollte, war er einfach bettelarm. Und er war nicht dumm genug, um das nicht zu fühlen und zu wissen. Und je höher der eine Mensch stieg, desto tiefer und verzweifelter und hoffnungsloser sank der andere, bis er endlich um der Katastrophe auszuweichen, sich selbst beseitigen mußte und beseitigte.‹

Ach richtig, hier ist ja die Stelle, wo heute oder war es schon gestern, die kleinen Mädchen gesungen haben, ›bist du es oder bist du's nicht, ach ja, ach ja, du bist es ja …‹ Warum trippelt dies Dämchen eigentlich immer noch neben mir her? Was will sie denn eigentlich noch von mir? Vielleicht hat sie den gleichen Weg überhaupt. Ich kann sie doch nicht fragen: ›Madame, wo wohnen sie denn eigentlich?‹ Das sieht so aus, als ob ich mit ihr mitgehen wollte. Wenn wenigstens nur ein Auto vorbeikäme! ... Aber es kommt hier des Nachts um diese Zeit ja doch keins mehr – sonst würde ich es anhalten und sie einfach hineinsetzen, denn sie kann ja so unmöglich noch länger durch die Straßen rennen. ›Telephonieren Sie doch von irgendwo aus an Ihren Bernardo, jener ominöse Herr wird aller Voraussicht nach, während Sie hier niobidenhaft durch die Straßen irren, um ihn zu suchen, nämlich sich längst des wohlverdienten Schlummers erfreuen‹, denke ich, während ich ganz etwas anderes sage.

Wir sind gerade aus dem Dämmer in das Licht einer Laterne gekommen und tauchen wieder in die Dämmerung unter den Lindenbäumen am Straßenrand ein.

»Eben, gerade jetzt, wie Sie so vor sich hinblickten, sahen Sie Bernardo viel ähnlicher wie am ganzen Abend hier heute. Er hat das oft, daß er so ganz klar und ruhig mit mir über etwas spricht und ich dann doch ganz genau weiß, daß er mit seinen Gedanken woanders ist. Dabei aber hört und behält er alles. Er bekommt dann so sein Fliegenschneppergesicht.«

»Sein Fliegenschneppergesicht?«

»Ja, schon in der Schule hat ihn doch der eine Lehrer den Fliegenschnepper genannt. Der Fliegenschnepper ist nämlich ein kleiner, unscheinbarer Vogel, der sehr ruhig auf der Spitze, auf der höchsten Zweigspitze von einem Busch sitzt, und schläft, wie man glaubt!«

»Ach wirklich, Madame?! Und man denkt, er schläft und merkt auf garnichts, paßt überhaupt nicht auf. Aber irgendwo ganz oben spielt ein Mückchen, das niemand sonst gesehen hat. Und der Vogel kugelt sich in die Luft hoch, purzelt da herum, zwitschert kurz auf, schnappt das Mückchen und hats für alle Zeiten intus ... das Mückchen, das keiner vor ihm und mit ihm gesehen hat. Und dann sitzt er wieder ganz ruhig auf seinem Ast und träumt scheinbar weiter. Nicht wahr, so ist es.«

Die kleine Person bleibt erstaunt stehen. »Ja, genau mit den Worten sagt es Bernardo nämlich.«

»Das hat nämlich Professor Wilhelmus Augustus Nachtigall« ... man kann den Namen doch nicht aussprechen, ohne ihn nachzumachen, noch heute ... »Professor Wilhelmus Augustus Nachtigall ...«

»O, mein Herr, ich glaube wirklich, das hat Bernardo auch gesagt. Wenn ich anderer Meinung mal bin und ihm widerspreche, dann sagt Bernardo gern ›Sö sind ein junger Mann nur‹.« Also die kleine Person mit den drei geklebten Löckchen auf der Stirn macht es, trotzdem es doch eine Wiedergabe dritter Hand war, so, daß ich denke, man hört ihn noch nach vierzig, nach fünfundvierzig Jahren aus dem Grab heraus wieder.

»Äch aber ben königlich preußischer Oberlehrer an diesem Gymnasio mit einem Gehalt von fünfzehnhundert Talern preußischen Kurant!«

»Ja,« ruft die kleine Person, »so sagt Bernardo. Richtig, so war es. Sie sind dann wohl auch bei dem in die Schule damals gegangen!«

Nichts merken lassen, nur nicht etwa sie durch eine ungeschickte Äußerung jetzt vergrämen. »Ach ja, aber ich bin ja doch viel älter. Solche Originale von Schulprofessoren haben ja immer die gleichen Redensarten, durch Jahrzehnte, selbst dreißig Jahre lang. Mit immer wieder andern Lausebengels Cäsar lesen, da bleibt einem doch keine andere Möglichkeit als die, halbverrückt zu werden. Während die Ersten, mit denen er das tat, längst Eisenbahnen bauen und Nierenoperationen ausführen, und Ministerreden halten und den Staatshaushalt in Schulden stürzen, hält er immer noch bei ›Omnis gallia divisa est in partes tres‹.«

»Richtig«, ruft die kleine Person. »Das hat mir Bernardo auch schon genau in den gleichen Worten beinahe gesagt: ›toute la France est partagée en trois parts, don't l'une habites [sic] les Belges‹.«

(Dididada, dididada, bist du es, oder bist du's nicht? Ach, nein, ach nein, du bist es nicht ...)

Aber warum soll Bernardo, Ihr Bernardo, nicht auch in das gleiche Gymnasium ehedem, weil er ja auch Berliner von Geburt ist, gegangen sein. Und selbst, wenn er ebenso alt, auf den Tag so alt ist wie ich, so beweist das garnichts. Denn ich war ja durch Generationen von Lehrern berüchtigt dafür, daß ich ein sehr anhänglicher Schüler war, in jeder Klasse bin ich doch hängen geblieben. Er also wird gewiß zwei Jahre früher schon bei Augustus Wilhelmus das Bellum gallicum gelesen haben. Und der wird wohl in jedem Jahrgang, genau so wie er mich hatte, seinen Fliegenschnepper gehabt haben, genau so, wie er eben mit ihm das bellum gallicum las, das zum Schluß ja doch ebenso verschwindelt ist wie seit Urzeiten alle Berichte von obersten Heeresleitungen es waren. Eine widerliche Lektüre. Eines muß man sich ja immer sagen letzten Endes: gibt es ja doch nur das, was es gibt. Und selbst in dieser verdrehtesten aller Welten gibt es nichts, was es nicht gibt. Also – – – hier bin ich zu Hause. Entlassen wir die interessante Dame. Aber, ich werde zum Schein noch bis zur nächsten Ecke mitgehen. So braucht sie ja nicht zu wissen, wo ich wohne. Plötzlich – man ahnt nicht wie – bekommt man Schwierigkeiten. Wer garantiert einem, daß der Präsident mit der internationalen Spionin *falsch* getippt hat. Was geht sie sonst die Freundin des Attachés an.

Aber die kleine Dame bleibt unschlüssig vor meiner Haustür stehen.

»Ach, wohnen Sie etwa hier, Madame?«

»Nein, ich nicht. Aber ich kann auch nicht zu ihm. Ich will nicht, daß er denkt, ich spioniere ihm nach,« (Wie kommt sie auf das Wort ›spionieren‹ jetzt?!) »denn, wenn Bernardo das ahnt, richte ich doch überhaupt nichts mehr bei ihm aus.«

»Verzeihen Sie, Madame. Lieben ist solch ein abgetretenes und inhaltsloses Wort. Sie haben Bernardo gern?!«

Die kleine Person dreht ihr Gesicht ganz erschrocken um und sie hat Tränen in den großen dunklen Augen unter den hohen Brauen. Also, die hat sie doch wirklich nicht abrasiert und nachgeklebt. Und was da blinkt, ist doch wahrhaftig kein Glycerintropfen. »Ich verstehe Sie nicht.«

»Verzeihen Sie, Madame. Aber bislang hatte ich wohl die irrige Ansicht: Sie gestatten ihm, Madame, daß er Sie gern hat.«

»Glauben Sie, daß ich um einen Menschen, den ich nicht gern habe, jetzt hier Stunden auf der Straße stehen werde, drüben unter den Bäumen?! Und mich heimlich wegschleichen werde, wenn ich seinen Wagen kommen sehe, damit er nur nicht merkt, daß ich gewartet habe, bis er kommt?!«

»Aber, er wird ... Sie regen sich grundlos auf ... schon längst zu Hause sein!«

Damen in solcher Aufmachung wie die kleine Person sind ja hier am Tage keine Seltenheit. Denn es ist eine vornehme Gegend, sogar hochherrschaftlich. Und kein Mensch würde sich hier wundern, wenn zum Beispiel in den Mittagstunden ein ganzer Jahrgang der Vogue auf einmal über die Straße liefe. Aber um diese tief-nachtschlafende Zeit, in der nicht mal Verliebte und Gespenster noch herumschleichen, dagegen doch allerhand fragliche Wesen einzeln und zu mehreren schon wieder dahintrotten, die die Schupopatrouillen von den Parkbänken ... denn zwei Straßen weiter beginnt er ja schon! ... vorzeitig aufgescheucht haben, weil diese Rohlinge doch dafür gar kein Einsehen haben, daß man doch irgendwo schlafen muß ... da ist diese Aufmachung doch nicht gerade das Gegebene.

Aber die kleine Dame sieht nochmal vorsichtig durch die dickgeschliffenen Türscheiben in das marmorne Treppenhaus hinein. »Nein,« sagt sie, »Bernardo ist noch nicht da. Ich sehe es ja. ›Ich sehe wieder Verschiedene, die nicht da sind‹ würde Wilhelmus Augustus Nachtigall sagen,« meint sie und lacht aus ihrer Bekümmernis plötzlich auf. »Doch idiotisch, daß Sie beide in der gleichen Schule waren, Sie und Bernardo. Sie müssen ihn dann doch eigentlich kennen, und er Sie auch.«

»Also vielleicht kenne ich ihn wirklich, Gnädigste.«

»Sehen Sie, dort Hochparterre brennt noch Licht. Man sieht ja das Oberlicht über der Entreetür ist hell, nicht wahr? Das muß immer so lange brennen, bis er da ist. Er liebt es nicht, in eine dunkle Wohnung zu kommen. Die Diener können ruhig schlafen gehen. Auskleiden tut er sich allein. Aber das Licht *muß* brennen. Er will stets das Gefühl haben oder nie das Gefühl verlieren, daß, wenn er nach Hause kommt, jemand noch da ist und auf ihn noch wartet.«

»Aber, Madame, wozu wollen Sie hier auf der Straße bleiben? Wirklich ich mache Ihnen einen Vorschlag. Das eine Zimmer bei mir, das kleine geht nach vorn, es hat sogar so einen winzigen Balkon, also das ist es nicht, Loggia vielleicht eher schon, solch einen Ausschnitt im Dach mit einem Gitter davor. Auf dem man ganz nett sitzen kann und wenigstens Tischchen und zwei Stühle herausstellen kann. Von da aus können Sie die ganze Straße übersehen und den Damm zwischen den Baumreihen ganz deutlich sogar. Und sie können sich ganz genau davon überzeugen, ob zum Beispiel unten ein Auto vorfährt. Und dann, wenn Sie beruhigt sind, kann ich Ihnen einen Wagen telefonieren, und Sie fahren nach Hause. Oder Sie gehen, wie Sie wollen und wünschen. Sie können sogar selbst die Honneurs als Wirtin bei mir machen und Tee oder Kaffee kochen. Was Sie vorziehen. Auf Damenbesuch bin ich immer eingerichtet, auch wenn ich sonst selten zu Hause esse. Mit allerhand Süßem und Salzigem und sogar Obstigem, was Damen gern knabbern, bin ich auch versehen.«

»Sie wohnen hier auch? Wie seltsam eigentlich, Gott ist das ein Zufall. Aber ich fürchte mich vor diesem Nilpferd von Portierfrau. Nein, nein, und was sagt denn Ihre Frau, wenn Sie da tief in der Nacht plötzlich ein weibliches Wesen heraufbringen werden. Ich liebe keine complications dieser Art. Haben Sie keine Frau?«

»Ich habe keine Frau, (was geht das jene an?) wenigstens keine, mit der ich verheiratet bin mehr. Von meiner ersten Frau bin ich geschieden, und meine zweite ist vor sieben Jahren, sehr jung noch, gestorben. Ich war ein Vierteljahrhundert älter als sie. Und seitdem lebe ich so gut wie allein.«

»Wie sonderbar, pardon, ich glaube, ich vergreife mich etwas in der Wahl des Adjektivs. Wie triste eigentlich für Sie. Aber ich kenne das von meinem ... von ihm, von Bernardo. Mon Dieu, mon Dieu, ich kenne das von Bernardo. Das macht den Menschen nicht glücklicher. Bernardo ist auch geschieden worden, damit er wieder heiraten konnte. Und dann stirbt ihm doch die Frau, die fünfundzwanzig Jahre jünger war als er, kaum nach sieben Jahren an irgend so einer häßlichen Blutkrankheit.«

(So, Blutkrankheit, davon weiß ich auch ein Lied zu singen!)

»Wie sie drüben manchmal ganz rätselhaft auftaucht. Und das hat er dann nie mehr so recht überwunden. Es ist garnicht wahr, daß reiche Leute so besonders bevorzugt vom Glück sind. Wenn in einer Festung eine Hungersnot wütet, ist es ja gleich, ob die Mauern stark oder weniger stark sind. Das zählt nur, wenn sie von außen belagert wird. Komisch, ein Mensch, der sich doch jede Laune befriedigen kann und mit Frauen ganz gewiß. Denn das ist ja doch nur eine Geldfrage. Und am stärksten sogar da, wo nicht nach Geld gefragt wird.«

»Ça je connais, Madame. In den Tagebüchern der Goncourts steht: ›Heute aß ich mit meinem Bruder in einem Restaurant, da saß ein alter Mann. Was wünschen Sie, mein Herr, sagte der Kellner zu ihm. Ich wünsche, einen Wunsch zu haben, sagte der alte Mann‹.«

»Ça je connais aussi, Monsieur. Bernardo sagt es immer, wenn ich ihn herausreißen will. ›Komm mit zum Rennen, mein Freund. Wir wollen heute Nachmittag mal wieder etwas auf Deinem Motorboot herumschießen draußen, old fellow. Soll ich Billets zur Oper besorgen lassen? Gehn wir doch noch mal in die chinesische Ausstellung, darling‹. ›Nein, nein, ich wünschte, einen Wunsch zu haben‹. Aber bringe ich Sie auch nicht um Ihre Bettruhe jetzt? Dann legen Sie sich einfach schlafen, und ich bleibe draußen sitzen solange. Sie sind Künstler, nicht wahr? Vielleicht wollen Sie morgen ganz früh arbeiten. Vielleicht haben Sie eine Stunde zu geben. Sind Sie Künstler?«

»Wer kann von sich sagen, daß er Künstler ist. Das müssen die Andern sagen. Ich bin nur irgend ein Mensch, der seinen Beruf verfehlt hat, und dem irgend ein anderer zufällig sein Leben lebt. Und der deshalb zufällig eine Kunst treibt.«

»Malen Sie?«

(Wozu brauche ich ihr zu sagen, was ich bin.)

»Ja, gnädige Frau, ich male. Aber ich habe es zu nichts gebracht. Son Durchschnittsstümper, der kleine und niedliche Landschaften zusammenpinselt. Mit Sonnenuntergängen, weil das die Leute gern kaufen, die zu Hause zwischen einem Glasschrank und einer Etagere einen leeren Fleck noch gerade an der Wand haben. Augenblicklich aber habe ich garnichts da. Die ganze Kollektion ist in Spremberg gerade, in der Ausstellung des Heimatvereins im Rathaus: ›der Spreewald und seine Schönheit!‹«

»Bernardo sagte nämlich, er hätte so etwas gehört, ein bekannter Schriftsteller wäre ungefähr zur gleichen Zeit wie er in das Haus gezogen.«

»Davon habe ich nie etwas gehört.«

»Ja, es wäre sogar Post verwechselt worden. Beide müßten wohl eigentlich den gleichen oder einen sehr ähnlichen Namen doch haben, wenn jener auch unter einem andern Namen bekannt ist.«

Das Schwerste am Lügen ist doch, konsequent zu lügen. »Also, nein Madame, ich wohne doch hier schon ziemlich lange. Davon habe ich nie etwas gehört.« (Nur nicht vergessen, oben beim Aufschließen, schnell die Visitenkarte abreißen, damit sie sie nicht etwa liest und mir handscheu wird und dann der ganze Spuk plötzlich verflattert ist. Überhaupt, nur nicht handscheu machen. Selbst, wenn alles, alles, aber auch alles hier gelogen und geträumt ist und sich ganz harmlos und zufällig von selbst erklären würde ... das wäre ja doch eine Geschichte, ein Roman, wie er noch nie geschrieben worden ist. Jemand, der wie eine Kravatte, die ihm nicht gehört, sondern seinem Bruder, das Leben des Andern aufgetragen hat und der Andere dafür sein Leben. Beide Kravatten sind längst jetzt verschlissen und voll Flecken schon, einfach zum Wegschmeißen sind sie geworden schon. Und doch beneidet jeder den andern, weil der mit der schöneren Kravatte und der teureren Kravatte, der aus besserem Stoff, und der mit dem geschmackvolleren Muster ganz stolz und selbstbewußt über die Promenade des Daseins gehen durfte, während er selbst sich doch, wie es ihm schien, nur scheu, mit eingezogenem Kopf immer und ewig an den Häuserwänden entlanggedrückt hat.

Aber wenn es das wäre nur. Dieser merkwürdige Traum hier, ... denn es wird mir doch niemand einreden wollen, daß ich wache, oder zum mindesten doch nur so, wie der chinesische Weise schreibt: mir träumte heute Nacht, ich wäre ein Schmetterling. Und nun, da ich aufgewacht bin, weiß ich nicht, bin ich ein Mensch, der träumte, daß er ein Schmetterling oder ein Schmetterling, der träumt, daß er ein Mensch ist.

Aber er vergaß zu sagen: bin ich etwa zugleich Mensch und Schmetterling?! Oder: es ist ein Baum da. Bis zu einer gewissen Höhe hat er einen Stamm nur. Und der eine Stamm spaltet sich in zwei Äste, zwei schwere Äste. Einer sieht nach Osten. Der andere nach Westen. Keiner sieht den andern. Keiner weiß vom andern. Der eine Ast trägt Blüten und bringt jedes Jahr Früchte. Und dem andern, der von Blitzschlägen halb ausgebrannt ist, fressen die Raupen die Blätter ab, und die Larven der Bockkäfer ziehen lange und schmerzvolle Gänge durch sein Holz und sein Mark.

Und doch ist es *ein* Baum nur. Und sie sind noch bis heute, bis zu dieser Stelle, da sie sich gabeln, ein einziger Baum mit den gleichen Wurzeln, die aus dem gleichen Boden ihres heimatlichen Erdreichs der Erinnerungen ihre Säfte saugen.

(dididada, dididada, bist du es oder bist du's nicht, ach ja, ach ja, du bist es wohl, ach nein, ach nein, du bist es nicht!)

Und warum soll denn das beim Menschen unmöglich sein? Auch wenn es die beiden Menschenäste nicht ahnen und es vielleicht niemals, es sei denn durch irgend eine seltsame Verquickung von Umständen, durch einen unglücklichen Zufall es erfahren.

Nur nicht handscheu machen, und nur nicht tun, als ob ich etwa sie neugierig ausfragen will. Dann wird sie schon von selbst sprechen, ganz von allein. Ihr Mund wird überlaufen, weil ihr gewiß schon im Kampfe der Liebe tausendmal müde gewordenes Herz ... denn wir alle gehen ja wie Diogenes auf dem Markte des Lebens und suchen einen Menschen, ohne ihn zu finden, auch wenn wir ihn hundertmal schon zu finden geglaubt haben ... doch übervoll ist ... es wird von selbst überlaufen, weil eben ihr zuckendes Herz jetzt ja voll von ihrem Bernardo ist. Nur nicht etwa handscheu machen!

Das Haus ist ganz still jetzt. Man merkt, es ist lange her, Stunden wohl schon, seitdem der letzte Männerschritt und der letzte hockhackige Frauenschuh hier in die breiten roten Läufer sich gedrückt haben. Selbst der Fahrstuhl ... die kleine Rokkoko-Portechaise ... mit seinen Polstersitzen scheint erst eben gähnend wieder aufzuwachen, wie der Schlüssel gedreht ist und rutscht langsam und faul nach unten, als wollte er damit sagen: ›Nicht mal ausschlafen läßt man mich. Das ist doch brutal!‹.

Die kleine Dame hat nochmal ihr Ohr sogar an die Tür gelegt, ob sich drinnen nicht vielleicht doch etwas regt. Immerhin Bernardo kann vergessen haben, auszuknipsen. Aber er ist in so etwas sehr genau sonst. Überhaupt ist er als Geschäftsmann peinlich korrekt und überordentlich. Das hat er so an sich, sagt sie. ›Zum Donnerwetter, was geht mich Bernardo und das alles an‹. Ich muß doch sehr alt geworden sein, daß ich die Phantasie dieser hübschen Frau keine Sekunde alteriere mehr. Wenn sie tief in der Nacht (das heißt, die Vögel sind ja schon laut, merkwürdig wieviel verschiedene Vogelstimmen es selbst hier in der Stadt noch gibt!) mit mir, den sie doch nicht mal kennt, das erste Mal in meine Wohnung geht. Ganz gleich wie gerade. Es ist doch stets ein seelisches, und vielleicht sogar ein körperliches Wagnis für eine Frau. Es wird es wohl nicht sein, soll es auch nicht sein aber es könnte es sein immerhin. Und dieses könnte muß eben respektiert werden. Mehr verlangt man ja nicht. Sonst ist es für den Andern ein Stück Bitternis eben. Aber jetzt kann man doch nicht mehr sagen: ›Bitte meine Gnädige, wäre es nicht doch angebrachter, wenn Sie wieder gingen. Nun ist es schon zu spät dazu‹.

Also noch das letzte Stück Treppe noch hinauf. Aber der Herr geht ja immer zuerst. Schnell also die Treppe hinauf und während ich schließe, habe ich schon den Reißnagel herausgedreht und die Visitenkarte in die Tasche geschoben.

»Aber bei Ihnen brennt ja doch auch Licht im Korridor, mein Herr!«

»Naja, das werde ... ach das habe ich wohl nur versehentlich heute nicht ausgemacht. Also, das werde ich nachher auf der Lichtrechnung schon wiederfinden,« sage ich.

Sie sieht sich mit Zeisigaugen um. Frauen nehmen immer schnell Inventur auf, bevor sie eine Wohnung betreten. Wie gut das plötzlich hier riecht. Wie Spanien. Wie Barcelona. Wie die ganze Rambla um elf Uhr des Nachts: »Legen Sie den Schal ab! Setzen Sie das Hütchen ab! Machen Sie es sich bei mir so bequem wie möglich. Denken Sie, ich bin nicht vorhanden. Ich nehme an: Tee. Ich habe einen elektrischen Kocher. Auch einen für Kaffee. Sie sind in diesem Augenblick mehr für Tee?! Ich auch. Sehen Sie sich noch einen Moment so lange hier um. Ach, Gott ... es ist nichts Besonderes. Na ja, ich habe so eine Puschel für altes Gelump. Zu deutsch: Antiquitäten. Es ist eigentlich nur Ausschuß.« (Wozu braucht sie denn zu wissen, daß ich noch woanders ein Haus habe, das ganz voll von so etwas steht.) »Der Schrank ist recht anständig noch. 1790 ungefähr. Aber mehr dekorativ als wertvoll ... Aachen, Lüttich. Leider doch eben sehr spät schon. Ich sehe, Sie verstehen davon etwas. Naja, Ihr Bernardo hat gewiß bessere Dinge. Da kommen wir nicht mit. Das ist eine Geldfrage. An Geschmack nämlich hat es mir nie gefehlt, nur an Geld. Wir armen Malersleute sind immer auf glückliche Zufälle angewiesen bei so etwas. Wollen Sie nicht lieber gleich auf den Balkon gehen, um den Wächter auf der Zinne da zu spielen? Ich rücke uns nachher ein paar gemütliche Polstersessel heraus, da sitzt man bequemer. Nehmen Sie solange ruhig mit dem Lederhockerchen da vorlieb!«

Aber sie ist an meinen Arbeitstisch getreten. ›Ich liebe es durchaus nicht, wenn man da herumschnuppert‹. »O, lassen Sie, es ist unordentlich,« sage ich, »es häufen sich da immer Briefe auf. Selbst zum Korrespondieren bin ich zu faul geworden.«

Aber sie beugt sich herüber und sieht sich die kleinen Fotos an, die da im Glasrahmen stehen.

»Merkwürdig,« sagt sie, »wer ist denn das?«

»Ach, das ist die jüngste Tochter, die Kleine von meiner verstorbenen Frau. Und das da ist das Kind von meiner ältesten Tochter, mein einziges Enkelkind. Sie ist heute zwei, das heißt, bald drei Jahre.«

»Also, mein Herr, wenn Sie es mir nicht sagen würden, würde ich fragen. Wie kommen Sie eigentlich zu den Fotos von Juanita und der kleinen Katharina? Na ja, wenn ich genau hinsehe, sind es natürlich nicht die gleichen. Die haben etwas größere und noch dunklere und rein mandelförmige Augen und auch dichteres Haar beide. Aber sonst sind sie sich doch fast so ähnlich, daß man sie verwechseln könnte. Nicht so ähnlich wie Sie Bernardo sind, aber der Zug von beiden ist doch in den Bildern ganz deutlich. Wenn man mir die Fotos hier zeigen würde und würde fragen: wer ist das? So würde ich auf den ersten Blick sagen: es sind sicher irgendwelche Kinder, die mir Bernardo bislang unterschlagen hat. Und dabei leben die Kinder doch hier in Deutschland, und die andern doch drüben in Buenos Aires. Und –« sie ist ganz erschrocken! »wer ist denn das???«

»Das ist niemand. Das war jemand, Madame.«

»Verzeihen Sie, daß ich so plump danach fragte. Aber Bernardos Poveretta hatte doch längere Gliedmaßen. Das Gesicht war auch strenger. Sie haben manchmal so etwas römisches drüben. Oft fast noch mehr wie die Spanierinnen. So etwas von einer antiken Plastik. Und sie haben Augen wie die Teller, so ganz weit machen sie sie auf. Alle Europäerinnen sehen doch dagegen aus, als ob sie die Schlafkrankheit hätten. Sie ist anders. Aber sie ist doch von dem gleichen Menschenschlag. Von solchen, die zu schön sind, um alt zu werden.

Und sie hat doch auch ein paar Arme und Hände hier wie eine Tanagrafigur. Finden Sie nicht eigentlich, daß sämtliche Fotos von Verstorbenen langsam solch einen traurigen, wie verschleierten Blick bekommen. Und den hat auch das Bild hier bekommen. Den gleichen Blick hat auch Bernardos Poveretta bekommen. Selbst auf dem Portrait von Ibanez hat sie ihn jetzt.«

»Verzeihen Sie, Madame, wenn ich nochmal die indiskrete Frage an Sie richte: warum heiratet er Sie nicht oder Sie ihn? *Er* hat nach niemand zu fragen und Sie gewiß nicht.«

»Sie ist indiskret, aber ich will sie trotzdem beantworten. Es ist sehr leicht für zwei Menschen, ineinander verliebt zu sein. Und sehr schwer für Mann und Frau, dauernd mit einander zu sein. Aber was haben Sie doch für viele Bücher hier?!«

»Na ja, ich lese manchmal gern, aber ich leihe mir Bücher nur ungern. Dann bin ich nämlich gezwungen, sie zu lesen.« (Wenn sie jetzt nur nicht auf Bücher von mir zu sprechen kommt! Da stehen sie groß und breit, eigentlich müßten sie ihr ja doch ins Auge fallen). »Aber wir werden keinen Tee kriegen, wenn ich ihn nicht doch mache. Sehen Sie, nun wird es schon ganz hell draußen. Ich glaube, man kann überhaupt das Licht ausknipsen. Was ist dieser Bernardo eigentlich für ein Mensch? Er interessiert mich! Sie müssen mir von ihm erzählen. Ich habe solche Vorliebe ... schon beinahe eine Puschel von je für Südamerikaner. Ich konnte sogar südamerikanisch wie ein Gaucho fluchen, ehe ich überhaupt deutsch fluchen konnte. Das lernt man nur in Bayern. Und dann auch dort nur richtig beim Militär.«

»Das sagt Bernardo auch immer.«

»Weil ich als ganz kleines Kind nämlich ein südamerikanisches Freundchen hatte.«

»Ach, so was hat mir Bernardo auch erzählt einmal. Er war der Sohn eines Gesandten, oder seine Eltern waren bei einer Gesandtschaft. Die Südamerikaner sind doch alle gewaltige Aufschneider. Wie hieß er denn nur? – Also sein verehrter Herr Vater konnte auch ebenso gut Kutscher bei einer Gesandtschaft von Bolivia gewesen sein.«

»Panchite de Ramiros!«

»Ja ja, so hieß er wirklich! Woher wissen Sie denn das?«

»Ich rate das nur. Wahrhaftig, ich weiß manchmal, ohne daß ich es selbst weiß, das, was der Andere gerade sagen will. Aber das geht vielen Menschen doch so. Und außerdem, so ungefähr alle Südamerikaner heißen doch Machado oder Ramiros. Das ist da sicherlich ein ebenso häufiger Name wie hier Schulze. Hören Sie, das Wasser kocht schon. Also ich bringe Ihnen gleich einen bequemeren Stuhl heraus. Sie wollen so sitzen bleiben? Bitte, dann nehme ich ihn mir. Und was sagen Sie zu der Aufnahme bei mir? Alles, was Ihr Herz begehrt, sogar Erdbeeren. Sie haben keinen Appetit? Der wird schon kommen beim Essen. ›Jetzt wollen wir essen!‹ meinte der Bischof von St. Jago di Compostella, ›das Fasten beginnt erst nach der Mahlzeit‹. Sehen Sie, da lachen Sie wieder, Madame.«

»Ja, das sagt Bernardo auch gern.«

»Wozu ängstigen Sie sich, Madame? Man ängstigt sich immer nur um Dinge, vor denen man sich nicht zu ängstigen braucht. Also, nehmen Sie wenigstens mal erst Tee! Dann werden Sie auch nicht mehr so mit den Zähnen schnattern. Dann wird Ihnen schon innerlich etwas warm werden. So vor Sonnenaufgang wird es immer, selbst jetzt noch, etwas kühl – – oder wollen wir uns lieber doch hineinsetzen?! Wunderhübsch wie der Himmel jetzt da hinten rosig wird. Und sehen Sie, da oben saust schon der erste Mauersegler dahin. Der steht immer fast am frühsten von allen Vögeln auf und geht als letzter schlafen auch dafür. Und als erster im Jahr geht er wieder nach dem Süden, nach Spanien sogar. In Granada. Wenn ich hinten in dem Erker von Generalife saß und in das Tal hinuntersah und drüben auf die Sierra Nevada, da schossen sie wie die Libellen in dem Tal unter mir dahin im letzten November. Vielleicht war es die gleiche wie die da oben. Man muß immer sonst zu ihnen hochsehen, und ist nicht gewohnt, auf sie herabzusehen, und es ihnen auf den braunen Rücken und den gehobenen Kopf mit dem weit offenen Schnabel zu tun ... Aber Ihr Freund, Madame, ist doch von Hause her Deutscher, sogar Berliner, wie mir scheint doch. Wie ist er denn da herüber damals verschlagen worden. Das war doch nämlich auch mal mein Wunsch.«

»Ach, Gott, Cavaliere, viel weiß ich ja auch nicht davon. Genau so wie von seiner zweiten Frau, die ihm jung weggestorben ist, spricht er nur ungern davon. ›Verflucht seien die Korallen des Meeres‹, sagt er immer nur, wenn ich ihn mal danach fragen will. Und deswegen frage ich ihn nicht. Aber manchmal kommt er von selbst darauf, nicht wahr. Also, es war ein reiner Zufall, ein ganz unglücklicher Zufall, sagt er nur. Er war Kaufmann. Er war – das mußte man hier früher so, – jeder mußte das sogar – beim Militär gewesen. Er war da krank geworden. Und er hatte jetzt keine Stellung wieder. Und da war jemand, den er von Kind an, das heißt als Kind schon gekannt hatte. Der war einige Jahre älter wie er. Später verwächst sich so etwas ja, und hatte ihn schon immer, als er ein ganz kleiner Junge noch war, protegiert und bevatert. Er erinnert sich sogar noch ganz genau, wie er ihm Zinnsoldaten gekauft hat. Er hat mir sogar das Haus in der Mathaei-Kirchstraße gezeigt, wo mal der Keller war, wo es die gab, sieben Stück in einer Spanschachtel für einen Groschen.«

»Ach, ja, und einer hatte meist nur ein Bein davon. Wie bei Andersen der standhafte Zinnsoldat.«

»Das sagt Bernardo auch so, manchmal. Ja ja, und an den schrieb er, ob sie nicht vielleicht für ihn etwas wüßten oder hätten. Und der ließ ihn sich dann kommen und sagte ihm, sie wollten drüben in Argentinien eine Filiale aufmachen erstmal, und dann vielleicht auch selbst fabrizieren drüben, um die Frachten, die Spesen und die Zölle zu sparen. Und er bot ihm an ...«

»Aber das muß doch schon sehr sehr lange her sein jetzt! Wann mag denn das so ungefähr ...?«

»Wann? Ach richtig: wie oft habe ich ihn diesen Tag und sich selbst dabei verfluchen hören. Naja fluchen, das gewöhnt man sich leicht da drüben an. Es gehört einfach zum Dasein. Die feinsten Herren fluchen wie die Maultiertreiber (unter sich wenigstens). Das war genau am fünfundzwanzigsten Jahrestag der Schlacht von Sedan. Er hat es behalten, weil da so ein dicker alter Reisender war, der erzählt hat, wie er damals gerade in Moskau ...«

»Moskau?«

»Ja, jedenfalls in Rußland!«

»Und das ist nun heute also wieder siebenunddreißig Jahre her.«

»Ja, und der hat ihn gefragt dann, ob er eine Stelle bei ihnen für Südamerika, für Argentinien, für Buenos Aires annehmen wollte.«

»Und hat er denn zuerst das Geld, ich meine den Zuschuß von Hause, nicht wahr? bei so etwas ist es doch üblich, zuerst, ich verstehe ja nicht viel davon … von seiner Familie, oder seinen Verwandten ... Er muß doch eigentlich hier noch?«

»Nein,« die kleine Person schüttelte die schwarzen, lackschwarzen, wohlondulierten Haare, in denen nur der blitzende Kamm eigentlich fehlte, der das Spitzentuch halten muß, »nein, ich habe nie von Verwandten Bernardos hier etwas von ihm gehört.«

»Richtig! Ich begreife: ein kluger Mann hört beizeiten auf, seine Verwandten zu kennen. Und vor allem dann, wenn der kluge Mann noch reich, oder der reiche Mann noch klug ist. Aber war da nicht so irgend ein Goldonkel, der es ihm geben, oder wenigstens leihen konnte?«

»Davon hat mir Bernardo kein Sterbenswort erzählt. Doch ja, jetzt weiß ich. Er sollte doch zuerst Zuschuß nötig haben.«

»Nun, und?«

»Er hat dann einfach, wie er gesehen hat, daß er ihn nicht kriegen konnte, gesagt, er wird ihm nachgeschickt. Hat da ganz simpel eine kleine Notlüge gebraucht. Da ist doch eigentlich nichts Schlimmes dabei? Und drüben zuerst etwas Schulden gemacht. Das lag doch lächerlich nahe, nicht wahr?«

»Also, ich hätte das auch so gemacht. Ganz bestimmt, Madame. Das kann man ihm nicht übel nehmen. Wozu ist man denn Kaufmann, nicht wahr?«

»Zehn Jahre wollte er allerlängstens drüben bleiben, und wenn er nur etwas Geld sich gespart hätte, dann nach hier wieder zurückkommen und tun und lassen, was er wollte. Nochmal studieren sogar. Richtig auf die Universität gehen erst. Viel reisen und sehr sehr viel schreiben. Dann wieder schreiben.«

»Schreiben? Na das tut man doch nicht so einfach aus dem Handgelenk. Hatte er denn vorher mal geschrieben?«

»Ach ja, gewiß doch, für sich. Das ... so Schreiber, Auteur wollte er doch mal werden im Leben. Das hatte er sich schon auf der Schule damals vorgenommen, wie er bei Lasker die Schulzeitung heimlich herausgab.«

»Die Schulzeitung beim dicken kleinen Gummiball, dem Lasker? Daran hatte ich ja garnicht mehr gedacht. Wirklich, verzeihen Sie, wir haben ja die gleiche Schule besucht doch.«

»Schon damals sich vorgenommen, ein berühmter und großer Schriftsteller! Das hatte er sich vorgenommen. Das hat ihm immer vorgeschwebt: ein Dichter wollte er werden.«

»Kann man denn das werden, eigentlich?«

»Ja, das war doch sein Ehrgeiz. Und er hat im Geschäft gesagt: er ist krank und muß nach Haus gehen, und ist zu einem berühmten Kritiker gefahren und hat dem sein Drama vorgelesen und der hat ihn sehr ermutigt, und ihn sogar … also lügen tut Bernardo nicht! Wenn er auch mal in geschäftlichen Dingen eine kleine Notlüge sich macht, in *so etwas lügt er nicht* … eine große Zukunft prophezeit. Er wäre der Dritte, dem er nicht abriete. Und mit den beiden Andern hätte er Recht behalten. Die hätten sich durchgesetzt. Der Eine stände sogar ganz groß heute in der Welt da. Und er würde sich freuen, wenn er auch bei ihm Recht behalten würde.«

»Wie hieß denn das Drama? Wissen Sie das noch, Madame? Nein, halten Sie mal. Da hörte ich mal in meiner Jugend von einem so begabten Stück eines jungen Menschen, der nachher ganz verschollen ist. Aber man hat es dann doch nie auf die Bühne gebracht. Das kann wirklich jetzt so vierzig Jahre oder *noch* länger her sein. Es waren ja eigentlich nur zusammenhanglose große Scenen. Das hieß: ja war es ›Der Wolkenschatten‹? oder war es, halt: ›Das Recht des Schwächeren‹?«

»Ja ja, das war es. Der Schwächere hat nur ein Recht auf der Welt, nämlich den Tod. Dann müssen Sie ja auch Bernardo damals vielleicht gekannt haben?!«

»Sicher nicht persönlich, denn das würde ich ja behalten haben. Und hat der junge Mensch, wenn ich mich nicht falsch erinnere, auch mal nicht so etwas, wie einen Roman geschrieben? Ich habe so eine dumpfe Vorstellung. Denn unter jungen Leuten in so einer Stadt, aus einer Gegend da spricht sich ja so etwas herum.«

»Ach ja! Richtig! Er hatte sogar viele Hoffnungen darauf gesetzt. Er hatte ihn einem Verleger eingereicht. Aber er hat dann nie mehr etwas davon gehört. Nein, nie mehr. Er hat sogar xmal von drüben an den Mann geschrieben. Aber wie das so geht, er hat nicht mal das Manuskript mehr zurückbekommen dann. ›Alle Verleger sind Schweine!‹ sagt er immer. Er hatte sich nebenbei so ungefähr eingeredet, daß da drüben die Leute mit einem Federschurz und mit Nasenringen aus den Hauern von Warzenschweinen und mit geschlitzten Ohrläppchen mit Holzpflöcken drin herumlaufen. Und überall war es genau wie hier auch. Nur viel zivilisierter. Und Bernardo haßt eigentlich Städte und sagt immer: er begriffe wirklich nicht, warum gerade er dazu verdammt worden ist, in diesem riesigen Millionenameisenhaufen von Menschen herumzujagen, und nie aufhören zu können … Wissen Sie, wenn ich Sie so ansehe jetzt, denke ich manchmal: Sie sind eigentlich Bernardo, und möchte Sie lieb haben dürfen.«

»Signora, Sie würden einen schlechten Tausch machen. Ich habe keine Brillantboutons für so niedliche Öhrchen zu verschenken, ich nicht.«

»Ja, er sagt, daß er immer, bis er hinüberging … und die ganzen Nächte beim Militär, auf der Schule und als Kaufmannslehrling und als junger Mann (ist das nicht jeder so in den Jahren?) die ganzen und die halben Nächte durch-

geschrieben hat wie im Fieber. Denn es hat ihm immer als letztes Ziel vorgeschwebt, mal schrecklich berühmt zu werden.«

»Signora, da kann man keine Wechsel drauf ziehen.«

»Und von der Sekunde an, am ersten Sonntag Vormittag, als er das Schiff
im Hafen von Hamburg betreten hat, hat er nicht eine einzige Zeile in all den
Jahrzehnten wieder geschrieben, solange er drüben war. Und er hatte sich
ganze Bündel weißes Papier und ein Dutzend gespitzter Bleistifte mitgenommen. Aber er hat von dem Augenblick an, da er das Schiff in Hamburg betreten hat, niemals auch nur eine einzige Zeile wieder geschrieben. Es ging nicht
mehr. Er war plötzlich fertig. Ausgeschrieben. Er hatte plötzlich das Gefühl
bekommen, als ob ein anderer sein Leben für ihn lebte und die Gedanken
dächte, die er eigentlich denken müsse … Können Sie sich das vorstellen?
Welch ein Nonsens! ›Aber Bernardo,‹ sage ich immer, ›freue Dich doch, daß
du der geworden bist, der du bist und daß du nicht das geworden bist, was du
wolltest. Wer von Illusionen lebt, stirbt meist vor Hunger.‹

Länger wie zehn Jahre also, wollte er nicht drüben bleiben. Das hatte er sich
fest vorgenommen. Und dann wollte er einfach alles, was sich in ihm, wie er
immer sagte, wie in einer riesigen Scheune aufgespeichert hatte, einfach wie
Kerne aus den Halmen dann dreschen. Und wie er jetzt nach siebenunddreißig
Jahren das erste Mal herüber wieder kam … oder drüben schon, da sah er
plötzlich, daß die ganze Scheune vollkommen leer und alles von Mäusen aufgefressen war, und daß die paar Halme, die noch drin waren, dumpfig und
schlecht geworden waren. (Also das sagt er immer wenigstens.) Manchmal
schreibt er jetzt ja noch, aber er zeigt nie etwas davon. Er zerreißt es oder ver-
brennt es dann immer. Er sagt, sein ganzes Leben wäre ja doch nur ›ein begra-
bener Traum‹. Gewiß, er hätte aus Mist Gold gemacht. Aber nun ist er verflucht wie Midas. Nur, daß ihm jeder Gedanke gleich zu starrem und lebensto-
tem Gold wird. Und das ist noch schlimmer wie jede Speise, meint er. Sein
Lebtag müsse er sich mit Betrügern herumschlagen. Jeder Mensch ist betrüge-
risch von Hause her, wenn er dazu Gelegenheit hat. Und man kann ihm nur
beikommen, wenn man selbst ein noch größerer Betrüger ist. Man muß eiskalt
werden. Oder wenn man sie besticht. Und jeder Mensch, drüben wie hier, ist
bestechlich. Jeder ist käuflich, sagt er. Nur die Summen schwanken, sagt er,
für die sie zu haben sind. Der einzige Unterschied ist, daß die unanständigen
Menschen billiger sind wie die anständigen es sind.«

»Und wie ist er denn eigentlich in seinem Geschäft so hochgekommen?«

»Ach, haben S i e, denn schon mal jemand gesehen, der reich wird, wenn
er in die Tasche anderer Leute arbeitet? Er ist einfach nicht sehr lange da
geblieben. Er hat sich des Abends, als er vom Schiff ging, mit ein paar jungen Amerikanern angefreundet. Und er hat dann mit denen später, die Gillet-
te-Klingen, wie sie neu aufkamen, mit denen zusammen zuerst importiert …
zuerst. Und ein richtiger Argentinier rasiert sich doch des Tags zweimal und
Sonntags dreimal und sieht trotzdem immer unrasiert aus. Und dann hat er,
wie eine große Dürre im Osten war, totes Vieh aufgekauft. Die Leute, die

bisher es, ohne sich darum zu kümmern, im Feld einfach haben verludern
lassen, haben ihn ausgelacht. Und er ist an den Häuten und an den Knochen
und an den Hörnern reich geworden. Und dann hat er die guten Jahre in Mais
und Weizen gehabt. Und er hat dafür gesorgt, daß in schlechten Jahren, das
heißt, wenn die Ernten zu groß waren, doch die Preise gehalten werden
konnten.«

»Ach so.«

»Denn, er war in hundert Sachen bald drin. Und dann hat er so nebenher ein
Konkurrenzunternehmen gegen seine alte Firma aufgezogen. Sie sind nicht
gerade im Guten auseinander gegangen. Die Ecken von den Hauptbüchern, die
sie sich an den Kopf geworfen haben, haben sich dabei verbogen, sagt Bernardo. Und die hätten ihn doch damals ganz kalt verrecken lassen, trotzdem sie
ihm doch erst goldene Berge versprochen hatten. Und er hat die alte Firma da
drüben ganz kaputt gemacht dann. Und hat dann selbst dafür drüben die Mo-
nopolstellung gehabt. Dann ... lange danach … hatte er sich ganz auf Baum-
wolle gelegt. ›Man liegt garnicht immer so weich darauf,‹ sagt Bernardo, ›wie
das klingt. Aber es ist ein amüsantes und aufregendes Geschäft für die Nerven.‹ Und die hier sind ja auch in Schwierigkeiten geraten dadurch damals.
Und der Juniorchef, das heißt jetzt der Seniorchef hatte sich gerade eben erschossen deshalb, wie Bernardo jetzt rüberkam. Hätten sie sich nur an Bernardo gewandt. Er hätte sie gern saniert. Hätte ihm sogar Spaß gemacht. Er meint
auch noch heute, daß er à la longue kaum etwas daran zugesetzt hätte, wenn er
es mit seiner Sache von drüben wieder fusioniert hätte.«

»Verstehen Sie denn etwas von solchen geschäftlichen Transaktionen?«

»Nur was ich von Bernardo höre. Er bespricht das gern mit mir. Er sagt, je
mehr einer davon versteht, desto größere Dummheiten macht er. Und sein gol-
denes Schäfchen versteht garnichts davon. Also kann man manchmal auf sie
hören. Wirklich ich verstehe nichts von Geld, außer es auszugeben, Cavaliere.«

»Ach schade, daß der Juniorchef (ich sehe die Zinnsoldaten noch) sich da
erschossen hat. Ich glaube, ich habe ihn auch mal kennen gelernt, vielleicht
später noch. Wir Maler müssen ja viel in Gesellschaft gehen, sonst verkaufen
wir nichts.«

»Eigentlich haßt ja Bernardo die Leute, die Geld scheffeln und sich deswegen für wunder wie tüchtig halten, und unersetzlich halten, und sich als Wirt-
schaftsführer aufspielen. ›Ich bin der Mann, der neuen Geist in die Büstenhal-
terindustrie gebracht hat.‹ Dabei leben sie doch, sagt Bernardo, außer daß sie
fressen, saufen und lieben und von den Grand Hotels in die Aufsichtsratssit-
zungen und wieder ins Grand Hotel von da fahren, glatt am Leben vorbei. Sie
sind aufgeplusterte Spatzen, sagt er. Je tiefer der Schlamm war, aus dem sie
aufgestiegen sind, desto brutaler und desto aufgeblasener sind sie. Ein von
Hause her anständiger Mensch läßt sich nicht dadurch bestechen, daß es ihm
gut geht. Wem wie mir, sagt Bernardo, die Armut durch fünfundzwanzig Jahre
ihr glühendes T. f. in die Schulter gedrückt hat, ihr travail forcé, der verliert
die Narben davon nicht mehr. Und sie fangen an zu brennen, wenn er Armut

sieht bei den Leuten, die ihn reich machen müssen. ›Geld verdirbt genau so das
Gefühl,‹ sagt Bernardo, ›wie Politik den Charakter,‹ sagt er.«

»Hat Ihr Bernardo denn auch etwas mit Politik ...?« (, *doch wohl* eine internationale Spinonin, vielleicht.)

»Ach Gott. Er war nur mal einen Monat irgendwo Minister. Aber das will
nichts sagen, das ist man drüben *noch* leichter bald, wie hier, wo doch die
Ministerposten jeden Monat schon beinahe hier ausgelost werden. Und dann
war er auch mal in eine kleine Revolution verwickelt, und sollte in einer halben Stunde schon fusiliert werden. Das war damals in Equador. Das hat Bernardo viel Geld gekostet für die Generäle, die damals gerade gewonnen hatten.
Aber das ist drüben nie anders.«

»Eigentlich aber hat doch Ihr Bernardo ein wundervolles, beneidenswertes
Leben gehabt. Dagegen hat doch unsereiner nur wie in einem Dornröschen-
schlaf dahinvegetiert. Wie kann man da sich unglück ...«

»Das dürfen Sie vor Bernardo nicht laut werden lassen. ›Was hat man im
Leben getan denn?!‹ sagt er. ›Das Einzige ist, man ist für seine Kinder eine
Goldquelle, eine gut geführte Pension und ein Heiratsbüro gewesen. Aber was
man selbst dabei geworden ist, danach fragt niemand. Ich habe mir in diesem
Dasein meine Stiefel und meinen Rock zerrissen, und ich weiß genau, ich kann
mir keine neuen Stiefel und keinen neuen Rock mehr kaufen. Für ein vergolde-
tes Linsengericht habe ich meine Zukunft verkauft ... Und wenn ich mir auch
einen ganzen Laden voll Schuhen und Kleidern kaufen kann, es ist doch nicht
ein paar Stiefel und nicht *ein* einziger Rock mehr dabei, die mir passen, in dem
ich mich sehen möchte. Schön: ich werde, sagt er immer, sieben stolze Anzei-
gen in drei großen Blättern haben und einen Nachruf im Handelsteil: ,Der
bekannte ... aus Berlin stammend ... aus kleinen Anfängen ... durch Jahrzehnte
... gerade wieder in seine Heimat zurückgekehrte ... niemand, der den elasti-
schen und noch jugendlichen ... hätte ihm seine Jahre geglaubt, und niemand
sein vorzeitiges Ende vermutet. Noch vor einigen Tagen hat seine kluge Opposition in der Generalversammlung der D. D. V. Schritte verhindert, die als
übereilt hätten bezeichnet werden müssen. Die internationale Finanzwelt verliert ...' Und übermorgen wird schon niemand mehr wissen, wer man war, und
es wird nichts bleiben außer einem mitleidigen Gedanken und das auch nur bei
dir, mein Goldschaf. ‹ Das sagt er doch täglich fast.«

»Und was wäre von ihm geblieben, wenn er das gemacht hätte, was er
wünschte?! Drei Buchtitel, nicht mehr. Und Erfolg?! Erfolg kompromittiert.«

»Wie häßlich, sagt er immer, ist es, wenn die Seele schon müde wurde, ehe
daß der Leib müde wurde!«

»Nun, das haben wir beide aus Marc Aurel herausgelesen.«

»Unglücklich, Cavaliere, ist ein schwaches Wort dafür. Er spricht ja kaum
noch je darüber. Und doch weiß ich, er denkt an nichts anderes. Wenn er mir
mal etwas erzählt, so ist es nie fast aus *der* Zeit, die er verloren hat, wie er sagt.
Aber wie er die Schule geschwänzt und im Tiergarten auf einem Baumstumpf
im Gebüsch gehockt hat, wie sie ihn gesucht mit der Polizei haben; wie man

ihm erzählt hatte, daß Pferde nicht auf Menschen treten und er das ausprobiert hat, und sich auf den Reitweg vor ein galoppierendes Pferd geworfen hat.«

»Richtig, das hatte ich ganz vergessen gehabt.«

»Von seiner ersten Freundin, die so wunderschön war, und nachher doch einen Arbeiter vom Schlachthof geheiratet hat, wie er schon drüben war.«

»Ach, Clara Rutkowski, Gott wie lange die tot ist.«

»Von seinem Freund Nathanson, der soviel Chemie wußte und so gute Anlagen für Bildhauerei hatte, der muß sicher als Chemiker oder als Bildhauer ganz groß geworden sein.«

»Nathanson? Ich kannte ihn auch, er ist kleiner Magistratsbeamter geworden, besserer Schreiber. Und im Kriege gefallen. Und das war gut für ihn … eigentlich.«

»Wie sie bei seinen Eltern zu Hause die Möbel gepfändet haben und er sich über die blanken Flecke an den Wänden, wo das Sofa gestanden hat und die Bilder gehangen haben ...«

»Ach ja, wenn dann die Teppiche weg sind, kann man so gut auf dem gebohnten Fußboden schliddern.«

»Von den Essigpflaumen und der Kalbskeule, die es bei der Hochzeit des Dienstmädchens gegeben hat. Nirgends kriegt man mehr Essigpflaumen.«

»Richtig, wirklich nicht, Signora. Aber sie schmeckten vorzüglich.«

»Und immer wieder hat er das Gefühl, jemand hat ihm später sein Leben weggelebt, wie es vorkommt, daß einem jemand bei einem Herrenessen ein Glas Portwein austrinkt, das man versehentlich anderswo aus der Hand gestellt hat. Er erzählt, wie er ganz klein war und dem Eismann Rosen aus dem Garten gegeben hat, weil er glaubte, der würde ihm Eis geben dafür.«

»Aber Eismänner geben einem niemals Vanilleeis für Rosen, wirklich nicht, Madame.«

»Tausenderlei noch. Ich kann das schon alles so gut wie auswendig. Hundertmal hat er mir die Geschichte von Fleischmann erzählt. ›Der Bengel war imbecil‹, sagt er immer, und von der Schulfeier, wo der dicke Prümers die Weiherede zu Sedan gehalten hat, der das eiserne Kreuz bekommen hatte, weil er allein einen ganzen französischen Proviantzug aufgefressen hatte. Fleischmann war sein Intimus. Einmal ist er sogar seinetwegen richtig arrêtiert worden. Fleischmanns Vater war Herrschaftskutscher, aber er renommierte daß seine Eltern Pferd und Wagen hielten … Wie er plötzlich gesehen, daß es Herbst war, trotzdem er garnichts vom Sommer bemerkt hätte, davon spricht er besonders gern. Das ist mein Leben gewesen, sagt er: Herbst ohne Sommer. Wie ihn der Juniorchef sogar untergefaßt hat und immer auf den großen Blumen des Axminsterteppichs auf und ab mit ihm gegangen ist, ... vom alten Näther, der mit seinem Vater immer Mittwoch Abend Schach gespielt hat und den Elfenbeinstock mit dem geschnitzten Hundekopf hatte und eine weiße Perrücke trug.«

»Und mich immer mein kleiner Bernhardiner genannt hat, oder auch Bernhard von Clervaux genannt hat.«

»Aber ich muß Ihnen immer von Bernardo erzählen. Erzählen Sie mir doch mal etwas von sich. Kann ich länger hier warten? Sie werden schlafen wollen? Es ist nun schon ganz hell. In einer Viertelstunde muß die Sonne hochkommen.«

»Komisch, daß man das in der Stadt fast nie sieht. Ich glaube, es gibt Menschen, die überhaupt noch nie die Sonne haben aufgehen sehen, nur untergehen. Aber was soll ich Ihnen von mir noch erzählen, Madame? Eigentlich haben wir doch schon die ganze Zeit über *nur* von mir gesprochen. Wissen Sie, die Juden, die haben einen Fasttag, und da hat mir mein Vater eingeredet, ich müßte die ganze Nacht über im Tempel bleiben und fasten; und, damit ich doch nicht verhungere ...«

»Also, die Geschichte kenne ich auswendig. Die hat mir Bernardo auch von sich erzählt.« Die kleine Person lacht, so bekümmert sie auch innerlich ist und tief verängstigt. »Ich glaube, da renommieren alle Kinder mit. Da hat er sich Weißbrötchen und Pflaumen noch eingesteckt und sie ganz heimlich noch in der Synagoge aufgeknabbert.«

»Na ja, also, das mag nicht ganz neu sein. Ich dachte nur, es wäre es. Aber sagen Sie, schreibt denn nun Ihr Bernardo garnichts mehr?! Und schreibt er deutsch oder spanisch?!«

»Er hat mir nur mal ein paar Verse gezeigt. Vielleicht macht er etwas, aber ich sehe nichts davon. Aber er sagt, in den Jahren, in den vierzig Jahren, da er keine Poesie mehr geschrieben hat, hat sich die lyrische Form in Deutschland so sehr verfeinert, daß es doch nur ein kindisches Gereime wäre, was er zusammenbrächte. So sagt er. *Ein* Gedicht hat er gemacht auf die Magnolie an der Ecke hier.«

»Die Magnolie? Die ist doch dann erfroren! Sagen Sie mal, haben Sie davon etwas, nur ein paar Zeilen wenigstens behalten, Madame?«

»Das weiß ich nicht, aber vielleicht bekomme ich sie zusammen noch. Warten Sie:

Wie hab ich mich gefreut, als die erste Magnolie kam,
Weiß wie Porzellan und so zart in dem Rot
Wie die letzte Wolke des Abends verloht.
Wie hab ich mich gefreut.

Denn der Winter war hart, und der Winter war lang,
Und ohne Blumen und ohne Gesang
Der Vögel. Und so grau jeder Tag, so grau!
Wie hab ich mich gefreut.

Aber dann kam der Frost (Aber dann kam der Frost, kam der Frost)

Weiter, weiter weiß ich es beim besten Willen nicht.«

»Warten Sie, Madame, ich kenne es glaube ich. Es ist wohl irgendwo doch gedruckt dann worden. Ich habe es mir sogar abgeschrieben. Sehen Sie, hier liegt es ja unter meinen Briefen gerade.

Und dann kam der Frost noch einmal zurück,
Zerstörte mein noch nicht erblühtes Glück,
Das Weiß wurde braun,
Das Rot wurde müd,
Und eh sie noch in der Sonne geglüht,
Eh noch der ganze Wunderbaum
Sich gehüllt in seinen silbrigen Traum,
Zerstoben die Knospen zu flatternden Scherben,
Um unerfüllt am Boden zu sterben.

… … Was machts dich traurig?!

So ist es doch eben,
Mit allem, was du geliebt hast im Leben.
Wie hatte ich mich gefreut.

Sehen Sie, Madame, jetzt wird die Sonne gleich hochkommen. Drüben haben sich schon die Dächer verfärbt. Man lebt doch sonst in solcher Stadt so ungefähr, als ob man zu einer Theatervorstellung chronisch zu spät kommt. Immer wenn man kommt, ist der Vorhang schon aufgezogen, und das Stück hat begonnen. Und gerade den köstlichsten Moment, wenn der Vorhang hochrauscht, und die Scene wie neu vor einem liegt, den hat man versäumt. Wie nett solch eine Stadt des Morgens ist und bevor sie aufgewacht ist, und wie friedlich! Man glaubt ihr garnicht, wieviel Kampf und Gemeinheit und Brutalität so in einer einzigen Straße allein schon steckt, geschweige denn im Ganzen. Und sehen Sie, da hinten kommt jetzt auch Ihr smarter rebhuhnfarbener Wagen. Wenn ich darauf aus wäre, Ihre Gunst zu erwerben, würde ich Rolls Royce sagen. Selbst wenn man falsch geraten hat, schmeichelt das dem andern dann stets. Also, nun trinken Sie noch ruhig ihren Tee aus. Und wenn der Wagen unten eine Weile fort ist, werde ich Sie herunterbringen. Und es hängt von Ihnen ab, ob es das letzte Mal ist, daß wir uns gesehen haben. Sie müssen mir noch mehr von Bernardo erzählen, dann erzähle ich Ihnen auch mal mehr von mir.« (Dididada didadada, bist du es oder bist du's nicht, ach nein, ach nein, du bist es nicht, ach ja, ach ja, du bist es ja!) »Nicht wahr, Madame, wenn ich es mir recht überlege: er hat doch von uns beiden das bessere Teil erwählt. Sehen Sie, der Wagen hält unten schon vor der Tür. Also haben Sie sich ganz umsonst geängstigt.«

Wirklich, der Wagen hält. Solch ein Wagen steht fast aus voller Fahrt wie festgerammt, und plötzlich kreischt es auf durch die Stille: Peng … und wieder Peng, und nochmal dann Peng. Und dann nichts mehr. »Um Himmelswillen, warum schießen sie denn heute wieder. Ewig wird doch hier geknallt, von diesen Bengels, mal die einen auf die andern und mal die andern auf die einen. Fast jede Nacht hört man das doch hier draußen von irgend einer Ecke mal, und am Abend liest man ›in den Morgenstunden kam es zu einer Schießerei am Preußenpark‹ oder ist da an dem Wagen etwa ein Reifen geplatzt? Aber so etwas knallt anders. Und dann doch nur einmal.«

Jetzt hört man auch Rufen aus dem Wagen heraus. Der braune Schofför reißt die vordere Tür auf und schreit: »Auxilio! Auxilio! Suicida! Suicida!«

Die kleine Person ist ganz auf ihrem Hockerchen da in sich zusammengesunken. »Nun hat er es doch getan! Nun hat er es doch getan,« stammelt sie wohl zehnmal vor sich hin und preßt die Fäuste in die Augen. »Nun hat er es doch getan!« wimmert sie, »doch getan«, schreit sie.

»Unsinn, es wird nichts sein, kommen Sie mit, Madame, wir müssen heruntergehen.«

Und schon springt er die roten teppichbelegten Stufen zum Fahrstuhl hinab. Und schon schließt und rüttelt er am Schloß des Fahrstuhlgitters. Der Fahrstuhl steht ja noch oben, nicht wahr?

Und was nun geschieht, ist nie ganz geklärt worden. Das Treppenhaus ist ja noch nicht recht hell. Jedenfalls wird wohl jemand noch später gekommen sein, der den Fahrstuhl, die kleine Rokkokoportechaise nach unten gebracht hat wieder. Nicht wahr. Die Tür d a r f dann nicht aufgehen. Eigentlich darf sie nicht aufgehen dann. Theoretisch wenigstens ist es völlig unmöglich und ausgeschlossen, sobald der Fahrstuhl nicht hinter ihr steht. Da gibt es ein halbes Dutzend von Sicherungen, die doch nicht alle auf einmal und zugleich versagen können. Also, die Tür darf nicht aufgehen. Wenn sie es auch ab und zu mal tut. *Wie* weiß man nicht und kanns auch nicht erklären. Also, er reißt die Tür auf … es ist ja noch nicht sehr hell gerade hier oben, und tritt ins Leere hinein.

Einen Augenblick hängt er noch an der Rechten über dem Rand. Aber dann verläßt ihn schnell die Kraft. Ein Mann Anfang der sechzig hat ja nicht mehr allzuviel davon. Und vor allem nicht nur in einem Arm, um das ganze schwebende Körpergewicht lange zu halten. Er hangelt auch noch mit den Knien noch nach dem Rand herüber, aber er bringt sie nicht mehr herauf da. Und das Letzte, was er spürt, ist, wie das Drahtseil, an dem er entlangschleift, hinten den Rock noch zerreißt, wie er an ihm entlang den Schacht hinuntersaust, die zwölf Meter tief hinab auf das eiserne Gestänge des Stuhls herauf. Er muß bei dem Sturz durch das ganze Haus schon vorher ohnmächtig geworden sein. Sicherlich jedoch war er im gleichen Augenblick tot, als er mit dem Kreuz auf das eiserne Gestänge des Fahrstuhls da unten geschlagen war.

Geschrieben Juni 1937

Georg Hermanns Novelle »Bist du es oder bist du's nicht?«

Anmerkungen zur Überlieferung und editorische Notiz

Hermann schrieb diese bisher unveröffentlicht gebliebene Novelle im Juni 1937 im holländischen Exil. Die einzige bisher öffentlich zugängliche Version des Texts ist ein 83-seitiges Fragment in der Georg Hermann Collection des Leo Baeck Instituts in New York. Die vorliegende Edition der Novelle basiert jedoch auf dem vollständigen, 137-seitigen, maschinenschriftlichen Exemplar, das sich im Besitz von Hermanns Enkel George Rothschild befindet. Der Titel, dem Text eines Kinderlieds entlehnt, bildet auch das Leitmotiv dieser Novelle um die Frage nach der Identität. Die dazugehörigen Noten wollte Hermann in den gedruckten Text eingesetzt sehen. Im Typoskript findet sich folgende Notiz im Anschluß an die erste Erwähnung des Liedes: »Die Noten werden hier beigefügt und oftmals in das Buch dazu eingestreut. Vielleicht auch auf den Titel gesetzt.«

In vielerlei Hinsicht ist »Bist du es oder bist du's nicht?« typisch für Hermanns nach 1914 entstandene Werke. Die Verdichtung von Raum und Zeit und die äußerste Sparsamkeit der Handlung, die viele seiner Romane kennzeichnet, findet sich auch hier. Die Novelle spielt an einem Abend und der darauffolgenden Nacht im Sommer 1932. Der Protagonist, ein eigenbrötlerischer Bohemien, der deutlich Hermanns Züge trägt, sitzt in seiner Berliner Atelierwohnung und läßt sein Leben Revue passieren. Ein Spaziergang durch die abendlichen Straßen, der Besuch eines Lokals, die Rückkehr nach Hause ... viel mehr geschieht eigentlich nicht. Und doch werden Einstellungen und Gewißheiten und – wie im Titel angedeutet – die Identität des Protagonisten bis zur Auflösung in Frage gestellt. Die thematische Nähe zu den Herzfeld-Romanen ist unübersehbar, selbst die wiederum zentrale Schilderung einer literarischen Runde fehlt nicht, und wie in dem 1921 abgeschlossenen Doppelroman endet auch hier die Selbstbefragung mit dem Tod des Protagonisten. Wieder dominieren Erinnerungen, Gedanken und Gespräche den essayistisch anmutenden Text. Wieder scheint Hermann die einzelnen inhaltlichen Stränge zunächst ungezügelt und ziellos laufen zu lassen, führt aber im Verlauf der Novelle die Fäden geschickt zusammen.

In den hier behandelten Motiven und Themen finden sich auch zahlreiche Anklänge an andere Werke Hermanns: das ›hochherrschaftliche Haus‹, die Atmosphäre der Berliner Sommernacht und die ambivalente Haltung zum Großstadtleben hat er mehrmals zuvor geschildert. Wie in dem zwei Jahre vorher entstandenen Essay »Weltabschied« stellt Hermann auch hier die Werte der Vor- und Nach-Weltkriegszeit einander gegenüber. Die Zufallsbekanntschaft, die den Lebensweg des Protagonisten in Frage stellt, begegnete uns schon in *Modesta Zamboni*, und die Auseinandersetzung mit dem Selbst und der eigenen Biographie reflektiert Fragen und Erfahrungen, die uns aus Hermanns Essays, seinen *Spielkindern* und auch den Romanen der ›Kette‹ geläufig sind. Ungewöhnlich ist jedoch, daß das Spiel mit der Identität hier ins Phantastische gewendet erscheint.

Und auch auf anderem Gebiet bietet diese Novelle Neues: Den Hintergrund der Erzählung bildet die Schilderung der Situation jüdischer Intellektueller im Jahr vor Hitlers Machtergreifung. In dem literarischen Stammtischkreis, zu dem der Protagonist sich gesellt, stellt Hermann ein ganzes Spektrum ideologischer Typen vor, vom ›braunblonden Lockenschüttler‹, der die deutsche Literatur als ›Angelegenheit des deutschen Volkstums‹ verstanden sehen möchte, bis zum arrogant-verbitterten jüdischen Kosmopoliten. Der institutionalisierte Antisemitismus, noch immer ein Tabuthema in diesem Zirkel, beherrscht doch schon die Realität, in der diese Bohemiens sich bewegen und wird, weit über literarische Fragen hinaus, als tödliche Bedrohung erfahren. In der Zeichnung der sozialen Marginalisierung und Gefährdung des deutsch-jüdischen Bildungsbürgertums geht Hermann hier weiter als je zuvor in seinen literarischen Werken.

* * *

Vieles deutet darauf hin, daß die Novelle noch nicht fertig redigiert war. Hermann hat zwar selbst im Typoskript einige stilistische Änderungen vorgenommen, in der Verwendung von erster, zweiter und dritter Person in den Selbstgesprächen zum Beispiel sind jedoch noch einige Inkonsequenzen enthalten. Hier, wie auch bezüglich holpriger Satzkonstruktionen, Schwankungen im Gebrauch von Präsens und Präteritum und Hermanns individueller Handhabung der Orthographie, hat die vorliegende Edition nicht glättend eingegriffen. Eindeutige Tippfehler wurden von der Herausgeberin getilgt, Eigenheiten (z. B. »garnicht«, »bischen«) oder falsche Namensschreibweisen erscheinen indessen in der von Hermann gewählten Form. In einer überschaubaren Zahl von Fällen war Hermanns uneinheitlicher Gebrauch von doppelten bzw. einfachen An- und Ausführungszeichen zu korrigieren sowie die Interpunktion – sofern zum besseren Verständnis nötig – anzupassen. Typographisch bedingte Varianten (»ae, oe, ue, ss« und »Ae, Oe, Ue« statt »ä, ö, ü, ß« und »Ä, Ö, Ü«) wurden vereinheitlicht; Hervorhebungen durch Unterstreichungen erscheinen in der vorliegenden Edition kursiv.

Godela Weiss-Sussex

Autoren des Bandes

Martin Swales

Studium in Cambridge und Birmingham (Ph. D.), dann Dozent in Birmingham, King's College London und Toronto. Seit 1976 Professor für deutsche Literatur am University College London. Zahlreiche Publikationen vor allem zur deutschen Literatur des 18. bis 20. Jahrhunderts. Hauptveröffentlichungen der letzten Jahre: *Representing the German Nation* (2000, Hg. mit M. Fulbrook); *Thomas Mann. Der Zauberberg* (2000); *Epochenbuch Realismus* (1997). Bundesverdienstkreuz für Verdienste um die deutsche Kultur (1994); Fellow of the British Academy.

Ritchie Robertson

Geb. 1952, D. Phil., seit 1989 University Lecturer (Dozent) an der Universität Oxford und Mitglied von St John's College; seit 1999 Professor. Zahlreiche Veröffentlichungen zur deutschen und insbesondere zur österreichischen Literatur seit 1750, unter anderen: *Kafka. Judaism, Politics, and Literature* (1985, dt. 1988), *Heine* (1988, dt. 1997); *The ›Jewish Question‹ in German Literature 1750–1939* (1999); *The Cambridge Companion to Thomas Mann* (2002, Hg.). Übersetzungen aus E. T. A. Hoffmann, H. Heine, K. P. Moritz u. a. Seit 2000 Mitherausgeber der Zeitschrift *Modern Language Review*.

Tiziane Schön

Geb. 1968, Studium der Neueren Deutschen Literatur, Kunstgeschichte und Geschichte in Münster/Westf., Gent und Berlin; 1998 Magister mit einer Arbeit zur Rezeption philanthropischer Kinderliteratur im Werk Wilhelm Raabes; zur Zeit Promotion am Fachbereich Philosophie und Geisteswissenschaften der Freien Universität Berlin mit einer Dissertation zu Georg Hermanns Anspielungen auf bildende Kunst und Literatur.

Ulrike Zitzlsperger

Studium der Germanistik und Religionswissenschaft in Regensburg und an der Freien Universität Berlin; 1992–1995 DAAD Lektorin an der Universität Exeter; seit 1996 Lecturer, dann Senior Lecturer in Exeter. Promotion an der FU Berlin über reformatorische Flugschriftenautorinnen. Weitere Forschungsschwerpunkte: Kultur und Literatur im Berlin der 1920er und 1990er Jahre.

Gundel Mattenklott

Geb. 1945 in Berlin, Studium der Germanistik und Romanistik an der Freien Universität Berlin, Arbeit in der Lehrerfortbildung, in der Erwachsenenbildung und der außerschulischen Kinder- und Jugendbildung. Promotion Germanistik 1980, Habilitation in Erziehungswissenschaft 1990. Seit 1992 Professorin für Musisch-Ästhetische Erziehung an der Hochschule der Künste in Berlin. Literaturkritik in der Frankfurter Allgemeinen Zeitung und *Literaturen*. Mitherausgeberin der auf 21 Bände angelegten Werkausgabe Georg Hermanns (gemeinsam mit Gert Mattenklott).

Laureen Nussbaum

Geb. 1927 in Frankfurt/Main, 1936 Emigration nach Amsterdam. 1957 Umzug in die USA. Promotion an der University of Washington in Seattle. Dozentur, später Professur, an der Portland State University, jetzt emeritiert. Veröffentlichungen unter anderem über deutsche Exilschriftsteller in den Niederlanden: Georg Hermann, Fritz Heymann, Grete Weil, Anne Frank und Gerhard Durlacher.

Godela Weiss-Sussex

Geb. 1962, Studium der Germanistik, Anglistik und Kunstgeschichte an der Freien Universität Berlin. Seit 1991 Lecturer, dann Senior Lecturer der Germanistik an der De Montfort University in Leicester. 1999 Promotion an der University of London mit einer Dissertation zu den vor dem ersten Weltkrieg entstandenen Romanen Georg Hermanns. Veröffentlichungen zu Georg Hermann, Theodor Fontane und zur deutschen Exilliteratur.

Gert Mattenklott

Geb. 1942 in Oranienburg. Promotion (1967) in den Fächern Allgemeine und Vergleichende Literaturwissenschaft sowie Philosophie; Habilitation (1970) für Allgemeine und Vergleichende Literaturwissenschaft an der Freien Universität Berlin. Seit 1994 Professor für Allgemeine und Vergleichende Literaturwissenschaft an der Freien Universität Berlin; Fachberater für Literatur am Moses-Mendelssohn-Zentrum für europäisch-jüdische Studien in Potsdam. Literaturhistoriker, Essayist, Literaturkritiker und Mitherausgeber der Werkausgabe Georg Hermanns. Arbeitsschwerpunkte: die Künste im Vergleich, europäische Judaica und Ästhetik.

Kerstin Schoor

Geb. 1963, Dr. phil., Wissenschaftliche Assistentin an der Freien Universität Berlin. Veröffentlichungen und Forschungen zum 20. Jahrhundert, zur Literatur des antifaschistischen Exils und zu deutsch-jüdischer Literatur des 19. und 20. Jahrhunderts. Herausgeberin des Bandes: »... *Aber ihr Ruf verhallt ins Leere hinein«. Der Schriftsteller Georg Hermann (1871 Berlin – 1943 Auschwitz). Aufsätze und Materialien* (1999).

Arnold Paucker

Geb. 1921 in Berlin, 1936 Emigration nach Palästina. Militäreinsatz in der britischen Armee und anschließender Aufenthalt in Italien. Seit 1950 Wohnsitz in Großbritannien. Dort ab 1953 Studium der Germanistik und Geschichte an der Birmingham University, dann Ph. D. von der University of Nottingham (1959). Im selben Jahr erster Direktor des Londoner Leo Baeck Instituts (bis 2001) und von 1970 bis 1992 Herausgeber des Jahrbuchs des Leo Baeck Instituts. Ehrendoktorwürde der Universität Potsdam 1996. Seine jüngste Veröffentlichung trägt den Titel *Deutsche Juden im Kampf um Recht und Freiheit. Studien zu Abwehr, Selbstbehauptung und Widerstand der deutschen Juden seit Ende des 19. Jahrhunderts* (2003).

Abstracts

Martin Swales

Georg Hermann gehört keineswegs zu den anerkannten Größen der deutschen Literatur. Sein Romanwerk hat aber nichtsdestotrotz manches Wertvolle zu bieten: eine differenzierte Darstellung jüdischen Familienlebens, eine durchgehende Thematisierung der Formen menschlicher Gemeinschaftsbildung, eine detaillierte, vor allem unmittelbar-visuelle, Schilderung Berliner Großstadtlebens. Vor allem ist bemerkenswert, daß Hermanns Romanwerk in einer breiten Tradition deutsch-jüdischer Erzählkunst beheimatet ist, deren entscheidende Bereicherung der deutschen Prosaliteratur darin besteht, eine gewisse wohltuende Welthaltigkeit zu vermitteln und zu vertreten. Hermann ist immer wieder bereit, mit den Konventionen populären Lesestoffs in engem kreativem Kontakt zu bleiben.

Ritchie Robertson

Dieser Aufsatz behandelt Hermanns frühen Bestsellerroman *Jettchen Gebert* im Zusammenhang des deutsch-jüdischen ›Zeitromans‹ oder ›Familienromans‹ der Jahrhundertwende. Obwohl die Romanhandlung in den Jahren 1839–1840 angesiedelt ist, spiegelt sie die Lage der Juden im wilhelminischen Deutschland eher als in der Biedermeierzeit wider. Um das Bild von Hermann als dem »jüdischen Fontane« ein wenig zu differenzieren, werden die Beziehungen des Romans zu Thomas Manns sechs Jahre früher erschienenen *Buddenbrooks* untersucht, unter besonderer Berücksichtigung der stereotypen Darstellung von gesellschaftlichen bzw. ethnischen Außenseitern.

Tiziane Schön

In their novels *Der kleine Gast* (1925) and *Der Weg ins Freie* (1908) Georg Hermann and Arthur Schnitzler each depict a whole generation of people as nervous. By comparing their texts, this article traces the different ways in which the authors, owing to their particular interests and different cultural contexts, problematize the unsocial behaviour of the neurasthenic. While the Austrian Schnitzler highlights the nerve-racking consequences of anti-Semitism, nervousness in Hermann's *Der kleine Gast* is shown as a strategy for coping with metropolitan life.

Ulrike Zitzlsperger

Standing for civilisation, the city is of eminent significance in Georg Hermann's works – and is often contrasted with nature. The reader's encounter
with Berlin is structured along an axis, with the density and chaos of the city at
one end and the increasing dominance of nature in the western suburbs on the
other. It is on the periphery of the city that Hermann's protagonists admit their
feelings more openly, while travelling in the reverse direction is connected
with immersion in metropolitan life. – In Hermann's representation of Berlin,
each part of the metropolis is associated with a particular social milieu, which
determines the destiny of its inhabitants. Hermann's view of the various milieus is never judgmental, but it is only the intellectuals in his novels who are
in some degree able to bridge the differences. They know about the city's past
while consciously observing the present. – The overall impression, supported
by the use of topographical reference points, is one of a living body and its
interdependent functions. The life of the city pulsates like blood, the various
social milieus, like limbs, keep the body in motion.

Gundel Mattenklott

This contribution is concerned with Georg Hermann's five-part series of novels »Die Kette«. In the first instance, the specific temporal structures of the
autobiographical novel are analysed, which manifest themselves in complex
relationships, characterised by knowing and not-knowing, between author,
narrator and protagonists. With reference to Bachtin's theories of time in the
novel, the principles of the use of time and the chronotopoi through which
Hermann establishes meaning in the novels of the ›Kette‹ are then presented in
a second step. The principles of gradual development and of time-equivalent
and time-expanding narration are particularly important here. They entail a
concentration on detail and deny the author a vantage point. Apart from the all-
encompassing chronotopos of the metropolis, the specific chronotopoi of the
crisis and the metaphor of the steep stairs are then investigated. The essay ends
with a proposal for allocating characteristic symbolic principles to each of the
five novels of the series. *Einen Sommer lang* is characterised by the symbolic
principle of seclusion, *Der kleine Gast* by the symphonic simultaneity of the
metropolis, *Ruths schwere Stunde* by the image of the two sexes failing to
meet one another, *November achtzehn* by the principle of crisis and *Eine Zeit
stirbt* by a symbolic reversal signifying death.

Laureen Nussbaum

Soweit wir wissen, existieren Georg Hermanns »Briefe über deutsche Literatur«
nur noch in der niederländischen Übersetzung, in der sie 1921–1926 wöchentlich im *Algemeen Handelsblad* erschienen. Gerade aus diesen frühen Jahren
der Weimarer Republik, den Jahren zwischen Georg Hermanns pazifistischer

Polemik, den *Randbemerkungen* (1919), und seiner scharfen Antisemitismus-Kritik in der Abhandlung *Der doppelte Spiegel* (1926) fehlen uns nichtfiktionale Betrachtungen aus seiner Feder. Stichproben aus den 221 Literaturbriefen erweisen Georg Hermanns wöchentliche Darlegungen als ein interessantes Zeugnis der frühen Interbellum-Jahre. – Das Ziel dieser wöchentlichen Kolumnen war es, dem niederländischen Bildungsbürgertum deutsche Neuerscheinungen nahe zu bringen. In vielen seiner Besprechungen betont Hermann dabei diejenigen Aspekte der Literatur, die ihm selbst am Herzen lagen: internationale, pazifistische und humane Züge. In anderen Fällen bedauert er das Fehlen eben dieser Eigenschaften in der neu verlegten Literatur. Obendrein weist er auf die Rechtslastigkeit großer Teile der deutschen Bevölkerung hin, auf die Verarmung der deutschen Kultur durch die Ermordung progressiver Geister und auf den wachsenden Antisemitismus.

Godela Weiss-Sussex

Hermann's main work as an art critic, which significantly influenced the content and style of his fiction, falls in the period from 1899 to 1908, the height of the Berlin Secession movement. Like the Secession artists, Hermann regards a personal style and individual expression as the main criteria for the evaluation of art. Like other critics close to the Secession movement, he considers the pre-intellectual, sensual reception of a work of art as central. – Reflecting 19th century aesthetics, he still considers art to a certain extent as the expression of a nation's spirit. However, the difficulties he encounters with the reception of foreign, notably romanesque, art are experienced as an educational (and self-educational) challenge and, unlike many of his contemporaries, do not lead him to reject foreign art. – One of Hermann's main concerns is to fight the separation between art and life. Art, as he sees it, is supposed to distil the image of our environment to its essential core and to educate our perception of this environment. In this way, art can help the observer to gain a new world view, in the literal as well as the metaphorical sense. – Hermann is not a revolutionary champion of the avant-garde, but he does represent the progressive element of the ›Zeitgeist‹, and gives voice to the attitudes of the liberal, cosmopolitan middle class.

Gert Mattenklott

This paper draws mainly on the novel *Jettchen Gebert* and its sequel *Henriette Jacoby*, on the collection of essays entitled *Vom gesicherten und ungesicherten Leben* and on the essay *Der doppelte Spiegel*. It is evident in these writings that up to the First World War, and even beyond, Hermann's awareness of the problems of the Jewish population inside Germany was rather limited and he never explicitly addressed them. In the Jettchen novels, for instance, Hermann depicts the decline of the Gebert family and refrains from setting this decline in the context of an anti-semitic climate in Biedermeier Germany. Instead, he focuses on the immigration of Jews from Eastern Europe as the supposed example of the decline of middle class culture in Germany. The Jewish family Gebert is used as a model through which he demonstrates a general cultural pessimism. – The paper traces how Hermann found himself transformed from a German middle class intellectual of Jewish extraction into a Jew nolens volens with an unrequited love for Germany.

Kerstin Schoor

»How should the German Jews confront anti-semitism?« With this unanswered question, Georg Hermann concluded his intensive reflection on anti-semitism *Der doppelte Spiegel* (1926). Ten years later, in the context of the open, legalised persecution of the Jewish population in Germany, Hermann not only resumed this question in the title of his essay »Was sollen wir Juden tun?« (1935/36), but also addressed it in a number of published and unpublished articles. To a certain extent, these essays reacted directly to concrete political events or publications. They can therefore be read as part of a vehement debate conducted in exile as well as in Germany about Jewish origin and the Jewish future. For the most part unpublished, they remained merely a potential contribution to the debate among the different factions of emigrants. These essays were written in the context of the lack of support received by emigrants in Europe and elsewhere, and in the knowledge that, even faced with exclusion and persecution, there was no homogeneity of German or European Judaism. In 1938, Hermann still defined himself as a Western European Jew and throughout the 1930s, his thoughts on the perspectives of Jewish existence remained an integral part of his views on the political world situation and in particular the desolate state of the democracies. This general position did not change essentially after 1933. Hermann's emphasis on his bond with European and world culture and thereby his link to centuries of humanist tradition in a time of forced restriction of German cultural life and the expulsion of Jewish intellectuals by the National Socialists can be regarded as an expression of resistance. This paper considers to what extent Hermann changed and radicalised his views in this difficult period.

Arnold Paucker

These largely personal reflections describe the writer's first acquaintance with the work of Georg Hermann; the Leo Baeck Institute's task of collecting the literary estates, papers and memoirs of former German Jews to facilitate research in German-Jewish history; and the receipt of most of Georg Hermann's literary estate by the London Leo Baeck Institute for transfer to the New York LBI (which holds the Institute's archives). A brief description of the material made available is followed by an acknowledgement of the generous gifts personally received from Georg Hermann's descendants.

Personenregister

Danksagung

Die vorliegende Aufsatzsammlung basiert weitgehend auf den Beiträgen zu einer Tagung, die am 28. September 2001 unter dem Titel »Der ›jüdische Fontane‹. Georg Hermann – German-Jewish Writer and Journalist 1871–1943« am Institute of Germanic Studies der Universität London stattfand. Den folgenden Personen und Institutionen, die wesentlich zum Erfolg der Konferenz und zum Entstehen dieses Bandes beigetragen haben, möchte ich meinen herzlichen Dank aussprechen:

Prof. Martin Swales für die unermüdliche und enthusiastische Ermutigung zu diesem Projekt und für die praktische Unterstützung bei der Tagungsvorbereitung und -durchführung;

Prof. Rüdiger Görner, Karin Hellmer und Jane Lewin vom Institute of Germanic Studies, die als perfekte Gastgeber und mit organisatorischer Kompetenz für das Gelingen der Tagung gesorgt haben;

Prof. Arnold und Pauline Paucker, deren abendliche Einladung der Konferenz einen würdigen und festlichen Abschluß verlieh;

dem Leo Baeck Institut London, besonders seinem Direktor Dr. Raphael Gross, für die wahrhaft großzügige Unterstützung des gesamten Projekts. Auch Sabine Falke, die als Volontärin am LBI das Typoskript der in diesem Band abgedruckten Novelle Hermanns in elektronische Form übertragen hat, möchte ich an dieser Stelle meinen Dank aussprechen;

Prof. Hans-Otto Horch und Till Schicketanz vom Institut für Germanistische und Allgemeine Literaturwissenschaft der RWTH Aachen für die souveräne Betreuung dieses Bandes.

Mein ganz besonderer Dank gebührt aber Prof. George Rothschild, der mir auf großzügige und gastfreundliche Weise Zugang zu den in seinem Besitz befindlichen Manuskripten Hermanns gewährte und so die erstmalige Veröffentlichung von Hermanns Novelle »Bist du es oder bist du's nicht« ermöglichte.

Godela Weiss-Sussex